Paris
1872

Laboulaye, Édouard-René Lefebvre de

Questions constitutionnelles

QUESTIONS

CONSTITUTIONNELLES

OUVRAGES DU MÊME AUTEUR

PUBLIÉS DANS LA BIBLIOTHÈQUE-CHARPENTIER

à 3 fr. 50 le volume

LE PARTI LIBÉRAL ET SON AVENIR. 8e édition................... 1 vol.

LA LIBERTÉ RELIGIEUSE. 4e édition........................... 1 vol.

ÉTUDES MORALES ET POLITIQUES. 5e édition.... .... 1 vol.

L'ÉTAT ET SES LIMITES. 5e édition........................... 1 vol.

ÉTUDES SUR L'ALLEMAGNE CONTEMPORAINE ET LES PAYS SLAVES.
4e édition.. 1 vol.

HISTOIRE DES ETATS-UNIS D'AMÉRIQUE, depuis les premiers essais
de colonisation jusqu'à l'adoption de la constitution fédérale
(1620-1789). 4e édition................................... 3 vol.

DISCOURS POPULAIRES, suivis d'une *Rhétorique populaire.* 2e édition... 1 vol.

PARIS EN AMÉRIQUE. 27e édition............................. 1 vol.

LE PRINCE-CANICHE. 10e édition............................. 1 vol.

ABDALLAH, ou le Trèfle à quatre feuilles, suivi de AZIZ ET AZIZA.
4e édition, ornée du *portrait de l'auteur.*.................. 1 vol.

SOUVENIRS D'UN VOYAGEUR. Nouvelles. 4e édition............. 1 vol.

CONTES BLEUS. 4e édition.................................. 1 vol.

Paris. — Impr. Viéville et Capiomont, 6, rue des Poitevins.

QUESTIONS

.

CONSTITUTIONNELLES

PAR

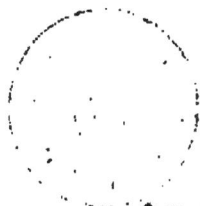

ÉDOUARD LABOULAYE

DE L'INSTITUT

PARIS

CHARPENTIER ET Cⁱᵉ, LIBRAIRES-ÉDITEURS

28, QUAI DU LOUVRE

—

1872

PRÉFACE

J'ai réuni dans ce volume différents écrits qui, tous, ont pour objet des questions constitutionnelles. Les deux premiers, publiés en 1848 et 1851, n'ont pas perdu tout intérêt, puisque le malheur des temps nous oblige une fois encore à réédifier de fond en comble notre édifice politique. Il y a une malédiction qui pèse sur la France. On dirait qu'un mauvais génie nous force à tourner sans cesse sur nous-mêmes comme ces chevaux de manége qui ont l'air d'avancer quand ils reviennent sur leurs pas. Tous les vingt ans, après une ruine nouvelle, on reprend le même travail, sans que l'expérience des pères profite aux enfants. Ce sont toujours les mêmes illusions, les mêmes fautes et le même avortement.

A quoi tient cette mauvaise fortune ? A nos préjugés et à nos passions. En France, on identifie la liberté et la révolution, grand sujet de terreur pour les uns, d'enthousiasme pour les autres;

a

grande cause d'erreurs et de misères pour le pays.
Depuis vingt-cinq ans j'essaye de dissiper ce malentendu funeste. L'objet constant de mes études est
de démontrer que la liberté et la révolution sont
deux choses tout à fait distinctes, et souvent contraires. La jeunesse m'a écouté, le vieux parti constitutionnel a été quelquefois de mon avis ; mais je
ne puis me flatter d'avoir converti ni les monarchistes, ni les républicains de droit divin. Les monarchistes ne croient qu'à l'autorité ; ils ont accepté
l'Empire et le coup d'État pour être débarrassés des
•hommes et des institutions de 1848 ; les républicains de la veille sont à genoux devant la sainte république. Les plus avancés du parti, les montagnards,
sont des ultramontains qui croient à l'infaillibilité de
Robespierre ou de Babeuf. Rien n'est bien, rien
n'est vrai que ce qu'on a fait, que ce qu'on a créé
en 1793. Quiconque ose en douter est un hérétique
qu'il faut excommunier et dénoncer à la haine publique. Ne parlez ni de l'Angleterre, ni de la Hollande, ni de la Suisse, ni des États-Unis, ni de la
Belgique. Pour ces adorateurs de la révolution, les
libertés constitutionnelles sont une invention monarchique ; ils sont jacobins, ils s'en vantent, et ne
comprennent qu'une chose : la dictature exercée au
nom du peuple, c'est-à-dire par eux-mêmes et à
leur profit.

J'aime la démocratie, c'est-à-dire le gouvernement de la nation par la nation et pour la nation; je n'ai nullement le culte de la révolution. En 1789 on a détruit des abus intolérables, on a établi l'égalité dans les lois; cela est excellent et suffit pour expliquer la popularité de l'assemblée nationale : mais il faut reconnaître qu'en politique, si l'on excepte Mirabeau, les constituants ont été des aveugles qui ont mené la France à l'abîme. Hommes nouveaux et sans expérience, défiants à l'égard de la royauté, jaloux de conserver à tout prix leur popularité, ils ont mis leur orgueil à dédaigner l'exemple de l'Angleterre et des États-Unis; aussi n'ont-ils enfanté qu'une constitution chimérique. Quant aux conventionnels, imbus des idées soi-disant grecques ou romaines de Mably et de Rousseau, c'est sur la ruine des libertés individuelles qu'ils ont cherché à édifier la liberté publique. Naturellement ils n'ont fondé qu'un despotisme écrasant. Rassembler pêle-mêle toutes ces vieilleries mortes depuis un demi-siècle, leur donner un corps, essayer de les faire revivre, ce fut le rêve des législateurs de 1848. Pour croire à la durée de cette œuvre historique, de cette restauration révolutionnaire, il fallait une foi robuste qui m'a toujours manqué. Avant même que la constitution fut achevée, j'ai annoncé que l'édifice croulerait au premier choc, et par malheur l'événement ne m'a que trop donné raison.

D'où venaient mes craintes? De ce que j'ai été

élevé dans une école où l'on enseigne depuis longtemps les conditions de la liberté. Les principes reçus
aux États-Unis, les vérités conquises par l'expérience
américaine greffée sur l'expérience anglaise, sont
le démenti formel des principes et des idées qui
sont le symbole de l'école révolutionnaire. Qu'on en
juge par le tableau suivant.

ÉCOLE RÉVOLUTIONNAIRE OU FRANÇAISE.	ÉCOLE AMÉRICAINE.
1° L'assemblée est souveraine par délégation du peuple souverain.	1° La souveraineté ne se délègue pas; le peuple la garde toujours entre ses mains. La souveraineté d'une assemblée ne peut être que la négation et la destruction de la souveraineté du peuple.
2° Le peuple n'ayant qu'une volonté, il ne doit y avoir qu'une assemblée unique.	2° Le raisonnement français n'est qu'un sophisme puéril. La volonté du peuple, c'est la loi. Qu'importe que la loi soit préparée par une ou plusieurs assemblées? Il faut deux chambres pour garantir les droits de la nation et la souveraineté du peuple. Avec une seule assemblée on a toujours à craindre l'usurpation. Il faut encore deux chambres pour maintenir l'indépendance du pouvoir exécutif.

3° Le pouvoir exécutif doit être un pouvoir subalterne, le simple ministre des volontés de l'assemblée.

4° Le pouvoir judiciaire dépend entièrement de l'assemblée.

5° L'assemblée, qui a tous les pouvoirs, peut au besoin exercer le pouvoir judiciaire. (Procès de Louis XVI, transportation de 1848.)

6° Un sénat est une institution aristocratique qui n'a pas de place dans une démocratie.

7° La constitution est un ensemble de lois qui comprend toutes choses, suivant le caprice de l'assemblée.

3° Le pouvoir exécutif doit être indépendant des assemblées ; et cela pour deux raisons : 1° parce qu'il faut un gouvernement énergique et responsable ; 2° parce que l'indépendance du pouvoir exécutif garde la souveraineté du peuple en faisant échec aux velléités d'usurpation qui peuvent égarer les Assemblées.

4° Le pouvoir judiciaire doit être entièrement indépendant de l'assemblée. La constitution est au-dessus des lois ; le pouvoir judiciaire est gardien de la constitution.

5° L'assemblée ne peut jamais exercer le pouvoir judiciaire.

6° Un sénat est la pierre angulaire d'une démocratie. Seul il représente l'esprit de suite ; seul il permet d'appeler aux affaires les gens les plus capables du pays ; seul il peut exercer un contrôle sur les affaires étrangères, et maintenir la tradition.

7° Une constitution est la loi que le peuple dicte à ses mandataires ; elle ne règle que la compétence des pouvoirs publics et leurs rapports mutuels.

8° La compétence d'une assemblée est illimitée.

8° La compétence des assemblées législatives est étroitement limitée par la constitution. Il est absolument interdit aux assemblées de toucher à la liberté religieuse, à la liberté individuelle, à la liberté de la presse, au droit de réunion, au jury, etc.

9° Une assemblée constituante se mêle à la fois de constitution, de législation et de gouvernement. Elle est tout.

9° Une assemblée constituante ou convention ne peut s'occuper que du projet de constitution. Elle n'a ni pouvoir de législation, ni pouvoir de gouvernement.

10° Une assemblée constituante, représentant le peuple souverain, n'a pas besoin de faire voter l'adoption de la constitution. Le plébiscite est une comédie.

10° Une assemblée constituante n'est qu'un comité qui dresse un projet de constitution. Il n'y a que la ratification du peuple qui puisse faire de ce projet la loi suprême du pays. Le plébiscite est la manifestation de la volonté du souverain.

11° Une assemblée constituante peut régler la date et le mode du droit de révision.

11° Le droit de révision est un droit qui appartient au souverain. Le peuple a toujours le droit de demander la révision, sans qu'on puisse assujettir ce droit à des formes qui le détruisent.

Il est inutile de prolonger ce parallèle; on voit qu'en France et en Amérique la langue politique n'est pas la même; il y a un abîme entre la démo-

cratie suivant l'école révolutionnaire et la démocratie telle qu'on l'entend aux États-Unis. Chez nous,
la souveraineté du peuple est un mot; le véritable
souverain, c'est l'assemblée. En Amérique, le peuple
est souverain en droit et en fait; on rirait d'une
chambre qui oserait s'attribuer une apparence de
souveraineté. Là-bas, les législateurs n'imaginent
pas d'imposer à la nation leurs fantaisies et leurs
caprices : c'est toujours à la nation qu'on s'adresse;
c'est sa volonté qu'on interroge et qu'on suit. Or,
en tout pays, le peuple, pris en masse, est conservateur. Plus il s'éclaire, plus il s'habitue à régler
lui-même ses affaires, moins il a de goût pour les
avocats politiques. Les déclamations ne le séduisent
plus. Tranquille sur ses droits, il s'occupe de ses
intérêts; il lui faut des réformes au jour le jour,
des améliorations palpables, et non pas des discours
et des émeutes. C'est ainsi que par la pratique sincère de la souveraineté populaire on arrive à ce que
la république, loin d'effrayer personne, devienne un
élément d'ordre et de sécurité. La démocratie et la
liberté se donnent la main. Et si dans l'État il y a
encore place pour les partis politiques et leurs
petites ambitions, il n'y en a plus ni pour les factions, ni pour les révolutions.

Telles sont les idées que j'ai toujours défendues,
comme on le verra dans ce volume; comme on peut
le voir dans mon *Parti libéral*, dans mon *Histoire*

des États-Unis, dans mon cours sur la *Révolution française*. C'est là ce qui fait l'unité de ma vie politique; c'est là ce qui explique en même temps pourquoi on m'a jugé si diversement. Pour les conservateurs je suis un démocrate, et ils ont raison; pour les démocrates je suis un conservateur, et ils n'ont pas tort. Ne serait-ce pas parce que les deux choses se concilient parfaitement? Ne serait-ce pas même parce que leur union est nécessaire pour en finir avec les vaines terreurs de la réaction, et avec les menaces des socialistes ou des jacobins?

Le moment approche où la France sera forcée de s'occuper d'une constitution. Dans la presse ou à la tribune je défendrai les principes, je soutiendrai les vérités pour lesquels je combats depuis un quart de siècle. Serai-je plus heureux qu'en 1848? Je l'espère. Peut-être mes vingt ans d'enseignement ne sont-ils pas entièrement perdus. Mais je voudrais que la France entière m'entendît quand je lui répète que la démocratie est le plus pacifique des gouvernements, que la liberté est la gardienne de l'autel, du foyer et du champ; mais à une condition, c'est qu'on ne prenne pas pour la démocratie et la liberté, le fantôme qui en usurpe le nom, et qu'au moyen de la souveraineté populaire on en finisse avec le despotisme des assemblées comme avec l'esprit de révolution.

Glatigny-Versailles, 10 novembre 1872.

CONSIDÉRATIONS

SUR

LA CONSTITUTION

Nunc fit illud Catonis certius, nec
temporis unius, nec hominis, esse
constitutionem reipublicæ.

Cic., *De Rep.*, ii, 21.

JUILLET 1818

AVERTISSEMENT

(1872)

Voici mon premier pamphlet politique : je l'ai écrit au lendemain des journées de juin 1848; j'avais alors trente-sept ans.

Qu'on ne s'étonne pas de me voir entrer si tard dans une carrière que je n'ai pas quittée depuis un quart de siècle. Ce sont les révolutions qui ont fait de moi un écrivain politique; c'est sous le coup des événements, c'est par nécessité, c'est par devoir que je suis descendu dans l'arène pour y défendre les droits et les intérêts du pays.

Sous le règne heureux et paisible du roi Louis-Philippe, j'ai trouvé plus d'une fois qu'on marchait trop lentement dans la voie du progrès; j'aurais désiré qu'on étendît le droit de suffrage pour habituer le peuple au maniement des affaires publiques; mais avec la presse et la tribune j'étais sans inquiétude sur l'avenir de la liberté, et je ne me croyais pas appelé à faire l'éducation politique de la France. Mon goût me portait vers l'étude de l'antiquité et du moyen âge; des livres, accueillis avec bienveillance, m'avaient ouvert de bonne heure l'entrée de l'Institut. J'espérais me rendre digne de cette fortune inattendue en écrivant l'histoire de nos vieilles institutions, en renouvelant l'étude du droit par l'histoire et la comparaison des législations. Il y avait là un champ assez vaste pour tenter l'ambition d'un érudit.

La révolution de février 1848 détruisit tous mes projets et bouleversa toutes mes idées. Il suffit d'une émeute,

conduite aux Tuileries par un bataillon de garde nationale pour chasser du trône un vieux roi qui n'essaya
même pas de se défendre. En même temps la foule
s'empara de l'Hôtel de ville ; la République fut proclamée, le suffrage universel décrété. En quelques jours la
France passa de la monarchie parlementaire à la démocratie pure, et parut s'y résigner.

C'était la seconde révolution dont j'étais témoin. Mais,
en 1830, il y avait eu la chute d'une dynastie plutôt
que celle d'un gouvernement. C'est aux cris de Vive
la Charte! qu'on avait résisté au coup d'État monarchique; après la victoire rien n'avait changé, ni les
institutions, ni les idées, ni les mœurs. En 1848, au
contraire, on rompait brusquement avec la tradition libérale. Des hommes d'État, improvisés, reprenaient le
costume et les idées de la Convention, en y mêlant des
rêveries socialistes. Qu'était-ce que le régime parlementaire? une vieillerie. On allait régénérer le monde,
refaire la société et en chasser à jamais la misère et
l'inégalité! Quatre mois plus tard on en arrivait aux
journées de juin et aux transportations sans jugement!

Dans les premiers jours d'effervescence qui suivirent
le 24 février 1848, je ne m'étonnai pas d'entendre proclamer les doctrines les plus folles. Les clubs ont toujours eu le privilège de déraisonner. Mais je comptais
que la nouvelle assemblée constituante ferait bonne
justice des vieilles erreurs de la Révolution française et
des nouvelles chimères communistes. Il me semblait
impossible que l'esprit libéral se fût évanoui tout à
coup, dans la patrie de Benjamin Constant, de Royer-
Collard et de leurs émules. Le projet de constitution
dissipa mes rêves : M. de Cormenin et M. Marrast étaient
devenus les Lycurgues de la France; ils avaient pour
eux la majorité de l'assemblée. Grâce à l'ignorance des
uns, à la faiblesse des autres, on engageait le pays dans
cette voie, hélas! trop connue, qui mène à la dictature
par le chemin de l'anarchie.

En face d'un danger aussi menaçant, il n'était pas permis de se taire. J'avais étudié la Révolution, non pas dans des histoires plus ou moins systématiques, mais dans le *Moniteur* et les *Mémoires* du temps; je savais à quoi m'en tenir sur la Constitution de 1791 que le législateur de 1848 prenait pour modèle. Certes, les hommes de 1789 ont détruit de grands abus : nous leur devons la liberté civile et religieuse, l'égalité des personnes et des terres; c'en est assez pour ne parler d'eux qu'avec respect; mais en fait de constitution, ils n'ont eu que des idées fausses. N'ayant pas voulu consulter l'expérience, ils n'ont rien compris à la nature du pouvoir exécutif et du pouvoir législatif. Si je puis me servir de ce mot : ils ont organisé l'anarchie. Aussi, rien de ce qu'ils ont établi n'a duré et ne pouvait durer; on ne bâtit pas sur l'erreur. Retourner à une pareille école, c'était, selon moi, pousser la France vers l'abîme où tomberait la liberté! Les fondateurs de la république en préparaient la ruine.

Avec une conviction aussi forte, je ne me contentai pas d'écrire les pages qu'on va lire; je dédiai ma brochure au général Cavaignac en lui annonçant à coup sûr des désastres qu'il était trop aisé de prévoir. Etait-ce de ma part excès de confiance ou de témérité? Non, je n'ai jamais eu la prétention d'être prophète en mon pays; mais la politique est une science accessible à tous; il ne faut pas de longues études pour s'assurer qu'en fait de gouvernement il y a des choses d'expérience, des vérités acquises qu'on ne peut dédaigner. Il en est des lois sociales comme des lois naturelles, on ne les viole jamais impunément.

Les *Considérations sur la Constitution* ne furent pas mal reçues par la presse; elles n'eurent aucune influence sur l'Assemblée. Le malheur des corps politiques, c'est qu'on y arrive avec des opinions toutes faites, opinions qui trop souvent ne sont que les préjugés et les erreurs d'un parti. Il n'y a que les générations nouvelles qui

1.

acceptent des idées nouvelles, et il faut du temps pour
que la jeunesse arrive aux affaires. En 1848, on en était
au fétichisme de la Révolution française; accuser les
constituants ou les conventionnels de n'avoir rien
compris aux conditions de la liberté, c'était une im-
piété et un sacrilége. En vain les faits abondent, en
vain la voix des législateurs de l'an III, l'expérience
de l'Amérique et de toutes les monarchies parlementaires condamne les idées fausses et funestes de Chapelier et de Thouret, de Condorcet et de Robespierre;
pour une certaine école ce sont des dogmes indiscutables; quiconque ose en douter est un patriote suspect,
un hérétique dangereux.

Sommes-nous plus éclairés et plus sages qu'il y a
vingt-cinq ans? C'est ce que nous verrons quand on
s'occupera de la prochaine constitution. Au sortir
des terribles épreuves qui nous ont accablés, nos législateurs n'ont pas les passions révolutionnaires qui
troublaient la Chambre de 1848; mais a-t-on des
idées plus nettes sur l'organisation des pouvoirs publics? Ne poursuit-on pas encore le rêve fatal du gouvernement par les assemblées? Comprend-on le danger
d'une assemblée unique? J'avoue que j'ai des craintes :
je ne vois pas que l'éducation politique ait fait beaucoup
de progrès sous l'empire; cependant nous n'avons jamais
eu plus grand besoin de sagesse et de modération.

Voilà pourquoi je réimprime ma brochure; elle peut
encore avoir quelque utilité; elle montrera, du moins,
quels sont les écueils que je signalais en 1848 et qu'on
n'a pas su éviter. Si nous allons nous y briser de nouveau, il faut désespérer du bon sens de la France, et
dire adieu pour jamais à la liberté. Je repousse un
pareil présage, je veux rester fidèle à la devise de
l'Apôtre, qui est celle des bons citoyens : *Espérer contre
toute espérance. In spem contra spem.*

Glatigny-Versailles, septembre 1872.

AU

GÉNÉRAL CAVAIGNAC

CHEF DU POUVOIR EXÉCUTIF

GÉNÉRAL,

En remettant dans vos mains les destinées de la patrie, les événements vous ont fait une position comparable à celle de Washington. Déjà, dans une guerre plus cruelle qu'une guerre étrangère, vous avez montré une fermeté et une humanité dignes de ce grand homme. Pour que l'histoire achève un parallèle si noblement commencé, il vous reste à fonder, avec nos législateurs, une Constitution durable, une Constitution vraiment libre, vraiment républicaine. Puissent en ce point vous servir également d'exemple et la sagesse et le sens exquis du héros des États-Unis. Les questions qui nous partagent aujourd'hui sont les questions même qui divisèrent les fondateurs de la République américaine : la déclaration des droits, l'indépendance du pouvoir exécutif, le maintien du pouvoir législatif dans ces bornes hors desquelles il dégénère en insupportable tyrannie. Les solutions de Washington, adoptées par ses contemporains, ont fait la grandeur de l'Amérique ; le temps a prononcé pour elles et leur a donné son irrésistible sanction. Ce sont cependant ces solutions que repoussent aujourd'hui nos constituants, dédaignant une voie sûre et frayée, pour mener la France vers un abîme où restera sa liberté. C'est à vous, général, placé par votre position et votre caractère au-dessus des partis,

qu'il appartient de réfléchir sur la responsabilité que
l'histoire fera peser sur votre tête, si, sous le nom de
République, vous ne donnez à la patrie que le despotisme d'une Assemblée sans contre-poids. A vous de
vous demander si, dans la position faite au pouvoir
éxécutif par la Constitution, vous pourrez demain régir
la France avec cette indépendance d'action sans laquelle
il n'y a pas de gouvernement. Un mois déjà passé aux
affaires vous donnera sur ce point plus de clartés qu'un
penseur n'en peut acquérir en vingt ans d'études soli-
taires.

Quand le pays est à la merci des flots, comme un
navire désemparé, chacun a le droit, sinon de se mêler
à la manœuvre, au moins d'indiquer ce qu'il croit le
Nord; c'est à ce titre, général, que je vous adresse mon
opinion. C'est celle d'un républicain du lendemain,
mais d'un démocrate de la veille, et qui croit ne le céder
à personne pour l'amour qu'il porte à son pays.

J'ai l'honneur d'être, avec un profond respect,

Votre tout dévoué concitoyen,

Édouard LABOULAYE.

CONSIDÉRATIONS

SUR

LA CONSTITUTION [1]

INTRODUCTION

« Quand vous défendez la vérité (dit quelque part
« Goëthe), ne vous lassez point de vous répéter; ne
« craignez pas de multiplier les paroles; songez que
« l'erreur ne se lasse point d'agir, et qu'à chaque
« instant ses effets désastreux se répètent et se mul-
« tiplient. » Jamais cette pensée ne m'a plus frappé
qu'aujourd'hui : depuis quatre mois ce n'est pas seulement à la chute d'une monarchie, à la destruction
d'un système de gouvernement que nous assistons,
c'est à l'ébranlement de toutes les vérités économiques

---

1. Je n'ai rien changé au texte de 1848, sauf quelques correc-
tions de style; mais j'ai ajouté quelques notes pour indiquer sur
quels points mes idées se sont modifiées. Vingt-cinq ans d'expérience m'ont fait voir plus clairement certaines vérités ou certaines
erreurs. En outre, comme ce volume contient des pages écrites en
1871 à côté de pages écrites en 1848, il était bon d'y mettre une
certaine unité, ne fût-ce que pour ne pas embarrasser le lecteur.
C'est là mon excuse pour ces notes que j'ai, du reste, abrégées
autant que j'ai pu. (1872.)

et politiques que la science avait conquises, la science qui, sous un autre nom, n'est que l'expérience éclairée et contrôlée par la raison ! Toutes ces croyances, sur la foi desquelles la société vivait en repos, on n'en veut plus. A quoi bon les leçons de l'histoire, à quoi bon la sagesse des ancêtres quand on entrevoit, quand on touche une ère sans pareille dans le monde ; quand on annonce modestement qu'on veut *refaire la société, changer ses idées et ses mœurs ?* A des besoins nouveaux, à des aspirations inconnues, ne faut-il pas des lois nouvelles, des lois que nous attendons ou des caprices divins du peuple subitement inspiré, ou de quelque Lycurgue illuminé, qui formulera d'un seul jet le Code social de la France et de l'humanité ?

Hélas ! ce n'est pas la première fois que la France séduite s'abandonne aux utopistes. Ce n'est pas la première fois qu'à la suite de commotions politiques éclate une éruption d'idées folles qui va couvrir de sa lave stérile ce peu que les générations passées ont péniblement défriché dans le champ de la vérité ! Nos pères ont connu ce que coûtent de misères et de sang les théories les plus belles et les plus pures en apparence ; ils ont vu tomber des têtes au nom de la Fraternité et de l'Égalité. Malheureusement leur expérience ne nous a point servi, et ce n'est pas sans tristesse et sans effroi que, dans un sillon si souvent remué, nous voyons se dresser plus vivace que jamais cette ivraie des révolutions qui tant de fois a empoisonné les moissons les plus fécondes.

En pareil cas, quel est le devoir de tout citoyen, de tout homme qui croit la vérité menacée, la fortune et la grandeur du pays en péril ? Combattre l'erreur à outrance ; remettre sous tous les yeux les conquêtes les plus vulgaires de la science, les résultats de l'ex-

périence et de la raison les plus connus et les plus
certains; signaler les écueils où nos pères ont échoué
en suivant la voix des sirènes, et où nous sombrerons
comme eux si nous remettons les destinées du pays
à ces pilotes qui n'ont jamais vu la mer que du ri-
vage; enfin, protester jusqu'au dernier moment pour
maintenir les droits imprescriptibles du sens commun,
ou tout au moins pour nous dégager de la terrible
responsabilité que feront peser sur nos têtes la civilisation compromise et le nom français abaissé.

Au milieu de ce bruit des partis, de ce choc furieux
d'ambitions de toute espèce, dans ce pêle-mêle de théories et de systèmes qui remuent les plus nobles comme
les plus viles passions du cœur humain, faut-il désespérer de l'avenir? Non, car à aucune époque le bon
sens de la nation n'a été aussi grand. Jamais révolution n'a été acceptée avec plus de froideur et de sérieux. L'agitation n'est qu'à la surface : on crie bien
haut dans certaines régions pour tromper le pays ou
pour s'étourdir; mais au fond il y a plus de défiance
que d'enthousiasme, et je vois peu de gens pressés de
quitter la rive pour aller, à la suite des utopistes,
chercher un monde nouveau par-delà des mers et des
tempêtes inconnues. Déjà, pour ce qui touche à la
fortune publique, l'opinion, un instant éblouie, refuse de s'engager dans le chemin qu'ont ouvert des
théoriciens plus dévoués à l'ouvrier qu'éclairés sur
ses véritables besoins. L'organisation du travail, ce
rêve de M. Louis Blanc, s'est évanoui aux premières
lueurs du jour. Devant l'expérience de l'ouvrier,
devant le sens juste et droit du praticien, la théorie a
échoué, comme échoueront le socialisme et tous les
systèmes qui toucheront à la liberté et à la propriété
individuelle, ces deux ancres de la civilisation. Dans

cette victoire du sens commun sur l'erreur, une part du succès et de la gloire revient aux hommes qui, fidèles au drapeau de la science, ont parlé le langage de la vérité à un peuple digne de l'entendre. L'ouvrier n'en est déjà plus à se demander où sont ses vrais amis parmi ceux qui, le traitant avec la rude franchise de Franklin, lui indiquent le travail et l'économie comme unique secret de s'enrichir, ou parmi ceux qui, en l'égarant à la poursuite d'un Eldorado chimérique, l'ont mené à la misère et aux horreurs de la guerre civile. Et le pays, quand la tourmente sera calmée (fasse le Ciel protecteur de la France que ce soit bientôt!), n'oubliera pas les Michel Chevalier, les Faucher, les Wolowski, les Charles Dupin, les de Falloux, etc., ces hommes courageux qui, au milieu du désordre général, quand les cœurs et les esprits les plus fermes étaient troublés, n'ont jamais désespéré du salut du navire, parce qu'ils n'ont jamais perdu le Nord.

Ce qu'on a si courageusement osé pour sauver la fortune publique, pour détourner ces nuages sanglants que des hommes imprudents ont accumulé depuis quatre mois sur Paris, ne peut-on pas, ne doit-on pas le tenter pour la Constitution? La question est aussi grave, l'intérêt n'est pas moindre, le danger est imminent. Pour tout dire, c'est la même question, le même intérêt, le même danger. S'il n'y a pas une vérité économique qui ne soit une vérité politique, puisque, reconnue ou repoussée, elle se traduit en prospérité ou en désastres pour la société, il n'y a pas non plus une erreur politique qui ne puisse compromettre la richesse et la félicité générale. En ce moment, qu'on aille au fond des choses : que trouve-t-on dans tous ces systèmes qui prétendent

régénérer la société en lui imposant de vive force une
nouvelle organisation politique ou économique ? Partout la même erreur : c'est toujours l'éternelle querelle de l'Utopie et de l'Expérience, de l'orgueil et du
bon sens. Derrière ces belles imaginations est l'impatience et le désespoir de théoriciens qui, désolés de
leur impuissance, ou prenant follement leurs paradoxes pour des principes éternels, aiment mieux briser la société pour la refondre à leur image que d'accommoder leur panacée aux besoins, aux souffrances de
cette mère commune dont ils devraient respecter la
faiblesse et les infirmités. Toujours la fable d'Æson !
C'est une créature débile et vieillie qu'on veut rajeunir par les procédés de la magie, et que, sans crainte
du parricide, on jette en morceaux dans la chaudière
enchantée, au risque de n'en retirer que les ossements
de la mort.

La Constitution sera bientôt votée par l'Assemblée,
grave et redoutable problème dont la solution décidera des destinées du pays. Là nous retrouverons en
présence : d'une part, les défenseurs de l'expérience
et du bon sens; de l'autre, les écoles socialistes, communistes, ultra-révolutionnaires, chacune d'elles
traînant la France à la ruine par l'exagération d'un
principe absolu. Vaincues dans les rues par le canon,
chassées de l'administration, où elles n'ont laissé que
les décombres de la fortune publique, c'est dans la
Constitution qu'elles chercheront un terrain pour se
retrancher et battre en brèche la société. Quel
parti prendra le législateur pour prévenir le retour
de ces doctrines insensées? Il est permis de tout
craindre en présence du projet de Constitution, compromis bizarre entre les idées saines du passé et les
théories socialistes et révolutionnaires, théories sou-

2

tenues de seconde main par des champions qui n'ont pas, ce semble, une foi très-profonde dans le mérite de la dame dont ils arborent fièrement les couleurs populaires. Recommencera-t-on les folies de la première Révolution? fera-t-on table rase pour élever de toutes pièces un édifice sans fondements qui croulera au premier jour? ou bien se maintiendra-t-on sur un terrain solide et connu, en conservant de la Charte de 1830 les institutions compatibles avec la forme républicaine, en cherchant la meilleure Constitution, non pas dans des combinaisons artificielles, mais dans la satisfaction donnée aux idées, aux habitudes, aux besoins de la France d'aujourd'hui?

Tous les partis demandent à grands cris une *république démocratique;* mais qu'y a-t-il derrière ce mot d'ordre vide de sens et que chacun interprète à sa guise? Rien, sinon la vaniteuse prétention de quelques sectes qui, chacune, veulent refaire à leur gré une société nouvelle et différente. Leur république démocratique n'est pas, comme aux Etats-Unis, un gouvernement fondé sur le respect de la liberté individuelle poussé jusqu'à l'idolâtrie; c'est une république de fantaisie, qui varie suivant le caprice, l'ambition ou l'envie des inventeurs qui se disputent le soin de nous régénérer. Mais, de bonne foi, entre la république représentative qui convient aujourd'hui à la France, et la monarchie constitutionnelle, dont le pays se fût contenté hier si, au lieu de tourner la Charte, on l'eût franchement exécutée, s'imagine-t-on qu'il puisse exister une différence si profonde, une opposition si tranchée, qu'on doive repousser des institutions bonnes et dont nous avons l'habitude, uniquement pour essayer, en haine de la monarchie, des systèmes qui n'ont jamais été appliqués et dont

personne ne peut calculer ni la force ni l'étendue?
Tout autre qu'un utopiste peut-il supposer qu'un si
brusque changement soit possible, et que trois mots
écrits sur un papier renversent du jour au lendemain
les habitudes politiques d'un peuple à qui la violence
même ne ferait pas changer la forme de ses vête-
ments, l'heure de ses repas ou les usages de sa maison? Garder nos institutions démocratiques (et, quoi
qu'on en dise, elles étaient nombreuses avant février),
les développer régulièrement, y joindre, après mûr
examen, les institutions réclamées par la nouvelle
forme du gouvernement, tel est aujourd'hui le devoir
du législateur, s'il veut sauver la France de l'anarchie qui l'envahit. Respect des droits légitimes du
passé, prudence et fermeté dans les innovations :
voilà sa devise. Que s'il préfère rompre brutalement
avec la tradition et se lancer comme un autre Icare
dans les espaces imaginaires de la théorie, on peut
lui prédire une chute terrible et prochaine. Toute
constitution sortie d'un seul jet de la tête du législateur est mort-née : l'histoire est là pour le dire, et il
y a quelques mille ans que Solon, convaincu de cette
vieille vérité, refusait déjà d'accommoder ses lois au
gré et au caprice de ceux qui l'avaient élu réforma-
teur, et se vantait d'avoir donné à son peuple non pas
les meilleures lois possibles, mais les meilleures que
pussent accepter et pratiquer les Athéniens, en
d'autres termes, les seules durables.

Je sais qu'en temps de révolution on est mal venu
à parler du respect et du maintien de ce qui existe ;
détruire est le cri universel. On détruit comme les
enfants, comme les sauvages, pour le plaisir de la
ruine; mais c'est au législateur que je m'adresse, et
celui-là n'est pas digne de ce beau nom, qui sacri-

lle l'intérêt vital de la France aux passions du moment, à la vaine et misérable popularité du jour.
D'ailleurs, le respect du passé, plus nécessaire aujourd'hui que jamais, quand des théories désastreuses
menacent à la fois la propriété et la liberté, ce respect n'exclut pas de nombreuses innovations; la
marge des améliorations est assez grande pour que
les gens sensés puissent s'en contenter. Mais, même
en ce point, gardons-nous de l'inconnu, et demandons à l'expérience des solutions plus sûres que
toutes les promesses de la théorie. Croit-on, par
exemple, que nous n'ayons rien à apprendre de la
Belgique, le pays de l'Europe où la démocratie est la
plus complète et la mieux réglée? Serons-nous assez
enfants pour ne pas reconnaître une véritable république avec un président héréditaire dans cet État, où,
grâce à l'antiquité des franchises municipales, la liberté est mieux comprise et plus sincèrement pratiquée que chez nous? Si le nom de royaume nous effraye, ne pouvons-nous tout au moins demander
quelques leçons à ces États-Unis dont on rejette déjà
l'exemple avec une superbe dont l'ignorance et la
présomption ont eu de tout temps le privilège? Et les
anciens, qui ont pratiqué la démocratie sur une si
large échelle, ne nous ont-ils rien laissé sur les conditions essentielles d'une bonne république, sur les
dangers de la démagogie, sur la ruine prochaine de
tous les gouvernements purs, parce qu'étant absolus,
ils sont forcément tyranniques? Si aujourd'hui on
avait le temps de lire autre chose qu'un journal, on
serait tout étonné, en ouvrant la *Politique* d'Aristote
ou la *République* de Cicéron, d'entendre la voix grave
et impartiale des siècles prononcer sur les destinées
de notre jeune gouvernement. La durée de la Répu-

blique dépend des institutions qu'adopteront les représentants. Sage, prudente, conciliant tous les intérêts du pays en assurant à chacun sa part légitime
d'influence, elle peut se promettre une longue existence; démagogique, organisant le règne d'une faction, ou même le despotisme immédiat de la majorité,
elle va droit à la dictature, et peut-être à la royauté.
On peut, dans un éloquent préambule, lui décréter
l'immortalité; mais cette immortalité ne sera que
d'un jour si le gouvernement est oppressif, s'il écrase
une partie de la nation au profit égoïste de l'autre,
s'il s'appuie sur les deux plus mauvais instincts de
l'homme, la cupidité et l'envie; en peu de mots, si,
au lieu d'être la chose publique, le bien commun de
tous, il est un monopole entre les mains de quelques
intrigants qui flattent et trompent le peuple pour
s'en faire un instrument de richesse et de domination.

Que sera notre future République? Législateurs,
c'est vous qui en déciderez! Les formes politiques ne
sont pas tout, sans doute; il ne suffit pas toujours
d'une bonne Constitution pour assurer la prospérité
du pays; néanmoins, aujourd'hui on peut dire que la
charte nouvelle sera pour la France l'élément principal de sa prospérité ou de sa ruine. L'ordre, la paix
intérieure, le libre développement du commerce et
de l'industrie, tout en ce moment dépend des institutions que vous allez consacrer. Cette œuvre est difficile; pour y réussir néanmoins, il faut moins de génie
que de prudence et de fermeté. Gardez-vous des utopistes; n'écoutez pas tous ces partis plus bruyants que
nombreux, qui cherchent à vous étourdir de leurs
systèmes décevants; restez fidèles aux fortes maximes
de nos pères, et, sans rêver un monde impossible,

2

contentez-vous de nous faire entrer dans cette terre promise qu'avait entrevue la Constituante et que nous cherchons en vain depuis soixante ans. Avant tout et par-dessus tout, répandez à pleines mains la liberté dans les institutions, car c'est la liberté seule qui pose les problèmes et qui les résout. Ne souffrez pas qu'on la confisque au profit de l'ÉTAT, ce Saturne impitoyable à qui les socialistes offrent la nature humaine en sacrifice. Cherchez tous les moyens d'améliorer la condition de l'ouvrier et du pauvre, sûrs qu'en ce point il n'y a en France qu'une opinion et qu'un désir ; mais ne souffrez pas qu'au nom prétendu de la fraternité, on menace la liberté et la propriété du citoyen. D'un bienfait de l'État, d'une promesse charitable, ne faites pas un droit que l'individu réclame un jour la menace à la main. Ne ruinez pas le riche pour satisfaire un instant la cupidité du pauvre ; mais, donnez à tous, par l'éducation et par le développement de la richesse générale, cette modération de l'âme et cette indépendance du besoin, qui seules rendent possible l'égalité sociale. Faites cela, législateurs, et votre œuvre, plus durable que celle de vos prédécesseurs, immortalisera votre sagesse, et vous donnera le premier rang parmi les bienfaiteurs de la patrie et de l'humanité !

CHAPITRE PREMIER

C'est dans la meilleure et quelquefois dans la plus savante distribution des pouvoirs publics qu'on cherche ordinairement les éléments d'une bonne Constitution. Raisonner ainsi, c'est prendre la question de seconde main et chercher la cause dans l'effet. Ce qu'il faut avant tout déterminer, ce sont les principes dont s'inspire le législateur, principes qui donneront à la Constitution sa forme et son esprit. Parmi ces principes, il en est qui tiennent à la condition du siècle, du pays, aux idées morales ou religieuses en faveur, et parmi lesquels le législateur peut, jusqu'à un certain point, faire un choix. Il en est d'autres qui ne sont rien moins qu'arbitraires, et qui dominent nécessairement toute œuvre humaine qui veut durer. C'est de ces principes que je m'occupe. Il ne s'agit point ici d'une vaine métaphysique, mais des données constantes de l'expérience et du bon sens. C'est faute d'accepter ces données incontestables que les écoles philosophiques du dix-huitième siècle, comme les écoles socialistes du dix-neuvième, ont érigé en système les plus étranges erreurs; les premières sacrifiant la société à l'individu, les autres immolant l'individu à l'État, chacune d'elles n'envisageant qu'un côté de la vérité.

Qu'on ne croie donc pas que nous poursuivions en ce moment des curiosités philosophiques, des études, bonnes pour la spéculation, inutiles pour la vie, et qui, si elles n'égarent pas le législateur, lui font au moins perdre son temps. Au contraire, l'établissement ou, pour mieux dire, la reconnaissance de certains principes dirigeants, auxquels tout doit se rapporter et se subordonner dans nos institutions, tel est aujourd'hui le point capital, comme on le reconnaîtra prochainement, quand viendra la discussion de la Charte nouvelle. Il est à craindre que la confusion ne soit extrême et que, partis de points opposés, on ne puisse se rencontrer sur un même terrain. Qu'est-ce en effet qu'une Constitution? La meilleure distribution des forces politiques pour atteindre un certain but que reconnaît le législateur, et, après lui, la nation. Mais si l'on n'est d'accord ni sur le but, ni sur les moyens de l'atteindre, ni sur les forces dont on dispose, comment s'entendre sur l'organisation des pouvoirs publics? Si l'on ne peut convenir de la limite et de l'étendue respective des maximes les plus respectables, si des partis ennemis entre eux inscrivent sur leur bannière un même mot qui pour chacun a un sens différent, que pourra-t-il sortir de cette confusion de langage et de projets, sinon une Babel politique? Si le sang, qui fume encore dans nos rues, et qui nous crie la concorde et l'union, n'amène pas l'ajournement de ces prétentions hautaines, de ces projets téméraires qu'on voudrait imposer de force à la société, si l'on n'en revient pas à renouer la tradition, il est à craindre que la Constitution de 1848, transaction impossible entre des principes ennemis, n'échoue comme les erreurs brillantes de la Révolution, et qu'elle n'aille prochainement rejoindre, dans la poudre des bibliothèques, ses devancières de 1791 et de 1793, ne laissant comme elles que le souvenir de son impuissance et la confirmation trop chèrement achetée des grandes vérités que le législateur ne méconnaît jamais impunément.

Qu'on ne se trompe pas sur la situation; le danger est assez grand pour que nos législateurs s'y prennent à deux fois avant de suivre la Commission de Constitution sur le terrain où elle s'est laissé entraîner. Grâce à la décision de quelques hommes, grâce au courage héroïque des citoyens, la France vient de traverser victorieusement une crise où la civilisation devait périr; mais l'ordre rétabli dans la cité ne l'est point dans les esprits : des canons sur nos places, l'exil de quelques misérables, peuvent comprimer l'émeute; mais ce sont des moyens impuissants pour détruire la racine des guerres civiles, et le mal est trop grand pour qu'une amputation sanglante sauve la société. La maladie qui nous dévore, ce n'est point l'agitation de la rue, qui n'est qu'un symptôme, c'est l'anarchie des idées. Le danger qui nous menace toujours vient de ces doctrines mensongères que le goût du paradoxe, trop commun dans notre pays, a fait accueillir sans défiance, que le dédain des hommes éclairés a laissées grandir, que la misère et l'ignorance ont acceptées comme un nouvel évangile, et qu'hier des hommes égarés par des promesses d'autant plus brillantes qu'elles sont chimériques essayaient de réaliser le fusil à la main. Ce qui précipite la France vers une décadence imminente, ce ne sont pas, comme on a pu le croire un instant, les déclamations furibondes de quelques voltigeurs de 93, gens qui font surtout du bruit parce qu'ils ont peur, et dont le cœur sensible dément la grosse voix : le danger est dans ces théories socialistes, communistes, humanitaires, qui depuis quelques années se sont multipliées à l'infini; doctrines diverses et qui s'entre-combattent, mais dont le caractère commun et fatal est de s'attaquer aux fondements mêmes de la société, je veux dire à la propriété et à la liberté indiduelle ; doctrines qui depuis quatre mois nous ont valu la ruine, la misère et la guerre civile, et qui, si on les laisse pénétrer dans la Constitution, en chasseront la liberté, et nous mèneront droit au despotisme. La liberté est en péril : c'est, aujourd'hui, ce bien essentiel du citoyen et de l'homme qu'il faut préserver. La liberté compromise, adieu la civilisation et tous ses fruits ! Sauver la liberté, voilà le cri d'alarme qui, en ce moment, doit retentir de toutes parts ! Que nos législateurs, gagnés à leur insu par quelques-unes des illusions socialistes, se convainquent par un examen sérieux que toutes ces organisations prétendues désorganisent la société, en étouffant ce bien suprême conquis par vingt siècles de lutte, la liberté : une fois cette conviction acquise, la Constitution ne sera plus qu'une œuvre facile; car il s'agira non plus d'organiser l'impossible, mais d'assurer à tous la plus grande somme de liberté et de bien-être, mais de continuer le sillon ouvert par nos pères; mais de régulariser et d'étendre le jeu d'institutions qui, par la pratique ou la discussion, nous sont depuis longtemps familières.

Est-il vrai que le danger soit aussi grand ? Est-il vrai que ces théories nouvelles portent en elles l'âcre venin de la tyrannie ? C'est ce que je vais essayer de démontrer, si la patience du lecteur lui permet de me suivre dans l'examen de ces systèmes décevants.

La philosophie politique de notre siècle est bien

loin des doctrines universellement reçues par nos pères; elle part du point diamétralement opposé. On est revenu des idées de Locke et de Rousseau, idées qui eurent tant d'influence sur les législateurs de la Révolution, et qui percent dans toutes les déclarations de droits, frontispices obligés de nos Constitutions républicaines. On n'admet plus que l'état de nature ait précédé l'état social, ni que l'individu ait fait le sacrifice de ses droits naturels en entrant dans la communauté politique. L'histoire nous montre partout l'homme vivant en société (qu'est-ce autre chose que la famille, sinon une première forme de l'État), et la raison, d'accord avec l'expérience, nous dit que l'homme est un être essentiellement sociable; que ce n'est pas seulement l'intérêt personnel, mais un besoin, mais un instinct irrésistible, qui le poussent à vivre avec ses semblables, dût cette vie commune lui imposer les plus lourdes charges, sans compensation. C'est seulement par l'association que l'homme obtient la complète satisfaction de ses besoin physiques, moraux et intellectuels; c'est là seulement qu'il se développe librement : la société est donc sa condition naturelle, et il n'en a point d'autre. Ce n'est point l'homme civilisé, c'est le sauvage qui est un être dégénéré.

Ainsi l'État, ou la forme sociale, n'est point un mal nécessaire accepté par des individus indépendants, afin d'éviter de plus grands maux; ce n'est pas davantage un contrat dont l'original est introuvable, contrat dans lequel les générations passées auraient stipulé, sans droit, pour les générations présentes. Il n'y a rien d'arbitraire dans l'existence de l'État. C'est un ordre essentiel, un ordre supérieur et divin, auquel nul peuple ne peut se soustraire sans se

dissoudre et cesser d'être; l'anarchie, c'est le suicide
des nations, car l'État est la condition de leur développement et de leur perfection, en d'autres termes
de leur vie.

Mais si vivre en société est une nécessité pour
l'homme, et s'il n'y a pas de société sans gouvernement, il n'en faut pas conclure que le gouvernement
ou, si l'on veut, l'État soit la fin dernière de l'humanité, et que chacun de nous ne soit ici-bas qu'un des
mille ressorts d'une immense machine fonctionnant
à son seul profit, sinon même au plus grand profit
de ceux qui la dirigent. C'est là que gît l'erreur commune des socialistes et des communistes, quel que
soit du reste l'immense intervalle qui, au point de
vue moral et religieux, les sépare les uns des autres.
Cette erreur, aujourd'hui dominante, est bien autrement dangereuse que celle de Rousseau; car, s'il était
peu à craindre qu'en exaltant le sentiment de l'indépendance personnelle le philosophe de Genève fît
retourner ses adeptes au fond des bois, il est au contraire fort à redouter qu'avec des intentions excellentes, et des paroles toutes chrétiennes, les socialistes ne nous ramènent au despotisme doucereux des
jésuites du Paraguay. Mieux vaut cent fois la turbulence d'une société où l'individu a une opinion exa-
gérée de sa liberté, qu'un couvent industriel ou politique dans lequel chacun fait abnégation de son libre
arbitre, pour ne vouloir et pour ne faire que ce qu'ordonne un directeur, sinon plus infaillible, au moins
plus absolu que le pape aux plus beaux jours de sa
domination.

Veut-on toucher au doigt ce qu'il y a de faux et de
dangereux dans ces théories excessives? Qu'on lise le
résumé suivant des doctrines de l'école la plus re-

commandable assurément par l'honnêteté et le dévouement des hommes qui la représentent[1].

« Les sociétés n'ont d'existence et de vie que parce « qu'elles forment des nations.

« Le principe de la nationalité, le devoir et la mis- « sion de chaque peuple dominent les droits et les « intérêts individuels.

« L'individu n'a de valeur que par le devoir qu'il « remplit vis-à-vis de la société, par la fonction qu'il « accomplit dans l'œuvre commune.

« Ainsi, les droits individuels doivent être jugés « au point de vue de la société, et non pas les droits « de la société au point de vue de l'individu. »

Si l'auteur de cet exposé a voulu dire qu'en certains cas l'individu doit sacrifier son bien et même sa vie à l'intérêt général, il a exprimé en termes déclamatoires une vérité assez vieille pour être dite plus simplement ; mais si, comme je le crois, au lieu de reconnaître que la société et l'individu ont des droits et des devoirs réciproques, il a subordonné entièrement l'un à l'autre, et posé en règle absolue que l'État a le droit de disposer du citoyen quand et comme il l'entend, il a énoncé une maxime abominable dans ses conséquences, et qui serait la justification de toutes les tyrannies. Il ne sert de rien de dire que chaque peuple a une mission, et que c'est seulement pour cette mission (sociale ou divine, comme on voudra) que l'État a le droit d'épuiser les forces de l'individu ; raisonner ainsi, c'est reculer la difficulté, mais non la résoudre. Car cette mission, qui la détermine? Est-ce la volonté générale, ou, en

1. Revue nationale de MM. Bastide et Buchez, numéro du 4 mai 1818, t. I, p. 121. Comparez l'article du 1ᵉʳ juin, p. 167,

d'autres termes, le vote d'une majorité? est-ce le chef de l'État? Mais si cette majorité qui prononce sans appel est égarée par la passion, ou même par l'excès des plus nobles sentiments? Si, par exemple, au nom de la fraternité, elle donne pour mission à la France de secourir tous les peuples opprimés, et que, pour une guerre facilement évitable, elle use notre dernier homme et notre dernier écu? Mais si votre pape social n'est pas infaillible? s'il prend un paradoxe pour une vérité, le cri de la rue pour la voix du pays? s'il croit à l'organisation du travail, à la communauté, à quelqu'une de ces rêveries si bien placées dans les livres, mais qui se traduisent en coups de fusil quand elles en sortent? Nous voilà sur le grand chemin de la tyrannie et de la plus insupportable de toutes, une tyrannie qui s'impose en quelque façon de droit divin, qui a foi en elle-même, et qui n'admet ni discussion ni raisonnement. Votre État est un couvent où règne une seule volonté : celle du supérieur; une seule vérité : son opinion; une seule pensée : son rêve du jour. Quel que soit le chef de ce gouvernement, homme ou assemblée, c'est un despote plus absolu que les souverains de l'Orient. Le résultat le plus certain de votre révolution sociale, c'est d'inaugurer la tyrannie, sinon dans les hommes, au moins dans les institutions. Mais laissez faire l'inexorable logique qui régit les choses humaines; le despotisme une fois déposé dans l'organisation sociale, le maître ne se fera pas attendre, les événements l'en feront sortir.

Les socialistes se font illusion, parce qu'ils sont animés des intentions les plus pures; parce que, comme tous les sectaires, ils se croient en possession d'une vérité divine, au succès de laquelle le salut

même de l'individu est intéressé. Ces doctrinaires de
la Révolution poussent d'autant plus loin le *compelle
intrare*, que la grandeur de la mission qu'ils dirigent
les fait passer aisément sur la grandeur du sacrifice
qu'ils imposent au troupeau qui les suit. Pour voir
le système dans sa laideur naïve, il faut étudier les
doctrines communistes, doctrines émanées du même
principe, mais qui, ne s'occupant que des biens de
la terre, ont un aspect matérialiste qui révolte les
âmes bien nées. La tyrannie y est plus apparente. On
voit clairement que l'homme, dépouillé de son indépendance extérieure, perd du même coup sa liberté
intérieure et tombe au rang de la brute, n'ayant plus
comme elle que des appétits à satisfaire. Dans ce système, quelle différence y a-t-il entre le bœuf qui tire la
charrue et l'être misérable qui la dirige? Tous deux
ont mêmes besoins, partant mêmes droits, puisque le
besoin est le premier et le seul titre reconnu par
l'école communiste.

> What is a man
> If his chief good and market of his time
> Be but to sleep and feed? A beast, no more.
> Sure, he that made us with such large discourse
> Looking before and after, gave us not
> That capability and godlike reason
> To fust in inused [1].
>
> (*Hamlet*, act. IV, sc. IV.)

De pareilles folies révoltent en nous notre propre

---

1. « Qu'est-ce que l'homme, si son bien suprême, si le but de
« sa vie n'est que dormir et manger? Une brute, et rien de plus.
« Certes, celui qui nous a créés avec cette large intelligence em-
« brassant le passé et l'avenir, ne nous a point donné cette capa-
« cité et cette raison divine pour qu'elles demeurent en nous sans
« jamais nous servir. »

nature qui résiste à la dégradation ; l'homme sent
bien que, tout en étant essentiellement sociable, il
est cependant fait avant tout pour exister individuellement. Il repousse avec une horreur instinctive
ces doctrines qui attentent à sa liberté, car s'il n'est
plus libre, il n'est plus homme. Mais que les socialistes ne s'y trompent pas ; poussé dans ses dernières
conséquences, leur système descend aussi bas que
celui des communistes. Le communisme n'est que la
forme la plus logique du socialisme ; il est en germe
au fond de tout système où l'on pose en principe le
droit absolu de l'État sur l'individu. L'État, dit-on,
doit respecter la loi morale ; soit : mais les communistes croient non-seulement la respecter, mais la
faire triompher en détruisant la propriété ; c'est au
nom du même principe que M. Buchez défend le propriétaire et que M. Cabet l'attaque ; preuve trop évi-
dente qu'il n'y a rien de moins absolu que cette *vérité
sociale*, au nom de laquelle on doit régénérer le
monde. Pour moi, je dirai que la communauté des
biens me semble une conséquence naturelle de la
maxime socialiste que *l'individu n'a de valeur que par
le devoir qu'il remplit à l'égard de la société, par la fonction qu'il accomplit dans l'œuvre commune*. Le principe
une fois admis, je ne vois pas ce qu'on peut opposer
aux apôtres d'Icarie.

Il est incroyable combien les hommes aiment à se
payer de mots. Le despotisme oriental nous révolte
comme une monstruosité, le socialisme est prôné
comme une grande et noble découverte ; et cependant, à ne considérer que la théorie, je ne vois point
de différence entre ces deux systèmes. Une doctrine
qui prétend disposer de la liberté personnelle sous
prétexte de guider et de régulariser le développement

humain, qu'est-ce autre chose que la substitution
d'une volonté étrangère à la volonté individuelle; en
d'autres termes, qu'est-ce, sinon le despotisme? Qu'un
maître m'asservisse à son caprice, ou qu'un philosophe, imposant à la société un but qui n'est pas
celui que la nature m'assigne, dispose arbitrairement
de mon activité, de ma fortune, de toute ma vie, où
est la différence pour moi qu'on écrase? Ne suis-je
donc qu'un citoyen? Ne suis-je pas un homme, c'est-
à-dire une personne libre, ayant comme telle des
droits et des devoirs en dehors de l'État? Mes idées,
mes croyances, la libre détermination de ma vie, le
soin de ma famille, le fruit de mon travail, tout cela
ne m'appartient-il pas directement, et sans concession
de l'État? et par conséquent l'État n'est-il pas tenu
de respecter les conditions de ma nature, les conditions sans lesquelles je cesse d'être homme et ne
m'appartiens plus? Est-ce l'État qui m'a donné la
liberté pour décider de mes actions, et le sentiment
de la justice pour les régler; et peut-il à son gré
absorber, détourner, anéantir ma liberté, mon intelligence, ma responsabilité morale? S'il le peut, qu'est-
ce donc que l'homme? S'il ne le peut pas, où est la
limite de sa puissance, où s'arrête la souveraineté?

En somme, il faut toujours revenir au même point.
Qu'est-ce que cette vérité sociale qu'on fait sonner si
haut? Qui la constate? qui a droit de la formuler en
loi? qui détermine la fonction sociale de l'individu?
quand et comment le souverain a-t-il le droit d'y
soumettre le citoyen? Si c'est au raisonnement et à
l'expérience qu'il appartient de fixer la limite délicate
où s'arrête le droit de l'État, le socialisme n'est qu'un
mot sonore et vide; de tout temps la politique a été
l'art de concilier et de subordonner l'intérêt général

3

et l'intérêt particulier, quand ces deux intérêts se font
sérieusement concurrence. Si, au contraire, le socialisme apporte à l'humanité une formule nouvelle; si, suivant cette formule, c'est à l'État (c'est-à-dire à l'homme
ou à l'assemblée qui gouverne) qu'il appartient de déterminer le but social, et d'y faire concourir l'individu
jusqu'à l'entier épuisement de ses forces, je demande
ce que devient la liberté sous un pareil régime? Nous
retombons sous la verge de fer d'une théocratie nouvelle; nous sommes les serfs des prêtres de l'État.
Sous de belles paroles, sous l'apparence de l'égalité
ou de la fraternité, c'est le nombre et la force qui
s'imposent, et non pas le droit.

Je comprends que les socialistes exaltent la pa-
pauté; ils l'ont prise pour idéal. Pour eux, la vérité, l'infaillibilité sociale remplacent la vérité et l'infaillibilité religieuse; du reste, c'est la même doctrine,
la même défiance de la raison et de la liberté humaines; c'est toujours une autorité supérieure qui s'impose sans discussion, ou, si l'on veut, qui a le dernier
mot dans toutes les questions, et qui exige l'obéissance au nom de la foi. Seulement, les socialistes ne
voient pas que pour rendre l'assimilation complète,
et l'empire de leur petite Église aussi légitime que
celui de l'Église catholique, il leur reste à justifier
de la divinité de leur mission, et, cette divinité
démontrée, à se renfermer dans le domaine de la
conscience, sans prétendre violenter ce qu'il y a
de plus inviolable au monde, la liberté humaine. Car
enfin, la vérité politique, inventée par M. Buchez ou
M. Pierre Leroux, ne peut avoir plus de privilèges
que la vérité divine, et si l'Église n'attend le triomphe
de l'Évangile que de la libre soumission des fidèles,
je ne saisis pas bien de quel droit socialistes ou com-

munistes m'imposeront forcément l'association volontaire, et m'enfermeront malgré moi dans un de
ces mécanismes ingénieux où l'individu tournera, sa
vie durant, pour la plus grande gloire de la religion
sociale. Quand on propose de confisquer à perpétuité
la liberté, c'est bien le moins qu'on justifie du titre
supérieur et divin en vertu duquel on arrête court le
développement régulier de l'humanité.

Que les socialistes prouvent donc d'abord qu'ils ont
trouvé la loi dernière de l'humanité (et pour ma part,
à voir tant de gens qui l'ont subitement découverte,
chacun de son côté, j'ai quelque scrupule sur le mérite de l'invention); qu'ils prouvent ensuite l'autorité
absolue que Dieu a mise dans leurs mains, car la possession même de la vérité n'autorise pas la contrainte,
et alors nous nous rendrons; jusque-là, nous aurons
droit de repousser une tyrannie que rien n'autorise,
et il sera vrai de dire qu'en se jetant dans un excès
contraire pour éviter l'écueil où s'est brisé Rousseau,
les socialistes n'ont point trouvé une nouvelle loi de
la civilisation, mais qu'ils ont seulement rencontré un
nouveau sophisme pour colorer la tyrannie. Certes,
je ne reconnais point là les doctrines catholiques qui
font une si belle part à la liberté, et Luther même,
que vous attaquez, était tout à la fois meilleur chré-
tien et meilleur politique que vous, quand dans son
traité sur les devoirs des sujets envers les magistrats,
il inscrivait au fronton de l'édifice social cette grande
et féconde maxime : *Dieu ne peut et ne veut laisser le
gouvernement de l'âme humaine à personne autre qu'à
lui seul.*

Mais, dira-t-on, prenez garde que vous ébranlez le
principe même de l'autorité. Entre l'État qui déclare
l'intérêt général et le citoyen qui refuse de le reconnaî-

tre, entre l'État qui exige un service et l'individu qui
s'y refuse, qui prononcera, sinon l'État? D'accord ;
mais ne confondons pas le pouvoir et le droit. Quelle
que soit la forme d'un gouvernement, république ou
monarchie, il est certain que, résumant en soi les
droits, les intérêts, la force de tous, ce gouvernement
ne reconnaîtra point sur son territoire de puissance
égale ou supérieure à la sienne, et comme il possède
seul l'autorité, il est clair qu'il en peut abuser ; mais
c'est précisément cet abus qui caractérise les mauvais gouvernements ; c'est par l'excès de leurs prétentions qu'ils périssent, bien plus que par le vice de
leur origine, ou la distribution plus ou moins habile
des pouvoirs publics. On a vu des usurpateurs, des
despotes se faire bénir en administrant dans l'intérêt
général, en ménageant la liberté et la propriété de
leurs sujets, tandis que plus d'une république a été
maudite et renversée par les citoyens opprimés. L'accord du plus grand bien-être social et du plus grand
bien-être individuel, telle est la fin de tout gouvernement. Au ménagement de ce double intérêt on reconnaît l'art du politique; sacrifier l'un à l'autre c'est
marcher au despotisme ou à l'anarchie, double abîme
où se sont perdus des établissements plus fortement
constitués que notre jeune République.

Les socialistes font-ils la juste part de ce double
intérêt, ou bien penchent-ils démesurément du côté
où pèse l'intérêt de l'État? C'est une question que résout un instant de réflexion. Après le raisonnement,
il peut être curieux de consulter sur ce point l'expérience, cette souveraine maîtresse de la science et de
la vie politique. Qu'on ouvre les écrits les plus célè-
bres de la première Révolution, ou qu'on lise les auteurs du dix-huitième siècle, en général, et malgré

les différences du point de vue, on trouvera que nos
pères poursuivaient un idéal bien différent de celui
que certaines écoles proposent aujourd'hui à notre
admiration. Qu'on se rattachât au passé, ou qu'on
rompît avec lui, ce qu'on demandait sous toutes les
formes, c'était la liberté; liberté de penser, liberté d'écrire, liberté d'industrie, de commerce, de
religion; partout et toujours la liberté! Ce que nos
pères considéraient comme un gouvernement vicieux,
despotique, abominable, c'était, il faut bien le dire,
quelque chose qui approchait de l'idéal rêvé par les
socialistes; c'est-à-dire un État qui se fait centre et
ramène tout à soi; un État qui affaiblit le lien de famille en intervenant mal à propos dans ces relations
délicates; qui inquiète la propriété en prétendant
sur elle un droit éminent; qui gêne et trouble le
commerce par des monopoles ou par l'avidité du
fisc; qui, enfin, en voulant tout régler, brouille et
désorganise tout, parce que forcément il substitue la
fantaisie d'un homme ou d'une secte aux rapports
naturels établis et consacrés par le temps. Pour ces
esprits simples, à qui manquaient les clartés de la
Jérusalem nouvelle, un bon gouvernement était celui
qui voyait avant tout, dans le droit public, la garantie du droit privé; qui laissait à l'individu et à la
propriété la plus grande somme possible de liberté,
et ne se croyait en droit de taxer l'un ou l'autre qu'en
justifiant d'une impérieuse nécessité. Pareille erreur
règne encore aux États-Unis, dans cette République
trop monarchique pour que notre Sparte moderne y
cherche des modèles. Dans ce pays où la liberté a
donné de si beaux fruits, on est loin de charger le
gouvernement d'agir, de prévoir et presque de penser pour les citoyens: tout au contraire, c'est à l'in-

dividu, à la famille, aux corporations, aux commu-
nautés, à l'association libre que l'État s'en remet de
la plus grande part du mouvement social, restant,
quand à lui, dans la sphère supérieure des intérêts
généraux, et ne descendant jamais dans celle des intérêts privés. *Help yourself*, ne t'attends qu'à toi seul,
telle est la devise politique et sociale de l'Américain.
La liberté suffit à tout dans cet État, où l'on n'a point
encore inventé l'atelier national, l'association com-
manditée par le gouvernement, les monopoles, l'impôt progressif, la guerre au capital, et où néanmoins
le travail est plus abondant et l'ouvrier mieux payé,
mieux instruit, plus influent que partout ailleurs ;
exemple de peu de valeur sans doute, puisque le socialisme n'a pas encore passé l'Atlantique pour régénérer le Nouveau Monde à l'imitation du nôtre, et y
verser les torrents de prospérité dont on nous inon-
de... dans l'avenir ; mais exemple bon à méditer cependant par tous ces alchimistes qui croient régénérer la France en épuisant, depuis quatre mois, le
sang généreux de ses veines pour y substituer l'eau
claire de leurs théories ?

CHAPITRE II

SUITE DU MÊME SUJET. — DES DÉCLARATIONS DE
DROITS.

J'en ai dit assez, je l'espère, pour faire ressortir l'erreur fondamentale des socialistes; l'État n'a pas seulement des droits sur l'individu, il a aussi des devoirs envers lui; ces devoirs, ce n'est pas le législateur qui les invente et les définit, car ils sont sinon antérieurs à l'état social (comme le prétendait Rousseau), au moins contemporains de la première société qui a paru sur la terre. L'homme a des droits en sa qualité d'homme, des *droits naturels*, si l'on veut prendre ces mots dans leur véritable sens. C'est Dieu lui-même qui, en créant l'homme libre, intelligent, responsable, en lui associant une compagne, en lui soumettant la terre, lui a donné ces droits que tout législateur est tenu de respecter, parce que l'État, fait pour l'homme, doit le prendre avec les conditions de sa nature, et ne peut avoir ni la prétention de le refaire, ni le droit de le gêner dans le libre développement de ses facultés. Rousseau avait tort de nier l'état social pour sauver la liberté, mais il avait cent fois raison de défendre les droits imprescriptibles de la nature humaine contre l'arbitraire des gouvernements; sa doctrine, fausse en certains points parce qu'elle était exclusive, était libérale dans plusieurs de ses conséquence, et nous lui devons quelques-unes des conquêtes

de la Révolution. En peut-on dire autant de ces écoles
dogmatiques qui nous parlent toujours de nos devoirs
et jamais de nos droits?

Ces droits, que doit reconnaître toute Constitution
qui veut durer, puisque leur maintien est précisément
sa raison d'être, sont-ils invariables? Oui, dans leur
essence, car leur essence est la nature humaine; non,
dans leur manifestation extérieure, car l'histoire est
là pour nous dire qu'en chaque siècle et presque en
chaque pays on a entendu de façon différente la satisfaction des besoins et des désirs de l'humanité. Partout et toujours les hommes ont eu raison de demander
que l'État respectât leur liberté physique, intellec-
tuelle et morale, qu'il ne troublât pas les saintes relations de la famille, qu'il ne s'attribuât pas sans cause
les fruits d'un travail légitime; mais quoi qu'on en
pense communément, rien de moins absolu que le
sens de ces mots LIBERTÉ, FAMILLE, PROPRIÉTÉ. La valeur qu'on leur assigne varie d'un siècle à l'autre, et
dans un même temps elle change du Nord au Midi.
Qu'on discute avec un Anglais sur le droit d'aînesse
ou sur la faculté de tester, on verra bien vite que
d'un côté à l'autre de la Manche l'idée de famille ou
de propriété diffèrent sensiblement. Et sans sortir de
France, croit-on que les énumérations du projet de
Constitution épuisent la définition de la liberté ou de
l'égalité? Les discussions des bureaux n'ont-elles pas
prouvé aux plus incrédules combien on est loin d'être
d'accord sur l'étendue de ces grands principes qu'on
accepte avec une apparente unanimité?

Qu'on ne cherche donc point à résoudre un problème impossible, et qu'on n'applique point à la
science du gouvernement des procédés qui n'ont de
valeur que dans les sciences exactes. Une vérité ma-

thématique une fois trouvée est invariable, et se peut
définir : il n'en est pas ainsi d'une vérité politique;
car la politique est, ainsi que la médecine, un art
plutôt qu'une science[1], et comme son objet est essentiellement mobile, elle ne peut jamais suivre de règles absolues[2]. La liberté, telle que nous l'entendons,
est une tout autre liberté que celle pour laquelle on
mourait au seizième siècle; la propriété que récla-
maient les vilains n'était point le droit que nous défendons aujourd'hui. Ce n'en était pas moins la liberté
et la propriété. Une seule chose est certaine, c'est que
le progrès de l'humanité se résume dans l'extension
chaque jour plus grande de la liberté individuelle, et
que l'histoire nous fournit en ce point une loi générale qui donne un démenti à toutes les utopies socialistes et communistes. Cette loi, on peut la formuler
ainsi : *Du degré de puissance prétendu par l'État, on
peut conclure le degré de civilisation auquel est parvenu
un pays, et, en général, le progrès des lumières, de l'ai-
sance et de la félicité publiques est en raison inverse de
l'intervention de l'État.* Dans une contrée où le souverain (peuple ou roi, peu importe) est tout-puissant et
se mêle de tout, la liberté, la famille, la propriété
s'amoindrissent, la civilisation s'arrête ou tourne à la
barbarie; au contraire, partout où la liberté de l'individu ne rencontre pas d'obstacles dans le gouvernement, où le droit de famille et le droit de propriété
sont respectés comme les premières institutions pu-

___

1. Il serait plus exact de dire un art et une science. Il y a des
principes certains, et des applications variables (1872).
2. « Il faut tirer toutes les règles de pratique, non d'une suite
« de raisonnements antérieurs, quelque probables qu'ils puissent
« être, mais de l'expérience dirigée par la raison. » Nos politiques devraient souvent se répéter cette maxime d'Hippocrate !

bliques, l'intervention de l'État, réduite à la seule gestion des intérêts généraux de la communauté, tend chaque jour à se restreindre, tout en gagnant en énergie dans la sphère où elle se renferme. Il en est des peuples comme des hommes : dans leur enfance, il leur faut perpétuellement une main qui les soutienne, une pensée qui les dirige; mais quand vient l'âge mûr, et avec lui la volonté et la responsabilité, ce n'est plus d'autorité que l'homme a besoin pour vivre, c'est de raison; ce n'est plus le magistrat qui commande, c'est la loi. Le cercle du commandement se resserre, celui de la liberté s'élargit. Les Américains, les Anglais, les Belges, les Suisses, en sont arrivés à cette forme de gouvernement où le pouvoir a d'autant moins besoin d'action que les citoyens agissent davantage, et d'autant moins besoin de force que l'obéissance est libre et raisonnée. Quant à nous, qui depuis trente ans nous sommes proposé pour idéal le *Self government*, il serait triste d'avoir fait une révolution pour qu'elle nous remit aux lisières du socialisme!

Mais si ces noms sacrés, LIBERTÉ, FAMILLE, PROPRIÉTÉ, ont un sens variable; si, après un demi-siècle, on n'entend plus de la même manière l'ÉGALITÉ, la FRATERNITÉ et ce qu'on nomme aujourd'hui le DEVOIR SOCIAL, à quoi bon les déclarations de droits[1] ? Dans ces préambules pompeux, et sans utilité législative,

1. Il y a deux espèces de déclarations de droits : la déclaration à la française qui énonce en termes généraux des maximes absolues, des principes philosophiques; la déclaration à l'américaine qui énonce en termes précis, sous forme concrète, certaines règles légales, que le législateur ordinaire est tenu de respecter, que le juge est tenu d'appliquer. C'est à la première espèce de déclaration que s'adressent mes critiques (1872).

toute énumération est insignifiante ; toute définition
dangereuse. C'est à l'expérience, c'est à l'étude qu'il
appartient de tirer chaque jour les conséquences nouvelles de ces grands principes sur lesquels porte la
société. Le devoir du législateur est de sanctionner
des résultats certains, et de transformer en lois les
conquêtes de l'intelligence et du temps. Aller plus
loin, c'est sortir de son rôle, c'est s'ériger inutilement
en professeur de métaphysique sociale, c'est oublier
que l'humanité et la science n'ont jamais dit leur dernier mot, c'est souvent appeler la discussion sur un
terrain qui croule sous les pieds. Bon pour l'école de
prendre pour thèse : *An sit Deus?* Mais si vous trans-
portez de pareilles controverses dans l'Église, que devient la religion ? Le législateur ne fonde pas la société ; il n'est pas chargé de monter en chaire pour
démontrer philosophiquement de quels éléments elle
se compose ; il ne prêche pas, il commande ; il ne discute pas, il agit. C'est pour la société telle qu'elle
existe, et non pour la république de Platon qu'il écrit
des lois. Ce n'est point d'une propriété abstraite, d'une
liberté abstraite qu'il s'occupe ; mais de la propriété
telle que le cours des siècles l'a définie, mais de la
liberté qui répond aux désirs et aux besoins de son
temps. Garantir les institutions de son pays, leur assurer un libre jeu, développer le bien-être général
sans contrarier la liberté individuelle, tel est son lot ;
il doit s'y tenir : la plus belle définition de la propriété ne vaudra pas la moindre loi qui préviendra
une agression injuste ; la plus brillante déclaration de
fraternité ne vaudra pas la fondation d'une caisse de
retraite pour l'ouvrier infirme ou vieilli. Encore une
fois, aux philosophes la discussion, aux législateurs
le commandement et l'action.

Croit-on que ces déclarations soient inoffensives ?
On se tromperait étrangement. En politique et en législation rien de plus dangereux que ces maximes in-
déterminées qui promettent tout et ne tiennent rien.
Après les magnifiques énonciations du préambule,
vient la législation ordinaire qui règle et limite les
libertés si amplement prodiguées. Cette législation
semble un démenti donné aux promesses de la Constitution; on a l'air d'ôter d'une main ce qu'on a offert de l'autre, et le peuple s'explique difficilement
pourquoi le lendemain d'une révolution on réduit
toujours les magnifiques espérances qu'on faisait luire
à ses yeux pendant le combat.

Je prends pour exemple la définition de la liberté,
telle que l'a comprise le projet de Constitution; voyez
combien la pratique s'écarte, dès le premier jour, des
promesses de la théorie.

La liberté consiste dans le droit d'aller et de venir.
Oui, mais si vous n'êtes pas muni d'un passe-port, le
premier gendarme venu vous arrête. *C'est le droit de
s'assembler paisiblement et sans armes.* Mais avant un
mois vous aurez une loi contre les clubs, et vous con-
serverez à la police le droit d'autorisation préalable
pour les réunions publiques. *C'est le droit de s'associer.*
Mais il vous faudra bientôt, comme le dernier règne,
poursuivre les sociétés secrètes, dernier refuge de
l'esprit anarchique. *Le droit d'exercer son culte.* Est-il
bien sûr que vous souffrirez toute espèce de manifestation religieuse, au risque d'encourager quelque
franc-maçonnerie politique[1] ? *Le droit de manifester*

1. Aujourd'hui je n'hésiterais pas à accorder la plus complète
liberté religieuse, sauf les mesures de police qui obligent tous les
citoyens à respecter la paix publique (1872).

ses opinions par la voie de la presse ou autrement. Et
vous réglementerez les journaux, les affiches, les
théâtres, les clubs; vous limiterez la liberté, non-
seulement en punissant ses écarts, mais encore en les
prévenant[1]. Aurez-vous raison de le faire? Oui certes;
mais vous avez eu tort d'encourager des prétentions
indéfinies par des promesses téméraires. Tout au contraire, vous devez enseigner au peuple que, pour ne
pas dégénérer en licence, pour ne pas mettre en danger la société, toute liberté demande une limite, et
que cette limite c'est la loi qui la donne, l'étendant
ou la resserrant suivant l'intérêt général. Telle est
au fond l'œuvre de l'État. Ce n'est pas lui qui con-
cède à l'individu les droits éternels que l'homme tient
de sa nature; mais c'est lui qui, dans l'intérêt social,
en règle l'exercice et les assure en les limitant. C'est
donc une première faute que de faire concéder en apparence par l'État des droits qu'il reconnaît, mais
qu'il n'accorde pas; c'en est une seconde et plus grave
que de présenter au peuple ces droits comme absolus,
au lieu de les lui faire connaître dans la forme concrète sous laquelle la loi en accepte l'exercice. C'est
s'exposer à ce que les principes exprimés par le législateur se retournent contre lui, et jettent sur son
œuvre la défaveur et la désaffection; c'est, par exem-

1. Je suis loin d'approuver les mesures préventives, elles affai-
blissent l'activité des citoyens, détruisent le sentiment de la responsabilité et habituent l'État à tout faire ou à tout empêcher.
Il y a cependant, même dans les pays les plus libres, certaines mesures de police qui sont préventives, et qu'il est nécessaire de
conserver dans l'intérêt de la paix publique. En Angleterre, les
réunions publiques sont soumises à certaines conditions. En France,
les clubs n'ont jamais été qu'un engin de révolution. C'est dans
ces limites que je reconnais la légitimité de certaines mesures
préventives. (1872.)

4.

ple, courir le risque que, la Constitution à la main,
les clubs attaquent la loi qui les réprime, et prétendent en résistant mettre la légalité de leur côté, l'arbitraire et l'oppression du côté du gouvernement.

Que feront les tribunaux en pareil cas? Accepte-
ront-ils la déclaration de droits comme une part de
la Constitution, comme la règle suprême de leurs décisions? Il leur faudra prononcer que les clubs ont
raison, et qu'une loi ordinaire n'a pu, en les restrei-
gnant, porter atteinte aux principes consacrés par cette
grande charte. Comment alors gouverner? Comment
le pouvoir législatif se tirera-t-il de ce conflit avec de
nouveaux parlements[1]? Les magistrats décideront-ils
que les lois spéciales dérogent à la Constitution? A
quoi bon tout l'appareil dont on entoure le vote de
cet acte solennel, si ce n'est qu'une loi comme les
autres, et la plus insignifiante de toutes, puisque les
principes les plus importants, dépourvus de sanction,
attendent la vie d'une loi postérieure qui semble les
dénaturer en les limitant? Jugera-t-on que la déclaration de droits n'a aucune valeur légale et n'est qu'une
proclamation philosophique? Mais, d'abord, pourquoi distinguer dans la Constitution une part qu'on
exécute et une part qu'on laisse de côté? Et puis, si
ce sont de vaines déclamations, pourquoi inscrire un
mensonge au front de l'édifice politique? Si ce sont
des *dogmes* qu'a proclamés le législateur, pourquoi
n'agit-il pas selon ses convictions? pourquoi ne trans-
forme-t-il point en lois les vérités sociales qu'il a re-
connues? Manque-t-il de conviction ou de courage?
Pourquoi tromper le pays en lui proposant un idéal
auquel on croit si peu qu'on l'abandonne dès le dé-

---

1. V. Sup., p. 38, note 1.

but ? La première condition pour qu'un peuple ait foi
dans ses institutions, c'est que le législateur ait foi dans
son rôle. C'est un chef de famille, un chef d'armée ;
l'hésitation ne lui est pas permise ; il a dans ses mains
l'avenir et le salut de tous. Il ne doit rien croire qu'il
ne fasse, rien promettre qu'il ne tienne, car la société
tout entière vit de sa parole et de sa pensée ; la confiance en l'homme perdue, adieu son œuvre ; elle
tombera au premier vent.

Du reste, jamais le danger des déclarations de droits
n'a été plus sensible que dans le projet de 1848 ; jamais, en effet, on n'a vu le législateur prendre d'engagements plus téméraires ; jamais on n'a confondu
plus étrangement la morale et le droit. Et, ce qui est
plus triste, c'est qu'on voit que les auteurs du projet
n'ont pas la moindre foi dans leur œuvre. Bien différents en ce point de leurs prédécesseurs de 91 ou de
93, ils ne croient guère à ces droits *imprescriptibles,*
comme les nomme M. Lamennais, et dont quelques-
uns n'ont jamais existé. Leur choix est un compromis
bizarre entre les prétentions diverses de l'école révolutionnaire et de l'école socialiste. C'est à nos anciens
constituants qu'on a emprunté l'égalité et la sûreté,
choix assez malheureux, soit dit en passant, car la
sûreté n'est pas seulement un droit du citoyen, c'est
la raison d'être du gouvernement. L'anarchie dont
souffre l'individu est bien plus fatale encore pour l'État
qu'elle emporte en un jour de tempête, comme une
triste expérience vient de nous l'enseigner. Quant à
l'égalité, c'est un droit qu'on peut entendre de tant
de façons, qu'il eût mieux valu ne pas en entreprendre
la définition, et se borner à dire que tous les citoyens
sont égaux devant la loi, et également admissibles
aux emplois publics. Aller plus loin, c'est s'engager

sur une pente glissante, et qui tourne au communisme. La définition du projet qui déclare que l'égalité consiste dans *l'exclusion* de TOUT *privilége de naissance*, et dans la *participation* ÉQUITABLE *de tous les citoyens aux charges et aux avantages de'la société*, a un aspect communiste des plus prononcés. Sans être malintentionné, on y peut voir un assez faible respect pour le droit d'héritage, dont le nom n'est nulle part prononcé, et peut-être une certaine faveur pour l'impôt progressif, une de ces merveilleuses inventions de l'envie à l'aide desquelles les financiers socialistes empêcheront les *riches d'être oisifs et de manger les pauvres* [1].

Toutefois, cet emprunt fait à nos anciennes Constitutions n'est rien à côté de la consécration du *droit à l'instruction* et du *droit au travail*, droits nouveaux que nos pères ont ignorés et que les socialistes ont découverts. Pour moi, plus j'y réfléchis, et moins je comprends cette vérité nouvelle qui achève l'Évangile et supprime la charité. Le *Manuel républicain de l'homme et du citoyen*, publié sous les auspices du ministre de l'instruction publique, a beau me dire que *le premier droit de l'homme est de vivre, tout comme le premier devoir de ses semblables est de lui en fournir les moyens;* dans l'obligation charitable qui conduit la société à secourir les pauvres, je ne vois rien qui fonde le droit à l'instruction ni le droit au travail que nos législateurs proposent, en tremblant, de consacrer dans la Constitution. Obtenir du travail et recevoir de l'instruction, est-ce donc un droit qui appartient à l'individu par sa seule nature? Mais alors il faut avouer que ce droit nouveau diffère singulière-

1. Expression du *Manuel républicain de l'homme et du citoyen*.

ment des droits reconnus jusqu'à ce jour par les anciennes déclarations, car il impose aux tiers l'obligation d'agir. Ce n'est pas le respect qu'il demande, c'est un service qu'il exige. Quand je prétends que mon semblable respecte ma liberté, ne touche point à mes enfants ou à ma femme, ne détruise point la récolte que j'ai semée, je ne lui demande, après tout, que de s'abstenir. Et comme en restant chez moi je ne lui nuis en rien, il n'est pas juste qu'il entre sur mon domaine, car il me fait un mal sans cause et que rien n'autorise. En pareil cas, ma résistance est légitime; j'ai, comme disait Kant, le droit du poing (le *Faustrecht*), le droit de la force pour protéger ma liberté, mon bien, ma famille: l'ennemi repoussé, mon droit cesse, car il est d'une nature toute négative. La liberté, la famille, la propriété, et si l'on veut même l'égalité et la sûreté, sont des droits absolus qui existent par eux-mêmes, ce ne sont pas des servitudes ou des obligations imposées à autrui; c'est à ce titre qu'ils ont droit au respect de tous, car ils sont un avantage pour tous, sans être une oppression pour personne.

Mais qu'est-ce que ce droit étrange en vertu duquel je puis recourir à la contrainte pour exiger de mon voisin qu'il m'instruise ou me fasse travailler? Et ce droit que peut-être on ne me reconnaîtrait pas contre un individu, puis-je l'avoir contre la commune, contre le département, contre l'État? Non sans doute; comment aurais-je contre la société d'autres droits que contre les individus qui la composent? Qu'est-ce donc que le droit à l'instruction et au travail? C'est une promesse faite par le gouvernement de fournir, autant que possible, l'éducation et le travail à ceux qui en manquent. Mais, à moins que la langue ne soit

bouleversée, à moins qu'on ne distingue plus entre
les notions de la morale et de la loi, est-ce qu'une
telle promesse peut engendrer un droit? Contre l'arbitraire du gouvernement qui menace ma propriété
ou ma liberté, je puis invoquer les lois et les tribunaux; ils ont été créés pour me défendre; mais à qui
m'adresser pour contraindre l'État à me donner gratuitement l'éducation? Et si l'atelier national ne peut
m'accorder de travail, comment forcer l'État de m'occuper? La société est coupable qui me laisse mourir
de faim, la misère excuse le vol que je fais d'un morceau de pain pour sauver ma vie; mais, à moins de
renverser toutes les idées gravées dans le cœur humain, qui osera soutenir que je suis propriétaire de
ce morceau de pain, et que le boulanger qui le dé-
tient est un voleur? C'est cependant ainsi que le droit
au travail pose la question; c'est ainsi que des théories coupables, des promesses fallacieuses ont égaré
l'esprit populaire. Allez au fond des sanglantes
émeutes de juin, vous en trouverez la cause véritable
dans ce droit au travail si imprudemment proclamé
le lendemain de la révolution de Février. Inscrivez-le
dans la Constitution comme un droit imprescriptible
et incontestable, demain on vous criera, comme il
y a quelques jours: *Du pain ou du plomb!* Et quand
vous aurez épuisé et ruiné la société par une taxe des
pauvres, on vous criera encore: *Riches à genoux* (si
toutefois il reste des riches); car enfin, tant qu'un
homme a le droit d'exiger du travail, et qu'un autre a
le pouvoir d'en donner, le *créancier qui exige a raison, le débiteur qui refuse a tort* et doit s'exécuter.
La charité transformée en obligation légale, ce n'est
plus celui qui donne qui est le bienfaiteur, c'est celui
qui attend, car c'est un créancier qui prolonge une

échéance. Admirable résultat des principes socialistes! En brouillant la morale et le droit, en exagérant jusqu'à l'absurde des principes bienfaisants, ils ont fait de la fraternité un instrument de guerre civile. Bien aveugle et bien imprudent le législateur qui s'engagerait dans cette route déjà tachée de sang! Occupez le pauvre, instruisez ses enfants, rien de mieux! Mais qu'il sache que c'est un bienfait et non pas un payement qu'il reçoit. Qu'il soit le débiteur, et non pas le créancier de l'État; l'obligé et non pas l'ennemi de cette société qui le nourrit [1].

En résumé, point de déclaration de droits; car l'inutilité de ces maximes générales n'est que leur moindre défaut. Mais surtout, dans l'intérêt de la paix publique, supprimez le droit à l'instruction et le droit au travail, car, encore une fois, ce ne sont ni des droits imprescriptibles, ni des droits naturels, ni des droits d'aucune espèce. Promettez, au nom de l'État, de donner, dans la mesure de vos forces, l'éducation, le travail, l'assistance; reconnaissez que la religion chrétienne et la fraternité vous font un devoir charitable de secourir le pauvre, l'infirme, l'enfant et le vieillard; mais réservez votre liberté, maintenez votre indépendance; ou sinon, attendez-vous que le peuple, qui se croira trompé, vous redemandera, un jour ou l'autre, et peut-être les armes à la main, l'exécution de vos impossibles promesses [2].

---

1. « Il faut écouter celui qui a faim pour remédier à sa faim ; « mais si, au lieu de l'écouter, on recevait ses ordres, sa faim « causerait la famine pour toute la société. » Sismondi, *Études sur les Constitutions des peuples libres*, p. 109.

2. Sur tout ce qui concerne les moyens d'aider utilement les pauvres, je recommande le Traité de Cabanis *Sur les secours publics*; on y verra qu'il n'y a rien de nouveau sous le soleil, pas

Je ne dis rien des devoirs sociaux énoncés dans le projet de Constitution; cette énumération sentimentale est une concession puérile faite aux théories socialistes; elle n'a ni objet ni utilité. L'ordre dans lequel les devoirs sont placés a quelque chose de ridicule; on dirait qu'ils ont été mis en raison inverse de leur importance: le respect de la Constitution y figure avant l'accomplissement des devoirs de famille, et ces derniers avant la maxime qui embrasse l'humanité tout entière. Mais il est inutile d'insister sur un pareil sujet. La déclaration des devoirs n'est pas dangereuse comme celle des droits; c'est un hors-d'œuvre sans importance, voilà tout. Il est temps de passer à une question plus sérieuse.

même l'atelier national et les maux qu'il engendre; on y verra également avec quelle sagesse Cabanis traitait cette question délicate de la taxe des pauvres; car, en définitive, le droit au travail pourrait bien ne pas être autre chose.

CHAPITRE III

DU POUVOIR DU LÉGISLATEUR ET DE SES LIMITES.

Il y a cinquante ans que M. le comte de Maistre prononçait contre la Constitution de l'an III, à peine promulguée, une condamnation prophétique qu'un temps bien court devait justifier[1]. Que le lecteur relise aujourd'hui ces pages pleines de sens, et qu'il dise si la Constitution de 1848 ne porte pas en elle les germes de mort qui devaient faire périr la Constitution de 1795 ; qu'il dise si, à un demi-siècle d'intervalle, ce ne sont pas les mêmes erreurs et les mêmes illusions. A quoi, bon Dieu ! servent donc l'expérience et l'histoire ? et faut-il que des leçons si chèrement payées soient éternellement inutiles ?

« Aucune Constitution ne résulte d'une délibéra-« tion, disait de Maistre ; les droits des peuples ne « sont jamais écrits, ou du moins les actes constitu-« tifs ou les lois fondamentales écrites ne sont jamais « que des titres déclaratoires de droits antérieurs, « dont on ne peut dire autre chose, sinon qu'ils « existent parce qu'ils existent. »

C'est, en d'autres termes, ce que disait le sage Portalis, éclairé par les rudes expériences de la Révo-

---

1. *Considérations sur la France*, chap. VI.

5

lution : le législateur n'invente pas les lois, il les
écrit.

« L'application des principes que je viens d'expo-
« ser à la Constitution française, continue de Mais-
« tre, se présente naturellement, mais il est bon de
« l'envisager sous un point de vue particulier.

« Les plus grands ennemis de la Révolution fran-
« çaise doivent convenir avec franchise que la Com-
« mission des Onze, qui a produit la dernière Consti-
« tution, a, suivant toutes les apparences, plus d'esprit
« que son ouvrage, et qu'elle a fait peut-être tout ce
« qu'elle pouvait faire. Elle disposait de matériaux
« rebelles qui ne lui permettaient pas de suivre les
« principes, et la division seule des pouvoirs (c'est
« ainsi que de Maistre nomme les deux Conseils),
« quoiqu'ils ne soient divisés que par une muraille,
« est cependant une belle victoire remportée sur les
« préjugés du moment[1].

« Mais il ne s'agit que du mérite intrinsèque de la
« Constitution. Il n'entre pas dans mon plan de re-
« chercher les défauts particuliers qui nous assurent
« qu'elle ne peut durer ; d'ailleurs, tout a été dit sur
« ce point. J'indiquerai seulement l'erreur de théo-
« rie qui a servi de base à cette construction, et qui
« a égaré les Français depuis le premier instant de
« leur révolution.

« La Constitution de 1795, tout comme ses aînées,
« est faite pour l'homme. Or, il n'y a point d'homme
« dans le monde. J'ai vu dans ma vie des Français,

1. De Maistre a raison : établir deux chambres était plus difficile alors que d'en maintenir deux aujourd'hui ; mais les constituants de 1795 avaient l'expérience des dangers inévitables qu'a-
mène une Chambre unique, et malheureusement, cette expérience,
ils ne l'ont pas transmise à leurs successeurs.

« des Italiens, des Russes, etc. ; je sais même, grâce
« à Montesquieu, *qu'on peut être Persan ;* mais quant
« à l'*homme*, je déclare ne l'avoir rencontré de ma
« vie : s'il existe, c'est bien à mon insu.

　　« Y a-t-il une seule contrée de l'univers où l'on ne
« puisse trouver un Conseil des cinq-cents, un Con-
« seil des anciens et cinq directeurs ? Cette Constitu-
« tion peut être présentée à toutes les associations
« humaines, depuis la Chine jusqu'à Genève. Mais
« une Constitution qui est faite pour toutes les na-
« tions n'est faite pour aucune ; c'est une pure abs-
« traction, une œuvre scolastique faite pour exercer
« l'esprit d'après une hypothèse idéale, et qu'il faut
« adresser à l'*homme* dans les espaces imaginaires où
« il habite.

　　« Qu'est-ce qu'une Constitution ? N'est-ce pas la
« solution du problème suivant :

　　« Étant données *la population, les mœurs, la reli-*
« *gion, la situation géographique, les relations politi-*
« *ques, les richesses, les bonnes et les mauvaises qualités*
« *d'une certaine nation, trouver les lois qui lui con-*
« *viennent.*

　　« Or, ce problème n'est pas seulement abordé dans
　« la Constitution de 1795 qui n'a pensé qu'à l'*homme*.

　　« Toutes les raisons imaginables se réunissent donc
« pour établir que le sceau divin n'est pas sur cet
« ouvrage ; ce n'est qu'un *thème*.

　　« Aussi, déjà dans ce moment (de Maistre écrivait
« en 1796), combien de signes de destruction ! »

　　Y a-t-il un mot à changer dans ces pages étince-
lantes d'esprit et de sens, pour y lire l'arrêt de la
Constitution projetée de 1848 ? Qu'est-ce que cette
Assemblée unique et permanente, dont la puissance
sans frein sera celle de la Convention, de si triste mé-

moire pour les amis de la liberté ? Qu'est-ce que ce
Conseil d'État irresponsable chargé d'une part de la
législation et de l'administration ? Qu'est-ce que ce
président, à qui l'Assemblée impose d'urgence ses
caprices sans qu'il puisse résister plus de quatre jours
à l'entraînement ou à la passion populaire ? Sont-ce
là des institutions enracinées dans les mœurs et les
habitudes de la France, comme la liberté de la presse,
le jury, le vote de l'impôt ? Est-ce tout au moins la
consécration d'un désir national, d'un besoin profondément senti et depuis longtemps exprimé ? Est-ce
pour de pareilles conquêtes qu'on s'est battu en février ? Serait-ce enfin un emprunt fait à l'expérience
de peuples plus avancés que nous dans la carrière de
la liberté, emprunt toujours difficile et d'un effet
douteux, mais qui peut avoir son excuse dans les nécessités d'une situation nouvelle ? Non, ce n'est rien
de tout cela. Cette Assemblée unique qui, si elle est
acceptée, ramènera en France le plus effroyable des
gouvernements, la tyrannie anonyme, le despotisme
sans responsabilité morale ; ce président sans pouvoir, espèce de sergent aux ordres de l'Assemblée ; ce
Conseil d'État hybride, qui n'est ni un corps législatif, ni un tribunal, ni même un conseil ; toutes ces
institutions nouvelles sont des rêves sortis tout d'une
pièce de la cervelle de M. Lamennais, de M. de Cormenin ou de quelque autre de nos Jupiters constituants, rêves qu'on impose à la France, qui ne s'en
soucie nullement, mais qui, comme toujours, payera
de son or et de son sang les frais de l'expérience.

Que sera ce Conseil d'État imaginé par M. de Lamennais, et dénaturé par les auteurs du projet de
Constitution? Un rouage inutile, ou le suprême régulateur de la législation et du gouvernement? Bien

hardi qui pourrait le dire? Je tiens pour constant
qu'on trouvera dans l'Assemblée dix opinions contraires, et cependant probables, sur le mérite de cette
invention qui n'a pas encore marché, et qui selon
moi ne marchera pas. Que fera votre président du
jour où l'Assemblée, lui imposant une volonté injuste,
le forcera, par une loi votée en deux jours, de dénoncer un traité antérieurement accepté, ou de déclarer
une guerre dont il ne veut pas, lui chargé des destinées du pays, et responsable devant la France, devant
l'Europe, devant la postérité? Quel parti prendra
l'Assemblée en face de la résistance d'un président
élu par sept ou huit millions de suffrages, et cent fois
plus populaire que le corps qui lui dicte des lois? Qui
départagera cette Assemblée, qu'on ne peut renvoyer
par une dissolution devant le peuple, son juge suprême, et ce président soutenu, encouragé dans sa
désobéissance par l'opinion publique, et qui, n'ayant
pas même de *veto* pour refroidir la passion de la
Chambre, ne peut défendre ce qu'il croit l'intérêt du
pays qu'en se révoltant? Verrons-nous une accusation briser le favori du peuple, ou un 18 brumaire
élever un maître sur les ruines de l'Assemblée? Tout
est possible, tout est probable, quand on met en jeu
des forces inconnues. Quelque ingénieuse que soit
la machine, personne ne peut dire quel ressort se
brisera, s'il en ignore la résistance. Je défie tout
homme de bonne foi de nier que dans le projet Lamennais ou dans le projet du Comité, un conflit entre
l'Assemblée et le président ne puisse arriver dans un
temps assez court (et je ne parle point du cas où un
prétendant serait nommé à la présidence); je le défie
également de me trouver dans toutes ces combinaisons le moyen d'empêcher l'explosion qui emportera

5.

la présidence ou la législature, car dans cette crise
fatale tout dépendra d'un élément qu'on ne peut
calculer : l'opinion. Pour moi la Constitution est grosse
d'une révolution qui mène infailliblement à la dictature d'un homme, ou à la dictature des Comités, si
justement suspecte. Les dangers que je prévois, un
autre peut ne pas y croire ; mais il en découvrira que
je ne soupçonne pas. Chacun du moins conviendra
avec moi qu'il est impossible de deviner quel gouvernement peut nous donner une Assemblée souveraine,
plus absolue que Louis XIV, et un pouvoir exécutif
étrangement énervé, il est vrai, mais que l'opinion
soutiendra dès le premier jour, parce qu'en France,
comme chez toutes les races romaines, l'opinion s'in-
carne toujours dans un homme, et que la nation
aime à se sentir conduite et tenue par un chef. Il
n'est personne, en un mot, qui ne voie avec effroi
qu'on lance le pays dans l'inconnu, et qu'au delà de
ces ténèbres il y a peut-être tout un monde de révolutions ! Bien coupable ou bien lâche celui qui, par
orgueil ou par faiblesse, assume sur sa tête une pareille responsabilité !

Pauvre France, en quelles mains es-tu tombée, et
de quoi te sert d'avoir traversé tant de révolutions
depuis cinquante ans, si tes enfants les plus chers ne
connaissent pas encore ce que renferment ces constitutions, présent funeste des utopistes, fatales boîtes
de Pandore d'où sont sortis pour toi tous les maux !
Quoi ! c'est chose indifférente pour une nation que de
vivre sous un pouvoir exécutif fortement constitué,
comme l'était l'empire, la Restauration, et même la
dernière monarchie, et l'on peut, sans que rien en
souffre, remplacer cette ferme organisation par un
simulacre de président, placé sous la tutelle mobile

d'une Assemblée? On peut substituer à la décision
d'un chef unique la volonté ondoyante de neuf cents
personnes, sans blesser le pays dans ses intérêts et ses
habitudes les plus légitimes, et sans compromettre
ou sans dénaturer cette centralisation dont on a
sans doute abusé, mais à laquelle la France doit
l'unité qui fait sa force? C'est après l'expérience de
tant de Constitutions évanouies, comme s'évanouissent les rêves, qu'il se trouve encore des hommes
d'État pour croire sérieusement qu'on crée une institution en jetant dix lignes sur un papier qu'emporte
le vent? Malgré l'exemple de l'Amérique, de la Belgique, et de la Suisse, malgré l'usage de tous les pays
libres du continent, malgré l'avis à peu près unanime
des publicistes, malgré les souvenirs récents de la
Révolution, on nous déclare que la France ne veut
plus de la division du pouvoir législatif à laquelle elle
est habituée depuis plus de trente ans? Une seule
chambre est possible, nous crient ces logiciens fougueux qui raisonnent en politique comme le calife
Omar en littérature, et, par amour de la simplicité, ti-
rent tout droit au despotisme; puis, l'instant d'après,
ces mêmes hommes, qui ne croient pas au maintien
d'une institution qui hier encore était debout en
France et qui aujourd'hui fait le tour de l'Europe,
ces mêmes hommes admettent, sans difficulté, qu'en
faisant nommer quarante personnes par l'Assemblée,
au scrutin secret et à la majorité absolue, il va sortir
de l'urne les noms de quarante sages qui, par la seule
autorité de leurs lumières et de leur raison, maintien-

1. Il y a deux espèces de centralisation : l'une est politique,
l'autre administrative ; Il faut maintenir énergiquement la première, et relâcher la seconde (1872).

dront la balance entre l'Assemblée et le président !
Aux leçons du passé, aux conseils du présent, nos
constituants préfèrent, sans hésiter, les combinaisons
qu'ils ont péniblement déduites dans le silence du
cabinet, et, dans leur vanité, ils croient que le pays
s'attachera à cette institution sans racines, et la dé-
fendra contre le dédain d'un ministre, ou la jalousie
d'un pouvoir unique? En chargeant de la rédaction
des projets de lois et des règlements d'administration
publique quarante personnes, inconnues au pays
qui ne les a pas nommées, sans initiative, sans *velo*;
on se flatte d'avoir créé un corps politique, et trouvé
le suprême régulateur de la machine républicaine?
On n'a créé qu'une illusion. Qu'est-ce que cette belle
série d'articles qui établissent un Conseil d'État et
en déterminent les attributions? Des mots, des rêveries, des théories sans consistance, et, comme dit
M. de Maistre, une constitution faite pour l'*homme*, et
non pour la France ? Quand une institution existe, sa
disparition fait un vide ; son absence rend la Constitution incomplète ; on sent qu'il manque un organe
essentiel à la vie du pays; mais ce Conseil d'État, rien
n'empêche de le modifier, de le remplacer, de le supprimer, sans que le projet de la Commission en souffre
sensiblement? Y a-t-il rien de plus aisé que d'imaginer trois, quatre, dix, vingt plans tout aussi plausibles!
Une constitution qui se plie à tant de combinaisons,
est-elle autre chose qu'un jeu d'esprit ?

« Les peuples existent, dit M. de Sismondi[1], et ce
« ne sont point les législateurs qui leur ont donné la
« vie; les peuples existent, et chaque peuple a une

1. *Études sur les constitutions des peuples libres*, page 25 et
suivantes.

« Constitution dans le sens le plus large de ce mot,
« puisqu'il existe. Le législateur ne doit toucher à
« cette constitution qu'avec la lime, jamais avec la
« hache. Il doit la modifier de manière à la rendre
« toujours plus propre au perfectionnement et au
« bonheur des hommes; mais, en y travaillant, il ne
« doit jamais oublier qu'il peut ôter la vie, et qu'il
« ne peut pas la rendre; or, cette vie est peut-être
« attachée à quelqu'un des organes qu'il veut corri-
« ger ou supprimer.

« La Constitution comprend toutes les habitudes
« d'une nation, ses affections, ses souvenirs, les be-
« soins de son imagination, tout aussi bien que ces
« lois... Aussi, rien n'indique un esprit plus superfi-
« ciel et plus faux en même temps, que l'entreprise
« de transplanter la Constitution d'un pays dans un
« autre, *ou celle de donner une Constitution nouvelle à*
« *un peuple, non d'après son propre génie ou sa propre*
« *histoire, mais d'après quelques règles générales qu'on a*
« *décorées du nom de principe.* Le dernier demi-siècle,
« qui a vu naître tant de ces Constitutions banales,
« tant de ces Constitutions d'emprunt, peut aussi
« rendre témoignage qu'il n'y en a pas une seule qui
« ait répondu ou aux vues de son auteur, ou aux es-
« pérances de ceux qui l'acceptèrent.

« Répétons aux législateurs que le pouvoir de créer
« ne leur a point été donné, et qu'il doivent s'estimer
« heureux s'ils conservent en même temps qu'ils amé-
« liorent. »

Je cite de préférence M. de Sismondi, car c'est un
fervent républicain qui parle, et un homme dont l'indépendance d'esprit fut poussée jusqu'à l'extrême;
mais assurément, ce n'est pas lui qui a découvert la
vérité vulgaire que Caton formulait ainsi : *Nec tem-*

poris unius nec hominis esse constitutionem reipublicæ[1].
Elle est apparue au premier qui a fait de la politique
une science d'observation, au lieu de prétendre imposer aux hommes les rêveries de son cerveau ; elle
fait le fond du livre d'Aristote comme de la *République*
de Cicéron ; Montesquieu l'a reconnue comme Grotius ;
malheureusement, dès qu'on en vient à l'application,
l'orgueil du législateur la méconnaît, et préfère des
combinaisons artificielles à l'examen et au respect des
faits. Burke, dans ses *Réflexions sur la révolution de
France*, écrivait par avance l'histoire de la République ; mais qui alors écoutait Burke, et qui même
voudrait le lire aujourd'hui, quoique son livre n'ait
rien perdu de son à-propos? Qui donc en ce moment
voudrait s'avouer disciple de cette école historique
qu'il est de mode d'insulter depuis que son illustre
et respectable chef est tombé dans la tourmente qui
menace d'emporter la monarchie de Frédéric! Et cependant, pour qui ne se laisse point éblouir par ces
tourbillons que soulèvent les passions humaines, et
qui ne prend pas un nuage pour la vérité, quelle
terrible confirmation ont reçue des événements les
principes glorieusement soutenus par M. de Savigny
depuis quarante ans[2]! Nous avons vu les sectes socialistes à l'épreuve; nous avons vu les disciples de Robespierre essayant de terroriser la France, et de lui
imposer leurs passions, leurs préjugés, leur jalousie.

---

1. Cicéron, *De rep.*, II, 21.
2. Ces principes, M. de Savigny les avait empruntés à Burke
et à l'École anglaise. Ils sont parfaitement exposés par Benjamin
Constant dans les chapitres ajoutés en 1815 à la quatrième édition de l'*Esprit de conquête*. Il est probable que Benjamin Constant
n'avait pas lu Savigny. Pour ces idées de M. de Savigny, voyez mes
Études sur l'Allemagne et les pays Slaves (1872).

Qu'est-il resté de ces tentatives impies ? rien que des
ruines qui, longtemps encore, accuseront l'impuissance radicale de ces désastreuses théories. Est-il certain aujourd'hui que la société n'est pas une machine
insensible dont on puisse à son gré changer les ressorts (ce qui pour le dire en passant à nos mécaniciens
politiques est difficile même d'une machine), mais
bien un être animé, comme l'a cent fois répété M. de
Savigny, une personne vivant d'une vie collective,
ayant des passions, des besoins, des idées dont
on ne peut la dépouiller sans la mutiler et peut-
être la tuer ? Est-il évident que prétendre modifier par
un décret la Constitution sociale d'un peuple est une
tentative aussi insensée que de vouloir modifier par
ordonnance la constitution d'un malade ; qu'au
prêtre, au philosophe, à l'écrivain, il appartient de
développer et de changer insensiblement les idées et
les mœurs d'une nation, mais que prétendre les supprimer brusquement par une loi, c'est folie ; et qu'en
deux mots le législateur est fait pour la société, et
non point la société faite pour le législateur ? Vieilles
vérités dira-t-on, et bien insuffisantes pour régénérer
le monde. Oui, vieilles vérités comme celles que soutient l'économie politique. Il est facile aux sectes socialistes, comme aux disciples de Robespierre, d'accuser l'impuissance et la trivialité de la science ; mais
quand une heure de révolution jette ces admirables
génies aux affaires, on s'aperçoit bientôt, aux ruines
qui marquent leur passage, qu'aujourd'hui le temps
des grandes découvertes est passé, qu'il n'y a plus de
législateurs illuminés, et que, tout incomplètes qu'elles
soient, les vérités péniblement acquises par l'observation et l'expérience sont le seul guide que recon-
naisse un législateur sincèrement ami du pays. Nous

avons vu au pouvoir un adversaire déclaré du système historique, le citoyen Ledru-Rollin : peut-être
suffira-t-il de dire que les disciples de M. de Savigny
eussent fait tout le contraire de ce qu'a tenté le fougueux proconsul, pour qu'on ait une moins mauvaise
opinion d'une école qui croit avoir réduit la politique
en science positive, une école qui, si ses principes sont
vrais, prédit hardiment qu'en rompant avec la tradition pour nous imposer une Constitution révolutionnaire, antipathique aux idées et aux habitudes reçues,
contraire aux usages de tous les pays civilisés, on
nous pousse infailliblement à la dictature par la démagogie. Je ne puis me lasser de le répéter, je voudrais
que ce cri fût entendu de la France entière : ou la
science est fausse (et j'en viens à le souhaiter), ou
l'on nous mène à l'abîme. En adoptant la Constitution nouvelle, on perd la République quand rien ne
serait plus facile que de la fonder sur des bases durables ; il suffirait pour cela que la République voulût
se fier un peu moins aux illusions de ses adorateurs
de la veille, et qu'elle écoutât davantage la voix de
ses sages amis du lendemain, ou mieux encore qu'elle
écoutât l'expérience, cette voix des siècles, que la
passion n'égare pas, et qui ne trompe jamais celui
qui l'interroge avec le sincère amour du bien, du
juste et du vrai.

CHAPITRE IV

SUITE DU MÈME SUJET. — DU POUVOIR EXÉCUTIF ET DU POUVOIR LÉGISLATIF.

Je me borne à l'examen de deux points qui dominent toute la Constitution[1], l'organisation des pouvoirs législatif et exécutif; je dirai ce que, selon moi,
eussent fait des législateurs pénétrés des vrais principes de la politique, c'est-à-dire qui n'eussent pas
dédaigné l'expérience, et qui n'eussent touché qu'a-
vec des mains paternelles à ces institutions qui font
une part non-seulement de notre histoire, mais de
notre vie nationale, à ces institutions péniblement
conquises par trente ans de lutte et de discussion, et
qu'il sera toujours plus sûr d'améliorer que de remplacer par cette chimère qui devrait être l'éternel effroi du législateur : l'INCONNU.

La séparation des pouvoirs, dit l'article 14 du projet,
est la première condition d'un gouvernement libre. Rien
de plus vrai que cette maxime, mais elle n'est que la
conséquence d'un principe supérieur qu'on formule-
rait ainsi : il existe en tout État un certain nombre de

1. Une constitution au sens moderne, au sens américain du
mot, est la loi qui règle la compétence des trois pouvoirs, législatif, exécutif, judiciaire, et détermine leurs rapports mutuels.
V. *inf.*, l'article intitulé : *du Pouvoir constituant* (1872).

pouvoirs distincts de leur nature, parce qu'ils représentent des forces diverses ; leur confusion est fatale à la liberté parce qu'elle entraîne le sacrifice injuste et violent de quelqu'un des grands intérêts de la société. Quels sont maintenant ces pouvoirs, ces éléments de l'État que le législateur reconnaît et ne crée pas ? Les anciens les avaient découverts et décrits bien avant l'établissement des gouvernements représentatifs, car ce sont des éléments essentiels de toute société civilisée, et à ce titre on les retrouve au travers de toutes les formes politiques.

En étudiant séparément les monarchies, les démocraties, les aristocraties pures, Aristote et Cicéron avaient parfaitement démêlé que chacun de ces gouvernements avait sa raison d'être dans un principe vrai, mais qui tournait nécessairement à la tyrannie, parce qu'il immolait deux forces vives de l'État au développement exagéré d'une seule [1]. Ils concluaient donc de leurs observations qu'il n'y a point de véritable liberté dans un pays où le peuple est privé des droits politiques [2] ; point de véritable égalité partout où le nombre fait la loi au mérite et à l'intelligence [3] ; point d'unité, point de paix, point de grandeur,

---

1. Cic., *De rep.*, 1, 27. Sed et in regnis nimis expertes sunt ceteri communis juris et consilii, et in optimatum dominatu vix particeps libertatis potest esse multitudo, cum omni consilio communi ac potestate careat ; et cum omnia per populum gerantur, quamvis justum ac moderatum, tamen ipsa æquabilitas est iniqua, cum habeat nullos gradus dignitatis.

2. Cic., *De rep.*, 1, 31.

3. Cic., *De rep.*, 1, 34. Nam æquabilitas juris, quam amplexantur liberi populi, neque servari potest (ipsi enim populi quamvis soluti effrenatique sint, præcipue multis multa tribuunt, et est in ipsis magnus delectus hominum et dignitatum), eaque quæ appellatur æquabilitas iniquissima est. Cum enim par habetur honos summis et infimis (qui sint in omni populo necesse est), ipsa

point de véritable amour du peuple [1], là où une volonté unique n'est point chargée de l'action [2]. Tout gouvernement simple, c'est-à-dire absolu, est pour Cicéron un pouvoir despotique, et condamné à périr par le côté où il penche [3]. Mais parmi les États absolus, pour lui comme pour Platon, comme pour le poëte,

Le pire des États, c'est l'État populaire.

Et il n'a point de peintures assez vives pour nous en retracer les excès, les misères, la fin fatale et déplorable [4].

Quel était donc, pour les politiques de l'antiquité, je ne dis pas le meilleur gouvernement possible (ils admettaient que les formes de l'État sont variables à l'infini), mais le seul gouvernement qui fût dans des conditions régulières ? La conclusion est aisée : c'était celui qui satisfaisait à ces trois intérêts légitimes qu'on retrouve partout, c'est-à-dire qui reconnaissait au peuple les droits politiques sans lesquels la liberté n'est pas suffisamment garantie, et qui, tout en donnant à l'expérience et à la supériorité des talents et des lumières une part d'influence considérable dans l'administration et les conseils de la république, laissait cependant au pouvoir exécutif cette indépendance d'action hors de laquelle il n'y a qu'impuis-

aequitas iniquissima fit; quod in iis civitatibus, quæ ab optimis reguntur, accidere non potest. — II, 22. Curavitque (Servius Tullius) quod semper in republica tenendum est, ne plurimum valeant plurimi.

1. Cic., De rep. I, 35.
2. Cic., De rep., I, 39.
3. Cic., De rep., I, 44.
4. Cic., De rep., I, 42, 43 ; III, 33.

sance et anarchie[1]. C'était là ce qu'entendait Cicéron
par ce mélange de monarchie, d'aristocratie et de
démocratie dans lequel il voyait l'idéal de la parfaite
République[2], idéal que réalisait pour lui la Constitution romaine à ses plus beaux jours[3]. Ce n'était point

1. Cic., *De rep.*, i. 45. Quod ita cum sit, ex tribus primis generibus (les gouvernements purs) longe praestat, mea sententia,
regium; regio autem ipsi praestabit id, quod erit aequatum et tem-
peratum ex tribus optimis rerum publicarum modis. Placet enim
esse quiddam in republica praestans et regale, esse aliud auctoritate principum partum, esse quasdam res servatas judicio volun-
tatique multitudinis. Haec constitutio primum habet aequabilitatem
quamdam magnam qua carere diutius vix possunt liberi ; deinde
firmitudinem. Quod et illa prima facile in contraria vitia conver-
tuntur, ut existat ex rege dominus, ex optimatibus factio, ex populo turba et confusio, quodque ipsa genera generibus saepe com-
mutantur novis. Hoc in hac juncta moderateque permixta confor-
matione reipublicae non ferme sine magnis principum vitiis evenit.
Non est enim causa conversionis ubi in suo quisque est gradu
firmiter collocatus, et non subest, quo praecipitet ac decidat.
2. Cic., *De rep.*, ii. 33. Id enim tenetote, nisi aequabilis haec
in civitate compensatio sit et juris, et officii, et muneris, ut et
potestatis satis in magistratibus, et auctoritatis in principum con-
cilio, et libertatis in populo sit, non posse hunc incommutabilem
reipublicae conservari statum.
3. Cic., *De rep.*, ii. 32. Tenuit igitur hoc in statu senatus rem-
publicam temporibus illis, ut in populo libero pauca per populum,
pleraque senatus auctoritate et instituto ac more gererentur; atque
ut consules potestatem haberent tempore duntaxat annuam,
genere ipso ac jure regiam. — Rome dut sa grandeur à son
sénat qui était une aristocratie élective (c'étaient les censeurs
qui, tous les cinq ans, dressaient la liste du sénat), recrutée
parmi les principaux magistrats de la République. Ce système,
peu connu, est certainement plus parfait que ce qu'on a imaginé
dans les temps modernes. Le pouvoir exécutif était aussi plus
fortement constitué et plus indépendant que dans nos Chartes. Il
est fâcheux qu'on n'étudie pas davantage le peuple qui nous a laissé
le plus parfait modèle de l'art du gouvernement. J'ai tâché de
mettre en lumière cette constitution romaine trop ignorée dans
mon *Essai sur les lois criminelles des Romains concernant la responsabilité des magistrats*. Paris, 1845, in-8. Peut-être aujour-
d'hui ce livre a-t-il plus d'intérêt que lors de sa publication.

le système moderne de l'équilibre des pouvoirs,
système erroné et dont la perfection serait l'immobilité absolue ; c'était la reconnaissance des conditions essentielles de la vie sociale, conditions qu'un
législateur ne peut méconnaître sans donner à l'État
une organisation monstrueuse, dont le développement ne peut se faire que par une suite de crises violentes et désespérées.

Depuis le temps où Cicéron résumait l'expérience
de l'antiquité dans ces pages miraculeusement re-
trouvées de nos jours comme un avertissement destiné à notre siècle, mille révolutions ont renouvelé
la face de l'Europe, mais aucune n'a ébranlé les observations du sage ; elles subsistent même plus écla-
tantes et plus sensibles pour nous, modernes, qui
nous rapprochons des gouvernements libres de la
Grèce et de Rome. On peut dire que, depuis cinquante
ans, l'histoire de l'Occident n'est que la confirmation
de ces vérités, reçues hier dans notre pays comme un
dogme politique, et que les malheurs de ces derniers
mois ont rendues plus certaines et plus importantes
que jamais. Quels sont les gouvernements qui, depuis
un demi-siècle, ont donné à leurs sujets la plus
grande somme de prospérité ? Les monarchies repré-
sentatives, satisfaction incomplète du vœu de Cicéron, parce que le respect du passé commandait un
ménagement quelquefois excessif des priviléges héréditaires du prince ; et à côté des monarchies constitutionnelles, la république représentative des États-
Unis, modèle moins imparfait d'une organisation nor-
male. Au contraire, d'où vient que nos premières
constitutions républicaines, si malheureusement imi-
tées par le projet de 1848, ont échoué complétement,
sinon que toutes établissaient la démocratie pure, ce

système que les anciens refusaient unanimement de
classer parmi les gouvernements légitimes, et dont
nos pères ont fait un trop rude essai pour y voir
autre chose que ce qu'y voyait Aristote, c'est-à-dire
la plus détestable forme de la tyrannie [1]? Qui a fait le
despotisme de la Convention? l'absorption du pouvoir exécutif, l'absence d'un pouvoir modérateur.
Qui a perdu le Directoire? la suppression de ce que
Cicéron eût nommé le pouvoir monarchique. Prendre
pour modèle des Constitutions qui n'ont jamais été
viables, qui ne nous sont connues que par les ef-
froyables misères qui les ont accompagnées, et croire
qu'en se jetant dans la même voie on n'arrivera point
au même désastre, c'est pousser un peu loin la confiance en soi-même et le dédain des lois éternelles du
bon sens.

En présence des événements de février, quel était
donc le devoir d'un législateur qui n'eût point mé-
prisé les leçons de l'expérience? N'était-ce pas de
conserver, en les accommodant à la forme républicaine,
toutes les institutions qui donnaient une satisfaction
légitime aux trois grands intérêts sociaux que nous
avons reconnus? car enfin, république ou monarchie,
la France n'en a pas moins besoin d'unité et de stabilité dans son gouvernement. N'était-ce pas encore de
ne pas oublier que la monarchie constitutionnelle
n'étant au fond qu'une démocratie mitigée, il s'a-
gissait, au lendemain d'une révolution, beaucoup
moins de détruire que de consolider et de complé-
ter un édifice où, pendant plus de trente ans, la
France avait abrité sa fortune avec une confiance
absolue?

1. Arist., *Polit.*, liv. IV, chap. IV.

Qu'y avait-il donc à changer au pouvoir exécutif tel que l'avait constitué la Charte, tel que l'avaient déterminé dix-huit ans d'un gouvernement fondé sur la souveraineté nationale? L'hérédité de la fonction disparue et remplacée par une durée de quelques années, une responsabilité toujours présente, toujours facile, mise au lieu de la fiction qui protégeait le monarque, le pouvoir, de royal, devenait républicain. Sa nature était complètement changée, et l'altération était trop profonde pour que, les attributions restant les mêmes, on ne se sentît pas néanmoins sous un gouvernement tout nouveau.

Peut-être eût-il été prudent d'en rester là pour ne point effaroucher le pays surpris par la République. On eût évité un des plus graves dangers qui menacent le nouvel établissement, je veux dire le regret du passé. Si en effet le pouvoir exécutif est mal constitué, si sa faiblesse laisse grandir les mauvaises passions qui grondent dans les bas-fonds de la société, si l'anarchie redresse la tête, les esprits se reporteront en arrière, et par amour de l'ordre se prendront à désirer la monarchie; tandis qu'un pareil retour eût été impossible si entre le président et le roi la grande différence eût été l'hérédité du pouvoir et l'irresponsabilité, deux priviléges qui ont un intérêt plus direct pour la personne royale que pour le pays. C'était l'affaire du temps que de limiter ce qu'on eût trouvé d'excessif dans les attributions du chef de l'État; en somme, c'est l'œuvre constante de nos lois depuis 1815; mais c'est une œuvre qui demande des ménagements infinis, car le pays est le premier à souffrir de l'affaiblissement excessif de l'autorité, et dans une république ce danger est plus grand que dans une monarchie. L'usurpation d'une assemblée est plus facile que celle d'un roi et bien autrement désastreuse. D'ailleurs, s'il est une nation qui aime un pouvoir fortement constitué, qui méprise un chef dont elle ne sent pas le commandement, c'est la France. La moitié de la gloire de l'empereur, c'est le souvenir de cette volonté de fer qui brisait toute résistance; et si quelque chose a déconsidéré et perdu le dernier roi, c'est la coupable faiblesse des ministres qui, dans l'intérêt de leur ambition, sacrifiaient l'administration aux calculs égoïstes de quelques privilégiés.

Expérience du passé, intérêt et désir de la France, tout se réunissait donc pour que l'on conservât la parfaite indépendance du pouvoir exécutif, j'ajoute même pour qu'on l'étendît. Et, en effet, la responsabilité du président autorise des prérogatives plus larges, exige une liberté plus grande ; car, à la différence du roi, le président agit par lui-même ; les ministres ne sont que ses commis, et non point son conseil nécessaire ; il faut qu'il puisse décider de son chef, et rapidement, car tout porte sur lui seul [1]. C'est au reste

---

1. Les Américains ont eu le sentiment de cette vérité, quand ils ont pris les ministres en dehors des assemblées ; non-seulement ils ont évité ainsi la corruption exercée sur l'Assemblée, et des prévarications possibles ; non-seulement ils ont débarrassé le gouvernement de ces luttes de tribune, de ce pugilat parlementaire qui détourne et frappe de stérilité toutes les forces de l'administration, mais encore, et ce résultat est d'une importance extrême, ils ont assuré la parfaite indépendance du président, qui autrement sera toujours dominé par des ministres choisis communément dans la majorité de l'Assemblée, à ce titre, plus puissants que lui, et souvent ses adversaires et ses contradicteurs déclarés.

[Il y a là une question des plus délicates, et qui pour moi n'est pas résolue. Comment concilier l'indépendance d'un président responsable avec les habitudes parlementaires de la France? C'est là une difficulté qui se présentera prochainement et que personne n'a encore examinée (1872).]

ce qu'avaient senti les Romains; le pouvoir de leurs magistrats était absolu. Le *veto* qui arrêtait un acte isolé n'atteignait point le droit même de l'officier. La responsabilité était la seule limite et le seul frein qu'un peuple libre voulût mettre à l'autorité de ses chefs, car il sentait que cette autorité n'était que la volonté du peuple exercée par ses représentants. C'était sa puissance même qu'il respectait dans la prérogative du magistrat.

Dans mon système, rien donc n'eût été plus facile que d'organiser le pouvoir exécutif sans danger pour la liberté; le projet a trouvé plus simple de le supprimer et de faire aux mauvaises théories révolutionnaires le sacrifice de cet organe essentiel de l'État. Le président n'a qu'un semblant d'autorité dont un homme de cœur sera bientôt las. On lui laisse quelques-unes des pompes de la royauté, mais nulle indépendance. Plus malheureux que les rois constitutionnels, obligé d'obéir aux ordres de l'Assemblée, il est responsable sans avoir la liberté de ses décisions.

Mais, dit-on, le projet ne retire que la puissance législative, qui n'est nullement une des attributions nécessaires de l'autorité exécutive; voyez, pour exemple, les États-Unis. Je l'avoue, mais la question est plus délicate qu'elle ne semble, car elle intéresse au premier degré l'indépendance du président, et cette indépendance, c'est tout le gouvernement. Si le chef de l'État est forcé d'accepter la décision brûlante d'une assemblée unique, si après deux jours de retard il lui faut se courber sous une volonté qui n'est point la sienne, ce n'est plus un président : c'est un ministre aux ordres de la Chambre, et qui dix fois par an doit offrir sa démission sur quelque question de cabinet. Un président doit, en certains cas, arrêter ou empêcher la décision de l'Assemblée, sinon il n'est rien, et il est plus simple d'en revenir au gouvernement des comités. La tyrannie sera plus apparente ; le pays s'y trompera moins longtemps.

Un président peut-il donc, comme un roi, contrarier indéfiniment la volonté nationale exprimée (on le suppose) par l'Assemblée? Non sans doute; les constitutions sérieuses n'ont pas voulu du despotisme du président plus que du despotisme des majorités. On a essayé de se tirer de cette difficulté par deux moyens. Le premier a été de donner au chef de l'État un *veto*, système forcé dans une charte qui n'admet qu'une seule Assemblée, mais qui (nous en avons fait l'expérience en 1791) a l'inconvénient de compromettre outre mesure le dépositaire de l'autorité, quand l'opinion soutient la Chambre, et qui, par conséquent, ne lui laisse qu'une liberté plus apparente que réelle. Le second moyen, infiniment supérieur, comme le prouve l'expérience, a été d'instituer une seconde Chambre, ce qui assure à la discussion et au vote des lois un calme suffisant pour que les observations du président soient sérieusement examinées, longuement discutées, et que le véritable intérêt du pays se fasse jour. C'est ainsi qu'aux États-Unis, en accordant un *veto* suspensif au président, avec renvoi aux deux Chambres, en exigeant dans chacune d'elles une majorité des deux tiers en faveur de la loi repoussée, on a concilié avec sagesse le droit suprême du législateur et la liberté nécessaire au pouvoir exécutif.

Mais ce pouvoir, sans lequel il n'y a point de gouvernement, le projet fait-il autre chose que de le supprimer et de le placer dans l'Assemblée, quand il soumet le président aux caprices d'une Chambre unique qui en trois jours peut décréter l'urgence, et voter deux fois la paix ou la guerre, à une seule voix de majorité ? Songe-t-on que dans la Constitution nouvelle les destinées de la patrie peuvent se trouver remises entre les mains d'un homme, et non pas de celui que la France a choisi pour président et en qui elle a confiance (celui-là, nos législateurs l'ont désarmé), mais entre les mains d'un député ignorant, trompé, vendu peut-être ? Une boule mise par erreur à la place d'une autre décidera de la fortune de la France, cependant que l'homme le plus considérable du pays, le chef nominal de l'État, assistera impassible au renversement de ses projets et de ses espérances, attendant les ordres d'une Assemblée changeante, passionnée, irresponsable, et qui dans toutes ses décisions ne voit guère que l'intérêt, souvent trompeur, de l'heure présente. Quelle diplomatie fera ce président sans puissance et qui ne peut répondre du lendemain ; quelle alliance pourra-t-il suivre, quels traités pourra-t-il préparer ? Et à l'intérieur quelle confiance inspirera cet homme qu'un vote de l'Assemblée fera tomber au premier jour ? Combien son commandement aura d'autorité, comme sa volonté dominera l'administration et imprimera aux affaires la ferme impulsion dont elles ont besoin ! Comme on comptera sur une parole que l'Assemblée désavouera le lendemain ; comme on exécutera un ordre que, trois jours après, elle déclarera injuste ou inutile ? Accepte qui voudra cette position subordonnée, elle me paraît indigne d'un homme appelé par des millions de suffrages à diriger un pays comme la France, et qui sent toute la grandeur et toute la responsabilité de sa mission.

Aussi je ne cesserai pas de le répéter : c'est chez

le législateur le comble de l'aveuglement et de la folie
que d'anéantir le pouvoir exécutif, et de confier les
destinées du pays à la mobilité d'une Assemblée unique. A l'extérieur, en face de l'aristocratie anglaise et
de la puissance russe si constantes, si fermes dans
leurs desseins, c'est condamner notre malheureux
pays à l'isolement, à la faiblesse, à l'avilissement ;
c'est perdre le fruit d'une révolution qui pouvait donner à la France le premier rôle politique en Europe.
A l'intérieur, c'est livrer sciemment le pays à l'anarchie ; c'est le forcer à se réfugier prochainement sous
la dictature d'un homme, tyrannie toujours moins
insupportable que celle d'une Assemblée. En affaiblissant le pouvoir exécutif, nos modernes révolutionnaires prétendent sauver la liberté : ils la tuent
comme ont fait leurs prédécesseurs ; et ils n'ont pas,
comme eux, l'excuse de leur ignorance !

Passons au second élément de toute société bien
organisée, à l'élément aristocratique, dans le sens
primitif du mot, Ἄριστοι, les meilleurs. Je viens de
dire comment sans une seconde Chambre l'indépendance du président n'est qu'un mot ; je n'essayerai
point de démontrer, après M. Thiers, que cette institution est aussi nécessaire au maintien de la liberté
qu'au maintien du pouvoir[1]. S'il est encore des gens

---

1. Delolme, *Const. d'Anglet.*, liv. II, chap. III, dit avec un
grand sens : « Il est sans doute nécessaire au maintien de la
« Constitution de limiter le pouvoir exécutif, mais il est bien plus
« nécessaire encore de limiter le pouvoir législatif. Ce que le pre-
« mier ne peut faire que pas à pas et par une suite d'entreprises
« plus ou moins longues (je veux dire éluder ou renverser les
« lois), le second le fait en un instant. Comme sa seule volonté
« produit la loi, sa seule volonté la peut anéantir, et, si j'ose le dire,
« il peut changer la Constitution, comme Dieu créa la lumière,
« d'un mot. Pour assurer la durée de la Constitution il est donc

qui, après avoir entendu cette parole pleine de sens,
ne soient pas convaincus qu'une Assemblée unique,
irresponsable, sans contrôle, ne nous a jamais donné
et ne nous donnera jamais que la tyrannie, je n'espère point les persuader ; ils appartiennent sans doute
à cette classe trop nombreuse d'esprits supérieurs
pour qui l'expérience n'est qu'un mot, pour qui n'existent pas l'autorité d'un Washington, l'exemple de la
prospérité inouïe des États-Unis, et qui ne peuvent
s'étonner assez qu'on mette en balance de pareilles
misères avec l'opinion sortie de leur tête puissante et
soutenue, à défaut de raisons, par un mot forgé du
grec et trois pointes joliment aiguisées. On ne discute
point avec ces logiciens superbes, on s'incline devant
une incurable vanité.

Non ragionam di lor, ma guarda e passa.

Mais pour les esprits dont l'essor ne se perd point
dans les régions inconnues, et qui ne pensent point
que la spéculation soit la politique, pour ceux qui
songent aux affaires, et qui croient qu'une Constitution n'est après tout qu'un moyen pour arriver à la
meilleure gestion des intérêts du pays, j'insisterai sur
une considération qui, selon moi, n'a point été suffisamment mise en lumière. Voyez, dirai-je, qu'en détruisant l'hérédité du pouvoir exécutif, vous avez ôté
à l'administration extérieure et intérieure son point
de stabilité ; plus de tradition avec un président qui

« Indispensable de renfermer l'autorité législative dans de cer-
« taines bornes. Mais il y a cette différence entre le pouvoir exé-
« cutif et le législatif, que tandis qu'il est aisé de limiter le pre-
« mier sans le diviser, il est impossible de borner le dernier
« autrement qu'en le partageant. »

7

change tous les quatre ans ; plus d'esprit de suite avec une Assemblée essentiellement mobile, et que, dans un jour de passion, le peuple peut renouveler entièrement. Et cependant sans tradition, sans esprit de suite, plus de diplomatie, plus d'administration ! Traités de commerce, douanes, impôts, emprunts, finances, toutes ces questions d'où dépend la prospérité du pays, et souvent sa grandeur, demandent à être suivies et ménagées ; on ne les décide pas par des solutions improvisées; l'administration est l'œuvre de la prudence, de l'étude et du temps. Comment assurer aux intérêts du pays cette représentation durable dont ils ont besoin, autrement que par l'établissement d'une seconde Chambre,.comme on l'a fait aux États-Unis ? Il n'y a qu'une aristocratie, dans le bon sens du mot, c'est-à-dire un corps d'élite, composé des hommes les plus éclairés et continuellement mêlés aux affaires, qui ait l'esprit de suite, qui s'inquiète de l'avenir, qui ne soit pas prodigue des ressources de l'État, et qui, poussant jusqu'à la passion l'égoïsme national, ne sacrifie pas l'intérêt permanent du pays à l'entraînement du jour. L'élément le plus certain de la grandeur d'un État, c'est une seconde Chambre peu nombreuse, mais réunissant les plus grands noms du pays, ne se modifiant qu'insensiblement, parce que le chiffre des hommes supérieurs est essentiellement limité, et cependant se retrempant sans cesse aux sources populaires de l'élection, et puisant dans le respect qui s'attache au choix national la force dont elle a besoin pour contre-balancer l'Assemblée rivale, et imposer au pays la patience quand elle résiste à la fureur du moment. Pas un État n'a joué un rôle dans l'histoire, qui n'ait dû son importance à un sénat : Rome, Venise. Londres, les États-Unis sont des exemples assez éclatants de cette vérité, pour que toute démonstration soit ici superflue.

La France s'effraye-t-elle d'une seconde Chambre ? pas le moins du monde ; l'opposition faite à l'ancienne Chambre des pairs (opposition du reste assez modérée) tenait à des causes toutes particulières, et qui ne touchaient en rien à la division du pouvoir législatif. Sous la Restauration on attaquait l'hérédité, et avec raison, car l'hérédité n'est plus dans nos mœurs, et si nous voulons bien d'une aristocratie qui résume toutes les lumières du pays, nous n'admettons pas une pairie qui ne représente qu'elle-même, comme est la pairie d'Angleterre. Sous le dernier règne, on a attaqué l'élection royale qui grandissait démesurément la prérogative monarchique ; mais on n'a jamais contesté à la Chambre des pairs cette supériorité d'expérience, de modération, de connaissances qui en faisait une réunion comparable à la Chambre des lords et au sénat des États-Unis. Il ne lui a manqué qu'une racine populaire pour balancer dans l'opinion l'influence de l'autre Chambre ; car, dès qu'une loi n'était pas essentiellement politique, le pays acceptait avec déférence et respect les décisions de la pairie. C'était là une indication précieuse, un élément de succès qu'un législateur moins prévenu n'eût point dédaigné.

Est-il besoin de répondre à ceux qui nient qu'une seconde Chambre soit compatible avec la république? L'exemple des États-Unis prouve le contraire. En chaque État, et presque en chaque ville, la division du pouvoir législatif existe, et a donné les meilleurs résultats. Est-ce donc que la souveraineté du peuple en est gênée, comme le prétendent ses flatteurs? Mais, dès que le peuple n'exerce pas directement le pouvoir législatif, comme le veulent les logiciens du parti ; dès qu'il le délègue, qu'importe qu'il le confie à une Assemblée ou à plusieurs? C'est une question d'utilité générale, et voilà tout. Je vais plus loin : je dis que le droit du peuple est sauvegardé par l'institution de deux Chambres mieux que de toute autre façon, car cette division est le moyen le plus sûr de prévenir les deux vices qui, en général, perdent les démocraties, l'usurpation d'une Assemblée, ou sa prévarication. Une seconde Chambre est une des formes sous lesquelles s'exerce la souveraineté nationale, comment donc pourrait-elle être la négation de cette souveraineté ?

A ce sujet, qu'on me permette de citer un passage curieux de M. de Sismondi[1] :

« C'était, jusqu'à nos jours du moins, une vérité
« dès longtemps reconnue qu'aucune des trois formes
« simples du gouvernement n'était propre à assurer
« à un peuple ce qu'il doit toujours se proposer:
« l'union du bonheur et du perfectionnement. C'était
« une vérité reconnue par les philosophes de l'anti-
« quité comme par tous les publicistes du siècle der-
« nier, qu'on n'arriverait à une Constitution vraiment
« sage, libre et protectrice, qu'en empruntant à cha-
« cune de ces trois formes ce qu'elle avait de meil-
« leur..... Cependant un nouveau système semble
« prévaloir aujourd'hui sous le nom de souveraineté
« du peuple ; il remet en question ces vérités si lon-
« guement établies par l'expérience..... On a presque
« établi en principe qu'une aristocratie d'aucun genre
« ne peut plus être admise dans un gouvernement

---

1. *Etudes sur la Constitution des peuples libres*, p. 250.

« libre. On y appelle, il est vrai, l'élément monar-
« chique conjointement avec l'élément populaire ;
« mais en même temps on ne veut laisser au roi ni
« indépendance, ni droit à avoir une volonté ; on lui
« demande seulement de nommer des ministres tels
« qu'ils lui seront désignés par l'opinion, sous condi-
« tion qu'il les renverra dès qu'ils auront perdu la
« faveur d'une assemblée toute populaire. *On se fonde*
« *sur la souveraineté du peuple. Mais on tombe ainsi*
« *dans une confusion d'idées qui ravirait bientôt au peu-*
« *ple sa liberté.* Sans doute l'organisation constitu-
« tionnelle d'une nation, la légitimité de tous les
« pouvoirs qu'elle contient dans son sein, et qui doi-
« vent concourir à soigner et à assurer son bonheur,
« existent bien au nom d'une volonté nationale im-
« pliquée ou expresse, car le seul but de leur création
« a été le plus grand bien de tous, leur seul droit à
« l'existence est encore ce plus grand bien. Mais cette
« souveraineté qui a établi les bases mêmes de la so-
« ciété ne doit point être confondue avec l'action po-
« pulaire exercée dans les formes prédéterminées par
« la Constitution ; alors la démocratie n'est plus la
« nation tout entière, la nation souveraine : elle n'est
« plus qu'une des voix qui concourent à exprimer le
« vœu national. Elle doit être indépendante, mais
« elle doit laisser aussi leur indépendance à l'élé-
« ment monarchique, à l'élément aristocratique ; *si*
« *elle les domine, si elle prétend exercer sur elles la sou-*
« *veraineté, il n'y a plus d'équilibre, il n'y a plus de*
« *Constitution, il n'y a plus de possibilité de gou-*
« *verner.*

« *C'est ainsi qu'à nos yeux le parti qui se proclame*
« *aujourd'hui républicain déploie sur sa bannière un*
« *mot, l'égalité, qui rend impossible la République.* —

7.

« Le gouvernement, avons-nous entendu dire à l'em-
« pereur dans les Cent-Jours, le gouvernement est
« une navigation : il faut avoir deux éléments pour
« naviguer ; il en faut deux aussi pour diriger le vais-
« seau de l'État, afin de pouvoir s'appuyer sur l'un
« contre l'autre. On ne dirigera jamais les ballons,
« parce que, flottant dans un seul élément, on n'y
« trouve aucun point d'appui pour résister aux tem-
« pêtes qui agitent cet élément. On n'a de même au-
« cun point d'appui, aucune possibilité de direction
« dans la démocratie pure, mais en la combinant
« avec l'aristocratie, on oppose l'une à l'autre, et l'on
« dirige le vaisseau par les passions contraires. »

Nous avons vu comment la Constitution suppri-
mait deux des grands intérêts sociaux, et comment,
tout en proclamant la séparation des pouvoirs, elle
anéantissait l'autorité exécutive.

Reste maintenant l'élément démocratique. Ce que
j'ai dit sur les dangers qu'amène pour le pays une
Chambre unique, qui domine le pouvoir exécutif,
suffit pour faire comprendre dans quel excès se sont
jetés nos législateurs, et quelle organisation monstrueuse est celle qui soumet toute la société à une
seule passion, un seul intérêt, un seul entraînement.
Une Assemblée unique avec un pouvoir nécessairement absolu peut être bonne au lendemain d'une
révolution ; c'est une machine de guerre excellente
pour détruire tout obstacle et briser toute résistance;
mais j'ai peine à croire que, pour les temps ordinaires, la dictature soit le meilleur et le plus régulier
des gouvernements. La monarchie constitutionnelle,
avec tous ses défauts et toutes ces complications,
nous a donné des habitudes de liberté qui ne nous
permettront de nous plier qu'avec peine à la simpli-

cité despotique du régime républicain dont on nous
dote aujourd'hui.

Quant au suffrage universel, dogme fondamental
de la nouvelle Constitution, qu'on impose et qu'on
ne discute pas, j'ai peine, je l'avoue, à comprendre le
silence et le respect dont on environne cette merveilleuse institution, que tout le monde repoussait avant
février; car enfin, le suffrage universel n'est point la
république, et l'on peut même, selon moi, rejeter
l'un par amour de l'autre. Qu'est-ce donc que le suffrage universel? Si c'est un droit de l'homme et du
citoyen, un droit absolu comme la liberté, la propriété, nos législateurs sont bien inconséquents d'en
écarter les femmes et les mineurs, qui tout au moins
devraient être représentés. Et ce n'est pas tout ; la logique va plus loin : si c'est un droit absolu que de
voter sur les affaires publiques, le législateur est
criminel qui fonde une république représentative
comme est la nôtre[1]. Qui l'autorise, en effet, à dépouiller le peuple de ses droits, en les anéantissant par
une prétendue délégation? C'est aux assemblées
primaires qu'il en faut revenir. Si, au contraire, le
suffrage universel n'est qu'un moyen pour arriver
au meilleur gouvernement, en intéressant le plus
grand nombre de citoyens aux affaires de l'État,
il faut avouer, sans examiner le moyen en lui-même
(cet examen nous mènerait trop loin, et on ne voudrait
pas nous écouter aujourd'hui), il faut avouer, dis-je,

1. « Les anciens avaient eu beaucoup plus d'expérience que
« nous des gouvernements libres et de toutes les formes républi-
« caines. Ceux qui invoquent leur autorité à l'appui de ce qu'ils
« nomment *les principes*, *les grands principes*, doivent être assez
« étonnés, s'il leur arrive jamais d'ouvrir non pas seulement
« Aristophane, mais Platon ou Aristote, de les voir se prononcer
« si fortement contre les démocraties pures. Tous les philosophes

que nos législateurs ont pris plaisir à exagérer les
défauts de l'institution, comme s'ils avaient le
dessein d'en dégoûter à jamais la France. Je ne

« grecs qui les avaient vues en action y avaient remarqué la do-
« mination constante du principe rétrograde sur le principe pro-
« gressif, de la brutalité du grand nombre sur la science et la
« vertu du petit. Ils y avaient vu l'oppression habituelle de la
« minorité par la majorité, le favoritisme populaire non moins
« redoutable que celui des cours, et la rapidité des révolutions
« que produisait cet enthousiasme de la multitude si violent et
« si fugitif. Nous ne nous arrêterons pas à discuter leur témoi-
« gnage, mais *nous ne pouvons nous empêcher de demander aux*
« *partisans du suffrage universel, avec étonnement, non pas où est*
« *leur expérience, mais où est leur théorie?* Ils rejettent tout ce
« qui est ancien. Ils veulent changer la face du monde, et ils ne
« présentent point, non pas seulement un législateur, mais un
« philosophe, un sage, un grand écrivain, qui ait admis et déve-
« loppé ce qu'ils nomment *leurs principes.* » Sismondi, *Études.*
sur les Constitutions, p. 51.

« Les partisans du suffrage universel, ajoute le même auteur
« (page 68), adoptent comme un principe qu'ils ne se donnent
« pas même la peine d'énoncer, bien moins encore de discuter et
« d'établir, que dans une société tous les individus savent, sen-
« tent, et veulent également, en sorte qu'ils doivent tous être
« comptés comme des unités égales. Ils croient que si toutes les
« décisions de la société étaient prises à la plus grande voix, toutes
« seraient conformes à son intérêt, à ses progrès et à sa vertu.
« Ils croient que le seul motif de la société pour déléguer tous ses
« pouvoirs, c'est l'impossibilité d'assembler une grande nation
« pour qu'elle les exerce elle-même ; ils croient enfin que la mi-
« norité est libre lorsqu'elle est liée par le vœu de la majorité, et
« que la majorité est souveraine quand, au lieu de commander
« elle-même, elle commande par ses représentants. *Il n'y a pas*
« *un de ces prétendus principes qui ne soit démenti également par*
« *le raisonnement et l'expérience.* »

Je recommande cette opinion d'un républicain au rapporteur
du projet de Constitution. J'attends avec impatience les raisons,
jusqu'à ce jour inconnues, qui ont pu décider des hommes sages,
et responsables des destinées de la France, à préférer aux conditions simples et usuelles d'une démocratie représentative un
système condamné par les politiques de l'antiquité comme des
temps modernes, et qui dans l'histoire n'est signalé que par des
désastres, et n'a jamais pu se maintenir. Qu'on me cite une seule
démocratie pure qui n'ait pas misérablement avorté !

parle pas du scrutin de liste, quoique j'aie une
peine infinie à comprendre comment, dans notre
pays d'égalité, l'électeur qui nomme trois membres
a un droit aussi étendu que celui qui en choisit
trente-quatre; mais comment ne voit-on pas que,
partout où l'on a admis le suffrage universel, on a
contre-balancé ce moyen excessif par quelque autre
invention destinée à le modérer? Aux États-Unis [1],
par exemple, deux des trois pouvoirs de l'État ne
sont pas nommés par le suffrage universel, et dès lors
il a perdu ses plus grands inconvénients et gagné des
avantages certains. Il est bon, en effet, que la voix
de la masse de la nation soit entendue dans les Conseils de l'État; il est mauvais qu'elle y parle seule et
qu'elle étouffe celle des hommes éclairés. Le gouvernement d'un pays n'est pas un problème d'arith-
métique; la volonté du grand nombre et les intérêts
du grand nombre sont rarement la même chose;
et, en administration, il faut plus souvent peser
les opinions que les compter. Faire au suffrage universel une part dans la Constitution, comme aux
États-Unis, c'est agir avec sagesse; lui donner tout,
comme le propose le projet, c'est se mettre à la discré-
sition de forces inconnues, dont la prochaine application effraye déjà nos constituants. Qui peut dire ce
que sera l'élection du président? Et comme si le danger n'était déjà pas assez grand de donner le droit de
suffrage à des millions d'individus forcément étrangers aux affaires publiques, nos législateurs ont même

1. Aux États-Unis l'électorat politique est considéré non comme
un droit naturel, mais comme une fonction. Le suffrage n'est pas
universel. Pour avoir droit de voter il faut être inscrit au rôle des
contributions directes ou à celui de la milice. C'est la très-grande
majorité des citoyens qui vote; mais ce n'est pas la totalité (1872).

supprimé la barrière d'un cens modique, qui eût débarrassé les listes électorales de tous les hommes sans domicile, population flottante, presque toujours menaçante et dangereuse, et, en second lieu, de tous ceux à qui la domesticité enlève l'indépendance nécessaire à l'électeur. On dirait qu'un méchant génie s'est plu à réunir les combinaisons les plus fatales pour livrer la France sans défense à toutes les passions déchaînées. Voilà l'œuvre d'hommes assez faibles pour accepter, comme nécessaires en ce moment, ces mauvais principes révolutionnaires repoussés depuis trente ans; comme si jamais il pouvait être permis de pactiser avec l'erreur, quand d'une décision peut dépendre l'avenir de toute une génération[1]

1. Aujourd'hui le suffrage universel est entré dans les mœurs, il a vingt-cinq ans de date. Il faut l'éclairer et le moraliser; il n'est plus temps de le réduire (1872).

CHAPITRE V

CONCLUSION.

J'arrête ici un travail qui eût demandé plus de temps et de réflexion; mais les circonstances font à tous les citoyens un devoir impérieux de parler; et qui tient la vérité dans sa main est coupable de ne pas ouvrir cette main toute grande. Pour moi, je n'ai point la prétention d'apporter, après tant d'autres, un moyen de sauver la société en péril; tout ce que j'ai voulu, c'est rappeler le législateur au respect de la tradition. J'ai essayé de démontrer que ces vérités prétendues nouvelles, dont nous éblouissent les socialistes, ne sont que de vieilles erreurs; que Dieu ayant donné à l'homme la liberté pour se conduire ici-bas, le législateur n'a point d'autre mission que d'écarter les obstacles qui gênent cette liberté, et qu'il ne lui appartient pas d'imposer à l'homme une direction qui gêne son libre arbitre, et le fait descendre au rang de la brute, ou de l'esclave, en lui ôtant toute responsabilité. J'ai répété, après bien d'autres, que ces déclarations de droits et de devoirs, dont on fait tant de bruit, sont inutiles ou dangereuses; j'ai prouvé, je crois, que le droit au travail est une invention désastreuse dans ses conséquences, et qui dans son principe ne soutient pas la discussion; j'ai soutenu que la création d'une Assemblée unique, fondée

sur le suffrage universel et absorbant le pouvoir exécutif, était l'installation du despotisme sur cette terre
de France où fleurit si volontiers la liberté; j'ai fait
voir que nos législateurs avaient méconnu en ce
point les leçons de l'expérience, les désirs et les
besoins du pays. En tout ceci, je n'ai rien inventé;
j'ai énoncé brièvement les opinions des vrais amis
de la liberté, les faits acquis et constatés qui, aujour-
d'hui, forment la science politique, et qui sont considérés comme des axiomes de l'autre côté de l'Océan.
M'écoutera-t-on? je l'ignore; mais au moins puis-je
dire que ni le regret du passé, ni la jalousie du présent, ne m'ont fait prendre la plume. Ignoré de l'ancien gouvernement, inconnu du nouveau, n'ayant
qu'un seul désir, celui de voir mon pays grand,
prospère, considéré, je puis dire qu'en écrivant ces
lignes, j'ai eu constamment devant les yeux la devise
que Pithou inscrivait dans son testament, après avoir
traversé dix ans de guerre civile sans dévier de ce
qu'il croyait la vérité; étranger à tous les partis, je
n'ai aimé que mon pays: *Patriam unice dilexi.* Ce sentiment explique la franchise de mes opinions, et je ne
crois pas avoir besoin d'excuse; car la franchise en
pareil cas est le plus saint des devoirs.

APPENDICE

·————

PROJET DE CONSTITUTION.

Afin de donner un corps aux idées que j'ai défendues, j'ai rédigé un projet de Constitution, en me tenant aussi près que possible de celui de la Commission, pour mettre en saillie l'opposition des deux systèmes : l'un, celui que j'attaque, le système révolutionnaire ; l'autre, celui que je soutiens, que je nommerais volontiers le système américain, si la vérité n'était pas de tous les pays.

Il y a une foule de points sur lesquels s'arrête le projet de la Commission, et que j'ai laissés de côté, parce que selon moi ils n'appartiennent point à la Constitution proprement dite, et qu'il est dangereux de les incorporer dans cet acte solennel.

Qu'est-ce, en effet, que la Constitution? Une loi qui établit les bases mêmes de l'Etat, en déterminant la nature et l'étendue des différents pouvoirs publics. On conçoit qu'une loi pareille soit mise à l'abri des innovations de chaque jour, pour qu'on n'y touche qu'avec maturité [1]; car tout changement dans la Constitution,

1. Il y a une raison plus forte. C'est qu'une Constitution n'est pas une loi ordinaire qui puisse être faite par les Assemblées ordinaires. C'est la loi que le peuple impose à son gouvernement; c'est le peuple seul qui a droit de le modifier. V. *inf.* l'article sur le *Pouvoir constituant* (1872).

8

qu'il se fasse ou non par des voies violentes, est, à vrai dire, une révolution. Il faut que la société change pour qu'il soit nécessaire d'altérer la distribution des pouvoirs publics.

On conçoit encore qu'on mette en dépôt dans cette Charte fondamentale certaines maximes qui sont la conquête des pays libres, et qu'on ne discute plus aujourd'hui : j'entends par là ces dispositions générales qui proclament l'abolition perpétuelle de l'esclavage, de la confiscation, de la censure, de la peine de mort en matière politique, etc., etc. Ce sont là de véritables déclarations de droits qui sont parfaitement à leur place dans une Constitution; car, d'une part, ce ne sont pas de vaines définitions, sans application positive, mais bien des prescriptions vivantes et qui dominent toute la législation ; et, d'un autre côté, ces dispositions ont pour la liberté des citoyens une importance telle, qu'il est juste de les mettre au-dessus du caprice d'une majorité passagère, et de les enfermer, pour ainsi dire, dans une arche sainte, d'où la volonté seule du pays puisse les faire sortir.

Mais précisément parce qu'il est à désirer qu'on touche rarement à la Constitution, il faut éviter d'y insérer une foule de dispositions secondaires, transitoires, souvent mal étudiées, et qui, pétrifiées dans ce dépôt sacré, compromettraient le pays s'il poussait jusqu'à l'exagération le respect de la Constitution, ou compromettraient la Constitution même si le pays, souffrant d'une mauvaise loi, ne pouvait s'en délivrer autrement que par une Convention.

Ainsi, par exemple, j'ignore si l'abolition du remplacement est en soi une mesure bonne ou mauvaise; mais je vois qu'elle implique une réforme complète de notre organisation militaire, et l'adoption du système ruineux de la Prusse. Pourquoi ne pas laisser cette question à l'étude? elle n'intéresse ni la division des pouvoirs, ni l'existence de la République. Proclamez que chaque citoyen doit en personne le service militaire et laissez à la loi le soin d'établir les exceptions, vous pourrez plus tard, et tout à loisir, résoudre un problème plus compliqué que vous ne le supposez.

Ainsi encore, les trois lectures de tout projet de loi peuvent être une bonne mesure de règlement; mais en quoi le pays a-t-il intérêt à ce qu'on adopte à tout jamais, et de façon irrévocable, un mode de discussion qui n'a pas même été étudié? Rien ne prouve que les coutumes américaines ou anglaises, toutes sages qu'elles soient, nous conviennent en ce point. En essayer est bon; s'engager à les conserver est chimérique. Vous vous exposez à ce qu'un règlement de la Chambre (pas même une loi) viole prochainement la Constitution.

Une Constitution, qu'on ne l'oublie pas, précisément parce qu'elle est invariable dans le vœu de ses fondateurs, ne doit poser qu'un petit nombre de principes, et s'en remettre à des lois organiques du soin de mettre en jeu et de régler dans l'application ces principes dominants. La Constitution sera nécessairement accompagnée d'une loi électorale, d'une loi municipale, d'une loi judiciaire, d'une loi d'organisation militaire, d'une loi de la garde nationale, d'une loi d'enseignement, etc. C'est à ces lois organiques qu'il appartient de statuer sur une foule de questions que le projet de Constitution décide selon moi mal à propos; car non-seulement la décision me paraît fausse, mais, fût-elle bonne, comme elle peut varier demain, il sera toujours plus sage de se réserver les moyens de corriger en détail, un par un, les inconvénients qui pourront être signalés, que de renverser l'édifice parce qu'il y aura une cheminée qui fume dans un coin.

Parmi ces dispositions qui sont du ressort des lois organiques, je citerai : les incapacités électorales (article 22), les incompatibilités (art. 23, 34, 35, 36, 37), le Conseil cantonal (art. 76), la nomination des maires par le Conseil municipal (art. 77). l'application du jury

aux matières correctionnelles ou civiles (art. 83), le
mode d'élection des juges de paix (art. 84), juges de
première instance et d'appel (art. 85), juges de cassation
(art. 86), juges administratifs (art. 90, 91), membres de
la Cour des comptes (art. 92), la composition du tribunal chargé de juger les conflits (art. 93), l'interdiction
du remplacement (art. 109), la surveillance de l'État en
matière d'enseignement (art. 124), etc.

Encore une fois, je n'attaque point toutes ces dispositions : les unes me semblent bonnes, d'autres mauvaises, telles que l'élection des juges de paix ; d'autres
chimériques, telles que l'application du jury aux affaires
civiles. Mais, utiles ou non, on m'accordera que ces
mesures n'ont qu'une importance secondaire, et qu'elles
peuvent être modifiées sans que l'organisation même de
la République en soit sensiblement altérée. Leur place
est donc dans des lois ordinaires, et non pas dans la
Constitution. Laissons au législateur à venir la liberté
de changer nos institutions. En les pétrifiant, c'est la
civilisation même qu'on immobilise : la France n'est
pas la Chine, pour qu'on règle ainsi à tout jamais sa
vie politique, surtout quand on songe que de toutes ces
règles, il n'y en a pas une encore qui se soit donné la
peine d'exister. C'est bien le moins qu'on laisse à l'expérience le soin de rectifier les erreurs possibles de nos
Constituants. Si puissant que soit le génie de nos sages,
ils ne doivent pas oublier que

> Discipulus est prioris posterior dies,

et que les inventions des grands hommes de la veille
ont toujours laissé quelque chose à désirer aux gens du
lendemain.

Le départ des articles qui ne sont pas à leur place
dans une Constitution a singulièrement allégé mon travail, comme il faciliterait, je n'en doute pas, la rude
besogne de nos législateurs, et cela sans qu'aucune

opinion en souffrit. C'est un simple ajournement de questions délicates, ce n'est pas une solution qui fasse la victoire ou la défaite d'un parti.

Reste maintenant à dire en quoi mon projet diffère de celui de la Commission.

En premier lieu, j'ai retranché la déclaration de droits; j'ai dit plus haut qu'elle était inutile et dangereuse, je ne reviendrai pas sur ce sujet; j'ai compris seulement dans la déclaration, et par conséquent j'ai retranché cette maxime vague et peu certaine, que *tout impôt est établi pour l'utilité commune, et que chaque citoyen y contribue en raison de ses facultés et de sa fortune* (art. 129). La première maxime est vraie, mais c'est un simple conseil pour le législateur, qui ne donne aucun droit au citoyen; on serait mal venu, je pense, à se refuser de payer un impôt sous prétexte qu'il n'est pas établi pour l'utilité commune. Quant à la seconde disposition, elle est fausse; toutes les impositions indirectes (le meilleur impôt, de l'avis des financiers) sont proportionnelles à la consommation et non pas à la fortune du contribuable [1].

En second lieu, j'ai établi un cens, minimum et maximum, pour l'électorat, laissant à la loi organique le soin d'en déterminer le chiffre. Je n'insisterai point sur les raisons qui militent pour l'établissement d'un cens, chacun doit aujourd'hui les comprendre; je dirai simplement que j'ai emprunté à la Constitution belge l'idée d'une échelle mobile, qui permettrait d'essayer, avec quelque sécurité, cette force inconnue qu'on appelle le suffrage universel, et dont l'explosion peut un jour em-

---

1. Je n'ai pas maintenu non plus l'art. 133, *la Constitution garantit la dette publique*, mais par une autre raison. Pour un État comme pour un particulier, il me parait honteux de déclarer qu'on tiendra ses engagements et qu'on ne fera pas banqueroute. Un pareil aveu a quelque chose d'humiliant et de déshonorant. Personne ne doit douter que l'État n'exécute des obligations librement acceptées.

x

porter la Constitution et même la République, au grand
étonnement des logiciens, ses fondateurs.

L'établissement d'une seconde Chambre, dont j'ai
démontré l'utilité, débarrasse la Constitution de deux
de ses plus grandes complications; elle fait disparaître ce Conseil d'État amphibie, pouvoir irresponsable sans émaner du peuple (ce qui est une
monstruosité constitutionnelle), et qui intervient dans
l'administration pour gêner le pouvoir exécutif ou le
mettre à couvert sans nécessité; elle abolit également
cette *haute Cour de justice*, tribunal exceptionnel pour
les attentats contre la sûreté de l'État, qui fait une singulière figure dans une Constitution où l'on proclame
bien haut qu'il ne pourra être créé de tribunaux extraordinaires à quelque titre et sous quelque dénomination que
ce soit. Rien ne sert de dire que la *haute Cour* n'est,
après tout, qu'un grand jury; qui peut répondre qu'un
jury choisi parmi les membres des Conseils généraux
n'aura pas, dans un moment donné, une couleur politique des plus prononcées, et ne sera pas, par conséquent, l'ennemi plutôt que le juge naturel des accusés?
Croit-on, par exemple, que les Conseils généraux nommés aujourd'hui donneraient des juges impartiaux aux
auteurs de l'attentat du 15 mai? La haute Cour, quoi
que vous fassiez, sera un tribunal d'exception. Il n'en
serait pas de même d'un sénat qui serait simplement le
tribunal spécial pour la responsabilité politique du président et des membres des deux Chambres. Il est naturel qu'il y ait une juridiction exceptionnelle pour des
fonctionnaires placés dans une situation toute différente
de celle des simples citoyens[1].

Quant à la composition du sénat, destiné à jouer le

---

1. A la condition toutefois que la justice *politique* ne puisse
prononcer que des peines *politiques*, comme la destitution. C'est
ce qu'a fort sagement établi la Constitution des États-Unis. Le
sénat juge le fonctionnaire; le jury seul peut frapper le citoyen.
V. mon *Histoire des États-Unis*, t. III, leçon XV (1872).

grand rôle dans les questions d'administration, j'ai cru,
comme l'ont recommandé les plus excellents publicistes,
qu'on devait chercher à donner aux différentes branches
de l'activité humaine des représentants spéciaux. C'est
à la fois le moyen le plus énergique pour obtenir une
réunion d'hommes éminents, placés au-dessus des misérables querelles du jour, et pour rattacher à la République toutes les classes de la nation. L'armée, la magistrature, les sciences, les arts seront heureux et fiers
d'une forme de gouvernement qui pour la première
fois leur donne une voix dans le Conseil de la nation ;
les élus tireront de leur caractère et de leur nomination
une valeur toute particulière ; leur opinion aura une
légitime part d'influence dans les questions d'administration, qui, il faut l'espérer, deviendront de toutes les
plus importantes et se substitueront complétement à ces
vaines questions politiques qui ont coûté si cher à la
France. C'est ainsi qu'on organisera la véritable, la
seule aristocratie qu'un pays comme le nôtre puisse
accepter, c'est-à-dire celle du talent et de l'expérience,
celle qui force le respect et l'obéissance ; car

Omnes æquo animo parent digni ubi imperant.

Quant aux autres points sur lesquels je me suis éloigné du projet, j'ai indiqué, en note, les raisons qui me
font douter du mérite des innovations qu'on propose.
Puisse ce doute gagner nos législateurs et leur faire sentir
qu'ils ne peuvent trop réfléchir sur le danger de ces inventions dont, jusqu'à présent, la force n'est pas calculée.

J'aurais désiré que l'exposé des motifs donnât à cette
discussion une base plus solide ; mais je ne crois pas
cependant (sans attaquer le moins du monde le rédac-
teur de cette œuvre délicate) qu'on doive y trouver des
raisons nouvelles[1]. Ce sont les vieilles erreurs de

1. Le rapport de M. Marrast sur le projet de Constitution n'a
paru qu'après ma brochure. Écrit en style prétentieux et vide,

la Révolution, adoptées comme des dogmes indiscutables, uniquement parce que les conventionnels les ont défendues ; vieilles erreurs qui n'ont rien fondé, malgré le courage et le dévouement de nos pères, et qui ne soutiendront pas davantage le frêle édifice de 1848, parce qu'elles ont, dès leur naissance, le défaut de la jument de Roland. Régularité, simplicité, uniformité, rien ne leur manque..., hormis la vie. Emprisonner l'activité de la France dans ces formes stériles, c'est condamner le pays au supplice de Mézence ; c'est le contraindre à traverser une fois encore les cruelles épreuves dont il vient de sortir tout sanglant.

c'est un document politique sans valeur. Il y a loin de cette phraséologie au rapport de Condorcet sur le projet de Constitution girondine, ou à celui de Boissy d'Anglas sur la Constitution de l'an III (1872).

CONSTITUTION[1]

---

1. La République française est une et indivisible (10).

2. La souveraineté réside dans l'universalité des citoyens français; elle est inaliénable et imprescriptible. Aucune fraction du peuple, aucun individu ne peuvent s'en attribuer l'exercice (12).

3. Tous les pouvoirs publics émanent de la nation. [Aucune fonction ne peut devenir la propriété de celui qui l'exerce.] (13).

4. La séparation des pouvoirs [législatif, exécutif et judiciaire] est la première condition d'un gouvernement libre (14).

TITRE Ier. — *Pouvoir législatif.*

5. Le Corps législatif est composé d'une Chambre de représentants et d'un Sénat.

6. L'élection des représentants a pour base la population. [Il y a un représentant par cinquante mille électeurs.] (16).

7. Tous les dix ans, le Corps législatif, d'après les états de population qui lui sont fournis, détermine le nombre des représentants que chaque département doit fournir; aucun changement ne peut être fait dans cette répartition durant cet intervalle [2].

---

1. J'ai indiqué entre parenthèses les articles empruntés au projet; j'ai mis entre crochets les additions ou modifications faites aux articles primitifs.

2. Il y a contradiction à dire, comme le projet, que l'élection a pour base la population, et que le nombre des représentants est fixe à sept cent cin-

8. Le suffrage est direct et universel (19).

9. Sont électeurs tous les Français âgés de vingt et un ans, jouissant de leurs droits civils et politiques [et inscrits au rôle de la contribution foncière pour un cens à déterminer par la loi électorale, mais qui ne pourra être moindre de..... fr., ni plus élevé que..... fr.] (20).

10. Le scrutin est secret (24).

11. L'élection des représentants se fera par circonscriptions électorales, au chef-lieu de canton, et par nominations uniques [1].

12. La Chambre des représentants est élue pour trois ans et se renouvelle intégralement (27).

13. Le Sénat est composé de..... membres. Chaque département nomme un sénateur par suffrage direct et universel; l'agriculture, l'industrie, le commerce, l'armée, la marine, la magistrature, la médecine, les sciences et les arts nomment en outre,..... sénateurs [2].

14. La loi organique à intervenir fera entre ces grandes branches de l'activité humaine la répartition des représentants à nommer, et déterminera le mode et les conditions de l'élection.

15. Le Sénat est élu pour neuf ans; il se renouvelle par tiers tous les trois ans.

16. La Chambre des représentants et le Sénat vérifient

quante, répartis entre les départements. On arrive ainsi à négliger des fractions importantes. Il est plus simple de laisser le nombre des représentants suivre le progrès de la population; c'est le seul moyen de donner satisfaction aux départements en progrès.

1. Le scrutin de liste est une mystification indigne d'un peuple libre. Il ne serait pas difficile de prouver qu'en général il donne la majorité aux gens dont personne ne se soucie, et cela au préjudice des véritables candidats de chaque arrondissement. Les dernières élections de Paris ont prouvé de plus que c'était le moyen, pour une minorité compacte, de faire prévaloir son choix sur les nominations dispersées d'une majorité sans défiance.

[L'élection par candidature unique dans chaque arrondissement a aussi des défauts, et peut-être serait-il sage d'avoir des districts assez grands pour y faire nommer trois ou quatre députés. On éviterait ainsi les inconvénients des deux systèmes (1472).]

2. C'est en établissant des représentants spéciaux qu'on obtiendra les hommes éminents dans chaque partie, et qu'on aura dans le Sénat un véritable Conseil d'État, populaire par sa base, gouvernemental par ses habitudes et ses lumières. C'est ainsi seulement qu'on trouvera le point de stabilité dont l'administration a besoin, et qu'on garantira au pays que ni l'Assemblée des représentants, ni le président, ne gaspilleront les ressources de la France dans l'intérêt de leur ambition ou d'une misérable popularité d'un jour.

chacun le pouvoir de leurs membres et statuent souverainement sur la validité de l'élection (26).

17. Le Corps législatif est permanent ; néanmoins, il peut
s'ajourner à un terme qu'il fixe, mais qui ne peut excéder
six mois (28).

18. Les représentants et les sénateurs sont rééligibles
indéfiniment (29).

19. Les membres du Corps législatif sont les représentants,
non du département qui les nomme, mais de la France entière (31).

20. Ils ne peuvent recevoir de mandat impératif (31).

21. Ils sont inviolables. Ils ne pourront être recherchés,
ni accusés, ni jugés en aucun temps, pour les opinions
qu'ils ont émises dans le sein de l'Assemblée (32). .

22. Ils ne peuvent être poursuivis ni arrêtés en matière
criminelle, sauf le cas de flagrant délit, qu'après que l'Assemblée à laquelle ils appartiennent a permis la poursuite (33).

23. Sont incompatibles avec le mandat législatif toutes
les fonctions dont les titulaires sont révocables à volonté
[ou qui, exigeant la présence habituelle du titulaire, le tiennent éloigné de Paris à une distance de plus de deux myriamètres.] [1] (34).

24. La loi électorale déterminera quelles sont par exception les fonctions compatibles avec le mandat législatif.

25. Chaque représentant [et chaque sénateur] reçoit une
indemnité, à laquelle il ne peut renoncer. [Cette indemnité
est la même pour tous les membres du Corps législatif.] (38).

26. Les séances des [deux] Assemblées sont publiques ;
néanmoins, chacune d'elles peut se former en Comité secret, sur la demande d'un certain nombre de ses membres,
fixé par le règlement (39).

27. Le Corps législatif rend des lois et des décrets ; les
décrets n'ont rapport qu'à des intérêts locaux et privés.

La présence de la moitié, plus un, des membres de chaque
Assemblée est nécessaire pour la validité du vote des lois ;

1. Je ne connais point de réponse à ce dilemme : ou la présence du titulaire est nécessaire, et alors son absence est une espèce de forfaiture dont
souffre le service public ; ou sa présence est inutile, et alors la place aussi
est inutile et doit être supprimée.

le règlement de chaque Chambre détermine le nombre des
membres pour la validité des décrets (10).

28. L'initiative appartient à chacune des deux Chambres,
aussi bien en matière d'impôt qu'en toute autre.

29. Tout projet voté par le Sénat et la Chambre des représentants sera, avant de devenir loi, présenté au président : s'il l'approuve, il y apposera sa signature; sinon,
il le renverra avec ses objections à la Chambre dans laquelle
il aura été proposé; celle-ci discutera de nouveau le projet.
Si une majorité des deux tiers se prononce en sa faveur, le
projet sera envoyé, avec les objections du président, à
l'autre Chambre qui le discutera également, et si la même
majorité des deux tiers l'approuve, il deviendra loi; mais
en pareil cas, le vote doit être donné par *oui* et par *non*, et
le nom des votants inscrit au *Moniteur*.

30. Si dans les dix jours [les dimanches non compris], le
président ne renvoie pas le projet qui lui aura été présenté,
ce projet aura force de loi, comme s'il l'avait signé.

31. La Chambre des représentants exerce seule le droit
de mise en accusation pour cause politique; le Sénat seul a
le pouvoir de juger ces accusations.

32. Une loi organique déterminera ce qu'on entend par
crimes politiques, et établira les procédures à suivre pour
l'accusation, l'instruction et le jugement.

TITRE II. — *Pouvoir exécutif.*

33. Le président est investi du pouvoir exécutif.

34. Pour être nommé président, il faut être Français de
naissance, et âgé de trente ans au moins (44).

35. Le président est nommé par le suffrage direct et universel, au scrutin secret et à la majorité absolue des votants (45)[1].

36. Les procès-verbaux des élections sont transmis immédiatement au Corps législatif, qui statue sans délai sur
l'élection, et proclame le président de la République.

1. Après l'expérience de 1848 on ne voudra plus faire nommer le président par le suffrage universel; mais le faire nommer par l'Assemblée a aussi
plus d'un danger, et peut-être y a-t-il une troisième solution qui serait pré-
férable. Il faut que le pays s'intéresse au choix de son premier magistrat.
(1872).

Si aucun des candidats n'a obtenu la majorité, les deux Chambres réunies élisent le président à la majorité absolue et au scrutin secret, parmi les trois candidats qui ont obtenu le plus de voix (46) [1].

37. Le président est élu pour quatre ans [et peut être réélu une seconde fois; mais après huit années d'exercice] il n'est rééligible qu'après un intervalle de quatre années (47) [2].

38. Il dispose de la force armée, sans pouvoir jamais la commander en personne (49).

39. Il ne peut dissoudre ni le Corps législatif, ni suspendre en aucune manière le règne de la Constitution et des lois (50).

40. Le président représente la nation pour les puissances étrangères. Il reçoit les envoyés et ambassadeurs accrédités auprès de la République. Il entretient les relations politiques au dehors, conduit les négociations, fait des stipulations préliminaires; mais aucun traité n'est définitif qu'après avoir été ratifié par le Corps législatif (52).

41. Il a le droit de faire grâce, après avoir pris l'avis du ministre de la justice [excepté en cas de condamnation prononcée par le Sénat, sur une accusation par la Chambre des représentants] (53).

42. Il promulgue les lois au nom du peuple français; cette promulgation doit avoir lieu dans les dix jours, sauf le cas prévu par l'art. 29 (55).

43. Le président réside au siége du gouvernement. Il est logé aux frais de la République [et reçoit un traitement fixé avant l'élection par le Corps législatif, et qui ne peut être moindre] de 600,000 fr. (60-61).

44. Le président nomme et révoque à volonté les ministres.

Il nomme et révoque en Conseil des ministres les agents

---

1. Le projet dit : *parmi les cinq candidats* ; c'est donner une bien grande latitude au Corps législatif.

2. Quelle raison y a-t-il pour s'écarter d'une pratique qui a donné aux États-Unis d'excellents résultats? Quel meilleur stimulant pour un président que l'espoir d'une réélection?

[Aux États-Unis certains présidents ont tellement abusé de leur influence pour se faire réélire, que l'opinion est très-partagée sur la question de la rééligibilité du président. (V. mon *Histoire des États-Unis.* T. III, leçon XVII.) 1873).]

diplomatiques, les généraux et commandants militaires des armées de terre et de mer, les préfets, le commandant supérieur des gardes nationales de la Seine, le maire de Paris, les gouverneurs des colonies, de l'Algérie, et de la Banque de France, les procureurs généraux et autres fonctionnaires d'un ordre supérieur.

Il nomme et révoque les agents secondaires du gouvernement sur la proposition du ministre compétent (62).

45. Sur la proposition motivée du Conseil des ministres il a le droit de révoquer les maires et agents du pouvoir exécutif élus par les citoyens[1]. Il a le droit de les suspendre, sans donner de motifs, pour un terme qui ne pourra excéder trois mois (63).

46. Les actes du président, autres que ceux par lesquels il nomme et révoque les ministres, n'ont d'effet que s'ils sont contresignés par un ministre (64).

47. Le président, les ministres, les agents et dépositaires de l'autorité publique sont responsables, chacun en ce qui le concerne, de tous les actes du gouvernement et de l'administration.

Une loi déterminera les cas de responsabilité et le mode de poursuite[2] (66).

48. Les ministres ont entrée dans le sein de l'Assemblée; ils sont entendus toutes les fois qu'ils le demandent (67).

49. Il y a un vice-président nommé pour quatre ans par le Corps législatif sur la présentation faite par le président, dans le mois qui suit son élection.

En cas d'empêchement du président, le vice-président le remplace.

Si la présidence devient vacante par décès, démission du titulaire, ou autrement, il est procédé dans le mois à l'élection d'un nouveau président (68).

---

1. Le projet refuse au président le droit de révoquer un maire autrement que de l'avis du Conseil d'État. Mais n'est-il pas plus naturel d'exiger l'avis du Conseil des ministres? Est-ce que le Conseil d'État est chargé de l'administration? Est-ce qu'il est responsable?

2. Le projet ajoute: *les garanties des fonctionnaires*; ce qui prouve que, tout républicains que nous sommes, nous avons toujours peur de la liberté. Un fonctionnaire doit toujours être prêt à répondre: c'est là son rôle. Si l'accusation est calomnieuse, le tribunal lui accordera des dommages-intérêts: mais point de mesures préventives! Dans un pays libre, tout citoyen doit pouvoir poursuivre un fonctionnaire à ses risques et périls.

TITRE III. — *De l'Administration intérieure* [1].

50. La division actuelle du territoire en départements, arrondissements, cantons et communes, est conservée et ne peut être changée que par une loi (75).

51. Une loi déterminera les changements à introduire dans l'administration des départements, des arrondissements et des communes; elle fixera les attributions des Conseils généraux et municipaux (78).

52. Les Conseils généraux et les Conseils municipaux sont élus par le suffrage direct de tous les citoyens domiciliés dans le département ou dans la commune [et inscrits au rôle de la contribution pour un cens que déterminera la loi, mais qui dans aucun cas ne doit être moindre de..... francs, ni plus élevé que..... francs[2]] (79).

53. Les Conseils généraux et les Conseils municipaux peuvent être dissous par le président sur la proposition motivée des Conseils des ministres.

[Le rapport des ministres sera inséré au *Moniteur*] (80).

TITRE IV. — *Du Pouvoir judiciaire.*

54. La justice est rendue au nom du peuple. Elle est gra-

1. Tout ce titre est à retrancher. C'est à la loi ordinaire qu'il appartient de régler l'administration intérieure. Il n'y a là rien qui concerne la compétence des pouvoirs publics ou qui règle leurs rapports mutuels (1872).

2. Le projet ajoutait : une loi spéciale réglera le mode d'élection dans la ville de Paris et dans les villes de plus de cent mille âmes ; mais pourquoi cela? Quand le suffrage universel est admis pour l'élection des représentants de la nation, quelle restriction peut-on admettre pour l'élection des conseillers municipaux de Paris? En 1870 sous l'Empire, dans la commission nommée par le ministre de l'intérieur M. Chevandier de Valdrôme, j'avais proposé de faire nommer les conseillers municipaux de Paris par élection directe, à raison d'un conseiller par quartier. Cette idée a passé dans la loi nouvelle. Mais j'avais proposé en même temps trois mesures qui auraient singulièrement favorisé l'esprit de conservation et de modération dans le Conseil. J'avais demandé : 1° que le conseiller fût domicilié dans l'arrondissement afin qu'il en connût les intérêts véritables; 2° que le Conseil se renouvelât par tiers tous les deux ans ; 3° Qu'il se divisât en bureau composé de vingt membres, et en Conseil composé de soixante, afin qu'il y eût double discussion de toutes les affaires, et aussi afin que le bureau pût prendre une certaine part à l'administration. C'était un retour aux traditions municipales de la France (1872).

tuite. Les débats sont publics, à moins que la publicité ne soit dangereuse pour l'ordre et les mœurs (84).

55. La loi d'organisation judiciaire réglera le mode de nomination des juges de tout ordre et de tout rang.

56. Les juges de première instance, d'appel et de cassation sont nommés à vie. Ils peuvent être révoqués ou suspendus par un jugement pour les causes et dans les formes voulues par les lois.

La loi d'organisation judiciaire fixera l'âge auquel les juges pourront être mis à la retraite (88).

57. Les Conseils militaires de terre et de mer, les Tribunaux de commerce, les prud'hommes et autres juridictions spéciales, conserveront leurs attributions actuelles jusqu'à ce qu'il y soit dérogé par une loi (89).

58. Dans chaque département, un tribunal administratif sera chargé de statuer sur le contentieux de l'administration (90).

59. Il y a, pour toute la France, un tribunal administratif supérieur qui prononcera sur tout le contentieux de l'administration (91).

60. Une loi organique déterminera la composition et les attributions des tribunaux administratifs, ainsi que la procédure à suivre devant eux.

61. Les conflits d'attributions entre l'autorité administrative et l'autorité judiciaire seront réglés par un tribunal dont la loi déterminera la composition[1].

62. Une loi déterminera la composition et les attributions de la Cour des comptes, ainsi que le tribunal devant lequel seront portés les recours contre ses décisions.

TITRE V. — De la Force publique[2].

63. La force publique se compose de la garde nationale, et de l'armée de terre et de mer (108).

64. Tout Français, sauf les exceptions fixées par la loi,

---

1. Dans le système du projet, avec un nombre égal de conseillers d'État et de juges de cassation, ce pourrait être en définitive le ministre de la justice qui décidât seul les conflits d'attribution. C'est une question à examiner.
2. A retrancher de la Constitution par les raisons données plus haut, page 49, note 1 (1873).

doit en personne le service militaire et celui de la garde nationale (109).

65. La garde nationale se compose de tous les citoyens en état de porter les armes, qui ne font pas partie de l'armée active (110).

Une loi spéciale établit pour la garde nationale le mode d'élection de ses chefs.

66. Le gouvernement pourvoit à la sûreté intérieure et à la défense extérieure de l'État; il distribue les forces de terre et de mer et en règle la direction, mais la garde nationale ne peut être mobilisée qu'en vertu d'une loi.

67. Des lois particulières règlent le mode d'enrôlement dans les armées de terre et de mer, la durée du service, la discipline, la forme des jugements et la nature des peines (111).

68. La force publique est essentiellement obéissante; nul corps armé ne peut délibérer (112).

69. Aucune troupe étrangère ne peut être introduite sur le territoire français, sans le consentement préalable du Corps législatif (114).

TITRE VI. — *Dispositions générales.*

70. La peine de mort est abolie en matière politique (115).

71. La confiscation ne pourra jamais être rétablie (116).

72. L'esclavage ne peut exister sur aucune terre française (117).

73. La presse ne peut être en aucun cas soumise à la censure (118).

74. Tous les citoyens ont la liberté de faire imprimer leurs opinions [sous les conditions établies par la loi] (119).

75. La connaissance des délits commis par la voie de la presse, ou par tout autre moyen de publication, appartient exclusivement au jury (120).

76. Le jury statue seul sur les dommages-intérêts réclamés pour faits et délits de presse (121).

77. Tous les délits politiques, non réservés au jugement du Sénat, sont de la compétence du jury (122).

78. Le jury continue d'être appliqué en matière criminelle (82).

79. Chacun professe librement sa religion, et reçoit de l'État, pour l'exercice de son culte, une égale protection.

Les ministres des cultes reconnus par la loi ont seuls droit à recevoir un traitement de l'État (123).

80. La liberté d'enseignement s'exerce sous la garantie des lois et la surveillance de l'État [1] (124).

81. La demeure de chaque citoyen est un asile inviolable. Il n'est permis d'y pénétrer que selon les formes et dans les cas déterminés par la loi (125).

82. Nul ne sera distrait de ses juges naturels. — Il ne pourra être créé de commission et de tribunaux extraordinaires à quelque titre et sous quelque dénomination que ce soit [2] (126).

83. Nul ne peut être arrêté ou détenu que suivant les prescriptions de la loi (127).

84. Tout attroupement armé est un attentat à la Constitution; il doit être dissipé sur-le-champ par la force.

85. Tout attroupement non armé doit être également dissipé, d'abord par voie de commandement verbal, et, s'il est nécessaire, par le développement de la force armée [3].

86. La propriété étant un droit inviolable et sacré, nul ne peut en être privé si ce n'est lorsque l'intérêt public légalement constaté l'exige évidemment, et sous condition d'une juste et préalable indemnité fixée par un jury spécial (128).

87. Aucun impôt ne peut être perçu qu'en vertu d'une loi (130).

88. L'impôt direct n'est consenti que pour un an; les impositions indirectes peuvent l'être pour plusieurs années (131).

---

1. Le projet ajoute : *Cette surveillance s'étend à tous les établissements d'éducation et d'enseignement, sans aucune exception;* mais nous sommes bien loin des Jésuites pour pousser si loin la précaution, et il me semble plus sage de réserver à la loi les conditions de cette surveillance, qui sera plus ou moins sévère, suivant les circonstances.

2. Qu'est-ce que la haute Cour de justice du projet, sinon un *tribunal extraordinaire pour les citoyens prévenus de crimes, attentats ou complots contre la sûreté de l'État?* Ainsi, la Constitution n'est pas conséquente avec elle-même; elle proteste à l'art. 126 contre ce qu'établit l'art. 95.

3. J'emprunte ces deux dispositions à la Constitution de l'an III (art. 360, 366). Il me semble qu'un pareil avis aux citoyens n'est rien moins que superflu dans les circonstances présentes.

89. La Légion d'honneur est maintenue (134).

90. Le territoire de l'Algérie et des Colonies est déclaré territoire français et sera régi par des lois particulières (135).

TITRE VII. — *De la révision de la Constitution.*

91. La nation a toujours le droit de changer ou de modifier la Constitution.

Si l'une des deux Chambres émet le vœu que la Constitution soit réformée en tout ou partie, il sera procédé à cette révision de la manière suivante :

Le vœu exprimé par l'Assemblée ne sera converti en résolution définitive qu'autant qu'il réunira les trois quarts des voix dans chacune des deux Chambres.

L'Assemblée de révision ne sera nommée que pour un temps limité et ne devra s'occuper que de la révision pour laquelle elle aura été convoquée (136)[1].

TITRE VIII. — *Dispositions transitoires*[2].

92. Les Codes, Lois et Règlements existants resteront en vigueur jusqu'à ce qu'il y soit légalement dérogé (137).

93. Toutes les autorités actuellement en exercice continueront de rester en fonctions jusqu'à la publication des lois organiques qui les concernent (138).

---

1. On ne voit pas comment la nation peut réviser la Constitution, si elle en a le désir. La disposition est incomplète. V. *inf.* le travail sur la *Révision de la Constitution*, et l'article sur le *Pouvoir constituant* (1872).

2. Dispositions inutiles, ou qui du moins n'ont rien à faire avec la Constitution (1872).

LA RÉVISION

DE

LA CONSTITUTION

LETTRES A UN AMI

Membre du souverain, quelque faible influence que puisse avoir ma voix dans
les affaires publiques, le droit d'y voter
suffit pour m'imposer le devoir de
m'instruire.

J.-J. Rousseau, *Contrat social*, liv. I.

FÉVRIER 1851

AVERTISSEMENT

(1872)

La Constitution de 1848 donna bientôt les tristes résultats qu'on avait prévus. Dès le premier jour il y eut
conflit entre le président et l'Assemblée, et dès le premier jour le président, élu par le suffrage universel, fut
plus populaire et plus puissant que l'Assemblée. C'est
du reste chose inévitable, chaque fois qu'une assemblée,
oubliant son rôle naturel, veut exercer elle-même le
pouvoir, au lieu de le contrôler. L'opinion tourne contre
elle et soutient ceux qui lui font échec. La Constitution
de 1848 attribuait à l'Assemblée une autorité souveraine ;
le chef de l'État n'était qu'un soliveau ; mais la voix
publique soutenait le président et lui donnait raison
quand, avec l'habileté d'un prétendant, il se plaignait
d'avoir les mains liées et de ne pouvoir faire le bien du
pays. On souffrait de tous les maux qu'entraîne une
assemblée unique, tandis que les mécontents, les ambitieux, les intrigants se groupaient autour du président,
pour attacher leur fortune à celle du neveu de l'Empereur.

Le danger était visible ; les souvenirs de l'empire
étaient plus vivants et plus forts que l'amour de la
république ; cependant on serait peut-être parvenu à
maintenir le régime républicain si l'organisation politique avait donné quelque sécurité au pays. Il y a là un
fait énorme, une loi sociale, que le parti républicain a
méconnu en 1848 comme en 1791 ; ce qui explique
son perpétuel insuccès. Le premier bien d'un peuple, ce

n'est pas la liberté, c'est la sécurité. Les nations modernes n'ont pas d'esclaves, elles vivent de leur industrie ; la richesse de la France se crée au jour le jour. Tout arrêt dans le travail empêche la production de la richesse et consomme le capital produit. Il suffit de quelques semaines d'inquiétude et de chômage pour que la misère éclate dans les bas-fonds de la société et en gagne rapidement les hauteurs. Une fois la faim venue, adieu la politique ! Que de fois nous avons fait cette triste expérience ! mais elle a toujours été perdue pour les hommes d'État qu'enfantent nos révolutions. Aussi mauvais économistes que mauvais politiques, ils considèrent la richesse d'un pays comme une quantité fixe, inaltérable, et supposent qu'on peut sans danger suspendre le travail et enfiévrer le peuple par de belles promesses et de grandes phrases. Le dernier mot de cette politique insensée, ce sont les journées de juin 1848, c'est la commune de 1870.

En 1851 la sécurité n'existait plus. La Constitution de 1848 avait si bien agencé les pouvoirs publics qu'ils expiraient tous en même temps et laissaient le pays sans gouvernement. L'Assemblée et le président arrivaient au terme de leurs fonctions en 1852 ; le président n'était pas rééligible ; à jour fixe la France était livrée à l'anarchie.

De là une inquiétude universelle qui arrêtait le travail, et agitait les esprits. S'il est un pays qui ne soit pas fait pour supporter l'incertitude, ce pays c'est la France. La peur du danger nous trouble plus que le danger lui-même ; nous nous jetons dans l'abîme par crainte d'y glisser malgré nous. L'imagination joue un grand rôle dans notre histoire ; on fera bien d'en tenir compte ; car, dans le provisoire où nous vivons, nous sommes menacés de l'inquiétude qui perdit la république de 1848, et nous ne sommes peut-être pas de force à y résister.

Ce qui ajoutait aux périls de la situation en 1851,

c'est qu'on ne pouvait reviser la Constitution, sans observer des règles, arbitrairement établies par les constituants de 1848, règles qui permettaient à une minorité de l'Assemblée de tenir le pays en échec, et de lui refuser impérieusement ce qu'il demandait.

Suivant l'usage des chefs de parti, les personnages influents gardaient le silence. La parole était aux événements. Dans les crises politiques les habiles évitent de se compromettre. Demander la révision, c'était avoir une opinion, c'était se découvrir; il était plus sage de se réserver pour l'avenir, quel qu'il fût.

Je crus qu'il était de mon devoir de parler franchement au pays, sans m'inquiéter de plaire ou de déplaire aux partis. Les républicains, les royalistes, les bonapartistes épiaient tous cette échéance de 1852 pour en faire sortir un coup d'État ou une révolution. Pour moi, j'ai toujours eu en horreur ces coups de force dont le peuple est l'éternelle victime, j'estime qu'il y a du mérite à dénouer le nœud gordien, mais qu'il n'y en a aucun à le trancher brutalement avec l'épée. C'est à la nation que je m'adressai pour lui conseiller de ne pas chercher un maître et d'assurer elle-même son salut.

En m'appuyant sur le grand principe de la souveraineté populaire, sur le droit inaliénable de la France :

1° Je démontrai qu'un peuple a le droit imprescriptible de reviser sa Constitution quand et comme il lui convient. Je prouvai, par des exemples nombreux, que durant la révolution française ce droit avait toujours été reconnu.

2° Je demandai que, sur la proposition de l'Assemblée, le pays nommât une assemblée de révision, chargée uniquement du pouvoir constituant sans mélange de pouvoir législatif.

3° Je demandai que la nouvelle Constitution fût soumise à la ratification populaire; ce vote étant, selon moi, essentiel à la validité d'une Constitution dans un pays républicain.

En relisant après vingt ans cette brochure, écrite avec une foi profonde, je reste convaincu que je défendais les vrais principes démocratiques. J'avais pour moi l'expérience des États-Unis; j'y peux ajouter aujourd'hui l'exemple de la Suisse. Mais la révision ne faisait pas l'affaire de ceux qui voulaient se débarrasser du Président, et même de la présidence. La Constitution était une arme dont on entendait se servir sans s'inquiéter beaucoup si elle était ou non légitime. On ne me pardonnait pas d'être démocrate sans être révolutionnaire, et surtout on m'en voulait de montrer une fois de plus combien les partis font bon marché des droits populaires, quand ces droits gênent leur ambition ou leur intérêt. Ma brochure déplut aux républicains de la veille, et même à des gens qui s'intitulaient conservateurs: c'est un détail sans importance; et je n'en parlerais pas si la question de la révision en 1851 n'avait ressemblé à la question du plébiscite de 1870. A vingt ans de distance, j'ai défendu par les mêmes raisons la souveraineté populaire et j'ai rencontré les mêmes adversaires. Il est évident qu'entre l'école révolutionnaire et l'école américaine il y a un abîme; on n'y entend de la même façon ni la démocratie ni la liberté!

Les journaux qui poussaient à la révision (il y en avait un grand nombre, conduits par les mobiles les plus divers) firent naturellement l'éloge de mon pamphlet. On vint me chercher pour me mettre dans un comité qui faisait de la propagande dans toute la France pour obtenir la révision pure et simple de la Constitution. En communication avec tous les départements, il me fut facile de voir que l'immense majorité des campagnes et même des villes, à l'exception de Paris, de Lyon et de quelques grandes cités, demandait la réélection de Louis Napoléon. Si l'Assemblée n'avait pas voulu fermer les yeux à l'évidence, son devoir selon moi eût été d'amener une transformation constitutionnelle. Avec la révision on aurait eu Louis Napoléon pour président d'une république libérale. L'opinion n'allait pas encore jusqu'à réclamer l'empire, et peut-être l'eût-on évité.

L'Assemblée voulut être plus sage que la nation. Une minorité, bravant l'opinion publique, refusa la révision. L'Assemblée n'eut pas la hardiesse d'en appeler au pays comme je le demandais; le président eut le triste courage de manquer à son serment, et de faire une contre-révolution à son profit. Le coup que j'avais prévu n'en fut pas moins rude pour moi. La liberté proscrite, je n'avais qu'à rester parmi les vaincus et à me taire. Mais aujourd'hui, en face des incertitudes de l'avenir, il m'est permis de dire que le Président ne fut pas le seul coupable; si la résistance de la minorité n'excuse pas l'usurpation, elle excuse le pays qui laissa tomber l'Assemblée. Le premier devoir des représentants est de consulter la volonté nationale et de lui obéir; l'Assemblée de 1851 manqua à ce devoir, elle en fut punie. Par malheur elle ne fut pas la seule victime; la France aussi fut atteinte, et la liberté paya une fois de plus les fautes de ceux qui s'intitulaient ses défenseurs.

Les mêmes questions vont se présenter quand l'Assemblée s'occupera d'une Constitution. Il est à craindre que les législateurs n'en reviennent aux erreurs révolutionnaires. Ce ne sont pas les seuls républicains qui sont infatués de la prétendue souveraineté des assemblées. En 1873 comme en 1851 je maintiendrai les vrais principes. Le peuple seul est souverain; il n'y a de constitution valide que celle qu'il accepte; on ne peut jamais l'empêcher d'en demander la révision. Voilà les doctrines de la vraie démocratie, doctrines qui, si radicales qu'elles paraissent, sont essentiellement conservatrices et antirévolutionnaires; car, au lieu d'en appeler à la force ou à la ruse, elles en appellent à l'opinion et donnent le dernier mot au pays.

PRÉFACE

Dans un vieux livre, dont le nom m'échappe, je me souviens d'avoir lu le conte d'une fille qu'on allait marier. La mère l'avait promise, le père l'avait donnée, la famille fêtait une union désirée; tout était réglé, arrêté, conclu. Quand vint le tour du prêtre de demander, selon l'usage, à la fiancée si elle acceptait le mari qu'on lui proposait : « Homme de bien, dit-elle, vous « êtes le premier qui pensiez à me faire cette question, » et elle refusa.

L'histoire de cette pauvre enfant est celle de la France. Il n'est pas un parti qui ne s'en croie le maître, pas une coterie qui ne l'ait promise, engagée ou vendue; mais de lui demander son aveu, c'est ce dont personne ne se soucie. Apparemment, la nation souveraine est une mineure qui, en face de ses tuteurs improvisés, n'a pas même le droit d'avoir une volonté. Pour moi, j'ose croire, avec tout homme qui n'a pas fait vœu d'obéissance stupide ou d'ambition, dans un couvent bleu, rouge ou blanc, qu'il n'est ni impossible, ni injuste, ni impolitique de consulter le pays sur les engagements qu'on prend si légèrement en son nom. C'est là toute la pensée de ce petit écrit. Ma voix est faible, mais j'appelle à mon aide tous ceux qui jugent que la France seule a le droit de disposer d'elle-même, tous ceux qui veulent lui épargner une de ces unions qu'impose la force ou l'intrigue, qu'accompagnent des misères sans nombre, et dont on ne sort que par un divorce sanglant!

Paris, 25 février 1851.

10.

LA RÉVISION

DE

LA CONSTITUTION

PREMIÈRE LETTRE

DE LA SITUATION PRÉSENTE.

Vous avez raison, mon ami : dans la position de la France, c'est une chose étrange que le silence et l'inaction de nos hommes d'État ; je doute qu'on en trouve un second exemple dans la longue histoire de nos révolutions. De toutes parts on entend dire que nous marchons à l'abîme ; chacun connaît, chacun signale l'écueil où nous allons fatalement échouer ; le jour de la ruine est certain. C'est en 1852 que le Président et l'Assemblée, c'est-à-dire le gouvernement tout entier, disparaissent presque au même instant, et que la patrie est encore une fois livrée aux dieux inconnus. C'est en 1852 que la France, sans pilote et sans guide, est de nouveau jetée comme une proie facile à ces entrepreneurs de troubles publics qui savent si bien comment, au milieu de l'incertitude universelle, on prend le pouvoir par un coup de main. Voilà ce qu'on dit, voilà ce qu'on répète partout : les partis avec une joie et des espérances qu'ils ne prennent même pas la peine de dissimuler, les bons citoyens avec une inquiétude qui va grandir et s'accroître chaque jour; et cependant, personne n'essaye de prévenir un pareil désastre. On dirait qu'en sûreté sur la rive, nous assistons au spectacle d'un danger qui ne nous touche pas. Ce naufrage imminent, inévitable, n'est point notre naufrage, la ruine de nos travaux et de nos espérances, la décadence et la perte de la France! En temps ordinaire, la plus mince question fait sortir de terre des milliers d'empiriques, toujours prêts à nous vendre leur infaillible recette; et quand il y va de l'existence même de la liberté, du salut de la patrie, de la paix du monde, on se tait, on attend ce qui sortira de cet avenir mystérieux et terrible dont l'ombre pèse déjà sur nous. Les hommes sont muets, la parole est aux événements!

Ainsi, ce peuple dont on se dispute la conduite quand elle peut sans péril satisfaire une vulgaire ambition, on le laisse, au moment suprême, sans conseil, sans appui, sans secours! D'où vient cet abandon? Est-ce impuissance, faiblesse, calcul? Croit-on la situation désespérée, et le remède au-dessus des forces humaines? N'ose-t-on livrer à l'opinion, soumettre au jugement du pays, ce qu'on offre, en chaque cénacle, comme le seul moyen d'en finir? Trouve-t-on, par hasard, que le mal n'est pas encore assez profond pour que la société épuisée se remette aux mains qui l'attendent? Veut-on recommencer la politique qui, en 1789, perdit la monarchie et la liberté? Je ne sais, mais je m'étonne qu'en France, parmi tant de cœurs résolus, le péril même n'excite point, je ne dis pas une vertu surhumaine, mais quelque ambition noble, justement impatiente, et qui cherche son triomphe dans le salut commun. Je n'espère point un Washington, mais je voudrais que des hommes de sens, étrangers ou supérieurs aux passions des partis, eussent le courage de dire à la France qu'elle n'est point faite pour servir d'enjeu à des combinaisons misérables, et que c'est à elle seule qu'il appartient de régler son sort et de disposer d'elle-même.

Mais, dit-on, le pays est divisé; il ne se prononce pas; nous attendons son vœu avant de le servir. Franchement, on ne trompe personne, on ne peut s'abuser soi-même en couvrant d'un pareil manteau ses espérances ou sa faiblesse. C'est justement parce que le pays souffre et ne sait comment guérir, qu'il faut s'occuper sérieusement de son salut. D'ailleurs, pour qui ne se paye pas de mots, qu'est-ce que le vœu, qu'est-ce que l'opinion de la France, sinon le vœu, l'opinion des classes éclairées, c'est-à-dire de tout citoyen qui lit et qui raisonne? Et ces classes, d'où reçoivent-elles l'impulsion? d'elles-mêmes, ou de ces hommes en qui elles ont mis leur confiance, et qu'elles écoutent à la tribune ou dans les journaux? Entre des solutions diverses, sans doute elles choisissent; le peuple, dans son bon sens, est juge excellent de ce qui lui convient, car cette convenance est matière de sentiment plus encore que de réflexion; mais il ne faut pas lui demander d'improviser une solution. En toute contrée, l'initiative est forcément au petit nombre. C'est aux hommes d'État, aux chefs naturels et reconnus de l'opinion qu'il appartient de préparer et de proposer les mesures de salut. Se taire au moment du danger, c'est se déclarer incapable, c'est abdiquer au profit du premier aventurier qui saisira le commandement.

Le moment est-il venu de parler et d'agir? Oui

certes; il est grand temps de lever son drapeau, si l'on veut entraîner le pays dans une voie nouvelle et tenter, avant la ruine, un suprême effort. — Et si la France n'adopte pas nos couleurs, si elle refuse de s'engager dans le chemin que nous lui ouvrirons par mille sacrifices? — Qu'importe? vous ne l'aurez pas moins servie. Délaissés par l'opinion, vous n'en aurez pas moins été utiles à la nation, car par là même vous l'aurez forcée de prendre parti. Le nombre des solutions n'est pas considérable; repousser la vôtre, c'est déjà choisir, c'est abréger le chemin qui sépare du but. — Mais ma fortune politique? — Encore une fois, qu'importe en de pareils moments? Tous serviteurs, tous soldats de la France, nous ne pouvons pas tous réussir. Aux uns le succès, aux autres l'oubli; mais à tous l'honneur d'avoir protégé, défendu, sauvé peut-être ce pays si malheureux et si grand, si digne d'amour et de pitié!

Pour moi, mon ami, je suis las de ce silence universel! J'avais toujours espéré qu'un chef nous laisserait le mérite facile de l'obéissance; mais puisqu'il ne se présente pas, et que déjà l'orage, en s'approchant, justifie tous les dévouements, je parlerai, j'apporterai ma solution. Fort de mon obscurité et du sentiment d'un devoir rempli, sans lien de parti, sans autre ambition que de susciter des voix plus puissantes que la mienne, je dirai sans crainte le mot qui est sur toutes les lèvres, et que cependant personne n'ose prononcer. Je romprai le charme fatal qui perd le pays, en l'endormant dans une fausse sécurité, quand, pour se sauver, il lui faut veiller et agir. En de pareils moments, forte ou faible, glorieuse ou inconnue, toute voix est bonne pour crier : A MOI, FRANCE, VOICI L'ENNEMI!

Je demande donc que la nation, dès à présent re-
mise en possession de son inaliénable souveraineté,
de cette souveraineté que reconnaissent toutes les
chartes républicaines, et qu'aucun n'a droit d'enchaîner, soit appelée à prononcer sur une Constitution
qui l'entrave et la ruine. Je montrerai comment il est
possible de consulter le pays sans le bouleverser
encore une fois, de prévenir un désastre autrement
inévitable, de faire tourner au profit de l'ordre et de
la sécurité publique une mesure qu'on n'envisage
aujourd'hui qu'avec un juste effroi, d'éviter enfin et
de dissiper ce sinistre fantôme d'une Convention qu'on
évoquera bientôt pour intimider les faibles et isoler
les cœurs résolus. Ce n'est point, du reste, une utopie
que je rêve, ce n'est point un système nouveau, inconnu, que je propose, mais simplement l'emprunt,
l'imitation d'un moyen qui, en 1787, a sauvé la République américaine dans une crise semblable, un
moyen que les divers États de l'Union ont employé
quarante fois depuis un demi-siècle, et dans lequel ils
ont toujours trouvé l'instrument qui, dans une démocratie, détourne et dissipe les désordres et les
révolutions. Précieuse conquête pour la France si elle
naturalisait chez elle une institution qui sauvegarde
la liberté et les droits imprescriptibles de la nation,
ces deux trésors que chez nous les partis n'épargnent
guère quand vient le jour du succès!

En somme, je demande que, sans abdiquer ses
pouvoirs, sans abréger (qu'autant qu'elle le jugerait
convenable) la durée de son mandat, sans suspendre
la vie du pays, la Législature convoque en l'année
1851 une Assemblée de révision.

Je demande que cette Assemblée, élue, comme la
Législature, par le suffrage universel, n'ait aucun

pouvoir de législation ordinaire ; que son mandat ex-
clusif soit de revoir la Constitution ; mais qu'à cet
égard son autorité soit complète et qu'elle puisse se
prononcer librement sur la forme de gouvernement
qui convient à la France.

Je demande en outre (et j'appelle votre attention
sur ce point) que cette Constitution, avant d'être va-
lable, soit ratifiée par le pays. Il est au moins singulier que jusqu'à ce jour les mandataires de la nation
aient, au mépris de leur devoir, dédaigné de la consulter sur son plus cher intérêt ; ce mépris suffirait
pour expliquer l'impuissance de tant d'œuvres avor-
tées. Quant aux formes de la ratification, je montrerai
qu'on en peut choisir d'efficaces, sans remuer outre
mesure un peuple qui, pour cicatriser ses blessures,
a besoin de repos.

« Voilà, direz-vous, un plan dont le moindre défaut
« est d'être impraticable. C'est un rêve en face duquel
« il faut placer la vérité. La Constitution s'oppose à
« toute révision de cette sorte. A moins que l'Assem-
« blée ne prononce sa propre dissolution en 1851, ce
« qui est peu probable, la Constitution nous enchaîne
« jusqu'en 1852 : encore faut-il supposer (et vous
« savez si cette hypothèse est aventurée) qu'il se
« trouvera dans la Chambre une majorité des trois
« quarts prenant en pitié le pays. Mais que dans ce
« gouvernement, dont la loi suprême est la volonté
« du plus grand nombre, il se trouve une minorité du
« quart (une minorité de cent vingt-six voix peut-
« être) qui ne veuille pas de la révision, en voilà pour
« trois années encore d'un régime sans nom, et il ne
« reste à la nation, dépouillée de sa souveraineté,
« d'autre moyen de manifester sa volonté, qu'une
« insurrection, toujours criminelle quand elle

« échoue, mais toujours légitime et sainte quand elle
« réussit!

« Dans les circonstances les plus favorables, avec
« l'aveu de l'Assemblée, la Constitution nous oblige
« à renouveler tous les pouvoirs en 1852. Élection
« d'une nouvelle Constituante, élection d'un Prési-
« dent, élection d'une nouvelle Législature, trois
« épreuves où peut rester la République. La première
« de ces opérations difficiles ne nous donnera rien de
« moins qu'une Convention de neuf cents membres,
« élue pour trois mois, il est vrai, aux termes de la
« Constitution, mais avec le pouvoir absolu de mo-
« difier l'œuvre de ses aînées, et l'on sait quel est en
« pareil cas le respect traditionnel des Assemblées !
« Rien donc n'empêchera la Convention nouvelle de
« prolonger son mandat, de supprimer le Président
« d'un trait de plume, de s'emparer légalement de
« la tyrannie, comme fit sa devancière d'heureuse
« mémoire. Nous voilà bien loin de votre innocente
« Assemblée de révision !

« Ainsi, quelque sage, quelque raisonnable que
« puisse être votre projet, eussiez-vous trouvé le
« moyen infaillible de sauver le pays, la France en-
« tière voulût-elle une révision immédiate et pacifi-
« que, la Constitution oppose à ces vains désirs un
« obstacle insurmontable. La légalité nous tue, ou du
« moins nous condamne à languir et à nous éteindre
« constitutionnellement. Il est donc inutile de discu-
« ter des mesures que l'Assemblée ne peut proposer,
« et que la France ne peut accepter sans manquer à
« ces habiles législateurs qui, par un coup de génie,
« nous ont placés entre une Constitution funeste et
« une nouvelle révolution.

« Mais d'ailleurs, et même en admettant la légalité

11

« de votre proposition, que de difficultés! Comment
« supposer qu'on pourra sans inconvénient tenir en
« présence deux Chambres, l'une maîtresse du pré-
« sent, et l'autre de l'avenir, toutes deux naturelle-
« ment rivales? Comment gouverner en face d'une
« Assemblée qui change les bases mêmes du gouverne-
« ment? Comment, avec une autorité aussi précaire,
« compter sur l'obéissance et la tranquillité publi-
« ques? Enfin, comment un peuple si inflammable
« supportera-t-il des épreuves où l'on pèsera la ré-
« publique et la monarchie? Vous allez déchaîner
« toutes les ambitions, répandre l'agitation et l'in-
« quiétude, exciter les partis, jeter partout des
« semences de guerre civile. Votre projet est incon-
« stitutionnel, impraticable et dangereux à l'extrême.
« Il précipite la France vers cette révolution même
« que vous voulez lui épargner. »

Voilà, je crois, vos objections. Je ne les affaiblis
pas, je n'en dissimule pas la gravité. Et plût à Dieu
qu'il fût permis de laisser dormir de pareilles questions! Plût à Dieu que se taire fût aujourd'hui le plus
sage et le plus sûr, et qu'il nous fût permis de poursuivre tranquillement d'obscures et d'innocentes études! Mais puisque dans la position qu'on nous a faite
le silence est un danger et l'inaction une ruine,
puisque nous n'avons plus le choix qu'entre des
moyens extrêmes, écoutez-moi; car j'espère vous démontrer que, malgré son apparence étrange, la solution que je propose est encore la plus conforme au
principe de nos institutions, celle qui, dans l'exécution, offre le moins de difficultés pour le maintien de
la paix publique, le plus de garanties pour la liberté,
la seule enfin qui dénoue et ne rompe point le lien
fatal qui nous étreint. C'est à ce titre au moins que je

la défends, tout prêt à l'abandonner s'il est une voie plus courte et plus sûre pour sauver la France des fâcheuses extrémités auxquelles la réduit cette Constitution qui devait, disait-on, lui assurer prospérité et grandeur!

DEUXIÈME LETTRE

EST-IL NÉCESSAIRE DE REVISER LA CONSTITUTION?

Avant de discuter les questions délicates que soulève la révision de la Constitution, demandons-nous d'abord s'il est nécessaire, absolument nécessaire de recourir à ce périlleux expédient. Il y a sur ce point d'assez tristes enseignements dans notre histoire pour qu'on y regarde à deux fois avant de prendre ce moyen extrême; car trop souvent, au grand étonnement des réformateurs, une révision a enfanté une révolution. Les états généraux de 1789 devaient rappeler à sa pureté l'ancienne Constitution monarchique, ils nous ont donné la république et la Convention. Si donc on peut supporter le système présent, si la France peut à tout prix vivre et se développer sous l'empire des lois de 1848, résignons-nous, quel que soit notre désir particulier. C'est le devoir d'un citoyen; c'est le parti le plus sage en face d'un avenir dont personne n'ose répondre.

La France peut-elle vivre sous ce gouvernement qu'elle n'a point demandé, et que, suivant l'usage des révolutions, on lui a dédaigneusement imposé sans la consulter? Écoutons toutes les opinions, ou-

vrons tous les journaux. Est-il personne qui défende la
Constitution et réclame le maintien de ce qui existe?
Ne parlons pas des amis de la légitimité et de la monarchie constitutionnelle. Ceux-là, cela va sans dire,
ne veulent pas de la Constitution, et réunis ils font
peut-être la très-grande majorité de la nation; mais
au moins que veut le parti qui se dit républicain par
excellence? N'annonce-t-il pas hautement qu'il faut
supprimer la présidence, et que la première condition
faite au candidat de 1852 sera de se prêter à cette modification de la Constitution, modification la plus grave,
la plus considérable qu'on puisse imaginer, car, selon
moi, elle change bien plus que le gouvernement, elle
atteint la société, elle fait de la France une pure
démagogie, et doit fatalement, et dans un temps très-
court, mener au despotisme par le chemin ordinaire
de l'anarchie.

« C'est trop écouter, direz-vous, le murmure éter-
« nel des partis. L'agitation n'est qu'à la surface. La
« tribune et les journaux sont dans une perpétuelle
« émotion, mais au fond le pays, qui veut la tran-
« quillité, et qui a peur d'une révolution nouvelle,
« accepte avec résignation la Constitution. » — Non,
mon ami; vous vous trompez, vous confondez la
République avec la Constitution. On accepte la première, mais on repousse la seconde, parce qu'on
sent bien que la République telle qu'on l'a faite ne
peut pas vivre. Vous entendez répéter de toutes parts
qu'après tout on s'accommoderait du régime républicain, s'il nous donnait ce que la Constitution nous
refuse, l'ordre dans le gouvernement, la paix dans la
rue, l'assurance d'un lendemain. Il y a dans cette disposition des esprits un caractère qui porte avec soi la
condamnation sans appel de la Charte de 1848.

Quand un gouvernement, quel qu'il soit, légitime ou
non, libre ou non, assure l'ordre et la paix dans le
présent, la sécurité dans l'avenir, en un mot, quand
il est viable, il se forme un parti qui le soutient et
qui, au nom du travail et des grands intérêts qui s'y
rattachent, demande le maintien des institutions.
C'est là le secret de la force qui entoure si vite les
gouvernements de fait. C'est ce qui explique la popularité et l'influence du Président. Son nom était et
est encore une garantie d'ordre et de durée ; aussi je
ne m'étonne pas de voir au prince Louis des amis
nombreux ; mais, je le demande, où est le parti qui
a foi dans les institutions nouvelles ? Qui les défend ?
Et sans la crainte d'un mal plus grand, qui n'accep-
terait avec joie la révision comme la fin de la crise et
le commencement d'une ère meilleure ? Quel est le
fabricant, le commerçant, l'armateur, en un mot, quel
est le producteur qui ne réclame un gouvernement
tout différent du nôtre, c'est-à-dire un gouvernement
solide, durable et qui ne mette pas perpétuellement
à l'aventure la fortune de la France, la vie et le travail de tous ?

Voilà, mon ami, le vice essentiel de la Constitution
de 1848, fidèle copie de nos chartes révolutionnaires,
qui n'ont jamais vécu, et comme elles mort-née ! Ce
n'est point pour la France du dix-neuvième siècle
qu'elle est faite : tout au plus serait-elle bonne pour
le peuple oisif et payé d'Athènes et de Rome. Théori-
quement, il peut être fort ingénieux de tenir sans
cesse en action l'esprit de la démocratie, et de rêver
une nation modèle, toujours occupée à construire
son gouvernement, comme on bâtit un château de
cartes, pour le détruire d'un souffle quand il est terminé. Mais, en vérité, comment a-t-on été assez in-

sensé pour condamner la France au stérile supplice
de Sysiphe, toujours relevant ce gouvernement, qui
toujours retombe sur elle, et en tombant l'écrase?
Sommes-nous des Romains vivant, dans l'oisiveté, de
la conquête et des dépouilles du monde, ou, simplement, ne serions-nous point un peuple de produc-
teurs, un peuple d'ouvriers, où le plus grand nombre
gagne son pain à la sueur de chaque jour? Le travail
sous toutes ses formes, c'est notre vie à tous ; la grandeur de la France n'est plus dans sa noblesse ou dans
son roi : elle est dans ses artisans, dans ses artistes,
dans ses ouvriers de la main et de la pensée. Mais
le travail a des conditions naturelles ; il lui faut la
sécurité. Si l'on veut que je sème, il faut me garantir
que je récolterai. Cette garantie, c'est le fond même
du gouvernement. Sa raison d'être n'est pas en lui-
même (c'est l'erreur de tous nos théoriciens) ; cette
machine si lourde et si compliquée a son œuvre et son
objet : c'est la protection du travail (je comprends
sous ce nom la propriété et les capitaux, qui ne sont,
en dernière analyse, que du travail accumulé). Une
Constitution qui ne protège point cet intérêt vital,
qui, laissant la société exposée à un coup de main,
décourage la production, et en certains cas l'empêche,
cette Constitution est un obstacle et un danger qu'il
faut écarter promptement et par un commun effort,
car elle est pour tous une cause incessante de souffrance et d'affaiblissement.

C'est là que nous en sommes ; il ne faut pas nous
faire illusion. Le mal dont souffre la France, c'est
l'insécurité ; et cette insécurité vient moins des idées
ou des passions qui nous agitent, que des institutions
mauvaises qu'on nous a si maladroitement imposées.
La France, aujourd'hui, présente cet étrange spectacle

d'un peuple laborieux, intelligent, qui, revenu de
ses rêves d'ambition et de conquête, ne demande
qu'à développer en paix son industrie, à étendre son
commerce, à améliorer sa position physique, intel-
lectuelle et morale, et qui use stérilement son génie
à lutter contre un mal qu'on lui a volontairement
inoculé. Ils ont été bien coupables ou bien faibles, les
législateurs de 1848, et l'histoire leur sera sévère, car
en présence de la Révolution encore vivante ils ne
pouvaient douter un instant des vices de leur œuvre.
À quoi sert donc l'expérience, pour qu'en 1848 on
ait reproduit, en les exagérant, les défauts de cette
chimérique Constitution de 1791, qui perdit du même
coup le roi, nos pères et la liberté!

Eh quoi! quand on avait l'exemple de la faiblesse
de la Constituante et du despotisme de la Convention;
quand tant de témoins peuvent encore nous dire ce
qu'ont coûté de sang et de misère ces fausses et funestes théories, on ignorait qu'une Assemblée unique,
tour à tour esclave ou despote, faible ou emportée,
indifférente ou susceptible à l'extrême, n'a jamais
causé que désordre et malheur! Après la banqueroute, les assignats, la disette et la guerre, on avait
besoin d'une épreuve nouvelle pour reconnaître qu'il
n'y a pas de gouvernement, pas d'administration, pas
de crédit, pas de finances, pas d'alliances possibles
avec une Assemblée ondoyante qui peut, dans un jour
d'entraînement et à une voix de majorité, détrôner
par une accusation le chef de l'État, se mettre au-
dessus des lois, supprimer cent millions d'impôts,
déclarer la guerre, confisquer l'industrie, et recommencer les assignats sous un nom nouveau.

On détruisait le pouvoir exécutif, en lui refusant
le *veto* nécessaire à son existence, et cependant un

écho lointain répétait encore le cri prophétique de Mirabeau : « Pour moi, messieurs, je crois le *veto* tel- « lement nécessaire, que j'aimerais mieux vivre à « Constantinople qu'en France, si le roi ne l'avait « pas ! Oui, je le déclare, je ne connaîtrais rien de « plus terrible que l'aristocratie souveraine de six « cents personnes, qui demain pourraient se rendre « inamovibles, après-demain héréditaires, et fini- « raient, comme les aristocrates de tous les pays du « monde, par tout envahir. »

Quelle déception que ce scrutin de liste qui, au lieu de ménager les campagnes, siége de l'esprit d'ordre et de conservation, crée un privilége au profit de la turbulence des villes; qui, loin de rapprocher le candidat de ceux qui connaissent sa vie et son caractère, principe fondamental en toute démocratie, sépare l'électeur de son mandataire, le force à des transactions sans nombre et agrandit le règne du journalisme et des partis! Sont-ce là des principes républicains? Qu'est-ce alors que les États-Unis, fondés sur des principes contraires, les États-Unis si florissants, si paisibles depuis plus de soixante ans? Si c'est ainsi que les amis de la République ont espéré la faire adopter par la France, qu'auraient donc inventé pour la perdre ses plus cruels ennemis!

Ne m'accusez pas d'être impitoyable pour la Constituante de 1848; l'histoire, qui commence pour elle, dira qu'elle a compromis pour longtemps la République et la liberté. J'ai d'ailleurs le droit de condamner la Constitution, car je n'ai point attendu les maux qu'elle enfante pour signaler ses défauts[1]. Avant qu'elle fût votée, j'ai crié qu'on menait la

1. Voyez l'appendice.

France à l'abîme; c'est bien le moins que je répète
aujourd'hui ce qu'il était alors si facile de prédire.
D'autres l'ont fait comme moi; il ne fallait pour cela
ni courage, ni lumières supérieures. On ne nous a
pas écoutés; aujourd'hui peut-être on comprend
qu'on ne gagne rien à dédaigner l'expérience, à tran-
siger avec les passions, et que la politique d'expé-
dients est, de toutes les politiques, la plus fausse et
par cela même la plus dangereuse.

Puisse au moins nous servir ce nouveau démenti
donné à la vanité des théories révolutionnaires! Cette
fois, l'épreuve est complète; il n'y a eu ni guerres ni
séditions pour la troubler; la Constitution s'affaisse
d'elle-même par un vice intérieur, au milieu d'une
société trop abattue pour qu'on l'agite. Il n'est pas
même permis de s'en prendre aux passions humaines
de cette chute inévitable, et l'amour-propre des théoriciens, cet amour-propre incurable et qui nous coûte
si cher, n'a pas même ici son excuse ordinaire.

Oubliez l'agitation présente si triste pour les amis
de la liberté, car, si l'on n'y prend garde, elle dégoû-
tera du gouvernement représentatif un peuple qui
n'épouse ni les passions, ni les frayeurs de ses députés; reportez-vous à quelques mois en arrière, et vous
reconnaîtrez que la sagesse des hommes (sagesse imposée par les événements) avait corrigé en partie le
danger de nos institutions. L'Assemblée, effrayée au
début par le débordement du socialisme, a été maintenue par le besoin d'une résistance commune. Elle
ne s'est pas divisée comme elle l'eût fait infailliblement, si une même crainte et un même effort n'eussent réuni les esprits les plus opposés. L'élection
d'un Bonaparte a donné au pouvoir exécutif un pres-
tige qui avait jusqu'à présent caché sa faiblesse con-

stitutionnelle et modéré la puissance de l'Assemblée, en la balançant dans l'opinion. Le scrutin de liste n'a point faussé outre mesure la représentation nationale, parce qu'au moment de l'élection une seule pensée occupait tous les cœurs : refouler ces passions mauvaises qui poussaient à l'assaut de la société.

Mais que sera-ce en 1852, si l'élection nous donne un président que ne soutient pas l'opinion, une Assemblée où les partis jettent le masque ? Que deviendrons-nous, si un chef populaire, osant tout ce qu'il peut, se lasse de l'impuissance légale à laquelle la Constitution le condamne, et entre en lutte avec l'Assemblée, comme étant, plus qu'elle, le représentant de la nation ! Comment travailler, comment entreprendre, comment produire, au milieu de l'agitation universelle, et peut-être de l'émeute et de la guerre civile ? Cela est impossible ; et pourtant, qui peut douter que dans un État où le gouvernement tout entier est à la merci de l'opinion mobile de sept cent cinquante personnes sans responsabilité, et par conséquent sans esprit de suite et sans modération, la Révolution ne finit jamais ? Elle est dans la Constitution qui, au milieu de la lassitude universelle, l'entretient comme un feu sacré, tout prêt à éclater au premier moment de négligence et d'abandon. C'est là, c'est dans la Constitution, qu'il faut la combattre et l'étouffer, si l'on ne veut pas qu'elle dévore le pays épuisé.

TROISIÈME LETTRE

LA NÉCESSITÉ D'UNE RÉVISION ÉTANT RECONNUE, QUAND CETTE RÉVISION DOIT-ELLE SE FAIRE ?

Si je vous ai fait partager ma conviction ; si vous croyez comme moi que le vice de nos institutions est la cause principale de nos maux, vous voyez qu'on ne doit pas reculer la révision, puisque chaque heure de retard accroît le malaise général. Ce n'est pas impunément qu'on s'inquiète dans une société où chacun vit de son travail ; aussitôt l'industrie s'arrête, les capitaux émigrent, le crédit se resserre, l'esprit d'entreprise s'éteint ! Non-seulement la suspension ou la diminution du travail réduit immédiatement à la misère une classe nombreuse de citoyens, mais encore elle compromet dans l'avenir la fortune et la puissance du pays. Dans cette lutte industrielle qui fait aujourd'hui la vie de l'Europe, quand un peuple s'arrête, les autres grandissent à ses dépens. Leurs relations augmentent, leur fabrication s'accroît, l'affluence des capitaux émigrés fait baisser à leur profit le taux de l'argent ; autant de causes de prospérité ! L'Angleterre, en 1848, s'est enrichie de tout ce qu'a perdu la France ; et que de temps, que de peines il faut pour regagner sur le marché du monde l'avance que fait perdre un jour d'émeute à Paris ! Souffrance dans le présent, faiblesse dans l'avenir, c'est le fruit le plus certain des révolutions !

Assurément, rien ne serait plus fâcheux que la prolongation d'une telle crise. De toutes les politiques, la plus funeste, malgré son apparence de sagesse, est cette politique effrayée, qui a tellement peur du changement, qu'au risque de périr, elle s'obstine à rester dans sa misérable situation. C'est ressembler à ces malheureuses femmes que ronge une douleur invisible, qui croient tromper le mal en le dissimulant à tous les yeux, et s'abusent elles-mêmes, jusqu'au moment où, maître de l'organisation, le cancer éclate et défie l'art impuissant du médecin. Ce n'est pas en s'abandonnant, qu'un pays se tire de danger. Il est sage d'attendre, quand le temps apporte avec soi le salut; mais c'est folie, quand chaque jour accroît la ruine. Si la Constitution est vraiment, par son instabilité, la cause de nos souffrances, l'inquiétude du présent, l'effroi de l'avenir, il faut y toucher hardiment. Retarder, c'est ajouter des difficultés nouvelles aux difficultés d'aujourd'hui; c'est grossir le flot qui va tout emporter.

Aussi je considère comme le plus mauvais expédient la prolongation des pouvoirs du Président, sous l'empire de la Constitution qui nous régit. Je ne discute pas les dangers d'un coup d'État, par lequel l'Assemblée dépouillerait la nation de son inaliénable souveraineté, et annulerait, en le violant, le mandat dont elle tire son droit. C'est une hypothèse chimérique; une Assemblée usurpe rarement pour le compte d'autrui. J'admets la légalité de l'acte; je suppose que la France consultée se prononce pour la prolongation des pouvoirs (et, n'en déplaise aux théoriciens, elle a ce droit si elle est souveraine, et peut changer un article de la Constitution aussi bien que la Constitution tout entière); où nous mènerait cette nouveauté? Le temps ne ferait qu'aggraver et rendre plus sensible le vice de la situation. Après un moment de sécurité les difficultés reparaîtraient plus grandes,

car lorsque le mal est dans les institutions, il est insensé de croire que les événements et les passions ne
l'en feront pas sortir. Le provisoire, en se prolongeant,
affaiblirait nos ressources; une apparence de tranquillité, en éloignant la pensée du danger, accroîtrait
la division dans le parti de l'ordre, assemblage d'o-
pinions diverses, momentanément réunies par l'intérêt commun, et nous verrions la société encore une
fois conquise, comme en Février, par ce parti qui sait
si bien comment d'un mécontentement passager on
fait sortir à coups de fusil une révolution. Il ne faut
pas s'y tromper : le péril est plus pressant aujour-
d'hui qu'en Février. Un pouvoir affaibli et sans racines ne peut offrir qu'une faible résistance, tandis
que l'audace est grande après un succès inouï, surtout quand la Constitution, complice des passions
mauvaises, offre des chances sans nombre à qui veut
surprendre le pays en désarroi.

« Admettons, direz-vous, que la Constitution ne
« peut durer; aussi bien sa réforme est, en apparence,
« le vœu général; le plus sage est d'attendre la fin
« de la session, l'époque régulière où cesseront les
« pouvoirs de l'Assemblée. D'une part, la Constitu-
« tion semble l'ordonner ainsi; de l'autre, il y a une
« certaine reprise d'affaires qu'il ne faut pas troubler
« par des discussions intempestives. Enfin, c'est peut-
« être compromettre le succès de la mesure que d'in-
« quiéter l'Assemblée sur la durée d'un mandat
« qu'elle tient sans doute à remplir jusqu'au bout. »

Cet avis n'est pas le mien; je laisse de côté la question de légalité, nous l'examinerons tout à l'heure.
Je suppose l'Assemblée maîtresse de fixer l'époque et
la forme de la révision, je demande ce qu'elle doit
faire dans l'intérêt public. Je ne discute pas davan-

12

tage la question personnelle. L'Assemblée a fait plus
d'une faute (quelle puissance absolue n'en fait pas !),
mais elle a donné assez de preuves de patriotisme pour
qu'on ne doute pas qu'elle sacrifie toute considération
particulière, quand ce sacrifice sera nécessaire. Reste le
ménagement de l'industrie, des affaires, du travail, c'est
un intérêt de premier ordre. Mais remarquez que si
la révision est inévitable en 1852, le mouvement s'ar-
rêtera prochainement. Toute la question est donc
dans le choix du moindre mal ; voilà pourquoi je
propose d'avancer une mesure qui sera d'autant moins
fâcheuse qu'elle sera plus promptement exécutée.
C'est pour détourner les désastres de 1852 que je dé-
sire la révision en 1851. Du reste, je ne demande pas
qu'on la fasse demain, encore moins que l'Assemblée
ou le Président abdiquent avant le jour fixé : tout ce
que je veux, c'est que l'Assemblée fasse réviser la
Constitution, pendant la durée de son mandat ; je
n'ai pas la prétention de lui dicter l'heure et le jour
de sa détermination ; je m'en fie sur ce point à son
dévouement et à ses lumières.

Je dis seulement qu'attendre 1852 pour cette grave
mesure, c'est en compromettre le succès.

C'est attendre que la vague anxiété qui tourmente
sourdement le pays prenne un caractère sérieux, à
l'approche de cette date fatale. C'est vouloir que la
nation inquiète, émue, agitée, n'ait plus de liberté
d'esprit au moment où la possession de soi-même est le
plus nécessaire. En face d'un parti qui annonce l'in-
tention de se présenter violemment dans les comices
de 1852, pour y briser la loi électorale, c'est jouer
le jeu de l'émeute et de la sédition, que de renvoyer
cette décision brûlante au jour où l'Assemblée et le
Président ne seront plus qu'un pouvoir sans force, sans

durée, sans énergie. C'est perdre la France par une lâche temporisation.

Supposez que l'élection triomphe d'une attaque qui se fera avec toute la furie d'un parti qui joue son dernier coup, que de difficultés encore et que de dangers! C'est au milieu de l'ébranlement universel, parmi cet affaiblissement qui accompagne l'enfantement d'une Constitution, que nos législateurs auront à remanier les institutions et à défendre la société, semblables à ces Hébreux qui, au retour de la captivité, reconstruisaient Jérusalem, la truelle d'une main et l'épée de l'autre. Que deviendrons-nous pendant cette rude campagne, renouvelée de 1848? que sera-ce si, comme il est permis de le craindre, l'Assemblée nouvelle, enivrée de sa puissance, recommence quelques-unes des erreurs de la Constituante et de la Convention? Que de maux, si seulement elle traîne en longueur une œuvre qui tient en suspens la vie de la France, si elle se montre peu pressée de terminer un travail qui doit amener son abdication!

Au contraire, s'il était possible, pendant que tous les pouvoirs fonctionnent régulièrement et possèdent encore la confiance publique et l'autorité du commandement, parce qu'ils ont devant eux un certain avenir; si, dis-je, il était possible de réformer paisiblement la Constitution, de supprimer en quelque sorte la Convention, et d'arriver, à l'expiration des pouvoirs du Président et de l'Assemblée, non pas en face d'une dictature révolutionnaire, mais d'un gouvernement régulier? Quel immense avantage pour le pays! Que de maux épargnés! Que de misères évitées!

Cette réforme, qui effraye aujourd'hui, deviendrait un gage de sécurité; au lieu de ralentir le travail (suspension inévitable en 1851), elle l'exciterait, en permettant *ce long espoir et ces vastes pensées* sans lesquels un peuple déchoit et se perd.

En peu de mots, veut-on risquer une nouvelle révolution en 1852? Nous y allons tout droit; il suffit de laisser couler le temps. Veut-on la prévenir? il faut dès à présent conjurer toutes les forces du pays. Au point où nous en sommes, attendre nous perd ; agir nous sauve. Malheur à qui hésite en de tels moments!

QUATRIÈME LETTRE

QUEL EST LE VÉRITABLE SENS DE L'ARTICLE 111 DE LA CONSTITUTION? EST-CE UN ORDRE? EST-CE UN SIMPLE CONSEIL ?

Je crois, mon ami, vous avoir démontré de quel intérêt il est pour la France de ne point retarder la révision de la Constitution ; je vous prouverai également, j'espère, que c'est un énorme avantage d'adopter pour cette révision les formes américaines, qui nous garantissent une opération paisible et nous gardent d'une autre Convention. Mais, ici, nous rencontrons l'obstacle en apparence insurmontable, l'article 111 de la Constitution. Cet article fixe le jour avant lequel on ne peut même proposer de toucher à nos institutions. Il prescrit les règles qu'on doit suivre dans cette décision. Il détermine les formes de la révision. Rien n'est donné à la volonté de l'Assemblée : tout est ordonné, tout est commandé par une

autorité supérieure ; l'Assemblée et la nation même
n'ont plus qu'à obéir.

Voici l'article; en apparence, il est formel :

ART. 111. Lorsque dans la dernière année d'une législature l'Assemblée nationale aura émis le vœu que la Constitution soit modifiée en tout ou partie, il sera procédé à
cette révision de la manière suivante :

Le vœu exprimé par l'Assemblée ne sera converti en résolution définitive qu'après trois délibérations consécutives,
prises chacune à un mois d'intervalle et aux trois quarts des
suffrages exprimés. Le nombre des votants devra être de
cinq cents au moins.

L'Assemblée de révision ne sera nommée que pour trois
mois.

Elle ne devra s'occuper que de la révision pour laquelle
elle aura été convoquée.

Néanmoins, elle pourra, en cas d'urgence, pourvoir aux
nécessités législatives.

« A quoi bon discuter? la disposition n'est-elle pas
« nette, positive, explicite? Vous imaginez-vous
« qu'une chicane d'avocat puisse en troubler le sens;
« croyez-vous que jamais l'opinion publique vous
« suive et s'engage en de vaines subtilités? Eussiez-
« vous cent fois raison au fond, la Constitution est
« manifestement contre vous, toute polémique est
« inutile. »

Mon ami, je vous demande un peu de patience.
Vous savez que, même en littérature, j'ai horreur du
paradoxe; en politique, c'est toujours une absurdité,
et quelquefois un crime. J'admets, comme vous,
qu'on ne commande à l'opinion, qu'on n'a droit de
conduire les hommes que par la vérité, les principes,
le bon sens. De plus, je suis avocat, chargé par l'État
d'enseigner la législation, élevé dans le respect des
lois, alors même que ma raison les condamne, et ne

voulant de réforme que suivant les voies régulières.
Pour que j'expose mon sentiment dans une question
aussi grave, il me faut une conviction qui ait mis
plus d'un jour à se former. Ma conviction est entière,
et comme nulle passion ne la trouble, qu'elle est fondée sur le raisonnement et l'observation, j'appelle
avec confiance l'attention des jurisconsultes et des
hommes d'État sur un point qu'on a adopté jusqu'à
présent sans examen.

Oui, mon ami, je crois que si vous lisez sans pré-
vention les pages suivantes, les dispositions de cet
article formidable vous apparaîtront sous leur vrai
jour. Je vous montrerai que cet article n'est qu'un
conseil donné au pays, que c'est ainsi que ses auteurs
ont dû l'entendre, et qu'il ne peut pas être autre
chose. La plus simple réflexion nous fera reconnaître
que des législateurs même constituants n'ont jamais
eu le pouvoir ni le droit d'obliger la France à conserver une charte qui la gêne ; que jamais ils n'ont
reçu un tel mandat, et que même ils n'ont jamais pu
le recevoir ; car la nation, qui ne peut se lier elle-
même, n'a pas pu déléguer à ses mandataires un pouvoir qu'elle n'a pas. Nous verrons, pièces en main,
que l'opinion que je défends est confirmée par toute
la tradition révolutionnaire ; j'ai pour moi l'autorité
de la Constituante, de la Législative et de la Convention. C'est au nom des principes républicains que je
parle ; c'est la tradition républicaine que j'invoque :
c'en est assez pour que vous m'accordiez quelques
moments.

Voyons d'abord les principes. Je prétends qu'il est
impossible de voir dans l'article 111 autre chose qu'un
conseil, car autrement ce serait une usurpation flagrante de la souveraineté ; et, dans ce cas, il est

évident que l'article serait nul, et ne pourrait lier
ni l'Assemblée, ni la nation.

Ici, dès le début, je rencontre une imposante autorité, celle de M. Dupin, un des principaux rédacteurs
de la Constitution, et qui doit en connaître l'esprit
mieux que personne. Voici ce que le président de
l'Assemblée écrivait en janvier 1849, dans son commentaire sur la Constitution, en note à l'article 111,
article dont il a défendu la rédaction à la tribune [1].

« QUESTION. Une Assemblée pourrait-elle, au lieu
« de proposer quelques articles à la révision d'une
« autre Assemblée, proposer directement cette révi-
« sion à la sanction du peuple *souverain* (art. 1er de
« la Constitution), du peuple *de qui tous les pouvoirs*
« *émanent* (art. 18), et dont l'Assemblée nationale
« elle-même n'est qu'une *délégation* (art. 20)?

« Si cela arrivait, qui pourrait s'en plaindre, puis-
« que le peuple entier serait appelé à prononcer dans
« les comices du suffrage universel? »

Vous voyez si M. Dupin croit l'Assemblée et la
France liées par l'article 111, ou si cet article qu'il a
soutenu est pour lui autre chose qu'un simple conseil.
Les formes prescrites n'ont à ses yeux qu'une valeur
de circonstance, et M. Dupin a cent fois raison. Sans
doute, il est bon de ne pas toucher légèrement aux
Constitutions; je ne conteste pas le mérite secondaire
de ces dispositions restrictives, quoique l'histoire atteste leur peu d'utilité; mais évidemment le respect
qu'on leur doit est subordonné à l'intérêt général, et,
dans une République, nul législateur ne peut pré-

---

1. *Constitution de la République française, accompagnée de notes
sommaires, explication du texte, etc. Paris, Videcoq, 1849, p. 11.*

tendre qu'on s'arrête à sa voix, quand c'est la représentation nationale qui interroge, et la souveraineté du peuple qui répond.

Pour nous assurer que l'article 111 n'a d'autre valeur que celle d'un conseil, remontons aux principes, puis après nous verrons ce que dit l'histoire. Nous confirmerons la théorie par la tradition.

Qu'est-ce qu'une Constitution? quel est le mandat et le pouvoir des constituants? Cette dernière question, dont l'Amérique a si bien senti la gravité, nous n'y avons jamais réfléchi, et cette négligence a causé plus d'une erreur funeste dans la Révolution. On dirait que, pour le plus grand nombre, les constituants sont la nation même, et non pas ses mandataires; qu'ils ont, par conséquent, un droit illimité, indéfini, comme la puissance qui les nomme. C'est là un principe faux, qui a légitimé les usurpations de nos Assemblées révolutionnaires. Mais sa fausseté n'a jamais mieux paru que dans l'article 111, si cet article renferme un ordre; car il en résulterait qu'en vertu de leur mandat, les représentants de la France ont pu la lier malgré elle, et lui imposer une volonté qui n'est pas la sienne; en deux mots, que les mandataires sont le véritable souverain, et que le mandant doit obéir. Ainsi entendu, ce n'est pas seulement une absurdité que renferme l'article, mais un attentat énorme contre cette souveraineté du peuple que nous reconnaissons tous comme le principe fondamental et supérieur du gouvernement et des lois.

Qu'est-ce donc qu'une Constitution? Ce n'est point une loi qui assujettisse et lie la nation malgré elle (il n'y a point de loi qui ait une telle autorité, à moins qu'elle ne soit imposée par un conquérant): c'est la loi qui dispose et organise le gouvernement; c'est la

règle suprême des pouvoirs publics; rien de plus,
rien de moins.

Ainsi, par exemple, la Constitution déclare qu'il
n'y aura qu'une Chambre; une loi ordinaire ne peut
en établir deux. La Constitution décide que le Président sera élu par le suffrage universel, et ne sera
point rééligible; l'Assemblée ne peut nommer le
Président, ou lui prolonger ses pouvoirs, sans violer
la Constitution.

Comme cette organisation des pouvoirs publics est
une grosse affaire, que les institutions ont une influence considérable sur la prospérité nationale, on
ne veut pas que, sans un mandat exprès, les législateurs touchent à ce grand ressort de l'État, qu'on
nomme la Constitution. On interdit, et avec raison,
ce pouvoir aux Assemblées ordinaires, pour éviter
des usurpations possibles et des agitations certaines.
Et quand il est nécessaire de toucher à la loi suprême,
le peuple, suffisamment averti, donne un mandat
spécial à une Assemblée constituante, à une Convention, chargée expressément, et à l'exclusion de tout
autre corps, de reviser la Constitution.

Telle est la théorie universellement admise en Amérique; nous l'avons empruntée aux États-Unis, en y
laissant malheureusement ce véritable esprit républicain qui a horreur des mandats illimités, parce
qu'ils contiennent toujours un germe d'usurpation.

Maintenant, quel est le mandat qu'ont reçu les
constituants, mandat qui est le fondement et la limite
de leur droit?

C'est de faire une Constitution, autrement dit, d'organiser, au nom du peuple, la forme du gouvernement, forme que personne ne pourra changer, sinon
de l'ordre exprès de la nation qui l'a fait établir. C'est

de déterminer les pouvoirs publics, en d'autres termes, d'assigner au magistrat exécutif aussi bien qu'au corps législatif les fonctions et les droits qui leur appartiennent; c'est de tracer à chacun d'eux le cercle qu'ils ne peuvent franchir. Jusque-là, nulle difficulté.

Mais ces constituants, ces mandataires, qui ont reçu mission d'organiser un gouvernement, de régler les pouvoirs publics, ont-ils en même temps le droit d'attacher la nation à cette forme de gouvernement, de la condamner à vivre indéfiniment, ou pour un temps donné, sous le régime qu'ils ont imaginé?

En aucune façon. D'où leur viendrait cette autorité souveraine, ce droit supérieur au droit éternel de la nation, ce pouvoir exorbitant, en vertu duquel les délégués obligeraient le peuple, et non pas même envers un tiers, mais envers soi-même? D'un mandat exprès? d'un mandat tacite?

Un mandat exprès? Nos constituants ne l'ont jamais reçu. Pas plus en 1848 qu'en 1791 ou en 1793 on n'a imaginé que des députés eussent le droit d'enchaîner le pays qui les a nommés, au risque d'étouffer son activité et sa vie. Tout au contraire, les auteurs de la nouvelle Constitution, *fidèles aux traditions des grandes Assemblées qui ont inauguré la Révolution française* (hélas! on ne s'en aperçoit que trop dans leur œuvre!), proclament solennellement et dès le début : *que la souveraineté réside dans l'universalité des citoyens français, qu'elle est inaliénable et imprescriptible, qu'aucun individu, aucune fraction du peuple ne peut s'en attribuer l'exercice*[1].

C'est la véritable doctrine républicaine, j'accepte cette déclaration; mais si l'article 111 est un ordre,

1. Constitution de 1848, art. 1.

comment le concilier avec cette grande maxime qui inaugure la Constitution? Car enfin, si la souveraineté du peuple est inaliénable, on ne peut la soumettre au mauvais vouloir d'une imperceptible minorité; et si elle est imprescriptible, on ne peut la suspendre pour trois ans? Le terme, fût-il d'un jour, est une usurpation ; un droit imprescriptible, inaliénable, ne comporte pas de limites : y toucher, c'est le violer. Sortez-vous des principes, admettez-vous qu'on peut, dans l'intérêt général, suspendre légalement la souveraineté pour trois ans; pourquoi pas alors pendant six ou dix ans, pourquoi pas pendant vingt, trente, cinquante années, un siècle tout entier? Dès qu'on est hors de la vérité, on ne s'arrête plus qu'à l'absurde.

Quelle est la définition de la souveraineté? le commandement suprême. Quel est le véritable souverain? celui dont la volonté fait la loi. Mais alors, si l'article 111 commande, il faut rayer l'article 1er; ce n'est pas le peuple qui règne en France, c'est la volonté d'une Assemblée qui n'existe plus. Si, au contraire, la souveraineté du peuple est la base de notre gouvernement, l'article 111 est un simple avis, ou n'a pas de sens. S'il viole les droits inaliénables et imprescriptibles de la nation, il est nul; car (j'emprunte cette réflexion au commentaire de M. Dupin, sur l'article 1er, au mot *imprescriptible*): « Il y a toujours « à revenir contre toutes les usurpations: *Prœscriptio* « *temporis juri publico non debet obsistere.* C'est ce que « dit la loi 6 au Code *De operib. public.* »; j'ajoute : c'est ce que de tout temps a dit le bon sens.

S'il eût été insensé de donner à nos délégués mandat exprès de nous assujettir, à plus forte raison ne peut-on pas supposer de mandat tacite. Est-ce qu'un

peuple peut se lier ainsi, quand même il le voudrait?
Est-ce qu'on s'oblige soi-même envers soi-même? Et
comment, et pourquoi le peuple s'assujettirait-il à
une forme politique pour trois ans, pour dix ans.
pour toujours? Est-ce que sa vie tient à une forme de
gouvernement plutôt qu'à une autre? est-ce qu'il
n'existe pas avant comme après la Constitution?
est-ce qu'il n'est pas l'origine et la cause de toutes
les lois? D'ailleurs, comment se lier! Sa volonté est
toujours légale, ou, pour mieux dire, sa volonté, c'est
la loi même. Sa volonté d'aujourd'hui, c'est la loi
d'aujourd'hui, sa volonté de demain sera la loi de
demain. Déclarer qu'il cessera de vouloir pendant un
temps donné, c'est un vœu absurde et nul de soi.
Quand l'intérêt seul de la nation est en jeu, quand
elle n'a d'obligation envers personne, lui interdire de
chercher son plus grand bien, la condamner à souffrir stérilement, c'est de la folie, c'est de la niaiserie
métaphysique ou constitutionnelle, et rien de plus.

J'insiste sur ce point délicat, car c'est le nœud de
la question. D'ailleurs, il ne faut pas craindre de
creuser une idée quand elle est juste, et qu'au bout
peut-être il y a le salut de la France. Une nation,
comme réunion d'hommes, comme portion de l'humanité, est soumise à cette loi naturelle, à ces principes d'éternelle justice que Dieu a gravés dans tous
les cœurs. En ce sens, il est vrai de dire que la souveraineté du peuple n'est pas absolue, et qu'il est des
lois antérieures et supérieures devant lesquelles elle
doit s'incliner. Le salut public parût-il attaché à la
mort d'un innocent, il n'est pas permis d'en faire
une victime; je n'ai pas le droit de tuer mon semblable dans mon intérêt, et, fussions-nous un million,
d'un intérêt on ne peut faire sortir un droit. C'est là

un principe sacré ; mais vous voyez dans quelle
sphère supérieure il règne. Les constitutions peuvent
le reconnaître ; mais, assurément, ce qui nous lie,
c'est une autre autorité que la leur.

Prenons maintenant la nation, non plus comme
une réunion d'hommes soumis aux lois générales qui
régissent l'humanité, mais comme un corps politique
qui règle à son gré les conditions de son gouvernement. Évidemment les principes supérieurs dont
nous parlions tout à l'heure n'ont rien à faire avec
ces formes politiques, qui varient à l'infini, suivant
les besoins de chaque siècle et de chaque contrée. En
ce point, la nation est véritablement souveraine;
sa volonté seule fait loi; son intérêt est sa règle; *salus
populi suprema lex esto ;* c'est une maxime incontestable quand on l'entend dans son vrai sens et comme
l'entendaient les Romains. Encore une fois, cela ne
veut pas dire qu'un peuple peut se mettre au-dessus
des lois éternelles de la justice et de la morale, mais
simplement que, toutes les lois politiques étant faites
pour lui, il n'en est pas une seule qui ne doive céder
devant son intérêt.

Vous comprenez maintenant ce que c'est que la
souveraineté et pourquoi elle est véritablement imprescriptible et inaliénable, pourquoi il ne peut pas
être permis à des mandataires de la restreindre et de
l'amoindrir. C'est qu'à vrai dire, pour une nation,
il n'y a point de Constitution, il n'y a pas de lois
fondamentales, en ce sens que cette Constitution,
que ces lois puissent subsister indépendamment de
sa volonté et la dominer. (C'est là l'erreur des légitimistes qui maintiennent leur principe, et des républicains qui défendront la Constitution à l'encontre de
la volonté populaire.) On constitue un gouvernement,

13

on ne constitue pas une nation. La Constitution, les lois fondamentales sont simplement les règles auxquelles les corps constitués qui existent et agissent par elles ne peuvent toucher ; mais il serait absurde de supposer le pays lié par les formalités auxquelles il assujettit ses agents. Ces formalités sont faites pour lui ; son intérêt est la mesure et la règle de son droit. Le gouvernement n'est pas la condition de la vie nationale, il n'est qu'un moyen pour ordonner le bien-être et la prospérité générale. Forcer la nation à souffrir un gouvernement qui la gêne, c'est sacrifier le but aux moyens, c'est la condamner à une souffrance stérile et sans objet ; c'est lier sa vie à une œuvre morte. Personne, assurément, n'a le droit de lui imposer ce supplice de Mézence, et ses mandataires moins que personne:

Mais, direz-vous, est-ce qu'une Constitution n'est pas un contrat, un engagement dont il faut supporter les bonnes et les mauvaises conséquences? Un engagement avec qui? Ne confondez pas une Charte par laquelle un peuple traite avec un souverain, qui a tout au moins pour lui la possession de l'autorité, et une Constitution qu'une nation républicaine se donne à elle-même. Le peuple de 1848 n'avait ni supérieur de fait, ni puissance extérieure avec laquelle il lui fallût traiter. Il s'est donné librement une forme de gouvernement, il peut la modifier sans faire tort à personne, car personne n'avait droit de lui imposer ce régime et personne n'a droit d'exiger qu'il le conserve.

Mais n'y a-t-il pas au moins un engagement pris par la majorité envers la minorité? La Constitution n'est-elle pas une transaction faite entre les partis qui ont déposé les armes par respect pour la foi jurée? — Je vous demanderai à mon tour quelle est cette

nouvelle forme de gouvernement et depuis quand la
France est un composé de peuples divers, qui traitent
sur le pied de parfaite indépendance ? le bon sens et
la Constitution, d'accord cette fois, nous apprennent
que *la souveraineté réside dans l'universalité des ci-*
toyens, et qu'aucun individu, aucune fraction du peuple
ne peut s'en attribuer l'exercice. La Constitution n'est
pas un traité, elle est l'œuvre des représentants de la
nation, parlant et agissant en son nom. La majorité
n'a pas contracté avec la minorité, elle a imposé sa
volonté, parce qu'elle était la majorité, et que, partout
où des hommes égaux en droits sont réunis, il faut
nécessairement se battre ou céder au nombre. Rien
de plus clair, et, au fond, rien de plus juste que ce
principe de la pluralité, sans lequel un libre gouvernement n'est pas possible. Nous sommes les plus nombreux, probablement les plus éclairés, certainement
les plus forts ; la présomption est que nous avons raison ; l'intérêt de la société, votre intérêt propre, exige
que vous cédiez ; résignez-vous. Mais ce principe, remarquez-le bien, n'est juste que parce qu'il est absolu,
parce qu'il s'appliquera demain comme aujourd'hui,
parce qu'il protége également tous les partis. Vous
avez le nombre, la présomption est pour vous ; mais
demain nos opinions, que nous jugeons préférables,
triompheront peut-être ; nous serons à notre tour la
majorité, et nous comptons sur votre obéissance. En
d'autres termes, c'est la raison et la justice présu-
mées qui commandent, prêtes à céder devant une
raison et une justice supérieures.

Si l'article 111 est autre chose qu'un avis, dites-
moi maintenant ce que la Constitution a fait de ce
principe fondamental de notre gouvernement et de
notre société. Le règne de la majorité, autrement dit

la souveraineté populaire, est empêché par une subtilité métaphysique. Ce n'est plus le peuple qui est maître du gouvernement, c'est un être de raison. C'est la majorité de 1848 qui est dissoute, qui n'existe plus, et qui cependant commande à la majorité de 1851. Ou, si vous l'aimez mieux, c'est la minorité d'aujourd'hui qui a été la majorité d'hier, et qui ne veut pas qu'on touche à ce qu'elle a fait. En vertu de quel droit la minorité peut-elle imposer sa volonté dans un gouvernement dont le principe reconnu est la souveraineté du peuple, c'est-à-dire le vœu de la pluralité? D'où lui peut venir ce pouvoir exorbitant? C'est ce qu'il m'est impossible d'imaginer.

Objectera-t-on que tout au moins les représentants, en acceptant leur nomination, se sont obligés à respecter la Constitution, et qu'ils ne peuvent, par conséquent, y toucher? Si l'article 111 est un simple conseil, l'objection tombe; s'il est autre chose, je crois aisé de démontrer que les représentants ne sont pas liés davantage. Pourquoi? C'est que la nation dont ils sont les mandataires ne s'est point engagée; on n'a pas osé la consulter. L'eût-on fait, d'ailleurs, l'engagement serait nul, car la nation d'aujourd'hui, cette nation dont la souveraineté est imprescriptible, et qui a toujours droit de parler, n'est pas la nation de 1848; non-seulement ses éléments ont varié, mais les événements et l'expérience ont modifié ses besoins, ses désirs, sa volonté. Or, ce peuple souverain qui tient son droit de lui-même et non point d'une succession, ce peuple toujours maître de changer la forme de son gouvernement, comment peut-il agir, sinon quand on le consulte régulièrement, sinon quand ses représentants s'adressent à lui? Faut-il qu'il fasse une révolution pour qu'on l'écoute? Si vous dites que non, reconnaissez donc que le recours au pays est un droit inaliénable, qu'on n'a jamais pu interdire à nos mandataires, et auquel ils n'ont jamais pu renoncer.

« Ainsi donc, vous voulez un gouvernement qu'on « puisse changer tous les jours?» Mon ami, on ne convoque pas tous les jours une Assemblée de révision; il faut pour cela que le pays exprime son désir et impose sa volonté. Mais, dès qu'il parle, il faut l'écouter; personne n'a droit de mettre sa prétendue sagesse au-dessus du vœu national.

Ne vous effrayez pas de ma franchise, et avant de prononcer, relisez dans notre cher Montaigne le chapitre de la Coutume, cette *violente et traîtresse maîtresse d'école*, cette *force qui hébète nos sens*. *Qui voudra se défaire de ce violent préjudice de la coustume*, dit le sage, *il trouvera plusieurs choses reçues d'une résolution indubitable, qui n'ont appui qu'en la barbe chenue et rides de l'usage qui les accompaigne; mais ce masque arraché, rapportant les choses à la vérité et à la raison, il sentira son jugement comme tout bouleversé, et remis pourtant en bien plus sûr état* [1]. L'éternité des lois, l'immobilité des Constitutions, c'est quelque chose comme la quadrature du cercle, c'est-à-dire la chimère favorite des ignorants et des esprits faux. Changer est la condition de la vie; c'est parce que notre corps et notre esprit se modifient insensiblement, que nous n'avons pas de ces crises violentes qui nous emporteraient. L'existence de cette grande collection d'hommes qu'on appelle nation est de même nature que celle des individus. C'est en modifiant peu à peu

_____

1. Montaigne, *Essais*, liv. I, chap. XXIII.

leurs institutions, en accommodant leur règle de vie
à des besoins nouveaux, que les peuples évitent ces
terribles maladies nommées révolutions. Le système
que nous suivons depuis soixante ans est assez désastreux pour que depuis longtemps la lumière soit faite
en ce point ; c'est bien la faute de notre amour-propre
si nous ne voulons pas y voir.

Quel est notre grand arcane politique depuis 1789 ?
Le lendemain d'une révolution nous créons une
Charte qui donne satisfaction au passé, mais qui
barre le présent, et ferme l'avenir. Le résultat, toujours le même, c'est que peu à peu la nation se sent
gênée dans son développement ; les souffrances s'ac-
croissent, les mécontentements grandissent, le flot
grossit, monte et emporte l'obstacle. Il en eût été
autrement si on eût amélioré, corrigé peu à peu, suivant les besoins de chaque heure. Souvent même la
seule facilité du remède en eût empêché l'usage.
Voyez nos lois civiles ! Depuis bientôt un demi-siècle
le Code civil n'a subi que des modifications insigni-
fiantes, et cependant rien n'oblige à le respecter ; on
y peut toucher à chaque instant. Pourquoi n'en serait-il pas de même d'une Constitution ? Pourquoi le
gouvernement le plus durable ne serait-il pas celui
qu'on peut modifier sans secousse, et pour ainsi dire
insensiblement ? Est-ce qu'on ne peut épargner au
pays ces convulsions violentes auxquelles nous condamnent toutes ces révisions à époque fixe ? Prenez
l'exemple de l'Angleterre. La Constitution n'y est pas
écrite ; c'est le Parlement qui l'interprète, en d'autres
termes, qui la modifie tous les jours. Où a-t-on vu
un développement plus régulier, la paix publique
mieux assurée, la liberté plus solidement garantie ?
Aux États-Unis a-t-on imaginé de fixer une date

avant laquelle on ne toucherait pas à la Constitution fédérale? Non, et cependant elle dure depuis
1789; elle a survécu et probablement elle survivra à
plus d'un monument que nous avons proclamé im-
mortel. Il est vrai qu'avec un grand sens, ses fondateurs l'ont contenue dans ses justes limites; ils se
sont contentés de fixer les pouvoirs, chose de soi peu
variable, laissant, du reste, aux nouvelles générations
toute liberté de mouvement. Sage exemple perdu
pour nos constituants, qui voulaient tout mettre dans
leur œuvre, sans s'apercevoir qu'ils pétrifiaient la
société[1]!

« Mais ne doit-on pas craindre d'ébranler le gou-
« vernement par ces discussions qui le remettent
« sans cesse en question? » — Non, mon ami; tout
au contraire, et vous comprenez mal ce qu'est une
république. Vous la confondez avec la monarchie,
régime honorable et qui certes a ses avantages, mais
qui est fondé sur un principe difficile à défendre dans
nos temps modernes: l'hérédité de la fonction. La
polémique est dangereuse dans la monarchie, car
c'est la clef de voûte qu'on attaque, et le sophisme
a beau jeu; il en est autrement dans une république, où l'on peut varier les attributions des pouvoirs publics, sans que la société en soit ébranlée. La
république n'est pas un gouvernement de droit divin.
C'est une institution fondée sur la raison et non sur
la foi; la discussion et l'examen font sa force, car
c'est sur la justice et l'utilité générale qu'elle s'appuie.
L'étudier, la débattre, c'est en raviver les principes,
c'est la populariser, c'est la fortifier. Voyez, au reste,

---

1. J'ai relevé ce défaut dans l'appendice de mes *Considérations
sur la Constitution.*

ce qui se passe aujourd'hui dans la Chambre, avec la
liberté d'initiative. Si quelque chose peut développer
en France et faire pénétrer dans toutes les classes
le goût et la science de la liberté, ce sont ces éternelles attaques, fort ennuyeuses pour ceux qui les
écoutent, fort instructives pour ceux qui les lisent.
Rien ne prouve mieux combien le gouvernement constitutionnel nous avait mis dans le vrai chemin de la
démocratie. On a repris toutes nos lois les unes après
les autres, en connaissez-vous beaucoup qui soient
tombées ? Combien, au contraire, ont été rajeunies
par la discussion et débarrassées de ce nuage de préjugés qui les obscurcissait ! L'examen, la discussion,
c'est la vie de notre temps. Est-ce donc un régime
qu'un esprit noble et sérieux ne puisse avouer ?

J'ai réuni toutes les raisons qui, selon moi, prouvent que l'article 111 ne peut paralyser le droit de la
nation, ni par conséquent empêcher nos représentants
de la consulter. On dit cependant que l'opposition à
la réforme pourra bien venir du parti qui se dit républicain par excellence, et qui pousse jusqu'à l'idolâtrie le culte de la Constitution. Ce serait sacrifier à
la lettre le véritable esprit de la loi, et, au nom d'une
prétendue légalité, commettre un crime de lèse-
nation.

Du reste, lorsqu'on aura commencé par reconnaître que le peuple a le droit incontestable de modifier
et même d'abolir la Constitution quand et comme il
lui plaît, lorsqu'on aura proclamé que sa volonté
(qui ne peut s'exprimer que par l'organe de la majorité) domine toutes les volontés particulières, ce ne
sera pas chose facile que de démontrer comment une
minorité a droit de tenir la majorité en échec, et
comment la Constitution domine la souveraineté na-

tionale qui n'a jamais abdiqué. On peut aller loin avec cette souveraineté métaphysique de la Constitution ; car enfin, si l'opinion de la France se prononce ouvertement contre la minorité de la Chambre, il faudra nous prouver que cent vingt-six voix sont le pays légal, devant lequel trente-six millions de citoyens doivent s'incliner et se taire. Et ce n'est pas tout ; pourquoi s'arrêter en si bon chemin ? Supposez que demain la France entière, effrayée d'une nouvelle Convention, veuille modifier sa charte immédiatement, et par des formes moins redoutables ; supposez que tous les anciens constituants, sans exception, que tous les représentants d'aujourd'hui s'unissent pour reconnaître la nécessité d'une mesure nouvelle ; comme on ne peut toucher à l'arche sainte que suivant le mode et dans les délais fixés, il faudra que, sous peine de violer la Constitution, la France se soumette à des maux prévus et faciles à éviter, par respect pour quatre lignes écrites il y a trois ans par des gens qui n'y ont pas grandement réfléchi. Cela est absurde, vous écrierez-vous ? Mais, dès que vous abandonnez le principe de la pluralité, montrez-moi donc où le droit et la raison commencent et à quel chiffre la minorité devient souveraine, et commande légitimement à la majorité ?

Tout absurde que paraisse un tel système, soyez sûr cependant qu'il ne manquera pas de défenseurs. En France, pays de logique plus que de sapience, nos politiques ne s'effrayent pas de si peu ; c'est chez nous qu'on a imaginé que la forme emporte le fond, et ce n'est pas seulement en médecine que nous sommes de l'avis de M. Desfonandrès, qu'*il faut toujours garder les formalités, quoi qu'il puisse arriver. Un homme mort n'est qu'un homme mort et ne fait point de* conséquence, mais une *formalité négligée porte un notable préjudice à tout le corps des médecins.* Qu'est-ce que la souffrance générale, l'interruption du travail et l'inquiétude universelle? Qu'est-ce que la souveraineté même du peuple auprès de la régularité, de l'alignement et de la symétrie constitutionnelle?

Ne croyez pas que je plaisante, quoiqu'en vérité tous moyens soient bons pour renverser ces sophismes, qui seraient si ridicules s'ils n'étaient si dangereux. Le cœur me saigne quand je vois comment avec des mots, qu'on prend pour des idées, on prétend gouverner les hommes; comment en toute sécurité d'esprit on les mène à l'abîme. Allons au fond des choses. Qu'est-ce que la Constitution? C'est la volonté de la nation; rien de plus. Une fois cette volonté formulée, la mission des représentants est achevée. Il ne reste plus rien de leur mandat expiré. Qui peut demander et faire la révision? C'est encore la volonté de la nation, et comme je crois qu'il n'y a qu'une nation française, il me semble qu'entre deux volontés différentes, c'est la dernière qui doit l'emporter: Il n'y a pas de subtilité qui vaille en ce point. Si la Constitution n'est pas la volonté du peuple, c'est un papier mort. Si c'est sa volonté, il peut la changer. Cependant, attendez-vous à voir jouer en grand la scène d'Amphitryon; la Constitution sera Mercure, et la nation le pauvre et vrai Sosie; on lui prouvera que le moi qui l'a liée n'est plus le moi qui peut la délier, que le moi qui a voulu n'est plus le moi qui peut vouloir; et que, s'étant battue et blessée de ses propres mains, de ses propres mains elle n'a pas le droit de se panser et de se guérir.

On dit qu'à Fribourg la majorité des citoyens, terrifiée par une invasion, forcée d'accepter la loi d'une

minorité que soutenaient des troupes étrangères au
canton, lutte en vain aujourd'hui pour réformer une
Constitution que la violence a établie. Seize mille
sur dix-huit réclament une réforme qu'on leur refuse
constitutionnellement. Rien n'est plus misérable, rien
n'est plus injuste que cette tyrannie d'une minorité qui,
maîtresse d'un pays par surprise, prétend s'imposer
éternellement. Donnerons-nous un spectacle semblable ? ne saurons-nous jamais user de nos droits ? Pourquoi ne pas nous servir, au profit de la France, du régime nouveau que la Révolution nous a donné ? Dans
un gouvernement où la nation est souveraine, n'y
aura-t-il jamais d'écouté que la voix de la minorité ?

La volonté du peuple, je le répète et ne me lasse-
rai pas de le répéter, c'est la loi suprême, celle qui
domine toutes les autres, même la Constitution. Sur
ce terrain, le droit de révision est inattaquable, et
c'est de là que doit venir le salut. La République est
un admirable gouvernement quand c'est la volonté
générale qui se fait entendre ; c'est un instrument
d'oppression le jour où l'on souffre la domination des
minorités. En vain veulent-elles se réfugier dans la
Constitution, le principe est absolu et ne souffre pas
d'exception. La République est perdue dès que la
majorité n'y fait plus la loi : si elle n'est pas le gouvernement de tous, elle n'est qu'une des plus mauvaises formes de la tyrannie.

CINQUIÈME LETTRE

QUE LA NATION A LE DROIT IMPRESCRIPTIBLE DE REVISER
LA CONSTITUTION, QUAND ET COMME IL LUI PLAIT, ET
QUE DEPUIS SOIXANTE ANS ON NE LUI A JAMAIS CON-
TESTÉ CE DROIT. OPINIONS DE ROUSSEAU ET DE SIEYÈS.

Je crois, mon ami, vous avoir démontré que la
Constitution n'aurait pu entraver la souveraineté du
pays, sans violer le principe même qui lui donne la
vie; si mes raisonnements ne vous ont pas persuadé,
j'espère que les opinions imposantes et les précédents
nombreux que j'ai réunis entraîneront votre conviction. Il ne m'a pas fallu de longues recherches; car,
en vérité, la tradition est si féconde et les matériaux
si nombreux, que je suis écrasé par la richesse des
preuves; je crains d'avoir trop raison. On a bien quelquefois essayé de tourner le principe que je défends,
mais il est si évident qu'on n'a jamais osé le nier; peut-
être même est-il vrai de dire qu'on ne l'a jamais plus
clairement reconnu que dans l'effort même qu'on faisait pour l'éluder. Je ne connais qu'un seul homme
qui, parmi nos vicissitudes constitutionnelles, ait eu
la franchise de l'opinion contraire, et à ce titre il
mérite une certaine immortalité. C'est Philippe Delleville, membre de la Convention, qui, lors des discussions de l'an III, demanda simplement *la peine de
mort contre quiconque proposerait de faire des changements à la Constitution.* Cet amendement, dans le goût
du temps, n'eut pas de suite (c'est le procès-verbal

qui le dit ingénument), mais il avait du bon dans sa crudité. La mort sans phrases, c'est l'unique moyen de supprimer une vérité qui vous accuse, d'étouffer un principe qui vous condamne, de faire taire des besoins trop grands pour que de vaines défenses leur imposent silence, d'écraser un droit qui réclame sans cesse! La guillotine est un argument qui dispense momentanément d'avoir raison.

Mais la France a eu des publicistes et des députés moins convaincus que Philippe Delleville de l'autorité divine du législateur, et un peu plus respectueux pour le peuple, dont ils se proclamaient les serviteurs et les *commis;* c'est à ces hommes, dont la plupart ont laissé dans l'histoire un nom considérable, que nous demanderons des principes moins sauvages, plus avoués par la raison, et, il faut le reconnaître, plus conformes à la pensée, à la tradition de la Révolution.

Le premier en date, parmi les publicistes, a précédé de quelque temps la Révolution; mais ses idées ont eu sur les destins de la France un assez grand empire, pour qu'on ne puisse séparer son nom du mouvement de 1789 : c'est Jean-Jacques Rousseau. L'homme qui faisait sortir la société d'un contrat devait, à plus forte raison, fonder le gouvernement sur l'accord de tous les intéressés; en ce point, il est le précurseur de nos constituants modernes, et il a rendu à la science politique un vrai service. Sa doctrine est fausse et insoutenable quand on l'applique à la société, car la société est un fait naturel ou divin qui ne dépend point de l'homme et qu'il lui faut au contraire accepter comme une condition de son existence et de son perfectionnement. Mais Rousseau a raison à l'endroit du gouvernement, car, chez nous autres modernes,

14

la distribution des pouvoirs publics, l'organisation et l'administration de l'État, sont l'œuvre libre de notre volonté. Le Contrat social est une chimère, le contrat de gouvernement est une vérité en Amérique, en Belgique, en France, partout où la souveraineté populaire est prise pour base de la Constitution. Seulement, il faut s'entendre sur la nature de ce contrat, et Rousseau ne s'y est pas trompé. C'est une obligation de tous les serviteurs publics envers la nation, un engagement pris par les fonctionnaires envers l'État; mais c'est un contrat unilatéral et qui n'engage pas le peuple. Il peut toujours changer son gouvernement quand il veut; car, d'un côté il ne doit rien à ceux qui le servent que le prix du service rendu, et, de l'autre, il serait absurde de supposer un contrat de la nation avec elle-même, un engagement par lequel elle s'obligerait envers elle-même, et dans son seul intérêt, à ne pas toucher à une Constitution qui n'est faite que pour elle.

Rousseau revient à diverses reprises sur ce point, comme s'il avait prévu dans quels sophismes on devait s'embarrasser après lui.

Contrat social, liv. I, chap. VIII :

On voit que l'acte d'association renferme un engagement réciproque du public avec les particuliers, et que chaque individu, contractant pour ainsi dire avec lui-même, se trouve engagé sous un double rapport, savoir : comme membre du souverain envers les particuliers, et comme membre de l'État envers le souverain. Mais on ne peut appliquer ici la maxime du droit civil, que nul n'est tenu aux engagements pris avec lui-même, car il y a bien de la différence entre s'obliger envers soi, ou envers un tout dont on fait partie.

Il faut remarquer encore que la délibération publique qui peut obliger tous les sujets envers le souverain, à cause des deux différents rapports sous lesquels chacun d'eux est envisagé, ne peut, par la raison contraire, obliger le souverain envers lui-même, et que, par conséquent, *il est contre la nature du corps politique que le souverain s'impose une loi qu'il ne puisse enfreindre. Ne pouvant se considérer que sous un seul et même rapport, il est alors dans le cas d'un particulier contractant envers lui-même :* par où l'on voit qu'il n'y a ni ne peut y avoir nulle espèce de loi fondamentale obligatoire pour le corps du peuple, pas même le contrat social. Ce qui ne signifie pas que ce corps ne puisse fort bien s'engager envers autrui, en ce qui ne déroge point à ce contrat, car, à l'égard de l'étranger, il devient un être simple, un individu.

Liv. II, chap. XII :

Les lois qui règlent ce rapport (le rapport du souverain à l'État, en d'autres termes, du peuple à son gouvernement) portent le nom de lois politiques, et s'appellent aussi lois fondamentales [1], non sans quelque raison si ces lois sont sages ; car s'il n'y a dans chaque État qu'une bonne manière de l'ordonner, le peuple qui l'a trouvée doit s'y tenir ; mais si l'ordre établi est mauvais, pourquoi prendrait-on pour fondamentales des lois qui l'empêchent d'être bon ? D'ailleurs, en tout état de cause, un peuple est toujours le maître de changer ses lois, même les meilleures. Car s'il lui plaît de se faire mal à lui-même, qui est-ce qui a le droit de l'en empêcher ?

Sous une forme paradoxale, Rousseau énonce une vérité sur laquelle reposent tous les gouvernements libres. Une nation, maîtresse de son administration, veut toujours son plus grand bien. Si elle se trompe, il faut la conseiller, la redresser ; mais qui a le droit de lui ôter sa liberté ? Qui prendra la responsabilité de l'enchaîner, sous prétexte de la

---

1. C'est par ce mot que Rousseau désigne ce que les modernes nomment une Constitution.

rendre heureuse? Qui, à moins d'être un Dieu descendu du ciel, peut avoir cette autorité sur ses semblables? Je ne dis pas qui peut avoir une telle confiance en soi-même, on y verrait peut-être une épi-
gramme contre les constituants... de tout pays.

Après Rousseau, et sans trop de désavantage, il faut
citer Sieyès, cet esprit ingénieux [1], qu'en 1789 on
considérait comme un génie politique, l'homme qui,
sans autre puissance que sa plume, balançait dans
l'Assemblée la grande voix de Mirabeau, celui dont
le tribun déclarait que le silence était une *calamité
publique*. On sait quel effet magique produisit la fameuse brochure intitulée : *Qu'est-ce que le tiers état?*
C'est le tocsin qui sonna la Révolution. Dans cet écrit
Sieyès était naturellement appelé à examiner le droit
d'une nation à modifier sa Constitution, et voici avec
quelle fermeté et quelle logique il défend ce principe [2] :

Il s'agit de savoir ce qu'on doit entendre par la *Constitution* politique d'une société, et de remarquer ses justes
rapports avec la *nation* elle-même.

Il est impossible de créer un corps pour une fin sans lui
donner une organisation, des formes et des lois propres à
lui faire remplir les fonctions auxquelles on a voulu le des-
tiner ; c'est ce qu'on appelle la constitution de ce corps. Il
est évident qu'il ne peut exister sans elle ; il l'est donc
aussi que tout gouvernement doit avoir sa constitution ;
et ce qui est vrai du gouvernement en général l'est aussi
de toutes les parties qui le composent. Ainsi le corps des
représentants, à qui est confié le pouvoir législatif ou l'exer-

---

1. Ajoutez : chimérique et paradoxal, quoiqu'il rencontre par-
fois la vérité (1872).

2. *Qu'est-ce que le tiers état ?* édition de 1822, Paris, Corréard,
page 158.

cice de la volonté commune[1], n'existe qu'avec la manière d'être que la nation a voulu lui donner. Il n'est rien sans ses formes constitutives; il n'agit, il ne se dirige, il ne commande que par elles.

A cette nécessité d'organiser le corps du gouvernement si on veut qu'il existe ou qu'il agisse, il faut ajouter l'intérêt qu'a la nation à ce que le pouvoir public délégué ne puisse jamais devenir nuisible à ses commettants. De là une multitude de précautions politiques qu'on a mêlées à la Constitution, et qui sont autant de règles essentielles au gouvernement, sans lesquelles l'exercice du pouvoir deviendrait illégal.

On sent donc la double nécessité de soumettre le gouvernement à des formes certaines, soit intérieures, soit extérieures, qui garantissent son aptitude à la fin pour laquelle il est établi, et son impuissance à s'en écarter.

... (Mais) il est clair que la Constitution n'est relative qu'au *gouvernement*. Il serait ridicule de supposer la nation liée elle-même par les formalités ou par la Constitution auxquelles elle a assujetti ses mandataires. S'il lui avait fallu attendre pour devenir une nation, une manière d'être *positive*, elle n'aurait jamais été. La nation se forme par le seul droit *naturel*; le gouvernement, au contraire, ne peut appartenir qu'au *droit positif*. La nation est tout ce qu'elle peut être par cela seul qu'elle est, il ne dépend point de sa volonté de s'attribuer plus ou moins de droits qu'elle n'en a.

... Le gouvernement n'exerce un pouvoir réel qu'autant qu'il est constitutionnel, il n'est légal qu'autant qu'il est fidèle aux lois qui lui ont été imposées. La volonté nationale, au contraire, n'a besoin que de sa réalité pour être toujours légale; elle est l'origine de toute légalité.

Non-seulement la nation n'est pas soumise à une Constitution, mais elle ne *peut* pas l'être, mais elle ne *doit* pas l'être, ce qui équivaut encore à dire qu'elle ne l'est pas.

Elle ne *peut* pas l'être; de qui, en effet, aurait-elle pu re-

---

1. Remarquez cette expression, qui limite, qui définit si justement le pouvoir législatif : *l'exercice de la volonté commune*. Quand cette volonté commune change, qu'est-ce donc que cette autre volonté qu'on veut faire dominer?

cevoir une forme positive? Est-il une autorité antérieure
qui ait pu dire à une multitude d'individus : « Je vous réunis sous telles lois; vous formerez une nation aux conditions que je vous prescris? » Nous ne parlons pas ici brigandage ni domination, mais association légitime, c'est-à-
dire volontaire et libre.

Dira-t-on qu'une nation peut, par un premier acte de sa
volonté, à la vérité indépendante de toute forme, s'engager
à ne plus vouloir à l'avenir que d'une manière déterminée?
D'abord une nation ne peut ni s'aliéner, ni s'interdire le
droit de vouloir; et quelle que soit sa volonté, elle ne peut
pas perdre le droit de la changer dès que son intérêt l'exige.
En second lieu, envers qui cette nation se serait-elle engagée? Je conçois comment elle peut *obliger* ses membres,
ses mandataires, et tout ce qui lui appartient; mais peut-
elle en aucun sens s'imposer des devoirs envers elle-même?
Qu'est-ce qu'un contrat avec soi-même? Les deux termes
étant la même volonté, on voit qu'elle peut toujours se dégager du prétendu engagement.

Quand elle le pourrait, une nation ne doit pas se mettre
dans les entraves d'une forme positive, ce serait s'exposer
à perdre sa liberté sans retour, car il ne faudrait qu'un
moment de succès à la tyrannie pour dévouer les peuples,
sous prétexte de Constitution, à une *forme* telle qu'il ne leur
serait plus possible d'exprimer librement leur volonté, et
par conséquent de secouer les chaînes du despotisme. On
doit concevoir les nations sur la terre comme des individus
hors du lien social, ou, comme on l'a dit, dans l'état de
nature. L'exercice de leur volonté est libre et indépendant
de toutes formes civiles. N'existant que dans l'ordre naturel,
leur volonté, pour sortir tout son effet, n'a besoin que de
porter les caractères *naturels* d'une volonté. De quelque
manière qu'une nation veuille, il suffit qu'elle veuille; toutes
les formes sont bonnes, et sa volonté est toujours la volonté
suprême.

... Ne craignons pas de le répéter : une nation est indépendante de toute forme, et de quelque manière qu'elle
veuille, il suffit que sa volonté paraisse pour que tout droit
positif cède devant elle, comme devant la source et le maître
même de tout droit positif.

Mais il est une preuve encore plus pressante de la vérité

de nos principes, qui pourraient cependant se passer de nouvelles preuves.

Une nation ne doit ni ne peut s'astreindre à des formes constitutionnelles; car, au premier différend qui s'élèvera entre les parties de cette Constitution, que deviendrait la nation ainsi disposée ou ordonnée de façon à ne pouvoir agir que suivant la Constitution disputée? Faisons attention combien il est essentiel, dans l'ordre civil, que les citoyens trouvent dans une branche du pouvoir actif une autorité prompte à terminer leur procès. De même les diverses parties du pouvoir actif doivent avoir, chez un peuple libre, la liberté d'invoquer la décision de la législature dans toutes les difficultés imprévues. Mais si votre législature elle-même, si les différentes parties de cette première Constitution ne s'accordent pas entre elles, qui sera le juge suprême? car il en faut toujours un, ou bien l'anarchie succède à l'ordre.

Je n'ajoute rien à ces paroles qui semblent écrites d'hier. C'est le caractère et le privilège de la vérité de ne point vieillir; tout au contraire, elle emprunte au temps et à l'expérience une gravité qu'elle n'avait pas à l'origine, et peut-être, en 1789, les paroles de Sieyès avaient-elles moins d'autorité et d'à-propos qu'aujourd'hui.

SIXIÈME LETTRE

TRADITION RÉVOLUTIONNAIRE : 1° LE DROIT DE RÉVISION
DEVANT L'ASSEMBLÉE CONSTITUANTE.

Les principes de Sieyès devaient être ceux de la Constituante. Ce n'est pas d'une Assemblée née d'une révolution, et qui aimait la souveraineté du peuple de toute la ferveur d'un premier amour, qu'on devait craindre un attentat aux droits éternels qu'elle-même avait proclamés. Mais l'Assemblée était dans une situation délicate au mois d'août 1791, quand elle discuta le droit de révision. La Constitution qu'elle achevait, c'était à ses yeux toute la Révolution ; elle voulait donc abriter l'arche sainte contre les attaques du parti monarchique qui redemandait le passé, et contre les efforts du parti républicain qui déjà menaçait l'avenir. Il fallait éluder les principes, tout en les avouant ; reconnaître à la nation le droit imprescriptible et inaliénable de disposer d'elle-même, et cependant la lier au moins pour quelque temps. Toute la discussion, et la décision même, portent l'empreinte de cette double préoccupation. Les débats furent longs et compliqués, il faut quelque attention pour les suivre ; mais, comme la mesure adoptée par les législateurs de 1791 a été imitée et reproduite par les Constitutions de l'an III et de 1848, il est bon de savoir ce qu'a voulu la Constituante et quel est le vrai sens de cet article, qu'on a copié sans réflexion. Je vous demande donc d'avoir quelque patience. L'opinion que les principaux hommes d'État, les premiers jurisconsultes de cette époque, se faisaient du droit de révision, ne peut nous être indifférente ; vous verrez que notre article 111 est une énigme dont le *Moniteur* de 1791 peut seul donner le mot.

Voici comment, au début, s'exprima Chapelier [1] :

Vos Comités de Constitution et de révision vous apportent le complément de vos travaux. C'est le résultat des opinions qu'ils ont recueillies dans cette Assemblée, et de quelques esprits sensés qui les ont éclairés. Toutes les idées

1. Réimpression du *Moniteur*. t. IX, p. 530.

sont fixées sur ces principes : *la nation a le droit de réformer sa Constitution ; toute Constitution sage doit renfermer les moyens d'arriver à la perfection.*

Divers partis se présentent contre lesquels on fait des objections plus ou moins graves.

Y aura-t-il une Convention générale à une époque fixe, qui sera investie de toute la puissance nationale et qui pourra changer toute la forme du gouvernement?

Y aura-t-il une Convention périodique, à laquelle on prescrira des formes pour l'ordre de ses travaux?

Enfin, y aura-t-il une époque fixe à laquelle une Assemblée de révision s'assemblera sur les demandes combinées des citoyens, du Corps législatif et du roi?

Quant à la première proposition, qui est celle d'appeler une Assemblée générale constituante pour réformer le gouvernement, *l'année qui la précéderait, le crédit public serait anéanti, le numéraire se resserrerait, les grands propriétaires prendraient la fuite, en un mot une alarme générale fatiguerait les citoyens ; c'est donc un malheur qu'il faut éviter.*

Quant aux Conventions périodiques, elles sont bonnes dans un État républicain, où il est utile que l'on examine la Constitution pour voir si les factions diverses n'en ont pas déplacé une partie importante ; c'est alors qu'un examen de la Constitution empêche une révolution. Mais en France, où les changements sont toujours désirés avec une espèce d'avidité, où généralement les passions sont vives et les caractères pétulants, une Assemblée constituante périodique serait toujours l'époque d'une révolution.

Le comité proposait donc une Assemblée de révision qui, ne pouvant jamais s'emparer du gouvernement (puisqu'elle ne serait jamais assemblée législative), aurait seulement à examiner si les pouvoirs constitués étaient restés dans les bornes fixées, et à décider si l'on ferait les réformes demandées par les citoyens, le Corps législatif et le roi. Cette Assemblée ne pouvait pas être convoquée avant 1800, les citoyens n'avaient pas le droit de pétitionner avant le 1ᵉʳ janvier 1796, et le roi ainsi que le Corps législatif

n'avaient pas le droit de demander des réformes avant
le 1er juillet 1795 ; en d'autres termes, tout en proclamant la nation souveraine, on l'enchaînait pour
dix ans.

Le préambule du décret trahit l'embarras du Comité, la forme n'en vaut pas mieux que le fond.
On n'a pas tort plus lourdement et en plus mauvais
style.

Considérant que la nation a le droit inaliénable de revoir,
de réformer, de changer et le système de ses lois nationales,
et l'acte même de son association;

Qu'il est donc nécessaire qu'en même temps que, pour
l'utilité de tous, les représentants de la nation exigent en
son nom l'obéissance aux lois qu'ils ont décrétées et qu'elle
a approuvées, ils indiquent un moyen sûr et prompt de les
réformer, et de profiter à cet effet de tous les secours que
la nation puisera dans les vertus, les lumières, l'expérience
dont ces lois mêmes vont devenir pour elle la source et
l'objet;

Qu'il faut seulement que les formes par lesquelles elle fera
connaître son opinion soient fixées de manière à ne pas entraîner des erreurs, et à ne pas donner à des mouvements
tumultueux, ou à des délibérations irréfléchies le caractère
imposant de la volonté nationale, et fixer un délai auquel
cette volonté sera examinée, délai qui ne doit être ni assez
éloigné pour que la nation souffre de quelques parties vi-
cieuses de son organisation sociale, ni assez rapprochée
pour que l'expérience n'ait pas eu le temps de donner ses
salutaires leçons, ou que l'esprit de parti, le souvenir des
anciens préjugés prennent la place de la raison et de la justice par lesquelles tous les citoyens doivent désormais être
guidés;

Considérant enfin que la fixation de ce délai, et la détermination de formes rassurantes pour la volonté nationale
doivent, en portant toutes les idées vers l'utilité commune
et le perfectionnement de l'organisation sociale, avoir l'heureux effet de calmer les agitations de l'époque présente, et

de ramener insensiblement les esprits à la recherche paisible du bien public;

Décrète ce qui suit, etc.

Malouet, esprit sage et modéré, prit le premier
la parole, et n'eut pas de peine à prouver que fixer
une époque de révision pour une Constitution qu'on
n'avait pas encore essayée, c'était une tentative chimérique et absurde.

Fixer une époque éloignée pour la réforme d'une Constitution, c'est supposer que pendant l'intervalle de temps qui
s'écoulera jusqu'à cette époque, il ne s'y développera aucun
vice essentiel qui en altérera la solidité. Si à cette supposi-
tion on substituait celle de grands inconvénients constatés,
de vices essentiels reconnus, il serait absurde de dire qu'il
faut attendre vingt-cinq ans de désordre et d'anarchie pour
y remédier [1]... Vous voulez des Conventions nationales,
c'est-à-dire des révolutions périodiques, des commotions
éternelles; car dans l'intervalle de ces Conventions, que
ferons-nous des vices et des désordres naissant d'une loi
constitutive? Est-ce la patience ou l'insurrection qu'on nous
conseille, après nous avoir commandé tour à tour l'obéissance passive et la résistance à l'oppression?

Malouet demanda que la Constitution fût avant
tout soumise à l'acceptation de la nation, et cette
demande est remarquable partant d'un homme qui
voulait franchement la monarchie constitutionnelle.

Pétion défendit le système des Conventions à époque
fixe. C'était, suivant une spirituelle expression de
M. Dandré, donner au corps politique une fièvre
périodique; l'Assemblée rejeta ce système. M. Dandré,

1. Le temps ne fait rien en pareil cas; car, au bout d'un an,
de six mois, il peut se révéler des maux assez grands pour que la
Constitution devienne insupportable. Il n'est pas besoin de sortir
de France pour se convaincre de cette vérité.

tout en reconnaissant le droit supérieur de la nation[1], proposa qu'on ne pût toucher à la Constitution avant trente ans. C'était en 1821 seulement qu'on aurait pu modifier la Constitution de 1791! Quoi de plus éloquent que ces deux chiffres pour démontrer la vanité de tous ces systèmes qui veulent immobiliser la société, comme si on arrêtait la vie.

L'Assemblée accueillit avec faveur la proposition de M. Dandré, malgré l'observation juste et fine de M. La Rochefoucauld, qu'avant de décider qu'on ne toucherait pas de trente ans à la Constitution, il serait bon d'examiner s'il n'y aurait pas moyen d'avoir des Assemblées de révision au moment où on les jugerait nécessaires.

M. Regnault de Saint-Jean d'Angely demanda la question préalable sur toutes les propositions de révision, parce que, dit-il, tout le monde convient que *nous projetons une loi inutile, et que nous portons atteinte à la souveraineté nationale.*

M. La Fayette appuya cette proposition :

J'ai demandé, dit-il[2], la question préalable sur la motion de M. Dandré, et voici mes motifs : Je pense que la même

1. Voyez *Moniteur*, t. IX, page 542. « M. Rewbell dit que la « nation peut se reconstituer quand bon lui semblera ; je professe « ce principe comme le préopinant. — Page 543. Que vous éta- « blissiez le terme à dix, à vingt ou à trente ans, il n'en sera ni « plus ni moins pour la nation : elle conservera ce droit, qui est « indépendant d'un corps politique. — Page 554. Nous n'avons « pas besoin de donner à la nation des moyens de faire un chan- « gement total de la Constitution ; car si la Constitution était re- « connue tellement mauvaise qu'il fallût la changer dans son « ensemble, il n'existe aucune puissance humaine qui puisse em- « pêcher la nation de donner à cet égard des mandats à ses dépu- « tés. Nous n'avons donc à examiner que la forme d'après laquelle « pourront se faire des modifications partielles à l'acte constitu- « tionnel que vous avez décrété. »

2. *Moniteur*, t. IX, p. 514.

Assemblée qui a reconnu la souveraineté du peuple français, qui a reconnu le droit qu'il avait de se donner un gouvernement, ne peut méconnaitre le droit qu'il a de le modifier; je pense que toute bonne Constitution doit, comme j'ai eu l'honneur de vous le dire le 11 juillet 1789, dans un projet de déclaration de droits, doit, dis-je, offrir des moyens constitutionnels et paisibles de revoir et modifier la forme du gouvernement; je pense qu'il serait attentatoire à ce droit souverain du peuple français d'adopter une proposition qui l'en prive absolument pendant trente ans, c'est-à-dire pendant une génération tout entière.

L'argument de M. La Fayette ne pouvait manquer de faire une profonde impression, car il est inattaquable; aussi chercha-t-on à démontrer qu'il n'atteignait pas la proposition de M. Dandré, cette proposition étant un conseil et non pas un ordre donné à la nation. Voici les paroles mêmes de M. Muguet, qui touchent le vif de la question, et qui sont aussi vraies de la Constitution de 1848 que de celle de 1791.

C'est un principe incontestable et généralement reconnu que rien ne peut limiter la puissance souveraine de la nation, et qu'elle peut exercer tous ses droits quand et comme elle le veut. Mais lorsque, pour son intérêt, vous déterminez une époque, ce ne sont pas des limites que vous mettez à sa volonté toute-puissante, c'est un conseil que vous lui donnez, une incitation que vous lui faites[1].

Tronchet, qui a laissé un nom si considérable comme jurisconsulte et comme conseil de Louis XVI; Tronchet, mort premier président de cette Cour de cassation qu'il avait fondée; Tronchet adopta immédiatement la distinction si juste de Muguet.

1. *Moniteur*, t. IX, p. 544.

15

Je crois, dit-il, que la seule manière de réunir tous les esprits est de concilier la rigueur des principes avec le seul motif qui puisse vous déterminer à adopter la proposition de M. Dandré.

La seule chose qui m'a toujours effrayé dans la proposition de M. Dandré, c'est la crainte que ceux mêmes que vous voulez contenir pendant trente ans ne se servissent de votre décret pour exciter des mouvements dans la nation. Je suis intimement persuadé que ce décret même, d'où l'on veut nous faire espérer la tranquillité, nous fournira une arme pour attaquer cette tranquillité. Voici ce que je propose : *La nation a le droit imprescriptible de recevoir sa Constitution quand il lui plaît ; mais l'Assemblée nationale déclare que son intérêt l'invite à suspendre l'exercice de ce droit pendant trente ans* [1].

Depuis, dit-il, que l'Assemblée a rejeté la proposition que je lui avais faite de fixer un terme prohibitif avant lequel il ne pût pas y avoir de Convention, il est plus que jamais nécessaire de prendre des précautions pour que les Conventions nationales ne soient pas trop faciles à obtenir.

« On applaudit, continue *le Moniteur* ; on demande
« dans toutes les parties de la salle à aller aux voix.
« L'Assemblée adopte à l'unanimité la rédaction de
« M. Tronchet. »

Vous voyez combien, au début, on était loin de reconnaître à des mandataires le droit de lier la nation qui les a choisis pour exécuter sa volonté ; l'article 111 vous apparaît maintenant sous son véritable jour. Tout au moins a-t-il perdu de ce caractère impérieux, absolu, qui vous effrayait d'abord. Peut-être même deviendrez-vous, comme moi, très-sceptique au regard de ce prétendu droit de conseil, qui n'est qu'une entrave à la souveraineté, qui ne ressort pas du mandat, et qui est au moins inutile quand il n'est pas dangereux.

1. *Moniteur*, t. IX, p. 544.

Je n'ai pas besoin de vous faire remarquer que la proposition de Tronchet, adoptée par tous les partis comme une transaction, ne terminait rien; elle ne faisait que juxtaposer deux principes contradictoires, l'un qui reconnaissait en droit l'omnipotence populaire, et l'autre qui, en fait, l'anéantissait pendant trente ans. On n'avait pas suivi le sage exemple de la Constitution américaine, qui protège les droits du peuple contre l'indifférence et le mauvais vouloir du législateur ; on ne disait pas comment, pendant ces trente années, la nation pourrait exercer son droit, si elle ne cédait pas à l'invitation de l'Assemblée.

Ce vote était si complexe et si douteux que Chapelier, le rapporteur du comité de Constitution et du comité de révision réunis, n'y vit que la consécration du droit imprescriptible de la souveraineté : « *Avec* « *le décret que vous venez de rendre, s'écria-t-il, vous* « *pouvez avoir une Convention nationale l'année prochaine* [1] ». Le lendemain, M. Dandré proposa un biais, dont la première idée se trouve dans un discours de Frochot ; ce fut, tout en reconnaissant le droit de la nation, d'enchaîner néanmoins le Corps législatif.

M. Dandré retombait dans l'erreur de la veille. Après avoir reconnu que la nation ne pouvait être liée, il cherchait le moyen de l'entraver indirectement. Il ne s'expliquait point sur le cas où le peuple voudrait changer la constitution tout entière ; de ce côté il ne craignait rien ; mais il se défiait de l'ambition ou de la jalousie de la prochaine Assemblée, et; pour l'empêcher, il adoptait avec quelques modifica-

1. *Moniteur*, t. IX, p. 541.

tions le système ingénieux, mais peu solide, de Frochot, qui exigeait le vœu de trois législatures successives pour toute modification partielle.

Robespierre demanda la parole, et, il faut l'avouer,
défendit les vrais principes.

M. Dandré, dit-il, ne veut pas que l'on détermine la manière dont pourra être convoqué un corps constituant : je
dis que l'insurrection ne peut être un moyen sur lequel
doive se fonder le législateur. Si la nation a le droit de
changer en son entier la Constitution, il faut lui laisser un
autre moyen de le faire que celui de l'insurrection.

M. DANDRÉ. L'opinant m'attribue ses moyens.

M. ROBESPIERRE. Je dis que n'indiquer aucune espèce de
moyen par lequel la nation puisse exercer son droit de faire
changer la Constitution, c'est évidemment ne lui laisser que
le moyen de l'insurrection. Je m'étonne que ce moyen soit
établi par ceux mêmes qui ne peuvent nous voir réclamer
aucun principe de liberté, sans dire que nous voulons le
désordre et l'anarchie.

Mais les Conventions nationales ne doivent pas seulement
pouvoir être appelées pour changer la Constitution dans son
entier, ni pour la réformer dans une partie; il est une troisième fonction des Conventions, c'est d'examiner si les pouvoirs constitués n'ont pas franchi les bornes qui leur avaient
été prescrites, et de les y faire rentrer. Dans ce cas, comment espère-t-on que le Corps législatif, qui aura usurpé des
pouvoirs qu'il ne devrait pas exercer, appelle lui-même une
Convention pour réprimer l'abus dont il profite? Ne faut-il
pas alors à la nation un moyen d'avoir des Conventions nationales, indépendantes du Corps législatif lui-même? Les ordonner autrement, ne serait-ce pas anéantir le principe de la
souveraineté nationale pour en revêtir le Corps législatif? La
souveraineté de la nation consiste en effet à pouvoir réprimer, quand elle le veut, les usurpations des pouvoirs constitués. Ainsi le système proposé est destructif de la liberté.
Trouvera-t-on trois Corps consécutifs qui appellent contre
eux cette autorité puissante qui serait l'écueil de toutes
leurs prétentions? Ce plan n'aurait d'autre effet que de dé-

livrer les tyrans, ceux qui usurpent l'autorité du peuple, de
la crainte des Conventions nationales [1].

La doctrine défendue par Robespierre est inébran-
lable dans une Constitution qui a pour base la souveraineté, c'est-à-dire la volonté présente de la nation;
aussi Barnave, qui voulait maintenir l'acte de 1791,
et qui sentait déjà s'affaisser cet édifice si péniblement
élevé, Barnave se garda-t-il d'attaquer de front
Robespierre ; il parla comme lui pour conclure comme
Dandré.

Il est, dit-il, contre les principes et contre le bien public
d'établir des formes pour provoquer la présence d'un corps
constituant.
Le pouvoir constituant est un effet de la pleine souveraineté. Le peuple nous l'a transmis pour une fois; il s'est momentanément dépouillé de sa souveraineté pour l'acte qu'il
nous a chargés de faire pour lui; *mais il n'a ni entendu ni
pu entendre nous confier sa souveraineté pour limiter, pour
indiquer ou provoquer après nous d'autres actes de souveraineté, de la même étendue et de la même nature. De notre part
indiquer, provoquer, limiter un autre pouvoir constituant,
c'est évidemment empiéter sur la souveraineté du peuple. Il ne
peut le faire que de sa volonté propre et de son mouvement
spontané; car quand nous dirions : dans trente ans le peuple pourra élire une Assemblée constituante, le peuple
pourrait dans dix ans le vouloir; quand nous dirions : cette
Assemblée sera de six cents membres, le peuple pourrait
élire une Assemblée constituante de douze cents membres,
et de même changer toutes les autres formes que nous aurions
fixées.*

On ne peut reconnaître plus clairement un principe; la conclusion nécessaire, c'est que, le peuple
ayant toujours le droit de reviser la Constitution, il

1. *Moniteur*, t. IX, p. 555.

15.

faut un moyen facile de reconnaître le vœu général,
et je dirai même un double moyen, comme en Amérique, où le Corps législatif a toujours le droit de
consulter son mandant, où la nation peut toujours
exprimer sa volonté, même en dehors du Corps législatif, afin que des mandataires infidèles ne puissent
la trahir. Est-ce ainsi que Barnave va conclure ? Point
du tout, car il craint pour la durée de son œuvre, et
veut la perpétuer.

Ce qui entre dans notre mandat, c'est d'empêcher que
nos pouvoirs constituants ne soient nécessaires ; c'est de
prévenir, par un mode paisible et conservateur pris dans la
Constitution, la provocation de ce vœu spontané du peuple,
qui n'arrive jamais que par la souffrance ou par l'altération
successive des pouvoirs constitués [1].

En d'autres termes, le principe est constant, le droit
de reviser et de changer la Constitution est imprescriptible ; mais nous organiserons la Constitution de
telle façon que la législature aille au-devant des désirs mêmes du peuple, qu'il ne veuille que des réformes
partielles, et que, par conséquent, il n'en vienne jamais à demander cette terrible mesure d'une Assemblée constituante. La disposition que demande Barnave après Dandré n'est pas une déclaration de principe, c'est un expédient, c'est une façon d'éviter
l'exercice immédiat de cette souveraineté qu'on n'a
point consultée, qui fait peur, et que cependant on
n'ose nier.

Que telle fut la pensée de Dandré, de Barnave et de
la majorité de la Constituante, c'est ce dont il est facile de s'assurer en lisant le *Moniteur*. Une dernière

---

1. *Moniteur*, t. IX, p. 555.

opinion de Tronchet dissipera toute espèce de doute, s'il en pouvait rester sur ce point. Barnave avait demandé qu'on ne pût faire aucune motion de révision avant la troisième législature ; *autrement*, disait Dandré, qui appuyait la motion , *nous nous exposons à avoir le mois prochain une révolution nouvelle.* Tronchet prit d'abord la parole pour déterminer le vrai caractère de cette proposition.

Je suis si éloigné de penser que ce qu'on vous propose soit contraire au décret que je vous ai présenté, que je vais vous proposer de le lier avec le décret que vous avez déjà rendu. *Vous avez reconnu solennellement le droit de la nation, et vous deviez le faire;* mais vous lui avez dit : Nous vous déclarons dans nos âmes et consciences que nous regardons qu'il est de tout intérêt que vous suspendiez l'exercice de ce droit incontestable. Eh bien! c'est par une conséquence même de cette déclaration faite à la nation que vous devez adopter la proposition qui vous est faite, en la liant à l'article qui vous est présenté. Voici comment je propose de rédiger la proposition de M. Barnave :

« En conséquence, et par les mêmes vues d'intérêt géné-
« ral, et de la nécessité d'attendre le secours de l'expérience,
« l'Assemblée nationale décrète qu'il ne pourra être fait au-
« cune motion pour la révision de la Constitution avant la
« troisième Législature. »

Cette motion fut adoptée; en d'autres termes, l'Assemblée lia le Corps législatif, ne pouvant lier la nation; et en même temps elle reconnut le droit imprescriptible de la souveraineté sans en régler l'exercice. Elle fit une loi pour les modifications partielles de la Constitution, elle s'en remit à la volonté du pays pour un changement complet.

La question se présenta de nouveau devant l'Assemblée constituante. Le 2 septembre 1791, Thouret lut la rédaction définitive du titre final concernant le mode de révision. Il avait conservé la disposition qui invitait la nation à ne pas faire usage de son droit avant 1821. Plusieurs membres demandant la suppression de cette clause, Duport prit la parole :

L'Assemblée nationale a pensé qu'il serait plus pratiquement utile d'établir dans la Constitution un mode de révision partielle que de forcer la nation à s'exposer, par la délégation du pouvoir constituant, à un bouleversement universel. Rejetant tous les systèmes d'Assemblées constituantes, elle a adopté le système d'un Corps législatif reviseur. *Il ne reste donc plus du premier système que le principe du droit qu'a la nation de changer en entier la Constitution quand elle le juge convenable. Je crois que quand on a dit que la souveraineté de la nation est inaliénable et imprescriptible, on a tout dit à cet égard.* Cependant il n'y aurait pas d'inconvénient à établir formellement le principe que *la nation ne peut aliéner le droit de changer en entier, quand elle veut, sa Constitution*; mais dire que ce changement ne sera pas utile avant trente ans, avant cent ans, c'est-à-dire faire supposer qu'il sera utile après ce terme, c'est ne guère songer à la tranquillité et au bonheur de la génération suivante, et ne pas donner lieu à nos enfants de bénir notre sagesse.

Cette dernière phrase accuse, chez Duport, une confiance en son œuvre qui dépasse l'illusion permise au législateur; mais au moins cette illusion ne va-t-elle pas jusqu'à lui faire méconnaître le droit de la nation.

Tronchet revient à la charge pour confirmer le droit de souveraineté que personne ne contestait; on va voir combien il avait peur de la moindre apparence d'usurpation.

Pour terminer la difficulté, je crois qu'il est utile que vous vous rappeliez l'époque et la manière dont le décret a été rendu. Il vous avait été proposé purement et simplement

de décréter qu'il ne pourrait y avoir de révision avant
trente ans; *emporté par la conviction intime qu'il était impossible de limiter à cet égard les droits de la nation*, ce n'est
que pour empêcher que ce décret ne passât que je proposai
qu'il fût déclaré par *forme de conseil* que l'intérêt de la nation l'invitait à suspendre, pendant le terme qui était proposé, l'exercice de son droit. Vous adoptâtes ma proposition.
Mais depuis que l'Assemblée a adopté un mode lent et sage
de révision, un mode qui éloigne la nécessité de l'exercice
du pouvoir constituant, je crois qu'il n'y a plus lieu à cette
disposition.

M. Dupont (je présume que c'est Dupont de Ne-
mours) ne fut pas satisfait de ces combinaisons qui
allaient à éluder le droit du peuple, et, en peu de
mots, il rétablit la doctrine constitutionnelle.

*Il est, dit-il, un principe fondamental: c'est le droit im-
prescriptible qu'a la nation de changer en entier ou de revoir
sa Constitution quand elle le veut.* Or, ce droit a reçu une
atteinte par l'injonction faite hier d'une manière impérative
aux deux Législatures qui vous succéderont de ne point
s'occuper de la convocation d'une Assemblée de révision. Je
demande que ce décret soit rétracté comme celui dont parle
M. Tronchet. (On murmure.) Cette rétractation n'aura pas
d'inconvénient; car, en supposant le plus grand empresse-
ment possible de la part de vos successeurs à demander
une Assemblée de révision, l'Assemblée nationale revisante
ne pourrait avoir lieu qu'en 1795, ce qui est infiniment près
du terme que l'on avait proposé. (Les murmures continuent.)
Vous ne donnez donc aucun intérêt à violer le principe. Ce
que vous pouvez faire, c'est au plus une invitation à la nation[1].

Barnave reprit la théorie de M. Dandré, qu'il avait
déjà défendue avec Tronchet; évidemment c'était
celle que l'Assemblée accueillait avec le plus de fa-

1. *Moniteur*, t. IX, p. 572.

veur. Reconnaissance de la souveraineté et du pouvoir constituant; limitation des pouvoirs constitués ; c'était une théorie louable peut-être dans ses motifs, mais complétement défectueuse dès qu'on ne disait pas comment la nation pourrait manifester légalement sa volonté.

Je crois, dit-il, que la proposition qui vient d'être faite par M. Tronchet ne peut souffrir de conflit. Elle consiste à conserver dans l'article l'énonciation du principe et à supprimer la précaution de l'invitation, devenue inutile par les précautions ultérieures pour la revision de la Constitution. Vous avez le pouvoir et le droit de décréter que le moyen de révision qui fait partie de votre Constitution, et que vous avez réglé, ne sera exercé que dans quatre ans, parce que vous en confiez l'exercice à des pouvoirs constitués et soumis dans leur marche aux règles de la Constitution[1]; mais quant au pouvoir constituant, vous n'avez aucun moyen de prescrire aucune règle sur la manière dont il doit être exercé[2]. C'était du pouvoir constituant que vous vous occupiez lorsque M. Tronchet vous fit sa proposition. Alors vous eûtes raison de reconnaître que vous ne pouviez rien prescrire à cet égard, et que vous pouviez tout au plus inviter la nation à ne point déléguer l'exercice du pouvoir constituant avant trente ans; mais, depuis, vous avez adopté un moyen de révision qui rendra probablement inutile, ou au moins éloignera bien au delà de trente années l'exercice du pouvoir constituant. Vous ne devez donc pas indiquer un terme évidemment trop prochain, et qu'il serait dangereux de laisser prévoir, lorsque vous avez mis dans la Constitution un moyen de s'en passer. Si, après avoir établi déjà un moyen de révision constitutionnel, vous dites qu'il n'est pas utile que le pouvoir constituant soit exercé avant trente ans, vous effrayez

1. C'est là qu'est le sophisme: car ce n'est pas seulement le pouvoir constitué, c'est la nation même que l'article enchaîne au mépris du principe proclamé.

2. Encore faut-il qu'on puisse convoquer la nation ; car si ce droit existe, il faut bien qu'il se manifeste sous une forme quelconque, et dont le corps qui convoque paraît le meilleur juge.

tous les citoyens par la perspective d'une révolution presque certaine au bout de cette epoque, et vous donnez un épouvantail à tous les hommes paisibles et à tous les gens sensés [1].

C'est l'illusion de Duport. Trente ans de durée, c'était trop peu pour cette œuvre qui devait mourir en naissant. Mais il y avait dans l'Assemblée des gens qui avaient une foi bien plus robuste : tel était Camus, un de ces hommes qui épousent avec fureur les idées, les rancunes, les passions du corps auquel ils appartiennent : race favorite des assemblées, qui les flatte, les entraîne et les perd.

Camus exagéra la proposition de Barnave, il demanda une rédaction qui fait sauter aux yeux tout ce qu'il y a de contradictoire et de vain dans la pensée d'enchaîner le pays.

M. CAMUS. Vous avez rendu un décret très-sage pour la tranquillité et pour le bonheur de la nation. Je demande qu'il soit conservé nonobstant toutes les subtilités qu'on emploie pour le détruire; voici comment je demande qu'il soit rédigé.

La nation a le droit imprescriptible de réformer, de revoir et de changer sa Constitution; mais l'Assemblée nationale déclare que l'intérêt de la nation l'invite à ne pas user de ce droit, même du droit de révision (on murmure) avant trente ans : elle décrète que la première et la seconde Législature ne pourront s'occuper de la révision. (On applaudit.)

M. Beaumetz, qui parla après Camus, exposa les craintes du Comité, qui étaient celles de la majorité de l'Assemblée.

Je crois que cette discussion ne porte que sur un malentendu. Je déclare que nous ne parlons ici, nous membres

1. Moniteur, t. IX. p. 572.

du Comité, et que nous ne résistons en quelque sorte au vœu que témoigne l'Assemblée, que parce que nous désirons que la nation n'use jamais, ou qu'elle n'use qu'à la dernière impulsion de la nécessité, du droit effrayant de bouleverser une Constitution. Nous désirons que l'Assemblée, qui a eu la sagesse de mettre dans la Constitution un moyen de révision sage, doux, qui complète cette Constitution en y plaçant un germe d'amélioration ; nous voudrions, dis-je, que cette même Assemblée éloignât l'idée de toute Convention nationale complète. *Autant nous regardons comme un devoir sacré de l'Assemblée nationale de déclarer formellement le droit qu'a la nation, tous les jours et à toute heure, de rechanger en entier sa Constitution, autant nous sommes persuadés que l'exercice actif de ce droit est contraire à son intérêt.* Justement effrayés de ces grands événements, de ces grandes crises politiques où l'on remet en question les intérêts de tous les membres de la société, vous avez *conseillé* à la nation de ne pas user de son droit avant trente ans ; mais depuis vous avez fait bien mieux, vous avez donné à la nation les moyens de se passer de l'exercice de ce droit[1]. Je demande donc que l'article soit retranché[2].

Alors s'éleva une discussion confuse, car on ne savait pas si l'invitation faite à la nation de ne point toucher à la Constitution avant trente ans concernait l'exercice du pouvoir constituant, ou le droit de révision partielle. Avait-on lié le peuple, ou simplement le Corps législatif? On ne put pas s'entendre, et ce fut le lendemain seulement que Thouret, au nom des comités, proposa la rédaction définitive, qui réservait la souveraineté des citoyens.

Vos Comités ont pris pour base de leur résolution la distinction fondée dans la nature même des choses, entre l'exercice du pouvoir constituant qui supposerait la néces-

1. M. Beaumetz ne s'aperçoit pas que sa phrase équivaut à : *nous avons dépouillé la nation de son droit.*
2. *Moniteur,* t. IX, p. 573.

sité du changement total de la Constitution, et le mode de
révision indiqué par la Constitution même pour des réformes partielles sur quelques articles de détail[1]. Lorsque
M. Tronchet proposa à l'Assemblée le décret par lequel elle
a fait une invitation à la nation de n'appeler de Convention
nationale avant trente années, il entendait alors parler des
Assemblées ayant le pouvoir constituant complet, qui sont
bien dans le pouvoir de la nation, mais dont il est utile
qu'elle n'use point fréquemment. C'est de ce pouvoir que l'on
peut dire qu'il est du conseil de la sagesse de ne l'exercer
que lorsqu'il devient impossible de faire autrement. C'est
pour cela qu'on avait proposé de décréter que la nation ne
l'exercerait pas avant trente ans. *Mais ce décret impératif
eût été évidemment une atteinte portée aux droits de la nation;
on y a donc substitué une invitation.* Mais cette invitation
portait-elle et sur l'exercice du pouvoir constitutionnel et
sur l'exercice du pouvoir de révision partielle? C'est une
des questions qui ont été débattues dans la séance d'hier.
Mais ne semblerait-il pas présomptueux de croire qu'il ne
sera pas besoin avant trente ans de quelque rectification
partielle à la Constitution? Vous avez cru devoir adopter
un mode de révision partielle qui est, contre le danger
de l'appel d'un corps constituant, une garantie bien plus
sûre que votre invitation.

Voici donc la manière dont vos Comités vous proposent
de rédiger le préambule du titre relatif à la révision.

*L'Assemblée nationale déclare que la nation a le droit im-
prescriptible de changer sa Constitution; et néanmoins, considérant qu'il est plus conforme à l'intérêt national d'user*

---

1. Cette prétendue nature des choses est une illusion. Comment
toucher à une Constitution sans en altérer l'esprit, sans la modifier
profondément? C'est de l'organisation des trois pouvoirs que s'occupe essentiellement une Constitution; comment changer l'un sans
atteindre les autres? Ce que vous ajoutez au pouvoir législatif,
vous le faites perdre nécessairement au pouvoir exécutif ou judiciaire, car, réunis, ces trois pouvoirs comprennent toute la puissance politique. Cette distinction du changement total et de la
révision partielle est donc chimérique, et n'est pas prise dans la
nature des choses. La preuve en est que la Constitution d'Amérique,
et bien d'autres encore, ne la connaissent pas. Voyez ce que dit
Condorcet, *Moniteur*, t. XV, p. 160.

seulement, par des moyens pris dans la Constitution même, du droit d'en réformer les articles dont l'expérience aurait fait sentir les inconvénients, décrète qu'il y sera procédé par une *Assemblée de révision dans la forme suivante...*

Ainsi, ce qui est essentiel à la nation qui jouit d'une Constitution fondamentalement bonne, c'est de pouvoir en rectifier les défauts de détail. Il ne faut pas alors prévoir la nécessité d'une subversion totale dans une Constitution fondée sur les bases immuables de la justice et les principes éternels de la raison[1]. C'est d'après cela que nous pensons qu'il faut supprimer cette invitation faite à la nation de ne point exercer le pouvoir constituant avant trente ans; car quoique cette invitation ait pour objet d'éloigner l'usage du corps constituant, elle aurait l'effet réel et substantiel pour plusieurs esprits, d'être une espèce de convocation du corps constituant dans trente ans; et depuis que vous avez rendu le remède d'un corps constituant presque inutile, elle a perdu tous ses avantages, et il ne reste que l'inconvénient dont je parle[2].

M. Pétion demande la parole, continue le *Moniteur*, mais on demande *impétueusement* à aller aux voix. La partie centrale se lève pour sommer le président de mettre en délibération la motion de fermer la discussion. L'Assemblée ferme la discussion. L'article proposé par M. Thouret est adopté.

Thouret soumit ensuite à la délibération les articles concernant le mode de révision; ils furent adoptés presque sans discussion. Les voici : je les cite pour que vous jugiez par vous-même tout ce qu'il y a de factice et d'arbitraire dans ces dispositions, imaginées par des mandataires sans autorité. Assurément, la Constituante avait d'excellentes intentions, mais son

1. C'est là l'erreur de la Constituante. Il n'y a rien d'immuable et d'éternel dans une Constitution; car les rapports qu'elle régit ne sont pas ceux d'homme à homme, qui ne varient guère, mais des rapports politiques, essentiellement variables, et différant suivant les temps et les lieux. Les pouvoirs ne sont pas organisés en Amérique comme en Angleterre, ce qui n'empêche pas que chacun des deux pays ait une excellente Constitution.

2. *Moniteur*, t. IX, p. 571.

Assemblée de révision est tout à la fois une usurpation flagrante de la souveraineté populaire et une institution mauvaise, qui doit forcer les révolutions au lieu de les étouffer. C'est ce qu'on peut dire également de notre article 111, inspiré du même esprit ou des mêmes illusions.

2. Lorsque trois législatures consécutives auront émis un vœu uniforme pour le changement de *quelque article constitutionnel*, il y aura lieu à la révision demandée.

3. La prochaine législature et la suivante ne pourront proposer la réforme d'aucun article constitutionnel [1].

4. Des trois législatures qui pourront par la suite proposer *quelques changements*, les deux premières ne s'occuperont de cet objet que dans les deux derniers mois de la dernière session, et la troisième à la fin de sa première session annuelle, ou au commencement de la seconde [2].

Leurs délibérations sur cette matière seront soumises aux mêmes formes que les actes législatifs [3], mais les décrets par lesquels elles auront émis leur vœu ne seront pas sujets à la sanction du roi.

5. La quatrième législature, augmentée de deux cent quarante-neuf membres élus en chaque département par doublement du nombre ordinaire qu'il fournit pour sa population, formera l'Assemblée de révision [4].

1. Usurpation de la souveraineté : l'Assemblée dispose d'un avenir qui ne lui appartient pas.

2. On comprend que les constituants déterminent les attributions du Corps législatif; c'est leur mandat. Mais qu'ils déterminent le jour et l'heure où il lui sera permis de consulter la nation, ce n'est plus régler les pouvoirs de l'Assemblée, c'est entreprendre sur la nation même qu'on doit entendre dès que son intérêt et son bien-être sont en jeu.

3. Il appartenait à la Constitution de 1848 de raffiner sur ce point et de rendre plus difficile ce qu'on devrait faciliter par-dessus toute chose dans une République, le recours légal à la nation, source de tout pouvoir.

4. L'idée qu'en augmentant une Assemblée on la rend plus capable de faire une Constitution, ou, si l'on veut, que plus elle est nombreuse et mieux elle représente la nation, est une des erreurs fâcheuses que nous devons à la Constituante. On pense le contraire

Ces deux cent quarante-neuf membres seront élus après que la nomination des représentants au Corps législatif aura été terminée, et il en sera fait un procès-verbal séparé.

L'Assemblée de révision ne sera composée que d'une Chambre [1].

6. Les membres de la troisième législature qui aura demandé le changement ne pourront être élus à l'Assemblée de révision [2].

7. Les membres de l'Assemblée de révision, après avoir prononcé tous ensemble le serment de *vivre libres ou mourir*, prêteront individuellement celui de *se borner à statuer sur les objets qui leur auront été soumis par le vœu uniforme des trois législatures précédentes; de maintenir au surplus de tout leur pouvoir la Constitution du royaume décrétée par l'Assemblée nationale constituante aux années 1789, 1790 et 1791 [3], et d'être en tout fidèles à la nation, à la loi et au roi [4].*

8. L'Assemblée de révision sera tenue de s'occuper de

en Amérique, et avec raison ; neuf cent quatre-vingt-quatorze personnes, comme le veut la Constitution de 1791, ou neuf cents, comme le veut la Constitution de 1848, sont une foule et non pas une Assemblée. C'est un moyen sûr pour que le vœu national soit oublié dès le premier jour de la discussion. Voyez, *infra*, Lettre huitième.

1. Pourquoi, si l'expérience prouvait qu'en ce point, comme en d'autres, deux Chambres valent mieux qu'une ? C'est une question à décider par l'Assemblée qui consulte le pays. A ce moment le vœu national peut très-bien être que la Constitution soit soumise à une double discussion; personne n'a le droit de le contrarier par avance.

2. Excellent moyen, d'une part, pour éloigner toute demande de révision (car cette révision contrarie l'intérêt personnel des membres de l'Assemblée); de l'autre, pour amener des hommes nouveaux qui détruisent tout ce qu'ont fait leurs devanciers. On sait comment, grâce à cette abnégation sublime de la Constituante, la Législative a traité la France.

3. Qui ne voit que ce serment est nul, et que les constituants, une fois nommés, ne relèvent plus que du peuple qui leur a donné le mandat? S'il convient à la nation de donner un mandat illimité, l'article 7 est virtuellement abrogé ; et si la nation limite elle-même son mandat, il est nulle.

4. Le serment de fidélité au roi ? et s'ils ont mandat d'abolir la royauté?

suite et sans délai des objets qui auront été soumis à son examen [1]; aussitôt que son travail sera terminé, les deux cent quarante-neuf membres nommés en augmentation se retireront sans pouvoir prendre part, en aucun cas, aux actes législatifs [2].

Voilà ce monument de la sagesse de nos pères, qui a servi de modèle aux Constitutions de l'an III et de 1848; il ne soutient pas l'examen. On y voit l'Assemblée effrayée de l'avenir, et, n'osant pas renier le principe même en vertu duquel elle existe et elle agit, chercher quelque moyen subtil pour donner le change à l'opinion et comprimer cette souveraineté du peuple qui maintenant lui fait peur. C'est l'histoire de toutes les Assemblées en temps de révolution. Au début, quand l'opinion les soutient et les pousse, elles exaltent la volonté populaire qui fait leur force; puis, quand les passions surexcitées se retournent contre elles, ou quand par le seul effet du temps le législateur a pris des idées, un esprit particulier, que rapportant tout à soi il s'est insensiblement séparé de la nation qui suit une marche différente, il s'irrite contre l'opinion qui lui fait obstacle, et, n'osant la combattre ouvertement, il lutte avec elle et cherche, mais inutilement, à lui faire illusion. Alors on imagine une adhésion qui n'existe pas, ou bien on suppose que le Corps législatif qui représente la nation est la nation même, et on se garde bien de remplir une dernière forme qui seule dispense de toutes les autres, et dont aucune ne peut tenir lieu; on ne demande pas au peuple sa ratification. Et cependant cette acceptation indispensable est une de ces me-

---

1. Qui pourra l'y forcer, et où sera son supérieur?
2. Ainsi, le quart de l'Assemblée a un intérêt personnel à traîner en longueur la Constitution.

sures qu'on ne présume pas, qu'on ne remplace pas;
car c'est la seule garantie donnée au pays que ses représentants n'ont pas trahi leur devoir.

Ce n'est pas tout : cette œuvre frappée de nullité
par défaut d'acceptation, on prétend l'éterniser en
liant la nation à des formes arbitraires. Le législateur
s'imagine échapper ainsi à l'arrêt qu'il redoute, à la
ruine qui le menace; il espère arrêter la vie de la nation, et, n'étant pas maître du lendemain, il entend
disposer de l'avenir; il proclame l'éternité de son
œuvre; il joue au Lycurgue. Tout cela dure un jour ;
ces mêmes hommes qui ont fait une Constitution séculaire en refont, six mois plus tard, une seconde à
laquelle ils garantissent une durée immortelle ! Et de
toutes ces défenses inutiles il reste le souvenir du mal
qu'elles ont fait ; et un exemple de vanité législative
qui, comme tant d'autres, ne va jamais à l'adresse
des nouvelles assemblées !

SEPTIÈME LETTRE

OPINION DE M. DE CLERMONT-TONNERRE. — 2° LE DROIT
DE RÉVISION A L'ASSEMBLÉE LÉGISLATIVE ET A LA
CONVENTION.

Vous comprenez, mon ami, que si la Constituante
cherchait en vain à se faire illusion, elle ne pouvait
pas tromper ceux qui, par conviction, par regret du
passé ou par ambition, repoussaient l'œuvre de 1791.
Aussi, dès la promulgation, fut-elle attaquée de tous
côtés. Je vous fais grâce des opinions exaltées; vous

me diriez qu'à toutes les époques il y a eu un parti
extrême qui, vainqueur, n'a jamais su garder le gouvernement, et, vaincu, n'a jamais pu le souffrir dans
la main d'autrui. Mais vous ne refuserez pas d'écouter
le jugement d'un homme qui, en 1789, demandait la
liberté réglée d'une monarchie constitutionnelle,
comme le régime qui convenait le mieux à la France,
ce qui assurément suppose une certaine portée d'esprit. Cet homme est M. de Clermont-Tonnerre, un
des membres les plus distingués de la noblesse de
l'Assemblée constituante, et qui, pour prix de son
dévouement à la liberté et à la modération, fut misérablement égorgé dans la rue, le 10 août 1792, sans
même avoir le bonheur de mourir pour le roi qu'il
avait sincèrement aimé.

Voici ce qu'il écrit dans son *Analyse raisonnée de la
Constitution française* [1], travail remarquable et fait
pour dessiller les yeux, si les passions des législateurs
n'eussent alors poussé la France à sa perte. En de
pareils moments, la voix du sage est inutile; on n'é-
coute, on n'exalte que les flatteurs ou les intrigants.
La justice vient quand il est trop tard et pour l'écrivain et pour le peuple.

Ce titre, dit M. de Clermont-Tonnerre, offre une singulière inconséquence. Il reconnaît à la nation le droit imprescriptible de changer sa Constitution, ensuite il décrit
une loi d'après laquelle sera certainement puni quiconque
fera l'un des actes par lesquels on peut arriver à l'exercice
du droit national que l'on vient de reconnaître imprescriptible.

Rien au monde n'est plus inconséquent : on s'étonne de
la confiance avec laquelle on présente au peuple des choses
aussi contradictoires. Si l'Assemblée voulait être consé-

1. Tome IV de ses *Œuvres*, Paris, 1791.

quente, elle devait au moins ne mettre aucune entrave au
droit du peuple qu'elle déclare imprescriptible. Si, plus
frappée des vices de son ouvrage que du principe qu'elle
avait reconnu, elle désirait une révision, elle devait choisir
un mode duquel pût naître la réforme de ces vices. Pour
cela il fallait que cette forme fût combinée de manière à ce
que le vœu du peuple y eût une influence marquée, à ce
qu'aucun des pouvoirs constitués n'y eût une influence pré-
pondérante. Il est évident que si un seul pouvoir recevait
le droit de provoquer la révision et d'en fixer les points, il
n'en userait jamais qu'à son avantage, et *il est connu qu'entre deux pouvoirs, si l'un peut s'accroître aux dépens de
l'autre, sans que l'autre ait la même faculté, il n'en restera
bientôt qu'un seul* [1]. Cela posé, examinons le mode de révision duquel l'Assemblée nationale consent à recevoir le vœu
du peuple, *il est combiné de manière à fortifier l'autorité
déjà si effrayante du Corps législatif; il rend éternels tous
les vices dont il ne se plaindra pas, et précaires tous les articles constitutionnels qui peuvent encore le retenir dans des
bornes quelconques* [2].

Le roi est évidemment, dans cet état de choses, exposé à
se voir successivement dépouillé de son pouvoir constitutionnel, si toutefois la motion de le détrôner en une seule fois
ne passe pas dans une première législature. Je suppose que
cette motion y soit faite une fois; je suppose qu'une législature déclare qu'il lui paraît que le gouvernement *ne doit
plus être monarchique;* sans doute elle le peut, puisque c'est
un des articles de la Constitution et qu'elle peut émettre le
vœu de changer ceux qui lui déplaisent; ce vœu ne sera
pas encore une loi. Mais je demande comment le roi gouvernera pendant les quatre ans [3] qui devront encore s'écouler

1. C'est en 1791, et non en 1851, que M. de Clermont-Tonnerre écrivait cette maxime; j'en fais l'observation, sinon on pourrait aisément s'y tromper.

2. « Il est impossible de ne pas convenir, dit-il un peu plus
« loin (page 404), que l'Assemblée nationale a choisi un mode de
« révision qui tend à ajouter sans cesse au pouvoir excessif des
« législatures, et qui ne réforme jamais un seul des abus dont
« elles peuvent tirer avantage. »

3. Lisez le *président* au lieu du *roi,* et mettez *six mois* ou *un
an* au lieu de *quatre ans,* la réflexion de Clermont-Tonnerre est

avant l'Assemblée de révision qui prononcera sur ce vœu.
Si un État dans lequel de telles circonstances sont constitutionnellement possibles n'est pas dévoué à l'anarchie
et à tous les maux qu'elle entraîne, il faut renoncer à
toutes les notions de raison par lesquelles les hommes se
conduisent !

Je viens, maintenant, à l'opinion de l'Assemblée
législative : ici, c'est la passion plus que la raison qui
parle ; mais enfin cette passion, pour gagner la faveur populaire, s'appuie sur un principe vrai, un
principe reconnu comme base de la Constitution ; elle
est donc au moins logique. En outre, il est bon de
connaître la tradition révolutionnaire, ne fût-ce que
pour *prévoir l'attitude des héritiers de la Montagne,*
quand on discutera le droit de révision. A moins de
démentir tout ce passé qu'il glorifie, c'est ce côté qui
doit prendre en main la cause de la souveraineté absolue du pays, qui doit briser ces entraves dans lesquelles la Constitution de 1848 a vainement essayé
d'emprisonner un droit imprescriptible et inaliénable.
La Législative et la Convention ont toujours maintenu (et avec grande raison) que c'était à elles seules
qu'il appartenait de consulter le pays, non pas suivant des formes imposées, mais suivant des formes
librement choisies et inspirées des circonstances.

Pour la Législative, nous avons une manifestation
des plus solennelles et des plus curieuses, qui nous
donne dans toute sa vivacité l'opinion de l'Assemblée
et dispense de toute autre preuve.

Le 25 juillet 1792, c'est-à-dire neuf mois après l'a-
doption de cette Constitution de 1791, à laquelle on

d'une effrayante vérité. C'est une vue toute nouvelle sur les dangers du droit de révision exclusivement confié au Corps législatif.
Tout est mauvais dans un régime mensonger.

ne devait pas toucher de quatre ans au moins. M. Crestin demanda que, toute affaire cessante, on discutât
si le roi, par sa conduite avant ou depuis la déclaration de la guerre, s'était mis dans le cas *d'être censé
avoir abdiqué la couronne* [1]. En d'autres termes, il proposait un des cas de déchéance établis par la Constitution.

Chabot, plus hardi, voulait en finir avec la royauté,
malgré la Constitution, et voici la forme, peu voilée,
qu'il donna à sa pensée.

M. CHABOT [2]. J'appuie en partie la proposition qui est
faite par M. Crestin de discuter incessamment la question
de savoir si le roi a encouru la déchéance. Mais je voudrais
que la discussion restât libre et qu'elle ne fût pas morcelée
par les questions partielles qu'il vous propose. Je demande
donc que cette discussion s'ouvre dès demain, non pas,
comme l'a dit M. Crestin, pour faire finir les soupçons du
peuple, car tous les décrets de l'Assemblée ne peuvent étouffer l'opinion publique; nous n'en sommes que les organes
et non les maîtres. Quand il serait vrai que l'Assemblée fût
assez faible pour savonner le pouvoir exécutif, la nation n'en
serait pas moins persuadée de la réalité des trahisons de la
cour. S'il lui est prouvé que le Corps législatif ne trouve pas
dans la Constitution assez de pouvoir pour agir, nulle puissance alors ne pourra l'empêcher de se sauver elle-même.
(De nombreux applaudissements s'élèvent des tribunes.) Et
quand le pouvoir exécutif sortirait blanc comme neige de
cette discussion, le peuple français aura toujours le droit de
changer sa Constitution. (Les applaudissements des tribunes
recommencent. De violentes rumeurs s'élèvent dans l'Assemblée; tous les membres du ci-devant côté droit, et une
partie du côté gauche, se lèvent en demandant à grands
cris, les uns que M. Chabot soit rappelé à l'ordre, les autres
qu'il soit envoyé à l'Abbaye comme parjure.)

1. Constitution de 1791, chap. II, sect. I, art. 6.
2. *Moniteur*, tome XIII, p. 240.

M. le président (c'était Laffond-Ladebat), cédant à l'impulsion de ces clameurs, rappelle M. Chabot à l'ordre.

M. CHOUDIEU. Monsieur le président, je demande la parole contre vous... Je demande, messieurs, que le président soit rappelé à l'ordre, pour avoir méconnu la souveraineté du peuple français, consacrée par la Constitution, et j'invoque ici la lettre même de l'acte constitutionnel. (Les rumeurs continuent dans la partie droite.) Je prie les honnêtes gens de faire silence et de m'écouter. Voici les propres termes de la Constitution : *L'Assemblée constituante déclare que la nation a le droit imprescriptible de changer la Constitution.* Il n'y avait pas même besoin de cet article pour reconnaître la souveraineté du peuple, car l'Assemblée constituante n'avait pas le droit de la limiter; aussi n'a-t-elle fait qu'une simple déclaration; mais cette loi fondamentale étant formellement énoncée dans la Constitution, comment se fait-il qu'un président de l'Assemblée nationale ose rappeler à l'ordre ceux qui exposent les grands principes de la souveraineté du peuple?... Je dis qu'il n'est plus de Constitution, qu'il n'y a plus de principes sacrés, si vous n'arrêtez l'audace de vos présidents. (Une grande partie de l'Assemblée et les tribunes applaudissent; M. le président sonne.) Ce n'est pas la première fois que les présidents, après s'être fait élire par une coalition, ont osé attenter à la souveraineté du peuple et méconnaître ses droits. Il est temps d'arrêter cette audace, et je demande qu'aujourd'hui vous fassiez un grand exemple. Si les dangers de la patrie consistent dans la résistance d'inertie que vous opposent les agents du pouvoir exécutif, ils consistent bien plus encore dans l'insolence de certains délégués du peuple qui trahissent ses droits. Je demande donc que le président soit rappelé à l'ordre et à ce qu'il doit à la majesté de la nation (On applaudit.)

Plusieurs voix. Monsieur le président, vous êtes inculpé; quittez le fauteuil.

M. LE PRÉSIDENT. Je vais d'abord consulter l'Assemblée pour savoir si elle veut que je quitte le fauteuil oui ou non. (Il s'élève des murmures.)

M. CHABOT. Je demande la question préalable sur la proposition de M. Choudieu; je suis persuadé que le président ne m'a rappelé à l'ordre que parce qu'il a plus fait attention

à la restriction du principe énoncé dans un article posté-
rieur à la Constitution [1] qu'au principe même, et parce que
les clameurs *constitutionnelles* de ces messieurs m'ont empêché de terminer ma phrase.

M. ISNARD. Je m'oppose à la question préalable. De tous
les délits dont on peut se rendre coupable, celui qui attente
à la souveraineté du peuple est le plus grave. Il est d'autant
plus important que la discussion ne cesse pas ainsi par
une décision de passer à l'ordre du jour, que tous les amis
de la liberté voient avec effroi le système qui s'introduit de
détruire ce principe fécond de toute liberté, la souveraineté
du peuple. (Murmures dans la partie droite.) Ne m'interrom-
pez pas, vous n'y gagnerez rien, sinon de m'entendre plus
longtemps. *Il est donc vrai que de tous les peuples de la terre,
jamais aucun n'a pu déléguer pour un instant l'exercice de sa
souveraineté, sans que ceux à qui il l'a confiée aient cherché
aussitôt à l'enchaîner.* C'est ainsi que le Corps constituant,
après avoir reconnu ce principe fondamental, *dont il avait
besoin pour consolider son ouvrage*, a en même temps, par
une restriction inconstitutionnelle, cherché à enchaîner le
peuple. Certes, *cette clause restrictive ne peut être considérée
que comme un conseil donné au peuple*, et la déclaration du
principe n'en reste pas moins dans toute sa force. Peut-on
en conclure que la nation n'ait pas toujours le droit de
changer sa Constitution? Et comment se trouve-t-il des représentants du peuple qui partagent ces vues criminelles?
N'avez-vous pas été effrayés de voir une foule d'hommes
tourner leurs figures et jeter des cris comme si on eût pro-
féré un blasphème? Faites une déclaration qui rassure le
peuple sur sa souveraineté. Je demande que le président
soit rappelé à l'ordre.

M. LACROIX. Comme nous reconnaissons tous que M. le
président a eu tort, je ne vois rien de plus grand, de plus
glorieux pour lui que de reconnaître lui-même sa faute; car
je conçois très-bien comment il est possible qu'entraîné par
les murmures de ces messieurs qui criaient au parjure, qui
invoquaient la prison comme la peine la plus douce à infli-
ger à celui qui a reconnu la souveraineté du peuple, je con-

1. C'est-à-dire, je suppose, introduit lors de la révision, car
l'article est dans la Constitution et fut voté avec elle.

çois, dis-je, qu'il est possible qu'entraîné par ce *grand mouvement constitutionnel* il se soit déterminé à prononcer ce rappel à l'ordre; mais, s'il persiste, je demande qu'on le rappelle à son devoir.

M. LE PRÉSIDENT. Je vais faire lire la Constitution.

Plusieurs voix. Point de chancelier, monsieur le président, justifiez-vous vous-même.

M. LE PRÉSIDENT. La Constitution dit : « Et néanmoins, « considérant qu'il est plus conforme à l'intérêt national « d'user seulement, par les moyens pris dans la Constitu- « tion même, du droit d'en réformer les articles dont l'ex- « périence aurait fait sentir les inconvénients, décrète qu'il « y sera procédé par une Assemblée de révision, en la forme « suivante... »

D'après cet article, mon opinion particulière est que je ne me suis pas écarté de la Constitution; mais, comme mon opinion ne fait pas loi, je vais consulter l'Assemblée pour savoir si c'est à propos que j'ai rappelé à l'ordre M. Chabot.

Plusieurs voix. Quittez le fauteuil.

M. le président quitte le fauteuil, M. Dubayet, ex-président, le remplace.

L'assemblée décide *presque unanimement* qu'il sera rappelé à l'ordre.

M. LE PRÉSIDENT. Monsieur Laffon-Ladebat, je vous rappelle à l'ordre au nom de l'Assemblée [1].

Qu'on voie dans cette scène singulière la revendication du droit inaliénable de la souveraineté populaire, ou la violence d'un parti qui ne peut endurer le frein des lois, qu'on la trouve sublime ou ridicule, peu importe à ma démonstration. Il n'en est pas moins vrai que l'Assemblée législative, qui dès le premier jour avait accueilli avec peu de respect la présentation solennelle de l'acte constitutionnel [2], se déclarait, à la presque unanimité (c'est le *Moniteur* qui le

1. *Moniteur*, t. XIII, p. 210.
2. Buchez, *Histoire parlementaire*, t. XII, p. 49.

17

dit), contre une restriction qui violait les droits de la nation et le principe fondamental de la Constitution, et cela, non pas au milieu de ces dangers qui poussent aux partis extrêmes, mais à propos d'un incident sans portée.

Au 10 août, la Législative, hors d'état de gouverner avec cette Constitution fatale qui avait amené la chute de la royauté, fit un appel au peuple pour nommer immédiatement la Convention. On était dans une situation où le respect des formes légales était impossible; aussi, pas une voix ne s'éleva pour se plaindre de cette violation. L'Assemblée changea du même coup les conditions électorales, en appelant à voter dans les assemblées primaires, non plus simplement les citoyens actifs, mais *tout citoyen âgé de 25 ans, et vivant du produit de son travail* [1]. C'est sous l'empire de cette loi nouvelle que fut nommée la Convention.

Son premier acte fut d'abolir la Constitution de 1791. Sans discussion, et à l'unanimité, elle rendit le décret suivant :

La Convention nationale déclare qu'il ne peut y avoir de Constitution que lorsqu'elle est adoptée par le peuple [2].

Ainsi finit dans le mépris cette Constitution qu'on rêvait éternelle, qu'on avait espéré rendre inviolable pendant trente années, qu'on voulait au moins soustraire à l'action des premières Assemblées. Elle n'avait pu vivre un an, et elle marque dans l'histoire, comme un funeste météore, par les désastres qui l'ont suivie. Essayer d'en reproduire l'esprit dans l'acte de 1848, mettre en présence une Assemblée unique, eni-

1. *Moniteur*, t. XIII, p. 382.
2. *Moniteur*, t. IV, p. 8.

vrée de sa toute-puissance, et un pouvoir exécutif désarmé, jalousé, c'était avec une science révolutionnaire des plus grandes, ou une ignorance plus merveilleuse encore, rentrer dans cette voie fatale qui mène forcément à une Convention nouvelle un peuple fatigué de l'anarchie des pouvoirs publics et de la faiblesse du gouvernement.

C'était au tour de la Convention de proposer une Constitution. Il lui était difficile de ne pas reconnaître d'une part qu'une Constitution n'a de valeur que par l'acceptation du peuple (c'est la ratification d'un mandat conditionnel), et d'autre part que le peuple, que rien ne peut lier envers lui-même, a toujours le droit de revenir sur l'acte qui le gêne.

Aussi le projet dont Condorcet fut le rapporteur déclare-t-il qu'*un peuple a toujours le droit de revoir, de réformer et de changer la Constitution, qu'une génération n'a pas le droit d'assujettir à ses lois les générations futures;* et, pour éviter l'usurpation possible du Corps législatif, c'est au peuple même qu'on s'en remet du soin de décider s'il faut provoquer une Convention pour réformer ou retoucher la Constitution[1]. Il n'est plus question de délais, ni de formes particulières. Tout citoyen dont la proposition est appuyée par cinquante signataires de l'arrondissement peut requérir la convocation d'une assemblée primaire au dimanche le plus prochain. Si son opinion réunit la majorité, on convoque les assemblées de l'arrondissement de la commune, puis enfin, les assemblées du département. Dès que la majorité des assemblées primaires d'un seul département réclame la convocation d'une Convention nationale, c'est le devoir du Corps législatif

1. *Moniteur*, t. XV, p. 181.

de consulter la nation; s'il refuse, l'insurrection est légitime, car il y a violation de la souveraineté[1].

Le projet de Condorcet n'aboutit point; ce fut la Montagne qui, à son tour, proposa une Constitution; mais, en ce qui concerne le droit de révision, elle adopta pleinement le principe absolu de la souveraineté populaire. La Constitution du 24 juin 1793 a copié en ce point Condorcet.

Déclaration des droits de l'homme et du citoyen.

Art. 25. La souveraineté réside dans le peuple; elle est une et indivisible, imprescriptible et inaliénable.

28. Un peuple a toujours le droit de revoir, de réformer et de changer sa Constitution. Une génération ne peut assujettir à ses lois les générations futures.

Je ne discute point le mérite de cette Constitution, qui fut suspendue dès le premier jour : je n'y vois que la déclaration des idées qui animaient la Convention. Quand, plus tard, après Thermidor, on voulut faire une Constitution nouvelle et qui durât, la Convention fit appel à toutes les lumières et à tous les dévouements; de toutes parts on lui présenta des projets, il y eut comme un déluge de Constitutions; mais, dans toutes, la souveraineté du peuple fut admise comme un principe au-dessus de toute discussion.

Parmi ces projets, je me contenterai de citer celui d'un ami de la liberté qui a laissé un nom justement honoré, c'est Boissy-d'Anglas, qui fut, plus tard, le rapporteur de la Constitution de l'an III[2].

1. Condorcet le dit dans son rapport. Moniteur, t. XV, p. 460.
2. Projet de Constitution pour la République française, par Boissy-d'Anglas, imprimé par ordre de la Convention nationale.

Déclaration des droits de l'homme et des principes de toute organisation sociale.

ART. 25. Un peuple a toujours le droit de revoir, de réformer et de changer sa Constitution; une génération n'a pas le droit d'assujettir à ses lois les générations futures: la loi ne peut pas déterminer les formes d'après lesquelles la Constitution sera revue, modifiée ou changée; mais elle *peut inviter* le peuple à adopter provisoirement tel ou tel mode dans l'exercice de cette portion de sa souveraineté.

Titre XIII, art. 1er.

Le peuple ayant toujours, et *à chaque instant*, le droit de revoir, de corriger, de modifier sa Constitution, et de changer son gouvernement, il ne peut être gêné ou empêché *par aucune forme* dans l'exercice de ce droit, ni dans la manière de manifester sa volonté; mais la Constitution peut lui *proposer* les moyens propres à faciliter l'expression de son vœu et lui indiquer l'époque à laquelle une révision pourrait *entraîner le moins de dangers*.

ART. 9. La Constitution ne peut imposer aucune forme de délibérer, ni aucun mode d'organisation pour la Convention nationale, laquelle, dès l'instant de son rassemblement, est investie de tout l'exercice de la souveraineté nationale et supérieure à la Constitution elle-même.

Boissy-d'Anglas a bien senti l'erreur dans laquelle est tombée l'Assemblée constituante, aussi ne se contente-t-il pas de proclamer le droit imprescriptible du peuple; avec Condorcet, il donne à la nation le moyen de réformer sa Constitution dès qu'elle en souffrira, en reconnaissant à la majorité des assemblées primaires le droit de demander la formation d'une Convention nationale, sans que le Corps législatif puisse se refuser à cette pétition. Dans ce système le droit de la nation est complétement reconnu et suffisamment garanti.

Nous voici enfin arrivés en 1795, au moment où la France, sanglante et épuisée, n'avait plus qu'un be-

17.

soin, le repos. Les excès des Assemblées l'avaient tellement dégoûtée de ce gouvernement libre, qu'on lui
avait toujours promis, sans jamais le lui donner,
qu'elle allait traverser le régime libéral de l'an III
pour se jeter entre les bras du despotisme. Cet état
de l'esprit public explique la conduite du législateur.
Il n'est même pas fait allusion, dans la discussion, au
droit qu'a le peuple de revoir sa Constitution. C'est
au Conseil des Anciens seul, c'est-à-dire à une partie
du Corps législatif, qu'est confié le soin de demander
la révision ; et, pour qu'elle ait lieu, il faut une proposition réitérée trois fois dans l'espace de neuf années, et trois fois ratifiée par le Conseil des Cinq-Cents;
enfin l'Assemblée de révision ne peut s'occuper que
des seuls articles qui lui ont été désignés par le corps
législatif. De la souveraineté on n'en dit rien, car on
a peur du lion endormi; ce qu'on veut, c'est la paix,
le silence, l'immobilité. Ces législateurs naguère si
fougueux, ces fanatiques de la volonté populaire ressemblent à ces hommes qui, au lendemain de l'ivresse,
repoussent avec dégoût le vin généreux dont ils ont
abusé.

Est-ce bien cette charte foulée aux pieds le 18 fruc-
tidor, le 22 floréal, le 30 prairial, et dont Boulay disait,
au 18 brumaire, que de *cette Constitution tant de fois
impunément violée il n'existait plus depuis longtemps que
l'ombre et le cadavre*[1]; est-ce bien, dis-je, cette charte
qu'en 1848 on devait prendre pour modèle? Comment
nos législateurs, *si fidèles aux traditions de nos grandes
Assemblées*, n'ont-ils pas vu qu'en ce point de la révision toute la tradition révolutionnaire protestait contre
l'acte qu'ils ont servilement copié et qui n'a de répu-

1. *Moniteur*, t. XXIX, p. 897.

blicain que le nom? Au moins les conventionnels avaient une excuse; ils soumettaient leur projet à la sanction du peuple. Si la nation se liait, c'était en quelque façon de ses propres mains; le législateur n'imaginait pas encore qu'on pût disposer du pays sans le consulter. On n'était pas moins ignorant en l'an VIII; et plus tard, au milieu de nos désastres, la Constitution décrétée par le Sénat en 1814, l'acte additionnel donné par l'empereur en 1815, le projet de la Chambre des représentants pendant les Cent-Jours rendaient tous hommage à la souveraineté nationale. Que nos maîtres nous expliquent d'où leur est venu ce pouvoir étrange, que n'ont osé s'attribuer ni la Constituante ni la Convention, ni aucune de nos Assemblées de 1789 à 1815? Qu'ils nous disent qui leur a donné le droit d'engager l'avenir et de lier la nation sans s'assurer de son consentement? Louis XVIII, roi par la grâce de Dieu, n'avait pas besoin de consulter ses sujets sur les libertés qu'il leur octroyait de son bon plaisir; mais la France, qui a déjà souffert tant de gouvernements, n'a pas encore accepté, que je sache, une république de droit divin; et tant que sa volonté sera comptée pour quelque chose, il sera vrai de dire de l'article 111, qu'à moins d'être un conseil emprunté de la Constitution de 1791, c'est une violation sans exemple de cette souveraineté du peuple, contre laquelle on ne prescrit pas; c'est par conséquent une usurpation nulle de droit.

HUITIÈME LETTRE

L'ASSEMBLÉE A LE DROIT DE CONSULTER LE PAYS QUAND ET COMME IL LUI CONVIENDRA.

Maintenant que nous avons vu ce que disent les principes, et comment la tradition républicaine les a toujours interprétés, je crois, mon ami, que vous appréciez ce fameux article à sa juste valeur. C'est un épouvantail qui n'est bon que pour effrayer les gens qui ne raisonnent point. Le bon sens nous dit que si la souveraineté du peuple est inaliénable et imprescriptible, ses mandataires n'ont pu ni l'aliéner, ni prescrire contre elle; qu'ils n'ont pas pu davantage engager la nation envers elle-même, et qu'enfin, cette Constitution que le peuple n'a pas ratifiée, n'a même pas cette apparence de légalité qui eût pu arrêter en d'autres temps. En outre, l'histoire nous apprend que cette prétention vaine d'enchaîner l'avenir, de pétrifier la nation, a toujours échoué; que toujours la liberté a brisé l'écorce sous laquelle elle étouffait, et que, dans toutes les Constitutions, le premier article qu'on viole est toujours celui qui en défend la violation; je crois la démonstration complète, et n'insisterai plus sur ce point.

Je n'essayerai pas davantage de répondre à cet argument que, si la nation est souveraine, ses représentants sont liés néanmoins par la Constitution. Ils sont liés sans doute, mais envers qui? envers le peuple; responsables devant qui? devant le peuple. S'il est de l'intérêt public qu'ils soient déliés, s'ils veulent dégager leur responsabilité, à qui peuvent-ils s'adresser, sinon à celui qui leur a donné le mandat ? Considérez, d'ailleurs, que notre Constitution, bien moins républicaine, je ne dirai pas que la Constitution de 1793 (vous ne voudriez pas d'un tel exemple), mais que la Constitution américaine, ne donne point au pays un moyen légal de faire valoir sa volonté; qu'il lui faut nécessairement l'aide de ses représentants pour qu'il parle : que, par conséquent, ce n'est pas seulement un droit chez nos députés, mais un devoir de consulter la nation, dès qu'elle en témoigne le désir et le besoin; et vous comprendrez mieux quel est le pouvoir de l'Assemblée.

La nation a toujours le droit de revoir et de corriger sa Constitution. C'est un principe que personne n'osera contester à la tribune. Or, elle ne peut manifester sa volonté que par une insurrection ou par une réponse à l'invitation de ses représentants. Donc ses représentants ont toujours le droit de la convoquer. Voilà, je crois, un syllogisme irréprochable. Encore une fois, en faisant appel au pays, ce n'est pas en vertu d'un privilége, d'une faveur constitutionnelle, qu'agissent les représentants, c'est au nom de la nation qu'ils parlent, de la nation qui a toujours le droit d'être entendue. Quand ils la consultent, c'est en vertu d'un droit antérieur et supérieur à la Constitution, c'est en vertu de cette souveraineté qui domine toutes les lois politiques, et leur sert à toutes de base et d'appui.

« Admettons le principe, direz-vous, cela ne nous
« mènera pas loin. Que la Chambre ait le droit
« de convoquer la nation un peu plus tôt ou un peu
« plus tard, c'est chose peu importante; car, d'abord,
« il faut le consentement et l'accord des trois quarts

« de l'Assemblée, ce qui est peu probable, et ensuite,
« nous retomberons en face d'une Convention de neuf
« cents membres, maîtresse absolue du gouverne-
« ment, comme en 1793, de sinistre mémoire. Tout ce
« que nous gagnerons à ce système, c'est de prévenir la
« crise de 1852 en la faisant éclater six mois plus tôt.
« C'est un certain avantage que d'épargner six mois
« d'inquiétude ; le mal est souvent moins fâcheux
« que la peur ; mais nous sommes loin du résultat
« que vous espériez. »

Mon ami, c'est méconnaître la valeur des principes
que de raisonner ainsi. Si l'article 111 est un conseil,
l'Assemblée peut n'en pas tenir compte ; s'il est in-
constitutionnel, contraire à la souveraineté nationale,
il est nul, et il n'y a point de prescription contre le
droit qu'a la nation de disposer d'elle-même, droit
inséparable, dans son exercice, de celui qu'ont les
députés de la convoquer. Dans les deux cas, le fond
cessant d'exister, la forme tombe avec lui. Si les constituants n'avaient pas le droit d'empêcher l'Assemblée actuelle de proposer au peuple la révision, ils
n'avaient pas davantage le droit de prescrire les formes à suivre ; car, ces formes, à moins de les supposer
indifférentes, ont été calculées pour gêner le vœu
national, et, à ce titre, sont sans valeur, comme tout
excès de mandat. Laissez de côté toute cette métaphysique constitutionnelle, avec laquelle, sous prétexte de fonder le gouvernement représentatif, on a
emprisonné la souveraineté dans je ne sais quelles
entraves ; raisonnez simplement. Entre la nation souveraine et ses mandataires qui ont besoin de la consulter, que peut-il exister ? Quelle autorité intermédiaire supposez-vous ? — Mais la Constitution a
prescrit certaines formes ? — Fort bien, c'est un

conseil qui peut avoir son utilité ; mais, du jour où
ces formes sont dangereuses, où elles gênent les relations des représentants et du pays, il les faut mettre
de côté, car leur raison d'être est l'intérêt public,
elles n'en ont point d'autre. L'essentiel, c'est que la
France soit franchement consultée, qu'elle ait le temps
de s'interroger, de raisonner ses désirs, ses besoins,
sa volonté ; toute forme est bonne qui garantit au
peuple le plein exercice de sa souveraineté ; toute
forme est mauvaise qui le gêne ou la fausse. Voilà les
principes qu'avoue le bon sens ; le reste n'est que
subtilité et pis encore.

Qu'est-ce, par exemple, que cette majorité des
trois quarts, exigée pour interroger le pays, sinon
une violation manifeste d'une loi naturelle, sans laquelle la souveraineté ne peut s'exercer, je veux dire
la loi de la majorité ? N'est-ce pas le moyen de permettre à une minorité factieuse peut-être, de tenir en
échec non pas seulement l'Assemblée, mais la nation ?
Qu'est-ce que cette souveraineté qui appartient à
*l'universalité des citoyens, et dont aucune portion du
peuple ne peut s'attribuer l'exercice,* s'il est permis à
une poignée d'hommes embusqués derrière la Constitution, d'imposer leur volonté à tout un grand
peuple pendant trois années ? Où cette minorité puise-
t-elle son droit ? Dans la volonté nationale ? Non, la
nation n'a jamais consenti à une telle servitude ; s'y
fût-elle résignée hier, qu'aujourd'hui elle aurait le
droit de réclamer, car elle n'a pas contracté avec
cette minorité de mandataires et peut toujours lui
imposer sa nouvelle volonté.

Cette disposition, qu'une assemblée n'a jamais admise pour ses propres délibérations, car elle aboutit
au règne de la minorité, au renversement du principe

même des gouvernements libres, fait une singulière figure dans une Constitution qui a exalté les priviléges de la majorité. A la pluralité d'une voix, d'une seule voix, l'Assemblée, chez nous, a le droit de faire la guerre, de supprimer un impôt, de mettre le Président en accusation, de se dissoudre, et elle serait liée par le mauvais vouloir d'une minorité pour la seule question qui soit au-dessus et en dehors de toutes les règles constitutionnelles, l'appel au pays! Cela est impossible et contraire à la Constitution même. Que veut dire, en effet, cette maxime que le peuple est souverain, sinon, qu'en France ce n'est pas un homme, ni une collection d'hommes, mais la majorité seule qui commande, l'intérêt du plus grand nombre qui fait la loi? La volonté de la majorité, c'est la base de notre gouvernement et de notre société. A qui peut-il appartenir de renverser ce principe fondamental? Non pas même à la nation. Encore moins à ses mandataires, quand ils n'excipent ni d'un mandat, ni d'une ratification. En insérant dans l'article 111 cette disposition restrictive, qui fait prévaloir une oligarchie de passions mauvaises sur le vœu général, ils ont manifestement excédé leur pouvoir. A moins d'être dans un pays d'où le raisonnement bannisse la raison, quel législateur, quel représentant du peuple donnera dans ce piége d'apparente légalité, qui cache une grossière usurpation du droit de tous?

Une société politique, dit avec raison Sieyès, ne peut être que l'ensemble des associés. Une nation ne peut pas décider qu'elle ne sera pas la nation ou qu'elle ne le sera que d'une manière, car ce serait dire qu'elle ne l'est point de toute autre. De même, une nation ne peut statuer que sa volonté commune cessera d'être sa volonté commune. Il est malheureux d'avoir à énoncer de ces propositions dont la

simplicité paraîtrait niaise, si l'on ne songeait aux conséquences qu'on veut en tirer. Donc, *une nation n'a jamais
pu statuer que les droits inhérents à la volonté commune, c'est-
à-dire à la pluralité, passeraient à la minorité. La volonté
commune ne peut pas se détruire elle-même. Elle ne peut pas
changer la nature des choses et faire que l'avis de la minorité
soit l'avis de la pluralité. On voit bien qu'un pareil statut,
au lieu d'être un acte légal ou moral, serait un acte de dé-
mence* [1].

D'ailleurs, que peut craindre la Chambre en con-
sultant le pays? D'être désavouée? Assurément non.
Les Conseils généraux ont suffisamment témoigné du
désir général. On criera à la violation de la Constitution? L'Assemblée aura droit de crier plus fort à la
violation de la souveraineté, et en face du juge populaire, cet argument sera plus puissant que toutes les
subtilités. La France n'est pas si sotte, qu'on lui per-
suade aisément que ceux qui la consultent lui manquent de respect, et que ceux qui la dédaignent sont
ses véritables protecteurs. Nous avons beaucoup
de gens d'esprit qui mystifient l'opinion avec une
suprême légèreté; mais je doute qu'en ce point l'habileté soit de mise; notre éducation me paraît assez
avancée pour distinguer ceux qui respectent et hono-
rent la souveraineté populaire de ceux qui n'en font
qu'un marchepied pour leurs intrigues et la rejettent
quand ils sont montés.

C'est une mesure bien grave. — Mais que fera la
Chambre en 1852? S'il n'y a pas majorité des trois
quarts pour la révision, déclarerez-vous au pays qu'il
vivra trois ans encore sous son impossible gouvernement? Attendez-vous alors à une explosion; soyez
sûr que, l'excès du mal amenant le remède, la France

[1]. *Qu'est-ce que le tiers état?* p. 174, 175.

fera sans vous ce que vous n'avez pas su faire pour elle. Qu'une seule voix propose de donner aux nouveaux représentants un mandat constituant, et au 1er mai 1852, la Charte de 1848 ira rejoindre ses devancières dans l'oubli. Nous serons encore une fois en présence d'une Convention d'autant plus redoutable qu'on l'aura nommée dans un jour de souffrance et d'irritation. Que si, en 1852, la Chambre se sent le courage d'user d'un droit inaliénable, d'un droit auquel elle ne peut renoncer, le droit qu'a le mandataire de recourir à son mandant, si elle doit convoquer le pays, à la simple majorité, que ne le fait-elle aujourd'hui, quand l'opinion est si bien disposée pour accueillir toute réforme paisible, pour éloigner toute chance de trouble, pour en finir avec la révolution ?

Cette question de vote aux trois quarts n'a peut-être pas, en fait, la gravité qu'elle a en principe; il est très-possible que les partis, pressés par l'opinion, et impatients de changer, chacun dans un intérêt différent, s'accordent à demander la révision. En France, quand il ne faut que détruire, on réunit facilement une majorité. Il se peut donc que la Chambre n'ait pas besoin du vote à la majorité simple; mais si elle aime sincèrement le pays, il lui faudra prendre une autre et plus décisive résolution. A moins d'être insensible aux maux déjà soufferts et aux menaces de l'avenir, il est impossible qu'elle accepte pour la France une Assemblée de révision, composée de neuf cents membres, devant qui cessent tous les pouvoirs. En un mot, il est impossible qu'elle laisse revenir la Convention.

Le droit de l'Assemblée est absolu en ce point comme dans tout le reste; car elle seule représente la nation, il n'y a de pouvoir supérieur au sien que

celui même du peuple. J'ignore si constitutionnellement il est des choses que l'Assemblée ne peut pas
faire, mais il n'en est par que le peuple ait pu s'interdire, et, par conséquent, dès qu'il est de l'intérêt
public d'éviter une crise menaçante, cet intérêt fait
le droit de l'Assemblée. Autrement, il faudrait prétendre que dans le mandat des représentants de 1848
était contenu le droit de condamner la France à souffrir et à se dissoudre en 1852. Mais est-ce qu'un tel
mandat est possible? Est-ce qu'un pays peut devenir
à l'avance quels seront ses besoins dans quatre ou six
ans? Une nation peut-elle s'obliger envers soi-même
à se déchirer de ses propres mains, quand il lui est
aisé de se sauver par des moyens très-légitimes? Est-
ce que les représentants actuels n'ont pas toujours le
droit de préserver le pays d'un danger présent? N'est-
ce donc pas leur premier devoir? Et pourquoi donc
serions-nous condamnés à languir, à déchoir, à périr? Parce que nos représentants se sont trompés?

Quidquid delirant reges plectuntur Achivi.

C'est toujours la même folie, toujours la même illusion de l'amour-propre enivré de lui-même; il faut
toujours s'écrier : O profondeurs de la métaphysique
constitutionnelle! *O puissance de l'ormélan!*

Est-il vrai qu'une Assemblée de neuf cents membres, avec des pouvoirs indéfinis, soit un si grand
danger pour la France? Voilà le seul point qui mérite discussion. Je crois que tout homme sensé, et qui
connaîtra l'histoire des révolutions, sera bientôt de
mon avis.

Pourquoi une Assemblée de neuf cents membres,
chiffre fatale qui rappelle celui de la Convention?
C'est, dit M. Dupin dans son commentaire sur l'ar-

ticle 22, *pour que la Constitution ne soit pas modifiée
par un nombre inférieur à celui qui l'a votée;* et il
ajoute avec raison : *mais en vérité, je crois que même
pour la révision, sept cent cinquante auraient suffi.* Tenu
à moins d'égards que M. Dupin, je dirai que ce dernier chiffre est encore trop élevé, si l'on veut une
discussion sérieuse, solide, qui ne dégénère pas. C'est
une illusion commune en France, une erreur constitutionnelle acceptée comme tant d'autres, par irré-
flexion, qu'il y a dans le grand nombre une vertu
particulière, et qu'une Assemblé considérable représente mieux la nation. En Amérique, où le Congrès
fédéral n'est pourtant pas nombreux, on a l'idée
contraire; à chaque recensement, malgré l'énorme
augmentation des électeurs, on réduit le chiffre des
représentants; l'expérience a confirmé la sagesse du
système, et la raison se joint ici à l'expérience.

D'abord, une élection faite par un corps électoral
nombreux a plus de sincérité, et comme les partis,
n'y pouvant rien par leur intrigues, n'attendent leur
succès que de la propagande de leurs idées, il en résulte une émotion de bonne nature, qui force chaque
électeur à se faire une opinion avant de voter. C'est
surtout dans les circonstances présentes qu'il est nécessaire d'exciter la volonté nationale, afin qu'elle se
manifeste avec énergie; il faut que nos législateurs
aient un mandat bien défini, que dès le premier jour
leur œuvre reçoive ce baptême de l'opinion, sans lequel toute Constitution est frappée de mort. Mais pour
que chaque nomination soit l'expression certaine du
vœu national, il faut beaucoup d'électeurs et peu
d'élus[1].

1. Je suppose qu'on ne conservera pas le scrutin de liste, cette

Ainsi, au début, l'avantage est au petit nombre ; mais une fois l'Assemblée réunie, cet avantage est plus sensible encore.

Il ne faut pas sans doute qu'une Assemblée soit une Commission, car alors la corruption peut y pénétrer, il y aura de tels intérêts engagés dans la révision de la Constitution, qu'on ne doit pas soumettre à des tentations trop fortes une poignée d'hommes chargés des destinées du pays ; mais il faut bien moins encore que l'Assemblée soit une foule, car une foule se livre à toutes les passions, à tous les entraînements avec une force irrésistible. La maladresse d'un orateur, la trop grande habileté d'un autre, l'appel à des sentiments généreux qu'on surexcite mal à propos, la chaleur de la discussion, l'aveuglement des partis, mille causes diverses mais toutes dangereuses, emportent les Assemblées nombreuses et n'y laissent point de place à la réflexion. D'un corps de neuf cents membres on ne peut attendre que la confusion. Le pays perd à ce système, loin d'y gagner, car la responsabilité des représentants étant infiniment moindre, l'indépendance est moins grande, et l'effort personnel nécessairement moins énergique ; la valeur de

mystification de la souveraineté populaire. Je ne veux pas étendre indéfiniment une discussion déjà trop longue ; mais il est évident que faire nommer dix ou vingt députés ensemble, par des cantons qui ne les connaissent pas, c'est assurer la prépondérance de dix minorités réunies, par conséquent c'est exclure la majorité, ou la véritable opinion. Si l'élection de l'Assemblée de révision se fait suivant les principes républicains, par circonscriptions de même grandeur ou plutôt de même population, nommant chacune un représentant, cette Assemblée sera la représentation fidèle de la France. Si la nomination se fait par scrutin de liste, deux partis réunis fausseront l'élection, sauf à se disputer le pouvoir après la bataille. Nous retomberons dans les maux dont nous souffrons aujourd'hui.

18.

l'individu s'affaiblit, celle des coteries et des partis
augmente, double danger pour la nation. Nous en
avons vu plus d'un exemple dans l'Assemblée d'aujourd'hui, et l'histoire de la Constituante et de la
Convention nous ont laissé, sur ce point, une instruction payée assez cher pour que nous ayons le droit
d'en profiter.

Qui mieux que vous, disait Boissy-d'Anglas à la Convention, dans son rapport sur la Constitution de l'an III, qui
mieux que vous pourrait nous dire quelle peut être dans une
Assemblée l'influence d'un individu? Comment les passions
qui peuvent s'y introduire, les divisions qui peuvent y naître,
l'intrigue de quelques factieux, l'audace de quelques scélérats, l'éloquence de quelques orateurs, cette fausse opinion
publique dont il est si aisé de l'investir, peuvent y exciter
des mouvements que rien n'arrête, occasionner une précipitation qui ne rencontre aucun frein, et produire des décrets qui peuvent faire perdre au peuple son bonheur et sa
liberté[1]?

L'exemple de la Convention n'est point applicable,
dira-t-on ; car si on n'a pas craint de lui ressembler
par le nombre, on a eu bien soin de limiter la durée
et les pouvoirs de l'Assemblée ; *elle n'est nommée que
pour trois mois; elle ne devra s'occuper que de la révision
pour laquelle elle aura été convoquée.* Ce bienheureux
article III a tout prévu !

Fort bien, mais quelle est la sanction de cet article?
L'Assemblée n'est nommée que pour trois mois ;
mais qui l'empêchera de se prolonger et de traîner
son travail aussi longtemps qu'elle voudra ? Qui a le

[1]. Il faut lire le passage dans son entier; c'est une peinture
de la Convention dont on ne peut contester l'authenticité, et qui
en dit plus que toutes les histoires modernes sur l'entraînement et
l'égarement de cette Assemblée.

droit de s'y opposer¹? Où est le pouvoir supérieur qui peut la brider? Qui prononcera sa dissolution et qui l'exécutera? Ce ne sera pas le président, qui dépend d'elle à chaque heure du jour, puisqu'il suffit d'un vote pour supprimer la présidence. Que nous reste-t-il donc contre une usurpation et une tyrannie possible? L'éternelle ressource d'une insurrection!

« Mais pourquoi supposer que l'Assemblée violera « la Constitution? Quel intérêt a-t-elle à se proroger, « puisqu'elle ne doit s'occuper que de la révision, et « seulement même de la révision partielle, pour la- « quelle elle aura été convoquée? » Heureuse ignorance, qui suppose qu'on décrète la sagesse et la modération par un article de loi! Comme cette Assemblée toute-puissante, et sans maître, se croira obligée d'écouter les législateurs de 1848, dont les pouvoirs ne valaient pas mieux que les siens, ou les législateurs de 1851, qui n'avaient qu'une autorité inférieure! Mais elle n'aura même pas besoin d'usurper; nos constituants, avec une prudence admirable, ont permis, dans le second paragraphe, ce qu'ils avaient défendu dans le premier : *Néanmoins, elle pourra, en cas d'urgence, pourvoir aux nécessités législatives.* Et, qui sera juge de cette urgence? L'Assemblée elle-même. Soyez donc bien sûr que toutes les fois que son intérêt ou ses passions seront en jeu, il y aura urgence. Demandez à nos législateurs!

Mais n'admirez-vous pas jusqu'où l'on peut aller dans le faux, sans s'en apercevoir, une fois qu'on abandonne les principes? Suivez la série de proposi-

1. « Fixer par la Constitution un terme à la représentation « nationale qui vient créer une Constitution nouvelle, c'est ou- « blier tous les principes de la souveraineté du peuple. » ROBES-PIERRE (18 juin 1793, *Moniteur*, t. XVI, p. 688.

tions qu'établit ou que suppose la Constitution, et demandez-vous qui s'abuse, ou qui cherche-t-on à abuser?

Art. 1er. La souveraineté réside dans l'universalité des citoyens français.

Elle est inaliénable et imprescriptible.

Aucun individu, aucune fraction du peuple ne peut s'en attribuer l'exercice.

Voici le principe, ou, si vous voulez, la majeure du syllogisme; il n'est pas malaisé d'en tirer la mineure et la conclusion; un enfant le ferait, après deux jours de logique.

La souveraineté est inaliénable;

La Constitution est l'exercice principal, la manifestation même de la souveraineté;

Donc le souverain et le souverain seul a toujours le droit de toucher à la Constitution.

Voilà un raisonnement trop simple pour nos législateurs, et d'un principe aussi clair ils déduisent une tout autre série de conséquences.

Le peuple seul est souverain;

Donc ses mandataires ont eu le droit de le lier, en excédant leur mandat, en statuant pour une époque où leur pouvoir aura cessé depuis longtemps.

Il a toujours le droit de toucher à la Constitution et de la changer de fond en comble.

Donc il lui est défendu d'y toucher autrement que dans une certaine forme, et avant tout il lui faut l'agrément d'une minorité imperceptible de cent soixante-trois personnes et même de cent vingt-six seulement, car cette minorité a constitutionnellement

le droit de tenir en échec la volonté nationale
(art. 111).

Le peuple seul est souverain;

Donc une Assemblée de révision nommée par le
peuple, avec plein pouvoir constituant, ne pourra
toucher qu'aux parties de la Constitution désignées
par une Assemblée législative qui n'a jamais eu le
pouvoir constituant. Cette Assemblée a, par son *veto*,
le droit d'enchaîner la souveraineté ; si, par exemple,
le pays veut deux Chambres, elle peut lui interdire
cet espoir ; elle est constituante *négativement*, non
parce qu'elle établit, mais parce qu'elle peut empêcher d'établir. Et c'est en vertu d'une délégation plus
que douteuse qu'elle a ce droit d'entraver la volonté
formelle de la nation.

Le peuple souverain ayant besoin d'une constitution mûrement étudiée, faite par des hommes tenus
à l'écart des entraînements et des égarements de
l'ambition, il lui est ordonné de remettre ses destinées à une Assemblée, non, je veux dire à une foule
qui sera emportée par toutes les passions.

Le peuple souverain, redoutant par expérience
l'usurpation des Assemblées, ayant horreur d'une
Convention, on lui imposera une Convention nouvelle
avec les mêmes pouvoirs et les mêmes causes de désordre, d'usurpation et de tyrannie.

Le peuple souverain demande la paix après la
guerre civile, le repos après tant de stériles agitations,
le droit de travailler et de vivre après tant de misères.
Nos législateurs ne veulent pas entendre la voix de
ce roi détrôné ; et, sans pitié, ils le poussent vers de
nouvelles révolutions, car la Constitution l'ordonne,
et le peuple est fait pour elle!

Et nous nous moquons de la scolastique du moyen

âge! Et nous citons avec pitié, avec dédain, les querelles des Grecs discutant sur la lumière créée ou in-
créée du mont Thabor, pendant que le musulman est
aux portes de Constantinople! Mais, insensés que nous
sommes, l'ennemi est chez nous, dans le cœur de la
place; la paix est à la surface, l'anarchie est dans le
fond; l'incendie couve, gagne et va bientôt éclater;
cependant nous discutons, non pas les moyens de
salut, ils sont à la portée de tous, mais s'il est permis
de nous sauver. Croyez-vous qu'à Byzance on fût plus
ridicule, plus fou, ou plus coupable!

NEUVIÈME LETTRE

QUE FAUT-IL FAIRE POUR PRÉVENIR LA CRISE DE 1852?
— CE QUE C'EST QU'UNE ASSEMBLÉE DE RÉVISION.

J'ai déblayé le terrain des sophismes constitutionnels dont on l'encombre pour effrayer les simples et
les ignorants; j'ai tout ramené à un seul principe
aussi évident que fécond : *La nation est souveraine;
elle a donc le droit de toucher à sa Constitution quand
et comme il lui plaît, car gouvernements et Constitutions
sont faits pour elle, et uniquement pour elle. Dès qu'elle
en souffre, elle a le droit d'en changer.*

Maintenant, à qui appartient-il d'élever la voix au
nom de la France? Qui a le droit de la consulter et de
la réunir, sinon ses représentants actuels, ceux qui
connaissent ses besoins et ses désirs? S'il n'y a pas eu

conquête en 1848, c'est évidemment au peuple d'aujourd'hui qu'il appartient d'ordonner la révision, d'en fixer le mode et la durée, car c'est pour lui seul qu'il agit, et il n'a pas d'engagement envers le peuple, et encore moins envers les députés de 1848; par conséquent, c'est aux mandataires, aux représentants de 1851 qu'il appartient de consulter le pays sur cet intérêt suprême et dans les formes qui leur paraissent les meilleures. Rien ne peut les lier, car ils sont au droit du peuple, dont la souveraineté est illimitée. Entre eux et la France, il n'y a point d'intermédiaire; leur autorité est absolue, car c'est la nation qui parle par leur bouche et veut par leurs décrets. Toute la question est donc que les mesures soient prises dans l'intérêt évident du pays, qu'elles appellent tous les citoyens à voter en liberté, qu'elles facilitent la sincérité des suffrages, en deux mots, qu'elles obtiennent le vœu national dans toute sa pureté, dans toute sa force. A ce prix, leur légitimité est incontestable; nul sophisme n'obscurcira cette éclatante vérité.

L'Assemblée reconnue souveraine, que doit-elle faire? quelles sont les mesures les mieux calculées pour obtenir sans mélange la volonté nationale, celles que ratifiera l'opinion publique? Je m'expliquerai sur ce point avec la même franchise. Quand le navire fait eau, le moment est passé des belles paroles et de la modestie; chacun donne son moyen, laissant à l'intérêt commun, éclairé par le péril, le soin de reconnaître où est le salut.

Il faut à la France ce que lui promettaient les législateurs de l'an III après les épreuves sanglantes de 1793, ce que possède l'Amérique : une simple Assemblée de révision, uniquement chargée de préparer et de proposer au pays une Constitution. Une telle Assemblée n'a rien de commun ni avec la Constituante ni avec la Convention.

En France, ce nom de Convention porte avec soi l'épouvante, car il rappelle l'usurpation de tous les pouvoirs, et la plus abominable tyrannie, celle d'une Assemblée sans responsabilité ni politique ni morale. En Amérique, ce nom est tout à fait inoffensif. D'où vient cette différence? C'est qu'aux États-Unis on a enfermé l'œuvre des Conventions dans ses véritables limites. On a senti que c'était folie de charger un même corps des préoccupations journalières du gouvernement et du soin de faire une Constitution, de mettre aux prises l'ambition de l'homme et le désintéressement du législateur. Pourquoi d'ailleurs suspendre la vie régulière d'une nation par cette réunion exorbitante de tous les pouvoirs dans de mêmes mains? N'est-ce pas, comme l'atteste l'histoire, dépouiller le peuple de sa souveraineté, en poussant ses délégués à l'usurpation? A quoi bon un mandat universel quand l'objet est distinct et spécial? Pourquoi se jeter tête baissée dans des hasards qu'il est aisé d'éviter, en écartant du législateur des tentations trop fortes, en ne lui donnant qu'un pouvoir dont il lui soit impossible d'abuser? Cette théorie de l'omnipotence du Corps constituant est encore une de ces mille erreurs constitutionnelles dont on a embarrassé et faussé notre esprit. On voit la nation dans ses mandataires, et c'est par cette belle raison qu'on leur donne une autorité absolue sur ce pays dont ils doivent toujours dépendre. C'est au nom de la volonté générale et de la souveraineté populaire, qu'on impose au peuple la tyrannie par un sophisme.

Non, les représentants du pays ne sont pas le pays même; c'est là une idée destructive de la démocratie et des principes républicains ; les constituants ne sont que des mandataires à titre particulier, n'ayant que des pouvoirs définis ; rien n'empêche la nation de réduire le mandat suivant son intérêt. Loin d'abdiquer par cette sage et prudente conduite, c'est ainsi, tout au contraire, qu'en assurant la responsabilité de ses agents, elle protège sa souveraineté.

Cette doctrine est de toute évidence; ce qui nous a manqué jusqu'à présent, c'est moins d'en avoir reconnu le mérite, que de n'avoir point su trouver les moyens d'exécution.

Une Assemblée chargée de faire ou de préparer une Constitution, disait Daunou en 1793 [1], mutile et paralyse par sa seule existence toutes les autorités qui sont autour d'elle, est trop facilement entraînée à confondre le droit de créer et de modifier chaque pouvoir avec le droit de l'exercer immédiatement; elle devient une puissance énorme et dictatoriale qui ne peut pas être longtemps salutaire. C'est une autorité presque nécessairement despotique, et tellement contre nature, qu'elle opprime ceux mêmes qui l'exercent.

Daunou proposait de limiter à trois mois la durée des Conventions, système adopté par la Constitution de 1848, mais qui est illusoire, car rien n'empêche l'Assemblée de s'affranchir de ces limites; on ne change pas ainsi le caractère naturellement despotique d'un corps sans contre-poids.

Le Comité de Constitution qui prépara l'acte de 1793 et qui voyait de près les abus d'un pouvoir sans bornes avait mieux reconnu le mal, et mieux compris le remède en proposant de ne donner aux Conventions futures qu'un mandat défini et de laisser subsister les pouvoirs ordinaires.

1. *Essai sur la Constitution*, Paris, 1793, p. 55.

12

Le moment de la réforme d'une Constitution, disait Condorcet dans son Rapport, serait celui d'une commotion intérieure, si tout à coup on voyait s'élever un corps de représentants revêtus des pouvoirs réunis de faire des lois et de présenter un plan de Constitution, puisque cette accumulation de pouvoirs lui donnerait l'idée de se mettre d'avance au-dessus de cette Constitution qu'il va changer.

Mais on évitera cet inconvénient en laissant tous les pouvoirs subsister sous leurs formes anciennes jusqu'au moment où la Constitution nouvelle aurait été acceptée, en chargeant du soin de la rédiger et de la présenter au peuple une Assemblée moins nombreuse, tenant nécessairement ses séances dans une autre résidence, élue pour cette seule fonction et ne pouvant en exercer aucune autre. Des limites ainsi posées ne peuvent être transgressées. La fonction purement théorique d'examiner une Constitution, de la réformer pour la présenter à une acceptation avant laquelle cette Constitution n'est encore qu'un ouvrage de philosophie, n'a rien de commun, rien qui puisse se confondre avec la fonction active de faire des lois de détail, provisoirement obligatoires, et de prendre des mesures d'administration générale immédiatement exécutées [1].

La question fut discutée, le 18 juin 1793 ; Ramel-Nogaret défendit le projet du Comité.

Si, dit-il, vous cumulez sur les mêmes têtes les fonctions législatives et les fonctions conventionnelles, la Convention, croyant exercer la plénitude du pouvoir national, renversera l'édifice politique. Si, au contraire, vous conservez auprès d'elle un Corps législatif, il conservera la Constitution et les lois, tant que le peuple ne les aura pas changées. *Alors on ne pourra renverser la Constitution qu'après qu'une autre loi lui sera substituée, et vous sauvez le peuple de l'état d'anarchie* qui est la suite nécessaire du défaut absolu de gouvernement [2].

L'opinion du Comité fut vivement attaquée par

1. *Moniteur*, t. XV, p. 471.
2. *Moniteur*, t. XVI, p. 687.

Robespierre, esprit faux par excellence, mais de cette fausseté particulière aux géomètres, quand ils transportent dans la politique des méthodes faites pour une science où les principes, étant invariables et vrais d'une vérité absolue, n'ont jamais besoin d'être prouvés. Robespierre a foi dans les paradoxes de Jean-Jacques: ce sont pour lui des axiomes; de ces erreurs visibles il tire des erreurs nouvelles, avec une logique qui ne s'arrête jamais devant l'énormité des conséquences. Il est le type de ces hommes d'État intrépides, qui croient qu'une Constitution se construit avec un syllogisme, et qu'on gouverne les peuples non pas en interrogeant l'expérience, mais de façon bien plus simple, avec un raisonnement.

ROBESPIERRE. Quand la liberté règne, les plus grands dangers sont les secousses politiques. Or, il est impossible qu'une Convention existe en même temps qu'un Corps législatif, sans produire ces secousses (?). Un peuple qui a deux espèces de représentation cesse d'être un peuple unique[1]. Une double représentation est le germe du fédéralisme et de la guerre civile (?). Qu'on ne me dise pas qu'elles auraient des fonctions différentes, cette objection est sans force (?): l'une s'armerait de la Constitution existante, et l'autre de cet intérêt plus vif que prend un peuple à de nouveaux représentants. La lutte s'engagerait[2], la rivalité éveillerait des haines, et les ennemis de la liberté profiteraient de ces dissensions pour bouleverser la République, pour la fédéraliser ou rétablir la tyrannie.

D'ailleurs, la durée des Conventions nationales sera courte, et je ne vois pas quel inconvénient on trouve à leur remettre pour si peu de temps le soin de prononcer quelques décrets. N'avons-nous pas eu déjà deux Conventions

1. Un homme qui a deux volontés diverses sur deux objets différents n'est pas alors un homme unique, non plus que celui qui a deux mandataires pour deux affaires distinctes.
2. Sur quel terrain si les attributions sont diverses?

nationales qui ont réuni ces pouvoirs? Et ce sont elles qui
ont fait la révolution, ce sont elles qui ont maintenu la liberté publique[1]! Ce n'est point leurs pouvoirs qui ont eu
des inconvénients, c'est la manière dont elles étaient com-
posées[2].

Ainsi, pour étouffer un germe éternel de divisions, pour
éviter le fédéralisme et la guerre civile, je demande la question préalable sur l'article.

N*. Rien n'importe plus à la liberté que de bien séparer
les pouvoirs; rien n'importe plus au despotisme que de les
réunir. Que m'importe, à moi, le despotisme de plusieurs
ou d'un seul, si c'est toujours le despotisme? Que m'importe qu'on l'appelle Convention nationale ou dictature, si
ses effets sont les mêmes? Il faut nous garantir de l'un et
de l'autre, c'est l'objet de l'article du Comité[3].

Ces dernières réflexions étaient vraies et profondes,
mais Robespierre faisait appel aux passions pour cacher tout ce qu'il y avait de faux et de creux dans ses
arguments. Robespierre criait au fédéralisme et à la
tyrannie, tout en glorifiant la Convention; il était
naturel que, dans une Assemblée de neuf cents
membres, d'aussi grands mots l'emportassent sur
d'humbles raisons. L'article fut supprimé, et le despotisme réservé aux futures Conventions pour éviter
le rétablissement de la tyrannie.

En 1795, la discussion fut plus sérieuse. Au sortir
des désordres de la Convention, on avait le sincère
désir de donner le repos à la France en la dotant

---

1. La preuve est plus naïve que concluante.
2. C'est le grand argument révolutionnaire, qui de Robespierre
a passé dans l'école. Jamais le mal ne vient de l'ignorance ou de
la passion des véritables démagogues; la faute en est toujours à
leurs adversaires, *aux ennemis du peuple*, fédéralistes, royalistes, etc.
Avec un lieu commun de cette force, on est sûr de n'avoir jamais
tort, et l'on se dispense d'avoir raison.
3. *Moniteur*, t. XVI, p. 687.

d'une bonne Constitution. L'œuvre des législateurs de l'an III est une œuvre de bonne foi ; s'ils ont échoué, c'est qu'ils avaient derrière eux un passé qui les écrasait. Leur système, en ce qui touche le droit de révision, se compose de deux parties distinctes : l'une qui gêne et ralentit le vœu national ; l'autre qui, une fois ce vœu manifesté, en règle l'exercice. J'ai combattu plus haut des dispositions attentatoires à la souveraineté [1] ; mais la seconde partie, qui ne tient en rien à ce qui précède, me paraît tout à fait digne d'éloges et d'imitation. Évidemment Daunou et ses amis se sont inspirés de l'exemple de l'Amérique ; ce retour vers la législation des États-Unis, de la part d'hommes qui ont passé par les rudes épreuves de la Constituante et de la Convention, est un grand argument en faveur de la sagesse de l'institution qu'ils proposent.

C'est celui que je recommande à l'attention publique, en le débarrassant de quelques détails inutiles, en le ramenant à la simplicité originelle des Constitutions américaines.

Comme les Américains, les législateurs de l'an III voulaient que l'Assemblée de révision fût peu considérable : ils la composaient de deux membres par département, ce qui, à 87 départements, ne donnait que cent soixante-quatorze constituants ; notez que c'étaient les neuf cents Conventionnels qui établissaient cette nouveauté. L'élection se faisait suivant les formes ordinaires, c'est-à-dire par le suffrage universel des citoyens inscrits sur les registres civiques, ayant demeuré depuis un an sur le territoire de la république, et payant une contribution directe

1. Voyez lettre septième.

quelconque; mais tout le monde n'était pas éligible à l'Assemblée de révision. Il fallait réunir les mêmes conditions que celles exigées pour le Conseil des anciens [1], et ces conditions étaient sévères : être âgé de quarante ans accomplis, être marié ou veuf, avoir habité le territoire de la république pendant les quinze années précédant l'élection, posséder une propriété foncière depuis un an au moins.

Voici maintenant toute la série de précautions que prend la Constitution pour prévenir l'usurpation de l'Assemblée de révision, tout en lui assurant l'indépendance.

ART. 340. Le Conseil des Anciens désigne pour l'Assemblée de révision un lieu distant de vingt myriamètres (50 lieues) au moins de celui où siège le Corps législatif.

341. L'Assemblée de révision a le droit de changer le lieu de résidence, en observant la distance prescrite par l'article précédent.

342. L'Assemblée de révision *n'exerce aucune fonction législative ni de gouvernement*; elle se borne à la révision des seuls articles constitutionnels qui lui ont été désignés par le Corps législatif [2].

343. Tous les articles de la Constitution [3], sans exception, continuent d'être en vigueur, tant que les changements proposés par l'Assemblée de révision n'ont pas été acceptés par le Corps législatif.

344. Les membres de l'Assemblée de révision délibèrent en commun.

345. Les citoyens qui sont membres du Corps législatif au moment où une Assemblée de révision est convoquée ne pourront être membres de cette Assemblée.

1. Constitution de l'an III, tit. XIII, art. 339, *Moniteur*, t. XXV, p. 575.

2. Restriction illégitime et impossible. Voyez *suprà*, lettre sixième.

3. Et, par conséquent, tous les pouvoirs qu'elle institue.

346. L'Assemblée de révision adresse immédiatement aux assemblées primaires le projet de réforme qu'elle a arrêté.

Elle se dissout dès que ce projet leur a été adressé.

347. En aucun cas la durée de l'Assemblée de révision ne peut excéder trois mois.

349. L'Assemblée de révision n'assiste à aucune cérémonie publique; ses membres reçoivent la même indemnité que celle des membres du Corps législatif.

350. L'Assemblée de révision a le droit d'exercer ou de faire exercer la police dans la commune où elle réside.

C'est une puissance tellement redoutable qu'une Assemblée qui réunit tous les pouvoirs, disait Boissy d'Anglas, le rapporteur de la Constitution, qu'il nous a paru indispensablement nécessaire d'empêcher que celle qui revisera soit en même temps chargée d'une autre fonction. Eloignée de l'Assemblée législative, elle s'occupera, dans le silence, de l'objet qui lui a été confié; et, jusqu'à ce que son travail ait été adopté, les pouvoirs publics seront exercés conformément aux précédentes lois; dès qu'elle aura terminé ce travail, et au moment de sa séparation, elle l'adressera à ces mêmes pouvoirs, qui seront tenus de le faire publier, de le soumettre à l'acceptation du peuple, et d'en assurer l'exécution [1].

Otons quelques idées qui ont vieilli: point de limites à la liberté de l'électeur, point d'exclusion dans le choix des représentants; c'est dépasser le droit du législateur. Dans un cas pareil, les lois américaines, bien autrement sages que les nôtres, et plus respectueuses pour la souveraineté, suspendent toutes les incompatibilités parlementaires; et en effet, s'il y a des inconvénients à prendre certains fonctionnaires pour législateurs ordinaires, il n'y en a point à les envoyer dans une Assemblée constituante qui a be-

1. *Moniteur*, t. XXV, p. 109.

soin de toutes les lumières et de tous les dévouements. Ainsi donc, et à plus forte raison, point de
condition particulière, ni d'âge, ni de cens. C'est aux
électeurs qu'il appartient de se pénétrer de l'esprit
des constituants de l'an III, de choisir des hommes
mûrs par l'âge ou par le jugement, et qui, par leur
fortune, leur position ou leur caractère, aient le goût
de l'ordre et de la paix; des hommes enfin qui n'aient
rien à gagner et qui aient tout à perdre au jeu sanglant des révolutions. Surtout, gardons-nous de demander que les membres du Corps législatif ne fassent
pas partie de l'Assemblée de révision. La France
n'est pas si riche en hommes d'État qu'elle en ait de
rechange, et de toutes les exclusions celle-là serait
la plus funeste. Ce serait recommencer la folie de la
Constituante, abdiquant devant la Législative par un
excès de délicatesse qui nous a valu la Convention.
Pleine liberté pour les électeurs, c'est le seul moyen
que rien ne trouble la sincérité de la Constitution. Il
faut qu'elle soit pour tous l'expression incontestée du
vœu national.

Après avoir écarté toutes ces formalités vaines que
n'ont jamais reçues les Américains, à qui on ne peut
refuser l'habitude et le goût de la souveraineté populaire, que nous restera-t-il de la Constitution de
l'an III? Quatre grands et excellents principes, à quoi
je réduis la solution du problème : 1° maintien des
pouvoirs ordinaires; 2° une Assemblée constituante
sans autre mandat que la révision; 3° cette Assemblée
peu nombreuse; 4° la ratification du pays.

J'ai suffisamment discuté les trois premiers points.
Le quatrième demande quelques mots. Quand je
parle de la ratification du pays, j'entends une adhésion effective, raisonnée, et non pas ces acclamations

ou ces signatures que les gouvernements obtiennent toujours quand ils en ont besoin.

« Eh bien! Garat, disait Danton, après le vote de « la Constitution de 1793, laissez donc là votre en- « nuyeuse modération; hâtez-vous de prendre toutes « les mesures pour envoyer partout cette Constitu- « tion, pour la faire partout accepter; faites-vous « donner de l'argent et ne l'épargnez pas, la répu- « blique en aura toujours assez. — S'il ne tient qu'à « cela, répondait le ministre de la justice, reposez- « vous-en sur moi. Je sais que penser de la Consti- « tution qu'on nous donne; mais son acceptation me « parait l'unique moyen de sauver la république, et « je vous garantis sur ma tête qu'elle sera acceptée [1]. » Elle le fut, en effet, à la presque unanimité [2]; on sait combien de temps dura ce *symbole de la vertu et du bon sens* [3], qui devait sauver la France régénérée.

Ce n'est point une répétition de cette farce impie que je demande; mais je voudrais qu'en chaque dé- partement on pût réunir en Conseil général un cer- tain nombre de délégués [4], chargés non-seulement d'accepter la Constitution, mais de proposer les amen- dements jugés nécessaires. Ces amendements ne lieraient, du reste, l'Assemblée de révision qu'autant qu'ils réuniraient la majorité des départements; des autres elle en tiendrait compte suivant leur impor- tance. Mais ainsi, du moins, la voix du pays serait

---

1. *Mémoires sur la Révolution*, par D. J. Garat. Paris, l'an III de la République, p. 103.

2. Rapport de Gossuin, du 9 août 1793. *Moniteur*, t. XVII, p. 363.

3. C'est l'expression dont se sert Gossuin dans son rapport.

4. Pourquoi pas un délégué par canton? Ce serait une représen- tation sérieuse et qui, ainsi fractionnée, n'offre que des avantages sans danger.

entendue; la loi de tous serait vraiment l'œuvre de
tous.

Je ne donne qu'une indication; l'Assemblée jugera
du mérite de cette idée. Consulter la France après la
Constitution faite est chose essentielle; quant à la
forme la plus convenable, c'est à nos législateurs
qu'il appartient de la déterminer. Ce n'est pas, du
reste, une nouveauté que je propose; car c'est ainsi
que fut faite la Constitution fédérale, cette Constitution modèle des États-Unis, qu'il nous faut bien ad-
mirer, puisqu'elle a donné à l'Amérique soixante ans
de liberté et de grandeur. Discutée dans un Congrès
de quarante personnes, elle fut soumise au vote de
chacun des treize États, qui nommèrent des Conventions particulières et peu nombreuses pour l'examiner. Nous avons le recueil de ces discussions, c'est le
manuel des législateurs américains[1]. Les patriotes
qui avaient fait accepter la Constitution par la Convention de Philadelphie, réunis à ceux qui, sans l'appuyer dans son ensemble, voyaient cependant le salut du pays dans son adoption, allèrent dans ces
assemblées d'États défendre l'œuvre commune avec
autant de courage que de talent. Ils intéressèrent tous
les citoyens à l'examen de la Constitution, et en firent
pénétrer l'esprit jusque dans les dernières classes
de la population. Il y eut un assez grand nombre d'a-
mendements proposés, mais très-peu qui réunirent
l'assentiment général; ce petit nombre d'articles
additionnels joints à l'acte fédéral en assura le succès
et la popularité. Noble exemple de respect pour la
souveraineté populaire, qui a porté bonheur au

1. Elliot, *The debates in the several State Conventions on the
adoption of the federal Constitution.* Washington, 1836, 1 volumes
in-8.

pays où, pour la première fois, des législateurs ont compris leur devoir[1]!

C'est à l'Assemblée qu'il appartient de suivre ce modèle, d'épargner à la France des secousses nouvelles, d'écarter de la révision toutes ces causes d'effroi que réveille si justement l'idée d'une Convention. Tandis qu'elle garde avec le président la plénitude du pouvoir, elle peut faire nommer une Assemblée de révision peu nombreuse et avec un mandat défini, assurer ainsi une discussion paisible, complète, sans le trouble inséparable des passions et des ambitions en jeu. Elle peut consulter le pays en lui soumettant le plan proposé, écouter sa voix, et lui garantir, comme Washington et ses amis firent pour l'Amérique, une Constitution vraiment libre et vraiment nationale. Ce sera la première fois que la France, maîtresse de ses destinées, en paix avec ses voisins et avec elle-même, décidera sérieusement du gouvernement qui lui convient. Lui donner cette liberté, lui garantir cette pleine possession d'elle-même, assurer le respect de tous par la souveraineté de tous, n'est-ce pas une œuvre vraiment républicaine? Où seront les vrais patriotes? Est-ce parmi ceux qui s'inclineront devant la volonté nationale, ou parmi ces prétendus observateurs de la Constitution, qui, dédai-

---

1. L'esprit public a fait assez de progrès aux États-Unis pour qu'on y soumette au suffrage populaire toutes les Constitutions particulières, en comptant sur un examen sérieux, et une adoption ou un rejet prononcés en connaissance de cause et après mûre réflexion. Il en est de même en Suisse. Nous avons vu cette année même le peuple et les cantons rejeter la Constitution revisée qu'on leur proposait et s'en tenir à l'ancienne Constitution. Pourquoi la France serait-elle moins capable que l'Amérique et la Suisse et ne s'intéresserait-elle pas tout entière à la Constitution qui doit la gouverner? (1872.)

gueux du vœu général, jetteront l'avenir de la France
à tous les vents et à tous les orages des passions conju-
rées ?

Voyez-vous maintenant à quoi peut se résoudre
cette question inquiétante de la révision, et comment, avec plus de déférence pour le pays, et en lui
laissant une part beaucoup plus grande dans la gestion de ses affaires, il est possible de faire d'un instrument de guerre et de révolution un gage de paix et
de sécurité? Tout se réduit à séparer ce qui doit être
distinct, à éviter ce mélange, cette confusion de pouvoirs qui, chez nous, a toujours perdu la liberté par
l'usurpation du Corps législatif; tout se borne à obtenir qu'une Assemblée de révision soit uniquement
et simplement une Assemblée de révision, c'est-à-dire
la réunion des hommes les plus considérables, discutant avec calme et respect le gouvernement qui répond le mieux aux besoins et au vœu de tous.

Dans mon système, la Chambre actuelle, maîtresse
absolue de consulter le peuple quand et comme elle
voudra, peut demander prochainement au suffrage
universel une Assemblée de révision dont elle-même
fixera le chiffre dans sa sagesse, de façon à éviter les
passions d'une foule, et les intrigues d'une Commission. L'élection faite en toute liberté, sans exclusion
de personne, il y aura quelque part dans Paris (au
Luxembourg par exemple) un Conseil d'hommes
éminents et sérieux, discutant en présence du pays
tranquillisé quel est le gouvernement qui lui convient. Maintenus par l'opinion et la publicité, les législateurs le seront bien plus encore par le sentiment
de leur responsabilité prochaine devant la France,
juge en dernier ressort de la Constitution qu'on fera
pour elle. Et quant à ces Assemblées de cinquante

personnes au plus par département, parmi lesquelles
nous retrouverons les constituants, j'y vois une première intervention du peuple dans ses affaires, qui
lui donnera, comme en Amérique, le respect de la
loi qu'il aura faite, et le véritable esprit de gouvernement.

C'est ainsi, selon moi, qu'il est aisé de préserver la
France d'inévitables orages, en faisant de la liberté
franchement pratiquée, de la souveraineté sincèrement acceptée, la plus ferme garantie de l'ordre et
de la paix. Consulter le pays est une immense
opération ; mais, divisée comme je le propose, et
simplifiée par sa division même, elle peut se faire
sans autre agitation que celle de la plume et de la parole, agitation aussi désirable, aussi féconde, que
celle de la rue est stérile et dangereuse. Chez un
peuple fait pour la liberté, jamais la tranquillité n'est
mieux assurée que quand il parle et qu'il sait qu'on
l'écoute.

DIXIÈME LETTRE

JUSQU'OU S'ÉTENDRA LE POUVOIR CONSTITUANT DE L'ASSEMBLÉE DE RÉVISION ?

A cette Assemblée ainsi faite, quels pouvoirs doit-on
confier ? — Le pouvoir constituant seul, mais tout
entier ; car c'est une autorité qui de sa nature ne se
limite guère. C'est au nom de la France que parle
l'Assemblée, il lui faut donc toute liberté ; du reste,
il n'est pas à craindre qu'elle aille trop loin quand la

nation qui surveille a le dernier mot. Si en 1789 la Constituante a dépassé son mandat, c'est que dès le premier jour elle s'était affranchie de ses commettants: sinon elle se fût arrêtée à la royauté constitutionnelle, au lieu d'aller se perdre dans ce gouvernement hybride qui, n'étant plus la monarchie, n'était pas encore la république. Aujourd'hui, plus que jamais, il faut que la lumière se fasse; il faut que tout régime politique soit librement et publiquement discuté, car il est nécessaire que le pays mis en demeure soit forcé de se prononcer; lui seul peut imposer silence à tous ces partis qui parlent en son nom et couvrent sa voix.

En février 1848 on nous a imposé la république par une usurpation flagrante de la souveraineté; et au mois de mai l'Assemblée l'a adoptée comme une trêve nécessaire. C'était sans doute le plus sage; mais le moment est venu d'examiner froidement ce qui convient au pays, et ce qu'il demande. République ou monarchie sont des formes politiques que la nation, pour qui elles sont faites, a toujours droit de discuter; rien ne peut l'empêcher de repousser l'une ou l'autre comme un vêtement qui l'étouffe. A moins que la République ne soit descendue des cieux, le seul principe qui fait sa légitimité, c'est la volonté générale; il n'y en a point d'autres. En politique il n'y a de lois fondamentales pour un peuple que celles qu'il fait et qu'il accepte, et, par conséquent, il a le droit de les défaire et de les refuser. Point de fétichisme et ne nous payons pas de mots! Ce que nous avons droit d'exiger, c'est un gouvernement qui nous convienne, quel qu'en soit le nom; ce que nous avons droit de repousser c'est un régime qu'on nous impose en vertu d'un autre principe que la volonté générale;

en somme, ce qu'il nous faut (république ou monarchie, peu importe), c'est un gouvernement national,
et non pas un gouvernement de droit divin.

« Mais comment la France, divisée par tant d'opinions diverses, parviendra-t-elle à connaître et à manifester sa volonté ? » Par le choix de l'Assemblée de
révision et par les discussions sans nombre qui vont
précéder l'élection. C'est là l'immense avantage du
système que je recommande. En 1852, s'il faut nommer une Assemblée qui gouverne et constitue tout
ensemble, mille passions, mille intérêts, mille in-
fluences diverses troubleront l'électeur; mais, en ce
moment, une seule idée, une seule passion l'agitera :
faire triompher le gouvernement qu'il aime, assurer
la victoire du député qui représente son opinion et
ses vœux. Tout l'effort de l'esprit public sera concen-
tré sur un seul objet; chaque parti n'aura qu'une
idée, chaque candidat qu'une promesse; point de
faux-fuyants, point d'erreurs, point de coalition possible; rien n'altérera, rien ne détournera ces grands
courants d'opinions qui vont s'établir, emportant
avec eux tout ce qui est schisme, nuance, intérêt, calcul. De cette confusion de mille bruits divers, dont la
variété nous inquiète, surgiront quelques grandes
voix, qui domineront les clameurs des coteries, qu'on
entendra seules, et entre lesquelles la France choisira.

Abordons franchement la question ; examinons
quelles sont les solutions qui ont chance de succès :
le nombre en est plus limité qu'on ne pense, on
s'en aperçoit bientôt quand on les examine de près.

Commençons par les partis extrêmes. Est-ce la république rouge ou socialiste dont vous redoutez l'avénement? Mais ce n'est pas une opinion; c'est un nom

de guerre qui couvre des partis ennemis et opposés.
Dans la nouvelle Montagne on va de la solidarité, de
la communauté, de la servitude universelle, c'est-à-
dire de doctrines qui bouleversent la société, jusqu'à
des théories moins farouches, et qui n'atteignent que
l'État. Supprimer la présidence et donner à la France
un gouvernement sans tête qu'elle ne gardera pas
six mois, c'est une erreur politique qui nous coûterait
cher; mais il y a loin de là au serment d'Annibal !
Cette réunion, cette coalition de mécontents qui se
retrouve en tout pays, et plus nombreuse en temps
de révolution, est forte pour attaquer ce qui résiste,
et pour marcher, de ruines en ruines, vers un horizon que chaque ambition recule à son gré. C'est là
ce qui en fera le danger, si l'on attend 1852 pour opposer à ce terrible effort une société sans chef et demi-
vaincue dans son abandon. Mais aujourd'hui, quand
il s'agit non plus de renverser, mais de fonder, pour
gagner l'opinion il faudra autre chose que des déclamations contre l'État ou la société; il faudra présenter un système, un corps de doctrine, un plan d'organisation politique ou sociale. Dès lors, adieu
l'union. Où trouver un symbole commun ? Comment
enrôler sous un même drapeau ceux qui rêvent un
nouveau monde et ceux qui veulent ressusciter la
Convention, les apôtres de la fraternité et les apôtres
de l'individualisme, les amis de la liberté et les fanatiques du Dieu-État ? Pour marcher à l'assaut de
la société, il suffit d'une haine commune; les ambitieux, les impatients, les enthousiastes, les esprits
faux, tout ce qui se croit méconnu ou se sent dédaigné, forme aisément une bande de guerre. Mais pour
fonder il faut une croyance, il faut le dévouement et
l'abnégation que suppose toute ferme conviction.

Dans la république rouge il y a des individus, il n'y a
pas même les éléments d'un parti. Les socialistes es-
sayeront peut-être une croisade inutile ; les républicains de la Convention seront forcés de se joindre aux
républicains modérés. Ce n'est point là qu'est la
chance de succès.

Est-ce la légitimité qui triomphera? c'est-à-dire
cette doctrine qui fait de la royauté une loi fondamentale antérieure et supérieure à la nation, et qu'on
ne doit pas discuter, puisqu'on ne peut la changer?
Il est bon qu'on l'examine. La monarchie et la personne même du duc de Bordeaux sont, remarquez-le
bien, en dehors du débat; car demain la France
pourrait choisir le régime de 1814, et par des raisons
de politique, de reconnaissance, d'affection, offrir la
couronne au prétendant, sous des conditions réglées
et acceptées, sans que pour cela elle reconnût la légitimité et le droit divin. Tout au contraire, ces chimères du vieux temps recevraient un coup mortel
de l'acceptation du prince. Nous aurions, comme en
Angleterre, une monarchie nationale, légitime par le
choix qu'en a fait le pays, mais non pas une royauté
qui tire je ne sais d'où le droit de s'imposer éternellement. Rien ne peut être plus utile que d'entendre publiquement les défenseurs de la légitimité. Il faut qu'on
sache d'où viennent ces lois qui ne sont ni de Dieu ni
de sa justice, et qui, cependant, sont éternelles. Je
ne serais pas fâché de lire le contrat par lequel nos
aïeux, en couronnant Hugues Capet, que je soupçonne
d'usurpation, nous ont transmis à tout jamais une
servitude originelle. Qu'on nous expose aussi cette
ancienne et merveilleuse constitution française, où,
sans doute, la liberté était partout et le privilége
nulle part ; apprenons à connaître cet âge d'or que

nous avons laissé derrière nous; car il nous faut des convictions profondes pour marcher contre cette pente des siècles que nulle génération n'a jamais remontée. La légitimité est un' fantôme qui s'évanouira, comme tous les fantômes, aux premières lueurs du jour. Nous verrons si, en face du peuple et pour gagner sa voix, on lui dira qu'il y a un droit qui l'emporte sur le sien, une autorité qui ne vient pas de lui; ou si, tout au contraire, nous ne serons pas témoins d'une métamorphose désirable, et si la légitimité ne deviendra pas simplement la monarchie constitutionnelle, la Charte avec un autre préambule.

Si, comme je le pense, la république rouge, la république qui prend la Convention pour modèle ne croit pas elle-même à son succès prochain, et si la légitimité se transforme ou se modifie, nous aurons deux grands systèmes en présence: la monarchie et la république. Le premier sera défendu par ceux qui sont restés fidèles à la légitimité ou à la dynastie de 1830, et par tous les hommes qui pensent que le régime républicain est une cause de faiblesse pour un État qui a derrière lui 1,400 ans de royauté, autour de lui des monarchies menaçantes, et dont les mœurs et les goûts n'ont rien moins que la simplicité qu'on prête aux républiques. Le second système sera soutenu par les républicains de la veille et tous ceux qui, sans être ingrats pour la noble famille d'Orléans, sans manquer de respect aux infortunes de la branche aînée, croient qu'il est trop tard pour retourner à la monarchie. On peut regretter que le 24 Février, nous ait brusquement précipités dans la république, mais il est aisé de voir que la monarchie constitutionnelle nous y menait chaque jour, et qu'en nous habituant au libre gouvernement, le sage roi que regrette la France préparait l'abdication de ses enfants.

« Voilà, direz-vous, non pas deux, mais cinq par-« tis en présence ; l'alliance ne sera tout au plus que « d'un jour; on se divisera dès le lendemain, sinon « avant le vote. » -- Non, mon ami, ou plutôt il y aura division parmi les individus, rapprochement et fusion parmi les opinions. Sans doute, il y aura des fidèles qui seront plus royalistes que le roi, et des républicains qui, de crainte d'une transaction, iront au socialisme; mais les gens sensés et froids, plus nombreux et plus puissants que les têtes chaudes dans les temps paisibles, seront tous disposés à se faire des concessions mutuelles dans l'intérêt sacré du pays. Du jour où la légitimité ira redemander le baptême à ce peuple, qui autrefois la créa, les parti-sans de la monarchie seront bien près de s'entendre; si, au contraire, la légitimité ne descend pas sur le terrain constitutionnel, la cause de la royauté est perdue, et la plupart des monarchistes par raison (c'est le grand nombre) iront à la république, et cette fois sans retour.

Il est donc plus que probable qu'il se fera une grande opinion défendant la monarchie constitution-nelle, laissant au pays le choix du souverain; c'est là sans doute le nœud de la difficulté, moins fort pourtant qu'on ne pense, et qu'en tout cas il appar-tient à la France seule de trancher.

Dans le parti républicain il se fera forcément une fusion de même nature. La république de la Révo-lution et de la Charte de 1848, la république avec une seule Assemblée a fait son temps: supprimer le président est une idée peu populaire: en donner le choix à la Chambre ne réussira pas mieux. On ne

veut plus d'une Constitution qui nous donne pour
état régulier la lutte des pouvoirs; on ne veut pas davantage de la tyrannie d'une Assemblée. Si la République veut être acceptée par la France, il lui faut une
organisation nouvelle. Est-ce qu'un pays peut jouer
son va-tout de trois ans en trois ans, livrer par une
mauvaise élection sa fortune à une puissance irresponsable et absolue? Ce n'est pas là le gouvernement
qui convient à un peuple qui travaille, car l'industrie,
la production, les capitaux ont besoin de sécurité, de
paix, d'avenir. Il ne faut pas leur envier le temps.

Comment donc doit se modifier la république
pour être acceptée par l'opinion? Il faut qu'elle devienne une RÉPUBLIQUE CONSTITUTIONNELLE, c'est-à-dire
une république avec des pouvoirs définis et modérés,
une république comme est celle des États-Unis, qui vit,
travaille, prospère et grandit chaque jour, et qui,
certes, donne autant de liberté et plus de sécurité
que notre gouvernement.

« Mais jamais les républicains de la veille n'accep-
« teront deux Chambres. » — Eh. bien, ils pousse-
ront à la monarchie constitutionnelle tous les républicains du lendemain; tous ceux qui veulent la liberté réglée, et qui ne se payent pas de mots. La république est un beau nom, mais il a plus souvent
caché le despotisme et la tyrannie, qu'il n'a paré
la liberté. Il faut savoir ce qu'elle promet, et ce
qu'elle donne. Si les républicains de la veille n'ont
pas compris l'expérience de ces deux années, s'ils
n'ont rien de plus à nous offrir que leur œuvre chimérique et condamnée par les événements, qu'ils
s'attendent à rester seuls, surtout s'ils sont en présence d'un grand parti réuni autour du drapeau de la
monarchie constitutionnelle. Entre un gouvernement

éprouvé par trente ans de prospérité, et la Constitution de 1848, quelque crédule qu'on suppose la
France, son choix ne sera pas long.

Il se fera donc, par la force des choses, un rapprochement, un amalgame entre les diverses fractions de l'opinion monarchique et de l'opinion républicaine. Comme heureusement il y a en France un
noyau considérable d'hommes honnêtes, qui, sans
épouser les intrigues et les passions du jour, sont
sincèrement attachés à la liberté, d'hommes qui
tiennent plus au fond qu'au titre du gouvernement
constitutionnel, il faudra bien que les partis divers
se rapprochent de ce régime populaire, pour conquérir cette part de la France, la plus importante et la
plus respectable, qui veut l'ordre et la liberté. C'est
cette opinion modérée qui, en se jetant du côté de la
république ou de la monarchie, emportera la balance. Pour réussir, il faut donc la gagner, mais pour
cela, en des temps paisibles, il faut autre chose qu'*un
tour de main*. On ne la trompe pas par de vaines paroles, on ne la séduit que par des offres sérieuses, et
sur lesquelles elle peut compter.

C'est avec l'ordre et la liberté garantis l'un par
l'autre qu'on doit conquérir cette opinion que ne
troublent ni la passion, ni la cupidité. Il faut donc
nécessairement que les légitimistes ou les républicains *avancés* se transforment avant l'élection, et qu'à
la monarchie constitutionnelle vienne s'opposer la
république constitutionnelle.

Ce sont, du reste, deux formes de gouvernement
bien plus voisines qu'on ne pense, comme on peut
s'en assurer en comparant la Belgique et les États-
Unis, deux formes de gouvernement qui ont partout
réussi, et assez parfaites pour que la théorie, qui

d'ordinaire devance la pratique, n'ait pas encore trouvé mieux. Dans le régime constitutionnel, république ou monarchie, les diversités de détail vont à l'infini, mais il y a trois règles fondamentales et qui le caractérisent, trois règles qui ne sont que la consécration du grand principe de la séparation des pouvoirs, proclamé par notre Constitution qui n'y a rien compris. Ces trois règles, que les sages de 1848 ont dédaigneusement rejetées après trente ans d'heureuse expérience, sont la division du pouvoir législatif (car sans division il absorbe tout le gouvernement), l'indépendance du pouvoir exécutif, l'indépendance du pouvoir judiciaire. Elles sont, on peut le dire, l'essence de tout gouvernement libre, l'âme de toute république qui n'est pas une confusion ou une tyrannie; elles sont toute la Constitution américaine, à qui nous avons tout pris, hors ce qui fait son principe et sa vie. Si l'on veut une république que le pays adopte et qui vive, c'est à ces trois règles qu'il faut nécessairement revenir.

Ainsi donc, selon moi, les partis sérieux seront nécessairement ramenés à se grouper autour de la monarchie et de la république constitutionnelle. L'expérience, qui a dissipé bien des illusions, amènera plus d'un légitimiste à la royauté constitutionnelle et plus d'un républicain désabusé à la forme américaine. Et si le pays, franchement consulté, peut choisir librement, si le vote n'est pas faussé c'est entre ces deux formes de gouvernement qu'il choisira[1].

1. Je ne dis rien de l'Empire, ce n'est qu'un mot. Personne, à moins d'être fou, ne peut rêver la restauration du despotisme impérial, et, sous le nom d'Empire ou de Consulat, les plus ambitieux amis du Président ne peuvent lui désirer autre chose qu'une royauté ou une présidence constitutionnelle. Il n'est donc pas besoin d'en

Demander au pays de se prononcer entre la monarchie et la république, l'appeler à choisir un roi ou un
président, c'est sans doute chose difficile, et qui peut
mettre en éveil beaucoup d'ambitions ; mais, pour la
France, la question est petite si le gouvernement constitutionnel est solidement organisé. La liberté sauvée,
le reste est secondaire. Après tout, si la France veut
la monarchie constitutionnelle, je ne vois point qui
peut la lui refuser, qui peut l'empêcher d'élire librement son chef héréditaire. Une génération, dit-on,
n'a pas le droit de lier les autres. Mais nos enfants
feront ce qu'ils voudront, et il est au moins singulier
que ce soit au nom de ces générations qui n'existent
pas encore, et dans un intérêt qui n'est pas né, qu'on
prétende nous assujettir à une république qui ne
nous convient pas, et qui peut-être ne leur conviendra
pas davantage. Parler ainsi, c'est mettre sa foi au-
dessus de sa raison.

Pour moi, je pense qu'à l'examen la cause de la
république constitutionnelle sera la plus favorable,
et que les lumières non moins que les passions con-
courront à fonder ce gouvernement. Par la facilité

faire un examen séparé. La France choisira le prince Louis, si elle
le veut pour roi ou pour président, mais assurément elle ne rétablira
pas le gouvernement impérial. De pareilles ruines ne se relèvent
pas. Je m'étais trompé sur la patience de la France : je ne savais pas
encore qu'il est des moments où elle peut tout souffrir. Mais je ne
m'étais pas trompé en disant qu'on ne relèverait pas le gouvernement du premier Empire. Malgré toutes les illusions du succès, le
second Empire dès son origine a été battu par le flot libéral ; il a
fallu céder au courant de l'opinion, et en revenir à ce régime
parlementaire qu'on essayait en vain de maudire. En 1870, l'Empire s'est rendu, ne pouvant résister plus longtemps. Par malheur
pour lui la Constitution de 1870, l'acte additionnel du second empire, n'a pas eu meilleure fortune que la Charte de 1815 ; on ne
sait pas ce qu'aurait été l'Empire libéral, ce nom d'Empire reste
pour nous synonyme de pouvoir absolu (1872).

même avec laquelle il se prête à des améliorations successives, il est plus solide que la monarchie, en paraissant l'être moins. Il nous donne en Europe une position plus forte, car si la paix s'établit dans la France républicaine, il n'est pas un pays civilisé qui ne tende à la république, et par conséquent, pas un peuple qui ne soit notre allié secret. Nous aurions en Europe la souveraineté de l'opinion, qui est une force incalculable. Intérieurement, la république me paraît aussi le meilleur régime. En habituant les citoyens à compter sur eux-mêmes, à gérer les affaires générales comme leurs propres affaires, il les rend moins exigeants. En faisant peser la responsabilité sur tous, il la divise et, par conséquent, il allége le pouvoir exécutif de cet énorme fardeau qui l'écrase ; car nous le chargeons sans pitié de tous nos besoins, et nous lui demandons compte de toutes nos espérances. La mobilité même de la présidence est un avantage dans une société aussi inquiète que la nôtre, quand ce vice est corrigé par la sagesse et la persistance d'un sénat ; elle divise ce flot d'opposition qui, grossissant avec les années, emporte chez nous tous les gouvernements, et fait de leur durée même une cause de ruine. Enfin, dans un État où la liberté de la presse et de la tribune est absolue, où les mœurs ne soutiennent ni royauté ni pairie, je ne conçois pas d'autre régime durable que le régime républicain, et je n'en vois pas un qui soit en même temps plus solide et plus honorable.

Mais c'est précisément parce que je suis convaincu de ses avantages, que je demande une discussion libre, complète, à la face de la nation et de l'Europe : une discussion qui habitue le pays à estimer le régime qu'il adopte, en attendant qu'il l'aime quand il en

connaîtra mieux les bienfaits. Que si la France, après
tout, ne se sent pas mûre pour la république, et veut
encore la monarchie constitutionnelle qui l'y mènera
régulièrement, je me déclare tout prêt à me soumettre, n'ayant pas l'orgueil de l'infaillibilité, et persuadé par toutes mes études que, s'il est une science
où l'absolu n'existe pas, c'est assurément la politique. Depuis Solon, il a toujours été vrai que le
meilleur gouvernement est celui qui convient le
mieux à la nation pour laquelle il est fait, et de
Maistre a pu dire sans paradoxe que la Constitution
anglaise était d'autant plus parfaite, qu'elle ne pouvait convenir à aucun autre peuple que l'anglais.

En somme, dans notre temps, personne n'a droit
d'imposer sa volonté au pays, et pour le conduire il
faut d'abord le convaincre. L'âge des Égéries est
passé; il n'y a plus de législateur inspiré. L'empire
est à la parole, à la presse, à la raison. Que la discussion soit complète, franche, publique, c'est tout
ce que peuvent demander les opinions diverses; mais
aucune n'a droit de commander; le seul juge est la
France, car elle seule est souveraine, et c'est à elle
seule qu'appartient le choix de son gouvernement.
Qui donc pourrait sans crime choisir en sa place, et
prendre sur soi une pareille responsabilité?

ONZIÈME LETTRE

RÉSUMÉ.

Permettez-moi, mon cher ami, de terminer cette trop longue correspondance, où je parle toujours seul, par une comparaison des deux systèmes : celui auquel, selon vous, nous condamne la Constitution, celui que j'emprunte à la sagesse des fondateurs de la liberté américaine, et qu'avait adopté l'expérience des conventionnels de l'an III.

D'une part, inquiétude universelle qui commence déjà et qui ira toujours croissant jusqu'en 1852; la Chambre tenue en échec par une minorité qui ne cache point ses espérances, les pouvoirs s'affaiblissant de jour en jour jusqu'à cette date fatale de 1852, le Mané Thécel Pharès du parti de l'ordre et de la paix. D'ici là peut-être une explosion qui emporte en même temps la république et la liberté, un coup de cette furie française qui, par impatience du présent, se jette tête baissée dans l'inconnu. En 1852, si le parti de la révision ne triomphe pas, une révolution imminente; s'il réussit, élection d'une Assemblée nombreuse, d'une foule passionnée que rien ne contient et qui peut renouveler toutes les erreurs de la Convention. Puis, supposez la Constitution faite au milieu des ambitions émues, des passions soulevées, cette Constitution qu'on imposera au pays comme en 1791, comme en 1848, sans lui demander sa ratification, nous recommencerons l'élection d'une nouvelle Assemblée qui sera bientôt dégoûtée, comme la nation elle-même, d'une œuvre qu'elle n'aura pas faite. Ainsi, agitation prochaine, inquiétude croissante, la France sans gouvernement régulier, soumise au despotisme et à la mobilité d'une Assemblée toute-puissante, un an de crainte, plus tard des dangers sérieux : voilà ce qu'on nous promet, voilà ce que la sagesse de nos constituants a fait pour cet empire, que Grotius appelait *le plus beau royaume du monde après le ciel!*

Dans mon plan, on prévient dès le premier jour toute inquiétude; dès le premier jour, assurance et calme pour le pays, car on lui remet la pleine possession de lui-même; c'est à lui qu'il appartient de réfléchir sur le gouvernement qui lui plaît, et de décider de ses destinées; point d'interruption des pouvoirs réguliers, l'ordre maintenu, la paix assurée dans le présent et dans l'avenir. C'est la France, en pleine jouissance de sa souveraineté, qui nomme, non point une Convention de sanglante mémoire, mais une simple Assemblée de révision avec des pouvoirs définis, car elle sait par expérience que les pouvoirs illimités, en égarant le mandataire, font la perte de ceux qui l'ont nommé.

Dans cette combinaison, la discussion peut être large et sincère sans danger, car ni la séduction du pouvoir, ni l'effort des ambitions coalisées, ni les passions des partis, ni la crainte d'une crise prochaine ne troublent le législateur. C'est en présence du pays qu'il discute, du pays qui doit ratifier. Le respect de l'opinion le maintient dans la sagesse et la modération.

Craint-on la lutte des deux Assemblées? Elle n'est pas possible : leurs attributions sont différentes, et les membres les plus éminents de l'une figureront nécessairement dans l'autre. D'ailleurs, quelle prise aurait l'Assemblée de révision sur l'Assemblée législative, puisque son œuvre n'est rien avant la ratification du pays? Et que pourrait faire la Législative, puisque la Constituante, portée d'ailleurs par l'opinion, est, dans l'accomplissement de son mandat, au-dessus de toutes les lois?

Le travail terminé, la France, qui l'a suivi, reprend son autorité, fait entendre sa voix, et adopte comme sienne l'œuvre de ses mandataires. Pour la première fois peut-être elle peut dire librement ce qu'elle veut.

La ratification faite, l'élection de la Chambre ou des Chambres en 1852 n'est plus qu'une élection régulière et qui ne peut inquiéter le pays, car c'est un retour à l'ordre, un pas vers le définitif. La nomination du chef de l'État, fût-ce d'un roi qu'il s'agit, n'est pas plus effrayante que celle du président, qui s'est passée avec un ordre admirable. Rien n'est donné à la force, au hasard; tout se fait régulièrement, légalement; la France montre à l'Europe ce que c'est qu'un peuple libre et digne de la liberté.

Qui peut repousser une pareille mesure? Les légitimistes qui demandent l'appel au peuple refuseront-ils de l'interroger? Les amis de la monarchie constitutionnelle n'ont-ils pas tout intérêt à voir poser une pareille question? Les partisans de Louis-Napoléon n'y trouvent-ils pas une solution régulière et un double espoir? Enfin, les républicains qui veulent une république durable et qui ont confiance dans la supériorité de leurs idées n'ont-ils pas tout à gagner à une discussion paisible et publique? A moins d'être infidèles à tous leurs précédents, peuvent-ils entraver l'appel au pays? Si l'on attend 1852 et ses agitations,

sait-on quel gouvernement en peut sortir? Un coup
de main peut amener au pouvoir le parti démagogique; mais qui ne voit dans ce triomphe la perte de
la république? Si ce noble gouvernement a tant de
peine à vivre, c'est que la Convention l'a taché de
sang. Une victoire comme celle de Février le tuerait
sans retour.

Ainsi toutes les opinions sensées doivent se réunir
dans un même effort; ce n'est pas là une coalition
qui affaiblit et souvent déshonore; c'est le recours de
gens d'honneur à ce suprême arbitre que tous invoquent et devant lequel tous peuvent s'incliner sans
honte, car cet arbitre c'est la France. Elle seule peut
élever la voix par-dessus les clameurs des partis; elle
seule a qualité pour résoudre le grand problème dans
lequel sa gloire, sa fortune et son avenir sont engagés.

L'appel au peuple ce doit être le cri de tous les
amis de la France, car cet appel est juste, légitime,
nécessaire; le pays seul peut nous sauver d'une ruine
menaçante en nous imposant la soumission et l'union.

C'est à la Chambre à répondre au vœu de la France.
à comprendre que son premier devoir constitutionnel
c'est de reconnaître l'imprescriptible, l'inaliénable souveraineté du peuple, c'est d'en assurer l'exercice
quand cette action est notre seul moyen de salut. Si
l'Assemblée hésite; si, tout entière à ces misérables
querelles qui sont le fruit amer de notre mauvaise Constitution, elle oublie l'intérêt national ; si par défiance,
par crainte, ou par haine du président, elle continue de
lutter avec lui au bord de l'abîme où le temps les
pousse tous deux, sans voir que pour perdre un rival
elle compromet la patrie, c'est à nous de parler,
d'agir, de multiplier lettres, brochures, pétitions.

C'est de nous, de notre avenir, de la fortune de nos
enfants, de la grandeur de la France qu'il s'agit;
c'est à nous de parler, à nos mandataires de nous
écouter et d'obéir. Que l'opinion se prononce, et
soyez sûr qu'il y aura bientôt dans l'Assemblée un
grand parti qui s'inclinera devant la souveraineté
nationale. Pour sauver la France, il ne faut en ce
moment qu'un peu d'énergie et de volonté; en 1852
tout sera peut-être inutile, il sera trop tard.

Levons-nous donc, et que le cri de ralliement soit
le même pour tous, car c'est le seul qui permette une
lutte loyale, en pleine lumière, à armes égales, en
présence du seul juge que tous peuvent accepter :
UNE ASSEMBLÉE DE RÉVISION; POINT DE CONVENTION!

Vous m'avez demandé mon opinion; mon ami, la
voilà tout entière. Bonne ou mauvaise, elle est sincère. Ce n'est ni l'ambition ni l'esprit de parti qui
l'ont dictée. Quand je demande que la France soit
consultée, j'ignore quelle sera sa réponse, mais je
suis prêt à me soumettre sans murmure et sans regrets. Ce que je veux, c'est que ma patrie n'use plus
ses forces en de stériles émotions, tandis qu'en avant
de nous, et non moins libres, la Belgique, l'Angleterre, l'Amérique, heureuses sous un gouvernement
constitutionnel, font d'immenses progrès en industrie, en commerce, en améliorations de toute espèce.
Ce que je veux, c'est que la France cesse de s'épuiser
autour d'un problème résolu, quand tant de questions qui touchent à la vie et au bien-être des générations présentes et futures attendent une solution
que l'ordre et la paix peuvent seuls donner. Sans
formes constitutionnelles, la liberté est menacée et se
perd par ses excès; avec la séparation des pouvoirs,
sa durée est certaine, et ses bienfaits assurés, quel

que soit le nom du gouvernement. Toute décision est donc bonne qui, débarrassant le pays d'une Constitution mauvaise et qui le gêne, lui permettra de rentrer dans la carrière de la civilisation et d'y regagner le temps perdu. Heureux si je puis faire passer cette conviction dans les esprits, et les ramener dans cette voie de liberté réglée, hors de laquelle il n'y a pour un État que troubles, faiblesse et déchéance! Voilà mon ambition; elle est haute sans doute, mais je m'adresse à tous les cœurs qui battent au nom de la France, en leur jetant pour adieu ces mots qui gagnent les victoires en révolution comme en guerre : AMIS, LE PAYS ATTEND DE NOUS QUE CHACUN FASSE SON DEVOIR!

APPENDICE

Voici ce que j'écrivais en 1848, au lendemain des journées de juin. Si je réimprime ces pages oubliées, ce n'est point pour disputer à M. de la Gervaisais le triste renom de prophète inconnu ou incompris. Je ne me crois pas plus sorcier que les auteurs de la Constitution; mais comme la politique est un art fondé sur l'expérience et la raison, un art dont le législateur n'a pas le monopole, je me suis permis d'annoncer, comme eût fait un médecin, qu'en prenant à la Constitution de 1791 ses principes délétères, l'assemblée nous inoculait le désordre et la révolution. Aujourd'hui, qu'on s'en prend à l'ambition du président, ou de l'assemblée, des inquiétudes et des dangers d'une situation qu'ils n'ont pas faite, ces lignes, écrites non-seulement avant le 10 décembre, mais quand la Constitution même n'était qu'un projet, auront peut-être quelque intérêt, en signalant la vraie cause et le vrai remède du mal dont nous souffrons.

Il y a longtemps que Washington remarquait que le peuple est lent à découvrir l'erreur, et d'une extrême impatience quand une fois il l'a reconnue, parce qu'il ne voit pas le mal, mais qu'il le sent. En ce moment nous souffrons, et cherchons instinctivement d'où vient cette douleur sourde qui travaille toute la société; elle vient de la Constitution, c'est là qu'est le venin. Comme tant d'autres, je l'ai signalé dès le premier jour. On ne m'a pas cru, probablement même on ne m'a pas lu; on

bien on a trouvé, comme aujourd'hui peut-être, quand
je parle de 1852 et de la Convention, que j'allais trop
loin et que je m'effrayais à tort. N'importe, alors comme
aujourd'hui, j'ai rempli mon devoir. La victoire n'est
pas entre les mains du soldat, et cependant, s'il ne se
bat pas, la défaite est certaine!

Je ne doute pas, du reste, qu'en lisant ces lignes il
n'y ait des gens qui aiment mieux faire de moi un prophète trouvant la vérité par hasard, qu'un homme clair-
voyant. Nous sommes si rusés pour ménager notre
amour-propre; nous aimons si peu reconnaître que
nous nous sommes trompés! Il est si commode, quand
on a été législateur, de rejeter sur les défauts de l'humanité les vices de l'institution qu'on a maladroitement
imaginée! Si demain on plaçait sur la même voie deux
locomotives s'avançant l'une sur l'autre (image bien
naturelle du président et de l'assemblée), il ne manque-
rait pas de gens, dans notre bon pays, qui, tant que les
machines ne se seraient pas heurtées, dénonceraient à
l'indignation publique quiconque oserait effrayer les
voyageurs, et, après le désastre, s'en prendraient uniquement aux *passions* des chauffeurs!

« Qu'est-ce que ce président, disais-je[1], à qui l'assem-
« blée impose d'urgence ses caprices sans qu'il puisse
« résister plus de quatre jours à l'entraînement ou à la
« passion populaire?... Que fera-t-il du jour où l'assem-
« blée, lui imposant une volonté injuste, le forcera, par
« une loi votée en deux jours, à dénoncer un traité an-
« térieurement accepté, ou à déclarer une guerre dont il
« ne veut pas, lui chargé des destinées du pays, et res-
« ponsable devant la France, devant l'Europe, devant la
« postérité? Quel parti prendra l'assemblée en face de
« la résistance d'un président élu par sept ou huit mil-
« lions de suffrages, et cent fois plus populaire que le

---

1. *Considérations sur la Constitution, Sep.,* p. 52 et suiv.

« corps qui lui dicte des lois? Qui départagera cette
« assemblée, qu'on ne peut renvoyer par une dissolu-
« tion devant le peuple, son juge suprême, et ce pré-
« sident soutenu, encouragé dans sa désobéissance par
« l'opinion publique, et qui, n'ayant pas même de *veto*
« pour refroidir la passion de la Chambre, ne peut
« défendre ce qu'il croit l'intérêt du pays qu'en se ré-
« voltant? Verrons-nous une accusation briser le favori
« du peuple, ou un 18 brumaire élever un maître sur
« les ruines de l'assemblée? Tout est possible, tout
« est probable, quand on met en jeu des forces inconnues;
« et, quelque ingénieuse que soit la machine, personne
« ne peut dire quel ressort se brisera, s'il en ignore la
« résistance.

« Je défie tout homme de bonne foi de nier que dans
« le projet Lamennais ou dans le projet du comité, un
« conflit entre l'assemblée et le président ne puisse
« arriver dans un temps assez court (et je ne parle point
« du cas où un prétendant serait nommé à la prési-
« dence); je le défie également de trouver dans toutes
« ces combinaisons le moyen d'empêcher l'explosion
« qui emportera la présidence ou la législature, car,
« dans cette crise fatale, tout dépendra d'un élément
« qu'on ne peut calculer : l'opinion.

« Pour moi, la Constitution est grosse d'une révo-
« lution qui mène infailliblement à la dictature d'un
« homme, ou à la dictature des comités, si justement
« suspecte. Les dangers que je prévois, un autre peut
« ne pas y croire; mais il en découvrira que je ne soup-
« çonne pas. Chacun du moins conviendra avec moi
« qu'il est impossible de deviner quel gouvernement
« peuvent nous donner une assemblée souveraine, plus
« absolue que Louis XIV, et un pouvoir exécutif, étran-
« gement énervé, il est vrai, mais que l'opinion sou-
« tiendra dès le premier jour, parce qu'en France,
« comme chez toutes les races romaines, l'opinion s'in-
« carne toujours dans un homme, et que la nation aime

« à se sentir conduite et tenue par un chef. Il n'est per-
« sonne, en un mot, qui ne voie avec effroi qu'on lance
« le pays dans l'inconnu, et qu'au delà de ces ténèbres
« il y a peut-être tout un monde de révolutions ! Bien
« coupable ou bien lâche celui qui, par orgueil ou par
« faiblesse, assume sur sa tête une pareille responsabi-
« lité[1] !...

« Qu'y a-t-il dans la Constitution, disais-je en finis-
« sant avec peu de respect : ce sont toutes les vieilles
« erreurs de la révolution, adoptées comme des dogmes,
« uniquement parce que les conventionnels les ont dé-
« fendues ; vieilles erreurs qui n'ont rien fondé, malgré
« le courage et le dévouement de nos pères, et qui ne
« soutiendront pas davantage le frêle édifice de 1848,
« parce qu'elles ont, dès leur naissance, le défaut de la
« jument de Roland. Régularité, simplicité, uniformité,
« rien ne leur manque... hormis la vie. *Emprisonner*
« *l'activité de la France dans ces formes stériles, c'est*
« *condamner le pays au supplice de Mézence ; c'est le*
« *contraindre à traverser une fois encore les cruelles*
« *épreuves dont il vient de sortir tout sanglant[2].* »

1. V. pour le reste de la citation les *Considérations sur la
Constitution Sup.*, p. 54 et suiv.
2. *Sup.*, p. 92.

LE PLÉBISCITE

DE 1870

LE PLÉBISCITE

DE 1870

Le plébiscite de 1870 a été condamné; il n'a pas encore été jugé. Le parti politique qui, le 4 septembre, s'est emparé du pouvoir a rejeté sur lui tous les désastres de la guerre. A l'en croire, c'est ce vote populaire qui a fait tout le mal; ceux qui ont accepté la Constitution libérale de l'Empire sont des aveugles et des dupes qui ont appelé sur le pays toutes les misères de l'invasion. Cette accusation, trop légèrement reçue, repose sur le vieux sophisme : *Post hoc, ergo propter hoc*, c'est-à-dire sur le plus faux des raisonnements. De ce qu'un fait succède à un autre fait, il n'en résulte nullement qu'il en soit la conséquence. La guerre de 1870 a éclaté après le plébiscite, elle aurait pu tout aussi bien éclater un an plus tôt, car depuis 1866 elle était dans l'air; les Prussiens s'y préparaient depuis Sadowa. Et comment le plébiscite a-t-il été la cause de la guerre? Suivant les uns c'est le grand nombre des suffrages qui a donné à l'Empereur un sentiment exagéré de sa puissance; suivant les autres, la guerre a été faite par les anciens serviteurs de l'Empire autoritaire afin d'étouffer le mouvement libéral qui les avait renversés. La vérité est qu'on ne sait rien. Et ce qui est plus étrange, c'est qu'alors même que ces suppositions seraient fondées, elles ne prouveraient rien.

En effet, quand on demande à un peuple d'approuver ou de rejeter la Constitution qu'on lui présente, on ne fait autre chose que de réclamer une sanction nécessaire à la validité d'un acte déterminé. A moins de renverser toutes les notions du bon sens, comment imaginer que les électeurs sont responsables de l'impression que leur vote pourra produire sur le chef du gouvernement? Est-ce que cette impression n'est pas chose toute personnelle? Est-ce qu'elle ne peut pas varier à l'infini? Si le peuple français a trouvé que la Constitution de 1870 était bonne, il a eu raison de l'adopter. Si l'Empereur a mal interprété le vote populaire, ou s'il s'en est effrayé, il a eu tort; ce sont là deux choses distinctes et qui ne se tiennent nullement. A chacun sa responsabilité.

C'est donc en lui-même qu'il faut juger le plébiscite, et non pas par les événements fortuits qui l'ont suivi. La question a de l'intérêt, car elle est destinée à reparaître prochainement. On ne se débarrasse pas des principes en les accablant sous les fautes des hommes; ils ressuscitent au moment où l'on s'y attend le moins pour justifier leurs défenseurs et confondre ceux qui les ont combattus.

Je reviens à mon sujet. L'Empire avait-il raison de soumettre la Constitution de 1870 à la sanction du pays tout entier? Le pays a-t-il bien fait d'accepter cette nouvelle loi politique? c'est là toute la question.

Je n'hésite pas à dire que l'Empire agissait prudemment en faisant appel à la nation, et que la na-

tion n'a pas montré moins de sagesse en répondant
favorablement à cet appel. Il ne m'appartient pas de
critiquer les intentions de ceux qui ont repoussé le
plébiscite; Dieu seul juge les cœurs; mais, au point
de vue politique, je dis que les 7,500,000 électeurs
qui ont voté pour le plébiscite n'ont pas à rougir de
ce qu'ils ont fait. Ils se sont conduits avec autant de
patriotisme que de bon sens. Ils ont représenté le
parti modéré, sans lequel on peut faire des révolutions en France, nous ne le savons que trop, mais
sans lequel on ne peut rien fonder. Aujourd'hui cette
majorité de gens paisibles et laborieux est maîtresse
de la situation comme il y a deux ans, et elle aura
raison d'exiger qu'on ne lui donne pas un nouveau
gouvernement ou une nouvelle constitution sans lui
demander son aveu.

Il n'entre pas dans ma pensée de faire l'histoire du
plébiscite; mais je dirai quel a été mon rôle dans
cette affaire, rôle plus bruyant que je n'aurais voulu,
mais non pas bruyant par ma faute. A l'occasion du
plébiscite on m'a calomnié à outrance; il en reste
toujours quelque chose. Pour les gens qui ne lisent
qu'un journal, et un journal d'opposition, j'ai
abandonné en une heure mes convictions de vingt
ans; pour des amis plus fidèles, je me suis trompé
tout au moins, et par là même j'ai desservi la
cause populaire. Je tiens à montrer que j'ai fait
ce que je devais faire, que je ne pouvais agir autrement sans démentir toutes mes actions et toutes
mes paroles, et qu'enfin j'ai défendu comme toujours
le vrai principe de la démocratie, le gouvernement
du peuple pour le peuple et par le peuple, principe
qui n'a rien de commun avec l'omnipotence des assemblées, marotte de l'école révolutionnaire, erreur

22.

fatale qui a toujours abouti à la confiscation de la souveraineté populaire, et au triomphe du pouvoir absolu.

On n'a pas oublié qu'à la suite des élections de 1869 l'Empire autoritaire sentit que le terrain se dérobait sous lui. Politiquement la guerre du Mexique l'avait tué; le pays se fatiguait de ces ministres avocats qui amusaient la scène tandis que l'Empereur régnait à son gré; la France riche et prospère renaissait à la liberté, et demandait à contrôler de plus près son gouvernement. Napoléon III eut la prudence d'aller au-devant d'une réforme nécessaire. Après avoir appelé le ministère du 2 janvier, ministère salué à son début par des acclamations unanimes, l'Empereur, à l'exemple de son oncle, fit lui aussi son Acte additionnel et proposa à la sanction du peuple une Constitution non moins libérale que la Charte de 1830. Pourquoi demanda-t-il pour la troisième fois un plébiscite? Par la raison bien simple qu'en 1851 sept millions d'électeurs avaient adopté certaines *bases* constitutionnelles qu'on ne pouvait changer sans leur aveu. Parmi ces *bases* figuraient des ministres dépendant du pouvoir exécutif seul, et un Sénat, gardien de la Constitution, qui n'avait pas à proprement parler l'autorité d'une Chambre législative. En soumettant à la ratification populaire la responsabilité ministérielle et la nouvelle puissance du Sénat, Napoléon III restait fidèle aux engagements qu'il avait pris solennellement dans la proclamation du 14 janvier 1852, en promulguant la Constitution. Il n'y avait là ni mystère, ni innovation.

Que la nouvelle Constitution fût libérale, il n'y avait pas moyen de le nier sérieusement. Aussi ne fut-ce pas à la Constitution que s'en prit l'opposition.

Ce qu'elle attaqua, ce fut le plébiscite, c'est-à-dire cet
appel au peuple qui passait par-dessus la tête du Corps
législatif. On déclara que le plébiscite n'était qu'une
comédie, une carte forcée, un moyen grossier de dépouiller de la souveraineté les véritables représentants du pays. Au fond, ce qui blessait les partis, ce
qui les animait contre le plébiscite, c'est qu'un
vote populaire allait de nouveau ratifier l'Empire,
et, malgré le coup d'État, lui refaire une légitimité.

C'était là le point délicat; je reconnais que de très-
honnêtes gens, et notamment les victimes de l'Empire, pouvaient hésiter. Pour moi je mettais de côté
mes sentiments personnels, je ne voyais dans la
nouvelle Constitution qu'une seule chose, le retour
de la liberté parlementaire. J'avais voté contre la
Présidence et contre le rétablissement de l'Empire,
mais je ne pouvais méconnaître que depuis longtemps
la grande majorité des Français avait accepté sans
répugnance le gouvernement impérial. Je n'avais pas
à amnistier le passé; il n'y a pas de vote populaire
qui puisse changer les lois de la conscience humaine;
j'avais simplement à me soumettre en bon citoyen à
la volonté nationale, et à considérer, comme tout
autre Français, si la nouvelle Constitution valait
mieux que l'ancienne. Si elle était bonne, il fallait
l'accepter comme une restitution. Quant au plébiscite, la forme ne m'en déplaisait pas, j'en avais défendu
le principe en 1851, et l'étude des institutions américaines m'avait confirmé dans l'opinion que, chez
un peuple libre, aucune Constitution n'est valide
sans la ratification du pays.

Il n'est pas douteux qu'en acceptant la Constitution on acceptait du même coup l'Empire libéral.
C'était une difficulté pour les républicains de la veille;

ce n'en était pas une pour moi. Dans tous mes écrits, et notamment dans le *Parti libéral*, publié en 1863, et sept fois réimprimé à la date de 1869, j'avais combattu le gouvernement personnel, mais je m'étais toujours prononcé pour la transformation constitutionnelle de l'Empire. J'avais poussé de toutes mes forces à ce changement qui nous épargnait une révolution. Le jour où triomphaient les idées que depuis dix-huit ans je défendais dans ma chaire et dans mes livres, n'eût-il pas été étrange de changer d'opinion? Fallait-il déclarer la guerre à l'Empire quand il remettait la France en possession de ces libertés constitutionnelles que j'avais sans cesse réclamées? Non. En 1869 j'avais décliné publiquement toute candidature à Paris parce que l'opposition prenait une couleur révolutionnaire; j'avais le droit en 1870 de rester fidèle à ma devise : *La liberté, toute la liberté, mais rien que la liberté.*

Du reste, je ne songeais nullement à me mettre en avant. Le vote du plébiscite me semblait chose toute naturelle. Le pays était heureux de retrouver la liberté politique; qu'y avait-il de mieux à faire que d'accepter purement et simplement la Constitution et d'user aussitôt des droits si heureusement reconquis? J'avais compté sans les partis.

Le hasard fit qu'un des électeurs qui avaient voté pour moi en Seine-et-Oise aux élections de 1869, l'honorable M. Labouchère (il me permettra de le nommer), m'écrivit pour me demander mon opinion sur le plébiscite. M. Labouchère croyait que plusieurs de ceux qui m'avaient donné leur voix seraient heureux d'avoir mon avis sur une question qui commençait à occuper les esprits. Cette demande m'honorait, et d'ailleurs je n'ai point pour habitude de cacher

mes sentiments politiques ; j'écrivis donc à M. Labouchère la lettre qui suit. En la lisant aujourd'hui
on sera peut-être étonné de tout le bruit qu'en ont
fait les journaux. C'est qu'il y a des moments où
la modération est un crime, et en 1870 nous en
étions là.

Glatigny-Versailles, 25 avril 1870.

« Monsieur,

« Je suis très-touché de la confiance que vous voulez
bien me témoigner. Si je n'ai pas répondu plus tôt à votre
aimable lettre, c'est que j'attendais la formule du plébiscite ; il me paraissait difficile de me prononcer sur une
question qui n'était pas parfaitement connue. Aujourd'hui
je puis vous donner mon opinion, tout en reconnaissant
que le problème est complexe et que les meilleurs esprits
peuvent hésiter avant de se décider.

« Je suis très-opposé à l'abstention. S'il est un fait constaté par l'expérience de tous les temps et de tous les pays,
c'est qu'un parti qui s'abstient est un parti qui abdique.

« Quand on veut exercer une influence légitime sur les
affaires de son pays, il faut avoir une opinion faite et être
toujours prêt à agir. Au moment où toute la France va se
prononcer, il n'est pas admissible que le parti libéral-conservateur cache son drapeau et déserte le combat.

« Il faut donc voter Oui ou Non. A mon avis, il faut voter
Oui sans hésiter ; voici mes raisons. Si l'on prend le plébiscite dans les termes où il est posé, il n'est pas douteux
que le parti libéral-conservateur approuve toutes les réformes libérales qu'on a faites depuis 1860. Comment ne les
approuverait-il pas ? — C'est lui qui les a provoquées ; on
les lui doit.

« Approuve-t-il entièrement la Constitution nouvelle contenue dans le sénatus-consulte de 1870 ? J'en doute ; il est
plus d'un article qui ne me semble ni assez libéral ni assez
démocratique ; mais, d'un autre côté, rejeter la nouvelle
Constitution parce qu'elle a pour nous des défauts, c'est

refuser ou ajourner des améliorations réelles, un progrès visible.

« Forcés d'accepter en bloc, prenons ce qu'on nous offre, et que le progrès d'aujourd'hui nous serve à assurer le progrès de demain : c'est là le véritable esprit politique.

« N'oublions pas ce que disait le sage Daunou :

« La meilleure Constitution est celle qu'on a, pourvu « qu'on s'en serve. »

« On peut tirer un bon parti de la Constitution de 1870; usons-en au lieu de perdre le temps en discussions inutiles.

« — Mais, dit-on, tout sera précaire, puisque l'empereur se réserve le droit d'appel au peuple, et que, du jour au lendemain, il peut tout remettre en question.

« — En théorie cela est vrai, en fait cela n'est pas possible ; l'expérience faite depuis dix-huit ans suffit à le prouver.

« Depuis 1852, l'empereur a toujours marché en avant dans le sens de la liberté. Pourquoi? C'est qu'il n'a d'autre pouvoir constituant que celui que lui donne l'opinion.

« Si des lois bien faites font entrer la liberté dans les institutions et dans les mœurs, croit-on que le peuple français sera assez naïf pour fouler aux pieds toutes ces conquêtes et détruire un régime qui lui assure le bien-être moral et matériel ?

« Il est un moyen infaillible de rendre inoffensifs les futurs plébiscites, c'est de répandre à pleines mains l'éducation et les libertés individuelles, c'est de décentraliser, c'est d'établir le gouvernement du pays par le pays.

« Usons bien du présent : l'avenir est à nous.

« Il est une autre raison qui doit faire accepter le plébiscite par ceux mêmes qui ont un peu de goût pour la nouvelle Constitution ; c'est la façon dont les partis extrêmes posent la question.

« Pour eux *Non* ou *Abstention* veulent dire : *Révolution*. Ce caractère donné au vote négatif ne permet plus d'hésiter à ceux qui ne veulent pas de révolution. Je suis de ceux-là : j'ai toujours demandé la liberté, je n'ai jamais demandé autre chose. Selon moi, quand un gouvernement est établi et qu'il est accepté par la majorité du pays, le devoir de tout bon citoyen est de se soumettre à la volonté nationale.

« Revendiquer la liberté par tous les moyens légaux, c'est le droit inaliénable de tout homme; mais pousser à la révolution, saisir toutes les occasions d'embarrasser ou de renverser le gouvernement pour faire triompher une forme politique qu'on préfère, ce n'est pas agir en citoyen, c'est agir en fanatique ou en factieux.

« Tous les amis de la liberté doivent se réunir pour résister à de pareilles tentatives; personne ne doit oublier que si depuis quatre-vingts ans la France n'a pu fonder chez elle une liberté durable, c'est qu'elle n'a jamais eu l'énergie de résister à la violence des partis.

« Le moment est venu de leur imposer sa toute-puissante volonté. L'acceptation du plébiscite aura cet avantage qu'on ne pourra douter que si la France veut la liberté, à aucun prix elle ne veut de révolution.

« Voilà, monsieur, l'opinion à laquelle je me suis arrêté après mûre réflexion.

« Si vous croyez utile de la faire connaître à ceux qui m'ont fait l'honneur de voter pour moi aux dernières élections, je vous autorise par avance à publier cette lettre de la façon qui vous conviendra le mieux.

« Recevez, avec tous mes remerciments, l'assurance de ma parfaite sympathie.

« Votre bien dévoué,

« Éd. LABOULAYE. »

On m'a dit que les mots *agir en fanatique ou en factieux* étaient un peu vifs; ceux qui m'ont fait ce reproche ont aujourd'hui le gouvernement qu'ils rêvaient il y a deux ans. Je voudrais savoir comme ils qualifient ceux qui, sans pitié, veulent livrer la France à de nouvelles aventures. Je suis persuadé qu'ils ne trouvent plus mon langage trop sévère. On aime toujours la justice quand on l'a de son côté.

Ma lettre fut reproduite par les nombreux journaux qui acceptaient le plébiscite. Cette publicité lui
donna une importance qu'en soi elle n'avait pas. On
essaya de réfuter les raisons que j'avais indiquées,
mais on le fit avec peu de succès. C'est qu'au fond
les partis qui repoussaient le plébiscite se souciaient
fort peu d'en discuter la légalité et l'utilité; ce qu'ils
voulaient, c'était faire échec à l'empire, et en préparer la ruine. Pour moi, qui sais que la violence n'a
jamais rien fondé, et que les seules réformes qui
durent sont celles qui sont faites dans les temps paisibles et par des gens modérés, je regardais comme
désastreuse pour le pays cette opposition à outrance
qui refusait la liberté par haine de l'empire et par
amour de la Révolution. Je m'en expliquai ouvertement dans une réponse à M. Martinelli qui avait
fait dans le journal *la Gironde* une critique de ma
lettre, critique écrite avec une parfaite courtoisie,
mais qui témoignait chez son auteur une confiance
que j'étais loin de partager.

« Glatigny-Versailles, le 1er mai 1870.

« MONSIEUR,

« J'ai lu avec grand intérêt la lettre que vous m'adressez
dans *la Gironde* ; je regrette beaucoup de ne pouvoir partager un avis qui est exprimé en si bons termes, avec tant
de modération,

« Je veux toutes les réformes que vous demandez et d'autres encore ; je ne suis pas plus aveugle que vous sur les
vices de la Constitution de 1870. Mais, comme vous le dites
très-justement, c'est ici, non pas une question de principes,
mais une question de conduite, et si ma conduite est différente de la vôtre, c'est que je ne vois pas les choses
comme vous les voyez.

« Vous supposez que tous les partis pourraient s'entendre pour voter *non* et donner à ce vote un sens conservateur; on se mettrait d'accord pour demander la simple réforme de la Constitution; c'est là l'illusion d'une âme généreuse; il est visible, au contraire, qu'en ce moment tous les partis se coalisent pour faire échec au gouvernement et le renverser, sauf à se battre entre eux sur ses ruines.

« Pour ma part, jamais je ne pousserai mon pays à la révolution; je sais trop ce qu'elle coûte de misères et de larmes au peuple qui en est toujours la première victime. Est-ce pour moi que j'en ai peur ? A mon âge on n'a plus rien à craindre ni à espérer de personne, mais on a aussi trop d'expérience pour ne pas voir les écueils où déjà tant de fois la France a sombré.

« Voilà pourquoi j'ai cru remplir un devoir en engageant mes concitoyens à voter le plébiscite. De toutes les façons de conquérir la liberté, c'est la plus courte, car nous entrons de suite en jouissance de libertés précieuses, et la sécurité que nous garantit un gouvernement établi nous permettra d'obtenir vite les libertés qui nous manquent encore.

« Supposez, au contraire, un grand nombre de *non*, le gouvernement ébranlé, la sécurité compromise, nous en arriverons bien vite à la révolution ou à la contre-révolution, deux extrêmes aussi dangereux l'un que l'autre pour la liberté.

« Telle est, Monsieur, mon opinion arrêtée après mûre réflexion; je ne me suis pas dissimulé qu'en donnant un tel conseil au pays, je jouais ma popularité; mais l'avenir me donnera raison, et j'aurai servi la liberté jusqu'au bout en m'opposant à ceux qui abusent de son nom.

« Recevez, etc.

« ÉDOUARD LABOULAYE. »

En politique, quand un adversaire vous gêne, il y a pour les gens habiles un moyen de s'en débarrasser, c'est la calomnie; demandez à Basile! Et si la calomnie peut jeter le ridicule sur l'ennemi, le succès

23

est infaillible, au moins pour le premier moment. Que le mensonge soit grossier, que l'injure soit plate, c'est chose indifférente ; ce que demande la foule ignorante et passionnée, c'est qu'on l'amuse ; ce qu'il lui faut pour crier à son aise, ce n'est pas une raison, c'est un mot. On insinua que je m'étais vendu à l'empire pour une place au Sénat : c'était l'enfance de l'art ; le chef-d'œuvre fut de coudre à cette calomnie un conte qui fait honneur au génie de l'inventeur. En 1866, j'avais été candidat dans le Bas-Rhin. Battu par le vote des campagnes, je n'en avais pas moins obtenu les trois quarts des voix dans la ville de Strasbourg. Pour me témoigner leur affection et leurs regrets, les électeurs de Strasbourg, au nombre de plusieurs mille, avaient eu la bonté de m'offrir, par souscription à dix centimes, un encrier en argent ciselé, que je garde aujourd'hui comme le plus précieux des souvenirs. Après ma lettre sur le plébiscite, un journal, dont je ne veux pas me rappeler le nom, apprit un beau matin au public que les électeurs de Strasbourg, indignés de ma défection, me faisaient redemander le cadeau qu'ils m'avaient offert quatre ans plus tôt. L'honnête journal allait même jusqu'à donner le nom du mandataire qu'on avait chargé de remplir cette mission singulière. Tout était faux dans cette histoire ; un moment de réflexion suffisait pour en montrer l'inanité ; la personne dont on avait cité le nom protestait contre le rôle qu'on lui faisait jouer ; il n'importe, le conte de l'encrier fit le tour de la France et de l'Europe, à la plus grande joie des badauds. Et ce fut ma condamnation. Que pouvais-je opposer à l'arrêt prononcé contre moi par mes anciens amis? L'arrêt n'existait pas. — « Bagatelle, hurlait toute la bande, rendez l'encrier. » —

Il ne peut pas exister. — « Chansons! rendez l'en-
« crier! » — S'il existait, il serait puéril et ridicule.
« Tarte à la crème! rendez l'encrier. » Je n'avais
qu'à baisser la tête et à attendre le retour du bon
sens. Heureux pays de France! Avec un peu d'audace
on y peut tout dire; la raison a des bornes, la crédu-
lité n'en a pas.

C'est un grand avantage que d'avoir un journal
pour y réfuter tout à son aise des adversaires qui ne
répondent pas; toutefois il faut y mettre une certaine modération. Le défaut des injures, c'est qu'en
faisant du bruit elles appellent l'attention sur celui
qu'on veut abattre. Le châtiment de la presse violente, c'est qu'elle ne peut attaquer ses ennemis sans
les grandir. Tandis qu'on répandait au loin le bruit
de mon apostasie prétendue, de tous côtés je recevais
des lettres d'encouragement et de félicitations, mêlées,
il est vrai, à un certain nombre d'épîtres moins
flatteuses, et la plupart du temps anonymes. Les
libéraux modérés (c'est la grande majorité dans
notre pays) me remerciaient de mon attitude, m'assu-
raient de leur reconnaissance et me demandaient des
conseils. A Versailles, on alla plus loin; le comité du
parti libéral conservateur me pria de faire une conférence sur la question du jour. J'acceptai volontiers;
j'avais hâte de me trouver devant mes concitoyens;
j'estime d'ailleurs que si la liberté a fait si peu de
progrès en France, c'est qu'on n'y parle pas assez en
public. Quand d'honnêtes gens se voient et s'expliquent face à face, toutes les chances sont pour la
vérité. L'absence de vie publique donne à la presse
une prépondérance excessive; les réunions font contre-poids aux journaux.

Cette conférence, annoncée plusieurs jours à l'avance, déplut à ceux qui, pour me confondre, avaient besoin d'être seuls à parler. On assure qu'on envoya de Paris à Versailles des patriotes trop zélés et trop purs pour permettre à un accusé d'ouvrir la bouche; ce qui est certain, c'est qu'on ne m'épargna ni les cris ni les injures. Ce ne fut qu'au bout de trois quarts d'heure que, de guerre lasse, on se résigna à m'écouter. J'imprime tout au long cette séance curieuse; elle donne exactement l'état des esprits. Quand un parti en arrive à ce degré de violence, il n'entend plus que sa passion. Pour moi, au milieu de toutes ces clameurs, je n'éprouvai qu'un profond sentiment de tristesse, et je redoublai de modération pour défendre la liberté si étrangement compromise par ceux qui s'en déclaraient les défenseurs.

M. Laboulaye a fait, le 2 mai 1870, à Versailles, une conférence sur le plébiscite. A huit heures du soir, les membres du bureau représentant le comité du parti libéral-conservateur de Versailles prenaient place sur l'estrade sous la présidence de M. Boselli.

M. LE PRÉSIDENT : MM. les électeurs du parti libéral-conservateur se sont récemment réunis à Versailles, et ils ont formé un comité qui siège en ce moment au bureau de cette assemblée. Nous avons pensé que, dans l'intérêt de la mission qui nous a été confiée, et pour éclairer la conscience publique, il était utile qu'une conférence eût lieu sur la portée et le but du plébiscite qui sera soumis le 8 de ce mois au vote populaire.

Nous nous sommes adressés à notre honorable concitoyen M. Laboulaye... (Cris et sifflets en quelques points de la salle. — Vives protestations et acclamations dans les autres parties.)

M. Laboulaye, si honorablement connu par son talent et son caractère, s'est rendu à nos instances ; il est au milieu de nous; je lui donne la parole. (Nouveaux cris et mur-

mures sur les mêmes points au moment où M. Laboulaye
se lève pour parler.)

Voix nombreuses : Parlez ! parlez !

M. LE PRÉSIDENT : Je réclame le silence, il ne faut pas
qu'il puisse être dit que, dans la ville de Versailles, on a
méconnu la liberté de la parole. (Très-bien ! très-bien ! —
Nombreuses marques d'assentiment.)

M. E. LABOULAYE : Messieurs, en venant ici, j'ai aperçu
sur les murs de Versailles (bruit — interruptions) une affiche qui annonce une réunion d'un autre comité ce soir, à
neuf heures.

Une voix : C'est une réunion publique, celle-là !

M. E. LABOULAYE : Oui, c'est une réunion publique, mais
assurément on n'y empêchera pas les orateurs de parler.
(Très-bien !) Je n'aurais pas, quant à moi, la pensée de
m'opposer à ce qu'on entendît M. Coulon, que je tiens pour
un homme de beaucoup de talent... (Ah ! Ah ! — Écoutez !
écoutez !)

Une voix : Vous avez peur !

M. E. LABOULAYE : Si j'avais peur, je ne serais pas ici.
(Bravo ! bravo !) Je fais une conférence, parce que je ne veux
pas perdre mon temps à des querelles de personnes. (Très-
bien ! très-bien !)

Messieurs, avant de vous parler du plébiscite, laissez-moi
dire quelques mots de ma situation personnelle, afin de
repousser les outrages qu'on ne devrait pas faire à un vieil
ami de la liberté comme moi. (Vifs applaudissements dans
la majeure partie de l'auditoire. — Quelques cris, sifflets et
réclamations se font entendre de nouveau)

Plusieurs auditeurs : Laissez parler ! laissez parler ! (Les
cris et les interruptions continuent.)

De divers côtés : C'est un parti pris d'empêcher la conférence !

M. E. LABOULAYE : Je commence à le croire. (S'adressant
aux interrupteurs :) On saura que vous voulez m'imposer le
silence. (Écoutez ! écoutez !)

Je ne comptais pas prendre un rôle actif dans le plébiscite,
lorsque dernièrement je reçus une lettre d'un électeur de
Jouy-en-Josas qui me demandait mon opinion sur le vote
qu'il y avait lieu d'émettre. Je n'ai pas pour habitude de
cacher mon opinion, et je pense tout haut. J'ai répondu à

23.

cet électeur, je lui ai dit ce que je ferais... (Des interruptions bruyantes couvrent la voix de l'orateur.)

M. LE PRÉSIDENT : Je demande de nouveau qu'on écoute l'orateur. Il n'est pas possible qu'à une époque où de tous côtés on réclame avec insistance la jouissance des droits politiques, on ne laisse pas les opinions se produire librement. (C'est vrai ! c'est vrai ! — Silence ! silence !)

M. E. LABOULAYE : Je disais donc qu'un électeur... (Des interruptions et des cris arrêtent de nouveau l'orateur.)

M. LEFÈVRE, l'un des membres du bureau du comité : Messieurs, nous avons pensé agir avec courtoisie en invitant à assister à cette conférence des personnes que nous savions être d'une opinion contraire à la nôtre : mais nous n'aurions pas supposé qu'à cette courtoisie on répondrait par des interruptions qui semblent avoir un caractère systématique. Nous avons pensé nous adresser à des personnes consciencieuses, impartiales, respectant toutes les opinions ; nous ne sommes pas allés dans les réunions antiplébiscitaires faire du tumulte et empêcher les orateurs de parler. Nous demandons qu'ici on agisse comme nous avons agi, et qu'on respecte la liberté de la parole. (Marques d'approbation. — Moment de silence.)

M. E. LABOULAYE : Messieurs, vous avez vu dans les journaux la lettre par laquelle je conseille de voter le plébiscite. Depuis, j'ai reçu tous les jours vingt ou vingt-cinq lettres, parmi lesquelles il y en a bien dix dans lesquelles on déclare que je suis un traître... (Oui ! oui ! sur quelques points de la salle. — Non ! non ! et réclamations dans les autres parties.)

Eh bien ! si je suis accusé, je dois pouvoir me défendre. (Bravos ! — Parlez ! parlez !)

Dans quinze de ces lettres on me dit que je fais acte de bon citoyen. (C'est vrai ! c'est vrai !)

Qu'est-ce qui peut donc soulever contre moi des accusations ?... (Nouvelles interruptions et rires ironiques.)

Dans les galeries : L'encrier ! l'encrier !

M. LEFÈVRE, membre du bureau, se lève et réclame encore une fois le silence. Il ne parvient pas à se faire entendre, et, le bruit continuant, il déclare que M. le président va être obligé de lever la séance.

Plusieurs auditeurs : Non ! non ! ne levez pas la séance ! — Restez, M. Laboulaye ! restez ! restez !

M. E. LABOULAYE : Je resterai tant que vous resterez. (Très-bien ! très-bien !)

M. LEFÈVRE, au milieu du bruit : Il faudrait que la liberté fût pour tout le monde et pour toutes les opinions. Les interrupteurs foulent aux pieds cette liberté. (Marques d'assentiment.) Ils veulent étouffer la parole de l'orateur. Cela n'est pas bien ! (Nouvel assentiment.)

M. E. LABOULAYE : Si, comme on ose le dire, j'ai changé, il y a donc des libertés que je renie?... (Oui ! — Non ! non !) Messieurs, je défends toutes celles de mon programme ; j'en réclame même une de plus : celle d'exprimer mon opinion devant vous. (Très-bien ! très-bien ! — Parlez ! parlez !)

Un auditeur : Vous deviez nous instruire sur le plébiscite ?

Un autre auditeur : Et on doit avoir le droit de répondre; autrement ce ne serait pas la liberté de la parole.

M. LE PRÉSIDENT : Permettez ! une conférence se tient toujours dans le but et dans les limites indiquées par ceux qui l'organisent. Nous n'avons pas annoncé une discussion publique, mais une conférence; chacun était libre d'y venir ou de n'y pas venir. On ne peut pas nous reprocher d'avoir manqué de loyauté. Nous avons annoncé une conférence, c'est une conférence que nous donnons, comme le porte l'affiche. (Nombreuses marques d'approbation.)

(A ce moment, le bruit et les réclamations se reproduisent sur divers points, dans les galeries notamment, où des piétinements ont lieu. Plusieurs personnes demandent la parole ; des colloques s'établissent.)

M. LE PRÉSIDENT au milieu du bruit qui continue : Cette situation est vraiment déplorable, elle ne peut durer. Ou on laissera parler ou la séance sera levée.

Quelques voix : Oui ! oui ! levez la séance !

Voix nombreuses : Non ! non ! c'est ce qu'ils veulent.

M. E. LABOULAYE : Il semble bien que c'est là ce que veulent les interrupteurs.

M. LE PRÉSIDENT : Si la séance est levée, il sera constaté que la liberté politique et le droit de parler ont été méconnus ici. (C'est vrai ! c'est vrai ! — L'agitation se prolonge. — Le calme ne se rétablit pas d'une manière complète.)

M. E. LABOULAYE : Messieurs, on parle souvent de l'infail-libilité du Pape. (Interruptions ironiques.) Il paraît qu'à Versailles on trouve beaucoup de Papes infaillibles, car avant de m'avoir entendu ceux qui interrompent savent ce que je dois dire, et ils ont décidé que j'avais tort... (Non! non!) S'ils ne le savent pas qu'ils veuillent m'écouter. (Parlez! parlez!) Je le voudrais, mais il m'est impossible de le faire, puisque le bruit et les interruptions étouffent ma voix dès que je prononce un mot.

Un auditeur : Nous savons ce que vous voulez dire.

M. LABOULAYE : Si vous le savez, d'autres ne le savent pas.

(Des rires ironiques se produisent lorsque M. Laboulaye porte à ses lèvres le verre d'eau placé près de lui.)

Plusieurs auditeurs : Ces rires sont inconvenants!

M. E. LABOULAYE : Je fais compliment de leur tolérance à ceux que cela gêne. C'est au moins une preuve que je ne suis pas enragé. (Très-bien! très-bien!)

(Quant à ceux qui savent ce que je veux dire, s'ils restent ici, qu'ils laissent écouter ceux qui ignorent ce que je vais exposer. (Les interruptions éclatent encore une fois.)

Vous ne voulez pas m'entendre... (Bruit. — Si! si!) Il sera constaté demain dans toute la France qu'à Versailles...

Une voix : Et l'histoire de l'Amérique?

M. E. LABOULAYE : En Amérique, on écoute tout le monde. Il n'y a qu'en France qu'un seul parti veut toujours avoir raison. En Amérique et en Angleterre aussi, où l'on fait ce que nous voulions faire ce soir, on ne passe pas son temps à quereller sur des personnalités. Ceux qui sont d'une opinion se réunissent dans une salle; ceux qui sont d'une autre opinion se réunissent dans une autre salle; d'un côté comme de l'autre, on écoute, on ne perd pas son temps en contestations inutiles. Il est vrai que nous avons compté sur la longanimité de nos adversaires. Nous avons cru que, les laissant tranquilles chez eux, ils auraient la complaisance, s'ils venaient chez nous, d'écouter et de ne point troubler notre réunion.

Maintenant, si l'on veut m'entendre, je parlerai du plébiscite.

Je suis partisan du plébiscite, de sa forme, et je vais dire pourquoi. Ceux qui ont parlé de l'Amérique verront si je suis fidèle aux usages de ce pays.

J'ai été très-étonné de voir des gens qui se disaient libéraux prétendre que le plébiscite était incompatible avec le gouvernement parlementaire. L'Amérique et la Suisse ont des gouvernements parlementaires, je crois. Eh bien, dans ces deux pays les plus libres du monde, on ne touche jamais la Constitution sans consulter le peuple, sans lui demander sa ratification aux changements qu'on y apporte. Quand on prétend que le vote d'une Constitution par le peuple est une institution césarienne, on ne dit pas la vérité. (Si! si! — Non! non!) On trompe ceux qui ne connaissent pas l'histoire, c'est la Convention qui, la première, a établi le vote plébiscitaire. (Interruptions diverses.)

Il est bien difficile de faire une conférence avec des interruptions continuelles. (Parlez! parlez!)

Je répète que c'est la Convention qui, la première, a soumis une Constitution au peuple français. La République, en l'an III, a fait la même chose. C'est aussi ce qui se pratique en Amérique et en Suisse. Il n'y a pas un pays démocratique dans lequel la Constitution ne soit soumise au peuple.

Par conséquent, lorsqu'on nous demande notre avis sur la Constitution, ce n'est pas une insulte que l'on nous fait; c'est, au contraire, une preuve de confiance que l'on nous donne et dont nous devons être fiers. (Exclamations ironiques dans une partie de la salle. — Marques d'approbation dans le reste de l'auditoire.)

On prétend que la Constitution aurait dû être faite par les députés.

Est-ce que les députés ne peuvent pas usurper la souveraineté parlementaire, dominer le suffrage universel?... (Bruyantes interruptions. — Une scène tumultueuse et violente amène une suspension de la séance.)

M. E. LABOULAYE, lorsque le calme lui permet de reprendre la parole : Messieurs, je vais faire encore un effort, mais je vous préviens que ma poitrine a déjà souffert; ce n'est pas la bonne volonté qui me manque, mes forces seules s'épuisent, et, vous en conviendrez, il est bien difficile de faire une conférence dans des conditions comme celles où je me trouve en face de vous.

Je disais que, dans les pays libres, le plébiscite est consi-

déré comme l'un des biens les plus précieux de la nation,
que par conséquent, au lieu de se plaindre, comme je vois
des libéraux le faire, nous devons être heureux d'un droit
qui peut produire les conséquences les plus heureuses pour
la démocratie. Il importe, en effet, à un peuple qu'on ne
puisse changer sa constitution sans le consulter. On ne
peut dire cette fois que la consultation n'est pas sérieuse :
la preuve en est dans l'animation qui se manifeste sur tous
les points de la France à l'heure actuelle.

On demande au peuple français si la nouvelle Constitution lui convient. C'est aux citoyens d'examiner, de discuter, de s'éclairer et de répondre. (Interruptions et dénégations.)

Ceux qui contestent ce que je dis là savent sans doute ce
qu'ils ont à faire ; mais ceux qui veulent s'instruire, s'éclairer davantage, ont le droit de m'écouter. Je crois pouvoir
leur dire ce qu'est la nouvelle Constitution, et le leur dire
d'une manière utile pour eux.

Le meilleur parti à prendre, c'est d'écouter, de s'instruire,
et après cela, on se décide. Dire : « Je voterai *non*, parce
qu'un tel vote *non* », ce n'est pas agir en citoyen éclairé.

La Constitution nouvelle donne des libertés qui sont
celles de tous les grands peuples.

L'initiative parlementaire permet à tous les députés de
faire des propositions. Auparavant, les députés n'avaient
pas ce droit ; le pays était pour ainsi dire muet ; le gouvernement décidait quelles lois seraient présentées et délibé-
rées par les Chambres. Aujourd'hui, tous les députés peuvent
faire des propositions de lois ou autres, et puisque ces messieurs sont nos mandants, nos représentants, il n'y a pas
un citoyen qui ne puisse aller trouver son député, se faire
écouter de lui, et le prier de présenter tel projet ou telle
proposition. N'est-ce pas là un droit précieux ?

Une voix : On n'a pas consulté la Chambre des Députés
sur la nouvelle Constitution.

M. E. LABOULAYE : C'est vrai, mais on nous consulte. (Très-
bien !)

On n'a pas consulté la Chambre ; selon moi, on a eu tort.
(Ah ! ah ! — Applaudissements.)

Je ne suis pas un avocat ; je n'ai pas à plaider la cause
de la Constitution. Je viens vous dire ce que j'y trouve de

bien et de mal. Quand vous m'aurez entendu, vous verrez si vous devez voter *oui* ou voter *non*. (Très-bien! très-bien! — Parlez! parlez!)

Je dis qu'on a eu tort de ne pas consulter la Chambre; mais voici pourquoi on ne l'a pas consultée : Dans l'ancienne Constitution, le Sénat seul avait le pouvoir constituant; on ne pouvait donc pas faire voter le Corps Législatif sans violer cette Constitution.

Cependant on a eu tort de ne pas consulter la Chambre : on pouvait, sans la faire voter, lui demander son avis et établir une Constitution qui eût été plus à la satisfaction du pays.

Je continue.

La nouvelle Constitution donne le droit de pétition, droit qui, en Angleterre et en Amérique, est regardé comme considérable. (Murmures sur divers points.) Messieurs, je vous parle des pays libres. On répète sans cesse que je ne suis pas un ami de la liberté. Je vous dis : Voyez ce qui se fait dans les pays libres.

Le droit de pétition est un droit précieux pour un pays libre. Tout individu qui souffre, qui a un droit à faire valoir, une mesure à proposer ou à réclamer, peut s'adresser directement à la Chambre, il est sûr qu'on prendra acte de sa pétition, qu'elle sera examinée et qu'on en parlera en face du pays. C'est encore là une bonne conquête que nous obtenons par la Constitution.

La responsabilité des ministres est aussi une autre conquête libérale. C'est une conquête si grande, qu'en Angleterre on considère que toute liberté dépend de la responsabilité ministérielle. (Chuchotements.)

Une voix : Vous savez à quoi vous en tenir à cet égard.

M. E. LABOULAYE : Je comprends l'interruption. On a dit que j'avais ma nomination de ministre. J'ai eu beau chercher dans les poches de mon paletot ou de mon habit, je ne l'ai pas encore trouvée. Ceux qui savent où elle est voudront peut-être bien me le dire.

Je maintiens que la responsabilité des ministres est le fondement même de la liberté; car les ministres sont pris dans la Chambre et désignés par elle. (Dénégations. — Vous vous trompez!) Non, je ne me trompe pas, c'est bien l'Empereur qui les nomme, mais c'est la Chambre qui les désigne.

Comment imposer à une Chambre un ministère dont elle ne voudrait pas?

Avec des ministres responsables, c'est la Chambre, c'est-à-dire le pays, qui gouverne. C'est la seule garantie qui existe dans la Constitution anglaise, et elle est considérée, je l'ai déjà dit, comme assurant la liberté tout entière.

Est-ce encore une chose précieuse dans la Constitution ? Est-il indifférent que l'Empereur puisse dire à un ministre : « Faites ceci, vous n'avez pas à discuter, c'est moi que cela regarde », ou que le ministre puisse répondre : « Je ne peux pas faire cela, car j'aurais à en répondre devant la Chambre et devant le pays ? »

Je n'hésite pas à le dire, c'est une des conquêtes les plus précieuses de la liberté.

L'initiative parlementaire, le droit d'interpellation, le droit de pétition, la responsabilité ministérielle, et, avec tout cela, la liberté de la presse, voilà, Messieurs, des conquêtes qui font un peuple libre, et c'est là ce qu'on nous propose d'accepter, de ratifier.

Maintenant, quels sont les défauts de cette Constitution ? On en a relevé trois. Je vais dire mon opinion sur chacun d'eux.

On a dit que le pouvoir législatif, qui appartenait aux députés de la nation seuls, serait désormais partagé entre le Corps Législatif et le Sénat.

Une voix : Oui, et le Sénat nommé par l'Empereur.

M. E. LABOULAYE : Je ferai observer qu'en vertu d'un sénatus-consulte existant depuis plusieurs années déjà, le Sénat était investi, lui aussi, du pouvoir législatif; qu'il avait le droit de renvoyer une loi pour être examinée à une prochaine session, et que, par conséquent, la Constitution nouvelle n'a rien changé à cela.

Ce qu'elle change et ce qui est prodigieusement intéressant, c'est qu'elle abolit le pouvoir constituant du Sénat, c'est qu'elle empêche ces espèces de surprises qui permettaient, pour ainsi dire, chaque matin, au Sénat, de changer nos institutions. Désormais, nos institutions ne pourront plus être modifiées que par les deux Chambres conjointement, c'est-à-dire par le pays.

Le Sénat est nommé par l'Empereur, dit-on.

Là-dessus je donnerai mon avis, et quoiqu'on prétende

que je dois être bientôt sénateur, je trouve ce système très-mauvais. (Bravos.) Je crois que les sénateurs devraient être nommés par le pays. (Oui! oui! — Très-bien! très-bien!)

J'étais sûr que nous finirions par nous entendre. (On rit.) Mais si je suis d'avis de la nomination des sénateurs par le pays, je suis très-grand partisan des deux Chambres. Je crois qu'il est absolument nécessaire que dans un pays il y ait deux Chambres qui se pondèrent mutuellement. Quand il n'y en a qu'une, elle attire tout le pouvoir à soi, et le pays peut se trouver un jour la victime de ses législateurs. Avec deux Chambres, au contraire, la liberté du pays est garantie, et à l'appui de ce que je dis là, permettez-moi une histoire d'Amérique. (Ah! ah! — Oui! oui! — Parlez!)

On conte qu'un jour Washington, le grand Washington, le fondateur de la liberté en Amérique — écoutez une histoire, Messieurs, elle vous reposera un peu — discutait avec Jefferson, le troisième Président de la république des États-Unis, sur cette question des deux Chambres. Jefferson soutenait qu'il ne fallait qu'une Chambre, disant que sur deux une était inutile; Washington, au contraire, affirmait qu'il était nécessaire qu'il y eût deux Chambres pour se pondérer mutuellement.

Ils déjeunaient ensemble. (Ah! ah!) Washington, qui avait des habitudes très-calmes et très-patientes, prenait son thé en le versant dans une soucoupe. (Ah! ah!) Écoutez la suite.

Washington buvait tranquillement son thé. Jefferson, au contraire, tenant sa tasse, la mit à sa bouche et dit : « Il ne faut qu'une seule Chambre »; il se brûla. Alors Washington lui dit : « La question est décidée, il faut deux Chambres; il en faut deux pour laisser refroidir la passion des hommes [1]. » (Bravos.)

Un autre défaut qu'on reproche à la Constitution est celui-ci:

---

1. Cette anecdote, qui a couru dans les journaux français, quand on discutait la Constitution de 1818, n'est pas connue aux États-Unis, m'assure-t-on. Je la tiens donc pour apocryphe. C'est, si l'on veut, une fable ingénieuse; elle suppose chez son auteur une parfaite connaissance du caractère et de l'esprit de Washington. (1872.)

L'Empereur seul, dit-on, a le droit de faire la paix et la guerre. Selon moi, aujourd'hui, l'Empereur n'a plus ce droit. (Si! si!)

Permettez : dans un pays où existe la responsabilité des ministres, le droit de déclarer la guerre n'appartient plus qu'aux ministres ayant les Chambres pour eux, c'est-à-dire le pays.

Croyez-vous qu'en Angleterre il existe une loi...

Une voix : L'Angleterre ne nous regarde pas, parlez de la France ! (Interruptions. — Parlez! parlez!)

M. LABOULAYE : Croyez-vous qu'en Angleterre il existe une loi qui empêche la reine Victoria de faire la guerre? Non. La reine d'Angleterre a le droit de faire la guerre quand elle veut. Mais comme dans ce pays il y a des ministres responsables, si l'un d'eux déclarait la guerre sans la volonté de l'Angleterre, il serait un ministre perdu. C'est le Parlement seul qui décide la guerre, quoique, nominalement, ce soit la reine qui en ait le droit.

Écoutez, Messieurs, ceci en vaut la peine ; quand on a fait des guerres que nous regrettons tous, et que nous avons tous blâmées, pourquoi a-t-on pu les entreprendre? C'est parce qu'on a dit au ministre de la guerre : « Faites marcher les soldats, cela me regarde; il n'y a que moi qui suis responsable. »

Mais aujourd'hui c'est le ministre de la guerre qui est responsable et qui a à répondre de ses actes devant la Chambre.

Vous voyez où est la différence entre les deux systèmes ; autrefois on donnait des ordres au ministre ; aujourd'hui on lui dit : « Vous êtes responsable de la misère du pays.» Il y a donc là évidemment une amélioration de la Constitution.

Maintenant, il reste à examiner le fameux article 13, qui dit que l'Empereur est responsable devant la nation française et qu'il peut lui faire appel en tout temps.

Sur ce point, je trouve cet article très-mauvais, d'autant plus mauvais que je ne le comprends pas. (Interruptions.

Je dis que personne ne comprend cet article et qu'il est très-difficile d'expliquer comment il pourrait s'appliquer. Il est inscrit depuis dix-huit ans dans la Constitution, et il n'en a jamais été fait application.

Comment peut-on comprendre que l'Empereur renvoie une Chambre qui serait contre lui pour faire appel au pays? Que pourrait-il se passer? Une nouvelle Chambre serait nommée, représentant l'opinion du pays et pouvant être animée d'idées contraires à celles de l'Empereur.

Une voix : C'est ce qui arrive maintenant.

M. LABOULAYE : Permettez! L'Empereur n'a pas renvoyé la Chambre devant le pays ; je ne demande pas mieux qu'il le fasse, celle qui reviendrait représenterait le pays.

Une voix : On est à la veille de la renvoyer.

M. LABOULAYE : Je le crois. Mais dans le cas que je viens d'indiquer, une Chambre nouvelle étant nommée, il faudrait bien que l'Empereur gouvernât avec son concours.

Voilà les mérites et les défauts de cette Constitution. Les défauts ne sont pas, selon moi, très-grands (réclamations), c'est mon avis, et les mérites sont, au contraire, considérables (ah! ah!); car aujourd'hui, avec cette Constitution nouvelle, je vous défie d'indiquer une liberté que nous ne puissions pas obtenir par l'accord de la Chambre et du pays. En effet, cherchez quelle est la liberté qui ne puisse pas être demandée aujourd'hui avec le droit d'initiative?

Une voix dans la galerie : Et l'affichage! (Rires.)

Une autre voix : Ah! c'est un colleur! (Nouveaux rires.)

M. LABOULAYE : Je réponds de suite à l'interruption qui m'est faite que la Constitution nouvelle n'empêche personne de proposer une loi pour la liberté d'affichage. Aujourd'hui tout député peut faire cette proposition de loi, tandis que sous l'ancienne Constitution les ministres seuls avaient le droit de présenter des lois.

Ainsi, que l'honorable citoyen qui m'a interrompu fasse présenter une loi sur l'affichage.

Une voix : Mais elle existe.

M. LABOULAYE : Si elle existe, alors que demandez-vous? Si elle n'existe pas, demandez-la! (Bravos.)

Plusieurs auditeurs : Ah! il est collé! (Rire général.)

M. LABOULAYE : Maintenant, si la Constitution est telle que j'ai dit, pourquoi ne veut-on pas l'accepter? Il faut bien l'avouer, ici nous ne nous trouvons plus en présence d'idées, mais de souvenirs et de passions ; car il n'est pas douteux, que la Constitution nouvelle vaut beaucoup mieux que l'ancienne.

Un auditeur : Tout le monde est d'accord sur ce point. (Oui ! oui !)

M. LABOULAYE : Eh bien ! alors, si tout le monde est d'accord, acceptons-la et que tout soit fini. (Bravos.)

Une voix : Ce sont toujours des promesses.

M. LABOULAYE : Pardon ! cette fois, si on vous donne le droit d'initiative, ce ne sont plus des promesses.

Maintenant quels sont ceux qui votent *non* ?

Plusieurs voix : Moi ! moi ! Tous !

M. LABOULAYE : Non ! pas tous.

Parmi ceux qui votent *non*, il y a d'abord ceux qui trouvent que la Constitution est mauvaise, qu'elle ne peut être acceptée, et qui pour cette raison voteront *non*. C'est leur droit, et je n'ai rien à dire.

Une voix : Alors, pourquoi appelez-vous cela des factieux ?

M. LABOULAYE : Pourquoi ? Je vais de suite vous en donner l'explication, car je suis toujours franc du collier. (Très-bien !)

J'ai dit dans ma lettre que toutes les fois que la majorité du pays s'était prononcée pour la forme du gouvernement, le devoir d'un bon citoyen était de s'y soumettre (très-bien ! très-bien ! — Non !), et je m'y suis soumis.

Si demain la République était proclamée par la majorité des Français, je me soumettrais à la République, je ne croirais pas avoir le droit de conspirer contre elle, et si je lui prêtais serment, je le tiendrais.

J'ajoute que toutes les fois qu'un gouvernement est établi et accepté par la majorité du pays, celui qui vient avec une idée préconçue en demander le changement — que ce soit un légitimiste réclamant la royauté de droit divin ou un républicain la république de droit divin — est un fanatique qui met son idée avant le droit de la société ; par conséquent, c'est un factieux, c'est-à-dire un homme qui se révolte contre le droit de la majorité. (Bravos répétés.)

Et vous comprenez bien que lorsqu'un homme vous dit aussi nettement sa pensée au risque de vous déplaire, cet homme est un ami de la liberté.

J'ajoute que parmi ceux qui veulent voter *non* — on le voit par certains journaux — il y a des gens qui rêvent le bouleversement de la société.

Une voix : Nous y voilà !

M. LABOULAYE : Je ne viens pas vous parler du spectre
rouge, non; je prétends simplement dire qu'il y a en ce
moment, dans Paris, un grand nombre de personnes qui
annoncent tous les jours qu'elles veulent une liquidation
sociale, c'est-à-dire changer les conditions de la propriété
et du travail.

Une voix : Ce n'est pas vrai ! (Exclamations. — Cris : A
la porte !)

M. LABOULAYE : Ce monsieur ne lit jamais les journaux.

J'ajoute encore qu'il y a beaucoup de républicains convaincus — lesquels selon moi sont en minorité dans le
pays — qui veulent renverser l'Empire pour établir la
république; ceux-là veulent voter *non*; selon moi, je le
répète, ils sont en minorité, mais ils sont francs, je le déclare.

Je dis donc que voter *non*, c'est déclarer qu'on ne veut
plus du gouvernement actuel. Il ne faut pas se faire d'illusion sur ce point. (C'est cela ! Oui !) Cela me paraît tellement clair, que je crois inutile de discuter. En effet, il
est évident que si je ne voulais plus du gouvernement
actuel, je voterais *non*.

Maintenant d'autres veulent s'abstenir; ce sont les
gens qui n'ont pas le courage de se prononcer; ce sont
encore ceux — nous le voyons par le langage des journaux où je vais chercher mes renseignements — qui forment le parti démocratique-socialiste, et qui disent que,
prendre part au vote, c'est reconnaître le gouvernement
qui existe. Eh bien! s'abstenir, c'est se mettre dans ce
parti. (Dénégations.)

Je n'entends blâmer personne en exprimant ici mes idées;
nous sommes assemblés pour parler affaires, et je respecte
tellement la liberté des opinions de chacun, que je reconnais même le droit qu'on a d'être injuste envers moi ; mais
enfin il est évident que ceux qui s'abstiennent sont ceux qui
veulent faire échec au gouvernement, et que ceux qui n'ont
pas le courage de faire connaître leur opinion figureront
à côté de ceux-là; or, en retranchant 2 millions de voix
pour les abstentions ordinaires sur 10 millions d'électeurs,
le nombre en plus d'abstentionnistes représentera ceux qui
seront contre le gouvernement; c'est clair comme le
jour.

24.

Comme je crois que la Constitution actuelle nous fait l'économie d'une révolution, je l'accepte et d'autant plus qu'il n'y a pas de liberté qu'on ne puisse conquérir avec elle : par conséquent, il n'est pas une liberté qui ne puisse être donnée à la France sans qu'il y ait à redouter une désorganisation du travail, de l'industrie et toutes les conséquences nécessaires du désordre et de la révolution. (Bravos.)

C'est là, j'ose le dire, l'opinion que j'ai toujours soutenue ; toujours j'ai demandé toutes les libertés, mais toujours aussi j'ai dit : Pas de révolutions ! (Très-bien ! très-bien !)

J'ajoute qu'aux dernières élections lorsque j'ai parcouru l'arrondissement, je n'ai trouvé que deux classes de personnes, d'abord les conservateurs qui me disaient : Monsieur Laboulaye, nous aurions du goût pour vous, mais nous craignons que votre parti ne nous donne la révolution.

C'était là, je crois, une grande erreur.

Et puis il y avait ceux qui votaient contre moi, ou pour mieux dire qui votaient pour M. Barthélemy Saint-Hilaire.

Une voix : Pas de personnalités !

M. E. LABOULAYE : On en fait contre moi, je n'en fais contre personne.

Les personnes qui votaient pour M. Barthélemy Saint-Hilaire ou pour moi nous disaient : « Messieurs, de la liberté tant que vous voudrez, mais pas de révolution. » — Dans chaque réunion publique, nous répétions cette phrase ; eh bien, je crois être resté fidèle à ceux qui m'ont donné leurs voix à cette époque (non ! si !) ; je crois être fidèle à la pensée de ceux qui voulaient faire de moi un député, en m'opposant à la révolution ; je crois être leur interprète et je rappelle qu'à Versailles j'ai eu la majorité. (Très-bien ! — Mouvements divers. — Interruption.)

Voilà mes raisons. Maintenant, à ceux qui votent oui, je dis : Que risquez-vous de voter ainsi? Si le nouveau gouvernement est libéral, vous avez bien fait...

Une voix : Et les finances !

M. LABOULAYE : Les finances, les Chambres les administreront.

Si, au contraire, le gouvernement devait être ébranlé par les *non*, vous avez encore bien fait de voter *oui*, car vous aurez voulu donner à la société, la sécurité qui lui manquera. (Approbation.)

Si maintenant le gouvernement entrait dans la voie de la réaction, s'il nous trompait, nous qui votons pour lui parce qu'il nous promet la liberté, dans quelle situation serions-nous ?

Je vais vous le dire.

A ce moment vous viendrez peut-être me chercher pour défendre la liberté, car alors je pourrai dire ce que d'autres ne pourraient pas faire entendre.

Si on fait de la réaction en disant : Nous donnions la liberté, on l'a retournée contre nous ; ces hommes étaient des ennemis, nous nous défendons contre eux : plus de liberté ! alors je répondrai : Vous ne pouvez pas raisonner de la sorte vis-à-vis de moi, car jamais je ne vous ai trompés ; quand j'ai demandé la liberté pour le pays, c'était bien la liberté que je voulais et pas autre chose. (Approbation.)

Considérez donc dans quelle situation nous sommes ; elle est des plus favorables, si nous voulons l'accepter.

Une voix : Et la nomination des maires ?

M. E. LABOULAYE : C'est un détail, et les détails on les aura quand on voudra, puisque les députés seront là.

Je n'ai vu qu'une fois dans ma vie cette situation d'un pays où un gouvernement prenant l'initiative des réformes, toute la société se trouve favorable à la liberté. Les conservateurs qui combattaient précédemment contre nous disent aujourd'hui : Nous voulons bien de la liberté. Voilà donc la majorité du pays, celle qui a triomphé aux dernières élections, se déclarant prête à accepter toutes les réformes.

Lors de ces élections plus de 4 millions de voix ont été données par les conservateurs, fonctionnaires, administrateurs, etc., enfin, par la majorité du pays qui, à l'heure qu'il est, se déclare presque entière pour la liberté. Eh bien ! c'est à ce moment, quand nous pouvons tendre la main à tous ceux-là et marcher ensemble à la conquête de la liberté, que nous nous diviserions et que nous dirions : « On ne nous donne pas assez ; nous voulons davantage : ce sera tout ou rien ! »

J'ai été dans les affaires, peut-être y ai-je appris à avoir l'esprit pratique; je pense qu'il faut conduire soi-même sa barque et ne pas la laisser diriger par d'autres. Quand un débiteur plus ou moins arriéré m'offrait un à-compte, je ne lui disais pas : Je veux tout ! j'acceptais l'à-compte ; cela le soulageait, et je me disais : Dans quelque temps j'aurai le reste. Aujourd'hui on nous offre un à-compte considérable, prenons-le, le reste ne tardera pas à venir. (Vive approbation.)

Supposez, au contraire, que les *non* dépassent de beaucoup le chiffre de la majorité, quand aurez-vous la liberté ? Ce n'est pas au lendemain d'une révolution qu'on l'obtient. Nous en avons vu des révolutions ; au bout de trois mois, ceux qui les ont faites, on les tue derrière les barricades ou on les transporte sans jugement. (Mouvements divers.) Ceci est de l'histoire. (Oui ! oui !)

Voilà pourquoi je crois qu'un bon patriote doit voter pour la nouvelle Constitution. Un démocrate, un libéral, un bon citoyen peuvent l'accepter.

Une voix : C'est impossible !

M. E. LABOULAYE : L'avenir jugera !

Un auditeur : Si elle n'est pas violée.

M. E. LABOULAYE : On n'a pas encore trouvé de Constitution inviolable.

Je ne veux pas vous retenir plus longtemps, Messieurs, et je suis très-fatigué.

Une voix : On connaît votre opinion.

Autre voix : Vous n'avez rien dit de l'armée.

M. E. LABOULAYE : On vous donne le ressort, la machine principale ; on vous donne une Chambre pouvant faire ce qu'elle veut par des ministres qu'elle désigne elle-même. Ne dites pas : Je veux telle ou telle réforme, moi, je les veux toutes. Une Constitution n'est pas les réformes, c'est la machine pour les faire. Tant que vous n'aurez pas la machine, vous n'aurez rien; cette machine, on vous l'offre, prenez-la, vous vous en servirez.

Je finis par deux mots : J'ai toujours gardé toute ma vie une devise qui m'a servi constamment et m'a garanti contre les découragements et les impatiences; cette devise, que je vous lègue, est celle-ci : Pas de révolution, pas de contre-révolution; la liberté, toute la liberté, rien que la liberté. (Nombreux bravos et applaudissements répétés.)

M. LE PRÉSIDENT : La séance est levée.

L'assemblée se sépare à neuf heures et demie.

(*Liberté.*)

En troublant la conférence de Versailles on avait encore une fois manqué le but. Tout ce bruit, répété et grossi par les journaux de Paris et de la province, excitait l'attention du public; on s'occupait de mon discours, on discutait mes opinions. Je ne demandais pas autre chose, bien convaincu qu'à l'examen les gens que n'égarait pas la passion politique, sentiraient que l'adoption du plébiscite n'avait aucun inconvénient et offrait de grands avantages. Mais on ne résiste pas impunément à un parti qui n'a jamais mis la modération au nombre de ses vertus. Il fallait abattre à tout prix, par tous les moyens, le téméraire qui osait faire appel à la raison publique; la discussion ne suffisait pas, la calomnie n'avait pas complétement réussi, le moment était venu d'employer la violence. On résolut de me chasser de la chaire où, depuis vingt-deux ans, j'enseignais au Collége de France que la liberté a deux grands ennemis, le despotisme et la révolution.

Qu'on ne dise pas que le hasard a tout fait. Le coup était monté; j'en étais prévenu plus de quinze jours à l'avance. Et d'ailleurs, les tapageurs venaient chaque semaine au Collége de France, répétant tout haut que je ne leur échapperais pas. Rien ne m'eût été plus facile que de tromper leur vengeance. L'année était avancée, je pouvais prendre des vacances et attendre que le calme se fît dans les esprits, ou que les passions fussent occupées autre part. Je tins à reprendre mon cours; j'avais confiance dans mon

droit, confiance aussi dans l'estime et l'amitié de mes
auditeurs. Je dois dire que cette amitié, ma plus
douce récompense, ne m'a pas manqué. Pas un de
mes auditeurs ne s'est mêlé au troupeau de mes in-
sulteurs ; tous, au contraire, ont protesté de vive
voix ou par écrit contre cette violation de la liberté
d'enseignement. Des journaux, qui font métier de se
moquer du public, ont pu imprimer que la jeunesse
française, cette jeunesse au cœur si noble, n'avait
pu supporter ma trahison, et que le cri de leur conscience avait protesté contre ma conduite ; la vérité
est qu'une centaine d'individus, sortis des brasseries
du quartier latin, sont venus à mon cours pour s'amuser à y faire du bruit. Je puis affirmer, sans crainte
d'être démenti, que la Politique d'Aristote était le
moindre de leurs soucis ; la plupart de ceux qui de
gaieté de cœur accouraient pour m'outrager me
voyaient pour la première fois.

On ne réussit pas tout d'abord. Voici le fidèle récit
de la première tentative, qui eut lieu le 23 mai 1870.
Je l'emprunte au *Journal des Débats.* Qu'on ne me reproche pas d'évoquer ces souvenirs ; ce n'est point
par rancune que je reviens sur ce triste passé. Il est
bon que mes successeurs dans l'enseignement sachent
comment on s'y prend pour calomnier et renverser
le professeur qui déplaît à un parti ; il est bon surtout que le public voie de près la comédie, pour ne
pas se laisser mystifier une autre fois par l'hypocrisie
de ceux qui se cachent dans la coulisse. Les acteurs
changent, mais c'est toujours la même pièce et la
même chanson.

15 mai 1870.

Aujourd'hui lundi, à midi et demi, M. Laboulaye a

repris son cours du Collège de France, interrompu depuis les vacances de Pâques. Longtemps d'avance la salle s'est remplie, et quelques trépignements précurseurs annonçaient un orage. Quand M. Laboulaye a paru dans sa chaire, aussi calme que d'habitude, des applaudissements très-chaleureux ont éclaté sur presque tous les bancs et ont duré en s'accentuant de plus en plus pendant plusieurs minutes. Le plus grand nombre des assistants s'efforçaient manifestement de couvrir les clameurs hostiles par le bruit de leurs applaudissements ; beaucoup d'entre eux agitaient leurs chapeaux en criant : *Vive Laboulaye!* Cependant ces acclamations enthousiastes ont dû prendre fin, et alors se sont élevés des cris : *Au Sénat! au Sénat!* On a pu constater qu'ils partaient de deux petits groupes de six ou sept jeunes gens concentrés dans le haut de la salle. Les partisans de M. Laboulaye ont répliqué par une nouvelle salve d'applaudissements, auxquels ont répondu de nouveaux cris. « Parlez! parlez! » disait-on de toutes parts à M. Laboulaye. — Je parlerai, dit-il, quand vous voudrez m'écouter. — Une voix : Écoutez, mais ne soyez pas convaincus. — M. Laboulaye : On ne convainc que ceux qui écoutent sans parti pris; mais quand un honnête homme s'adresse à un auditoire d'honnêtes gens, ceux-ci le laissent se défendre. (Interruptions.) Je suis décidé à rester ici jusqu'à ce que l'heure soit écoulée. — L'encrier! l'encrier! — Si vous m'écoutez, vous saurez l'histoire de l'encrier. Cela vous calmera peut-être un peu en vous montrant à quel point certains journaux se moquent de vous. En 1866, j'étais candidat à Strasbourg; j'ai obtenu 10,000 voix, dont 8,000 à Strasbourg même. Ceux qui avaient voté pour moi ont voulu m'honorer d'un

souvenir après la lutte électorale. Ils ont ouvert une
souscription publique à *deux sous;* c'est vous dire
combien les souscripteurs ont été nombreux. Eh
bien ! savez-vous combien ont réclamé ? *Dix.* Avouez
qu'il m'était facile de les désintéresser en leur en-
voyant des timbres-poste [1]. (Nouvelles interruptions,
nouveaux applaudissements.) Je vous prie de ne pas
mêler le bruit de vos applaudissements à celui des
interruptions, afin qu'il soit plus facile de constater
que ceux qui interrompent ne sont qu'une infime
minorité. — Oui ! oui ! — Une voix : Nous ne vous
laisserons pas parler ! L'auteur de cette interruption
est debout, son chapeau sur la tête. Son voisin lui
dit : Otez au moins votre chapeau. L'autre refuse,
son interlocuteur lui fait tomber son chapeau. On
prévient une rixe en les séparant, non sans peine.
M. Laboulaye reprend :

Voulez-vous m'écouter? — Une voix : Non ! —
Celui qui a dit : *Non!* n'est jamais venu à mon cours,
et il fera bien d'y venir, car le premier principe que
j'y professe est le respect de la liberté d'autrui. —
Oui! oui ! bravo ! — Une voix : Et la liberté politique? — M. Laboulaye : On m'accuse d'avoir

1. Ces dix personnes écrivirent à un journal pour dire qu'elles
avaient agi au nom du Comité de la souscription. Cette réponse
était une défaite : 1° Un comité ne survit pas quatre ans à l'œuvre
qu'il a accomplie. Comment cinq ou six mille souscripteurs
dispersés depuis quatre ans et divisés d'opinion lui auraient-ils
donné pouvoir de défaire ce qu'ils avaient fait? Où était ce pouvoir? La majorité des Strasbourgeois a voté pour le plébiscite ; il
s'en faut donc de beaucoup que tous mes anciens électeurs fussent
mécontents de moi. 2° Le prétendu Comité m'écrivait plus d'un
mois après l'invention des journaux ; c'était une manœuvre montée
après coup. 3° Enfin ce soi-disant Comité était si peu sûr de ses
pouvoirs, qu'il ne redemandait pas le cadeau qu'on m'avait offert ;
il se contentait de m'injurier. J'ai fait à cette épître la seule réponse qu'elle méritait : je l'ai jetée au feu. (1872.)

changé d'opinions ; d'autres peuvent changer d'opinions; moi, je ne le puis pas; car j'ai consigné les
miennes dans des livres que tout le monde a pu lire,
et l'on pourrait toujours m'opposer mes opinions anciennes. Voici un livre que j'ai publié en 1863, au
lendemain des élections législatives; prévoyant ce
qui se passerait aux élections de 1869, j'y ai exprimé
mon avis sur toutes les questions. Ce volume est intitulé *le Parti libéral*; il a eu sept éditions, il a donc
trouvé beaucoup de lecteurs. Il me suffira de leur
rappeler le passage suivant, où je m'adresse au parti
radical, auquel je m'honore d'appartenir. — Oh ! oh !
— Voici ce passage :

« Il y a aussi dans le parti radical un grand
nombre d'hommes qui se rattachent aux principes de
1789. Ceux-là, il est aisé de les conquérir avec des
institutions libres, et de les réconcilier avec un système politique qui, à l'origine, n'était pas de leur
goût. C'est ce qu'exprimait parfaitement Benjamin
Constant, ardent républicain de l'an III, mais très-
décidé à n'être pas plus sage que la France et à accepter tout gouvernement libéral reconnu par le
pays : « Les révolutions me sont odieuses, disait-il,
« parce que la liberté m'est chère... La liberté, l'or-
« dre, le bonheur des peuples sont le but des asso-
« ciations humaines ; les organisations politiques ne
« sont que des moyens, et un républicain éclairé est
« beaucoup plus disposé à devenir un royaliste con-
« stitutionnel qu'un partisan de la monarchie abso-
« lue. *Entre la monarchie constitutionnelle et la ré-
« publique, la différence est dans la forme. Entre la
« monarchie constitutionnelle et la monarchie absolue
« la différence est dans le fond*[1]. »

1. *Cours de pol. const.*, t. II, p. 70.

« Ces deux dernières phrases sont soulignées dans
le texte même. Quelques sifflets se font entendre, et il
se trouve que c'est Benjamin Constant qui est sifflé
par la jeunesse de 1870!

« M. Laboulaye, continuant : En France, il y a un
moyen bien commode dont on se sert quand on ne
sait plus que répondre ; c'est de dire : Il est vendu!
Voulez-vous savoir pourquoi j'ai conseillé de voter
pour le plébiscite ? C'est d'abord parce que le sénatus-consulte contient des réformes très-libérales :
l'initiative des deux Chambres, la responsabilité ministérielle, le droit de pétition, etc.; c'est ensuite
parce qu'on le soumettait à la ratification du peuple,
et je m'étonne que des démocrates repoussent un
procédé aussi démocratique, qui est usité, dans les
républiques comme les États-Unis et la Suisse. — Il
n'y a pas de préfets aux États-Unis ! — Dans mon
cours sur la Révolution française, je dis et je répète
depuis dix ans que ce qui a tué la Révolution, c'est
que les Assemblées législatives se sont emparées du
pouvoir absolu; la Révolution n'aurait pas péri
par ses excès si la nation avait été plus souvent
consultée. Ne devais-je pas, en conséquence, me rallier au système des plébiscites, qui est maintenant
une institution ? (Interruption.) Vous êtes libres de
voter comme vous voulez, vous avez la presse, le
droit de réunion... — Il n'y a pas de liberté de la
presse ni de liberté de réunion ! — Et le rapport de
M. Grandperret? — Et les trois complots? — Et la
Société des gourdins réunis? — Et la suspension de
la *Marseillaise* ? — Et Cayenne? — Les soldats ont-ils
la liberté individuelle? — M. Laboulaye: Et en supposant même que je me trompe, le premier droit du
citoyen n'est-il pas celui de se tromper? Je ne pré-

tends pas être infaillible comme ces démocrates qui
se croient infaillibles dans leurs opinions et dans
leurs condamnations; en cela ils ressemblent aux
ultramontains. — C'est une injure! — C'est du moins
une consolation pour moi de me tromper avec la majorité de mes concitoyens. (Nouvelles interruptions.)
En somme, nous voulons tous la liberté. Nous diffé-
rons peut-être sur les moyens d'y parvenir; mais
pour moi, quels que soient les drapeaux des partis,
je suis avec tous ceux qui sont pour la liberté. —
Une voix ironiquement : Embrassons-nous! M. Laboulaye; ce n'est pas moi qui refuserai. Après le plébiscite comme auparavant, je demanderai la liberté,
la liberté pleine et entière, mais rien que la liberté,
et je l'accepterai de ceux qui me la donneront sans
révolution. Je me suis expliqué très-franchement. —
Oui! oui! bravo! — Je reprendrai mon cours vendredi, si du moins vous me le permettez, et j'espère
que les dames qui sont venues aujourd'hui revien-
dront même après cette scène tumultueuse pour laquelle je leur présente mes excuses. — Ça les amuse!
— Je veux espérer que mes interrupteurs comprendront enfin qu'il est une liberté qu'ils doivent respecter, celle de l'enseignement. Aussi les prierai-je,
s'ils reviennent vendredi, de m'attendre dans la cour;
là ils pourront me siffler tout à leur aise; je le leur
permets très volontiers, pourvu qu'ils me laissent
faire mon cours. (Rires et bravos.) Croyez-moi, on est
bien fort quand on a pour soi sa conscience et le bon
droit. (Applaudissements très-chaleureux et très-pro-
longés, mêlés de quelques cris.)

« En somme, M. Laboulaye a su tenir tête à l'orage
pendant l'heure entière que sa leçon devait durer,
sans autre secours que sa présence d'esprit et la sin-

cérité de ses explications. Le dernier mot lui est resté, et nous croyons que cette scène si fâcheuse ne se renouvellera plus. On peut dire que les interruptions ont été en déclinant. La foule a suivi M. Laboulaye jusqu'à la voiture qui devait l'emmener, et lui a fait une sorte d'ovation enthousiaste, que les interrupteurs ont renoncé à troubler. »

La façon dont m'avait accueilli mon cher et fidèle auditoire ne pouvait pas être agréable à ceux qui avaient juré de me faire payer les frais du plébiscite. On s'arrangea pour fermer la bouche au professeur et à ses élèves. Le vendredi 27 mai 1870, le Collège de France fut envahi par le ban et l'arrière-ban des irréconciliables, si l'on peut donner ce nom à de bons jeunes gens qui vont partout où l'on fait du tapage, et qui crient pour le plaisir de crier. On hurla de manière à ce qu'il me fut impossible d'essayer même de parler, et on me jeta délicatement des gros sous à la tête. J'emprunte à la *Liberté* du 29 mai le récit publié par M. Edouard Drumont, récit fait avec bienveillance pour moi, mais au fond très-exact et très-modéré.

« Ainsi que nous l'avons annoncé hier, les scènes qui s'étaient produites lundi au cours de M. Laboulaye se sont reproduites avec une violence plus grande et une sorte de fureur dans l'intolérance.

« Le cours ne commence qu'à midi et demi, et dès midi l'amphithéâtre était plein jusqu'au faîte. On s'étouffait aux portes de la salle et jusque dans l'escalier, au milieu d'un tumulte inouï. A midi et demi, les dames installées au pied de la chaire quittent leurs places, et la foule se précipite vers la chaire. Un étudiant prend le morceau de craie et écrit sur le tableau noir : *Laboulaye, apostat. — Cours fermé pour cause d'apostasie !* ajoute un autre, et les inscriptions, plus ou moins parlementaires, se succèdent rapidement.

« Tout à coup le bruit se répand que M. Laboulaye fait son cours à l'amphithéâtre n° 7 ; on s'y précipite, et le tumulte prend alors des proportions indescriptibles. Les cris de : « Vive Laboulaye ! Au Sénat ! L'encrier ! Assis ! Assez ! » se succèdent, se croisent, se confondent. Imperturbable, digne et souriant, d'un sourire triste, M. Laboulaye attend, pour placer un mot, un instant de silence qui ne vient pas.

« Pendant trois quarts d'heure les vociférations se mêlent ainsi aux applaudissements, les vivats aux huées ; une partie des assistants lève le chapeau en l'air en acclamant le professeur ; l'autre partie trépigne. La chaleur étouffante qui règne dans une pareille agglomération semble encore surexciter tout le monde. Enfin M. Laboulaye se retire dignement et simplement.

« Une foule énorme stationne dans la cour du Collège de France et dans la rue Saint-Jacques, et à la sortie du professeur les bravos et les sifflets se font entendre de nouveau.

« Il est impossible, devant de semblables scènes, de ne pas éprouver une profonde tristesse ; devant cette intolérance brutale on plaint moins la sympathique personnalité de M. Laboulaye que la cause de la liberté. L'odieuse façon dont on traite un homme dévoué à la cause libérale, un homme qui, par la plume et par la parole, a défendu cette cause aux jours de l'universel silence, frappe moins encore peut-être que l'idée que la jeunesse paraît se faire de la liberté.

« Que M. Laboulaye ait eu tort avec 7,000,000 d'élec-

25.

teurs ou raison avec 1,500,000, là n'est pas même
la question. Le côté triste, c'est le manque d'éducation libérale qui s'affirme chez la génération qui
vient. Songez-y, ces étudiants intolérants pour le *oui*
indépendant d'un homme considérable entre tous,
seront demain impitoyables pour le *non* d'un républicain, ces bruyants et ces tapageurs deviendront, sub-
stituts, procureurs impériaux, juges et conseillers ; ils
auront méconnu jeunes le respect qu'on doit à la
liberté, même quand elle ne flatte pas nos passions ;
ils seront sans pitié plus tard pour la liberté qui dé-
plaira au gouvernement d'où dépendra leur avancement. Le jacobin aveugle fait le préfet servile,
l'étudiant tapageur fait le magistrat implacable, le
magistrat implacable fait le député édictant les lois
répressives.

« La liberté d'avoir raison, a dit M. E. de Girardin,
suppose la liberté d'avoir tort. La minorité, qui a eu
tort numériquement, est aussi ridicule d'attaquer la
majorité, qui a eu raison, que le serait la majorité,
qui a eu raison, d'attaquer la minorité, qui a eu
tort. »

Chassé de ma chaire, par la violence je repris tranquillement le chemin de Versailles, qui me ramenait
à mon petit jardin. Aussi philosophe que le pauvre
Candide, je comprenais pour la première fois toute la
profondeur d'une maxime que Casimir Delavigne a
mise en vers :

La popularité, c'est la gloire en gros sous.

Que devais-je faire après cette émeute ridicule ?
Mon parti fut bientôt pris. Il ne me convenait pas
d'engager le gouvernement dans une querelle toute

personnelle; je ne voulais à aucun prix amener le
trouble et le tumulte dans les salles paisibles de mon
cher Collège de France, et enfin je n'étais pas d'hu-
meur à servir plus longtemps de jouet à cette aimable
jeunesse qui préludait si agréablement à la vie politique. Les professeurs sont avec les acteurs les seuls
citoyens qu'on puisse insulter impunément; mais ils
ont cet avantage qu'il leur est permis de quitter la
scène où on les siffle.

Dès le jour même, j'adressai à M. l'administrateur
du Collège de France la lettre suivante :

Glatigny-Versailles, le 27 mai 1870.

« MONSIEUR L'ADMINISTRATEUR,

« Dans l'intérêt de la paix publique, je vous demande la
permission de suspendre provisoirement mon cours.

« Vous savez que l'amphithéâtre a été envahi ce matin
par des gens qu'on n'a jamais vus au Collège de France.
Malgré les protestations de mes auditeurs ordinaires, on ne
m'a pas laissé dire un mot; on m'a insulté, on m'a jeté des
gros sous à la tête; plusieurs dames placées auprès de moi
ont été atteintes par les gracieusetés de ces messieurs.

« Je ne suis pas homme à supporter de pareils outrages;
mais si l'autorité veut que force reste à la loi, elle sera
obligée d'envoyer en police correctionnelle des insensés qui
ne savent pas ce qu'ils font.

« Je crois qu'il convient à un vieux professeur d'avoir
pitié des fous qui l'insultent; c'est à l'opinion publique qu'il
appartient de condamner ces artisans de désordre qui
outragent en ma personne le citoyen et le professeur, la
liberté d'opinion et la liberté d'enseignement. Du reste, si
j'en crois les nombreuses marques de sympathie que je reçois de toute la France, le moment n'est pas éloigné où
pleine justice me sera rendue.

« Recevez, Monsieur l'administrateur, l'assurance de mon profond respect.

« Votre très-obéissant serviteur,

« Ed. LABOULAYE. »

En publiant cette lettre, le *Journal des Débats* l'accompagnait de l'article suivant que je cite, non parce qu'un ami y fait mon éloge, mais parce que cet article exprime très-bien l'état de l'opinion à la suite des violences dont j'étais victime.

« Nous pensons que les jeunes gens qui ont jeté des gros sous à M. Laboulaye sentiront, en lisant cette lettre, la rougeur leur monter au front. Par la retraite de M. Laboulaye, le vide se fait, pour ainsi dire, devant eux. Les voilà en face d'eux-mêmes et de l'opinion publique.

« Un pareil outrage à M. Laboulaye ! Quoi ! vingt années de l'enseignement le plus élevé et le plus libéral, devant l'auditoire le plus assidu et le plus sympathique, devaient aboutir à ces insultes grossières et stupides ! Vingt années où l'honorable professeur n'a eu d'autre ambition personnelle que de faire passer dans l'âme de ses auditeurs ses convictions désintéressées ! Les ministres pourraient dire si, au lendemain du plébiscite, ce désintéressement s'est démenti.

« Qui est plus libéral que M. Laboulaye ? Qui est plus démocrate ? personne. Quel est donc son crime ? Il n'est pas révolutionnaire ! C'est sa foi, sa foi profonde, inspirée par l'étude de l'histoire et par les méditations de toute sa vie, que les violences révolutionnaires font obstacle au progrès, à la liberté, et qu'il n'y a de liberté durable que celle qui est fondée par l'accord pacifique des citoyens. Il l'a dit cent fois dans son cours, il l'a démontré cent fois, l'histoire à la main. L'an dernier, dans la salle de la Redoute, salle hantée par les auditeurs des réunions publiques, il déclarait que « les deux plus grands ennemis du progrès sont la guerre et la révolution. » Était-ce clair? Survient le plébiscite. Candidat aux dernières élections législatives, ses électeurs le consultent. Il leur doit une réponse. Va-t-il, pour flatter les passions du parti radical, se mettre en contradiction avec lui-même, et, pour courir après la popularité, manquer de respect à ses propres opinions? Il n'hésite pas; il sera conséquent. Il pèse la question posée : le sénatus-consulte contient des réformes libérales; on demande au peuple de les approuver. « En acceptant, dit-il, les réformes libérales et la Constitution nouvelle, vous vous frayez un chemin vers la liberté, et vous faites l'économie d'une révolution ; double profit : votez *oui !* »

« Ah ! il n'est pas révolutionnaire ! Ah ! l'Empire libéral lui déplaît moins que le triumvirat Rochefort, Flourens et Mégy ! Des jeunes gens qui n'étaient jamais venus à son cours, et qui ne vont guère qu'à ceux où l'on fait du tumulte, n'ont pas pu supporter cela. Sans se donner la peine de se mettre au fait des opinions de M. Laboulaye et de commencer par les bien connaître, ils le traitent d'apostat. Certes M. Laboulaye a dû s'étonner de se voir en butte à une méprise aussi lourde dans cette même salle du Collége de France où deux fois par semaine, avec la clarté la plus limpide, il expose ses idées depuis vingt ans. Lundi dernier, en quelques mots, il avait détrompé ceux des perturbateurs qui étaient peut-être sincères. Les autres ont pris leur revanche; ils sont revenus hier plus nombreux. On a vu un honnête homme,

seul et désarmé, exposé à un torrent d'injures anonymes. Il n'avait d'autre moyen de défense que la liberté de la parole; les perturbateurs la lui ont retirée,
sachant bien qu'avec cette arme seule M. Laboulaye
aurait triomphé d'eux. Le despotisme du nombre et
des gosiers retentissants l'a réduit à ne pas pouvoir
dire un seul mot, pendant que ces libéraux d'étrange
sorte lui lançaient des projectiles plus outrageants que
leurs cris.

« Ainsi devint silencieuse cette chaire auprès de
laquelle tant d'auditeurs venaient apprendre ce que
c'est que la liberté. Dans ce cours où il retraçait les
révolutions humaines, M. Laboulaye prenait toujours
en main la cause des opprimés contre les oppresseurs,
et le voilà victime de l'oppression la plus brutale. Il
est impossible que ces jeunes gens n'aient pas honte
maintenant de ce qu'ils ont fait. Un jour de soulève-
ment populaire, les vitres de la maison du duc de
Wellington furent brisées par les émeutiers. Il fit
mettre à ses fenêtres des volets de fer. Vingt années
après, les Anglais le suppliaient vainement de faire
enlever ces volets, qui perpétuaient le souvenir de
leur ingratitude. Tant que le cours de M. Laboulaye
sera fermé, la jeunesse de nos écoles aura devant les
yeux les volets de Wellington. »

Eug. Yung.

Ceux qui avaient dénoncé à un public crédule ma
grande trahison, et ceux qui m'avaient grossièrement
outragé s'étaient trompés dans leurs calculs. De toutes parts on prit ma défense, hormis dans les journaux irréconciliables, condamnés de tout temps à
dénaturer ou à excuser les folies et les fautes de leur
parti. M. Sarcey dans le *Gaulois*, M. Jules Richard
dans le *Figaro*, M. Desmazures dans le *Journal général*

de l'Instruction publique, et une foule d'autres écri-
vains qui me pardonneront de ne pas les nommer,
épousèrent ma cause avec autant de courage que de
talent. Ce n'était plus la cause d'un homme qui avait
pu se tromper, c'était celle de la liberté de l'enseignement, indignement violée en ma personne. De
toutes parts je reçus des lettres et des cartes; on tenait à honneur de protester contre la violence. Je pas-
sai tout un mois à remercier ces amis inconnus. Mais
de tous ces témoignages d'estime et d'affection, aucun
ne m'alla plus droit au cœur que les protestations
multipliées de mes auditeurs. Ceux-ci me connais-
saient de longue main; ils pouvaient dire si jamais
j'avais flatté les passions politiques et si j'avais abandonné mes convictions.

Voici une de ces lettres que je retrouve dans les
journaux du temps :

A Monsieur Laboulaye.

« MONSIEUR,

« Nous sommes divisés d'opinions, mais tous nous nous
sommes unis dans un même sentiment de protestation
contre le despotisme tumultueux de vos interrupteurs; car
on ne peut appeler d'un autre nom cet étouffement de la
parole publique sous la masse des cris et des sifflets. Cependant, monsieur, animés des sentiments de tolérance que
vous nous avez toujours enseignés, nous voulons croire à
l'honnêteté de vos adversaires, et nous attribuons leur conduite bien plutôt à l'ignorance où ils sont de vos actes et
de vos doctrines, qu'à leur ingratitude ou à leur malveil-
lance; car il n'est pas possible qu'on puisse méconnaître,
ou qu'on puisse oublier à tel point et si rapidement les
services que vous avez rendus à la cause démocratique avec
un dévouement si modeste et une énergie si persévérante.

« Aussi sommes-nous convaincus, monsieur, que l'avenir vous rendra justice et que le jour viendra où votre parole acceptée de tous, la politique ne sera plus un échange de violences, mais la compétition fraternelle d'intelligences diverses pour le bien public; alors, nous l'espérons, la bienveillance remplaçant la haine, on ne se croira plus ennemis parce qu'on différera d'opinions.

« Recevez, monsieur, l'assurance de notre dévouement,

JULES SAINT-MARTIN,

Étudiant en droit, 1, rue Crussol.

(Suit un grand nombre de signatures.)

On me permettra de citer quelques-unes de mes réponses qui furent publiées à la même époque. Si je tiens à les réimprimer aujourd'hui, c'est parcequ'elles constatent que jusqu'au dernier moment j'ai répété que l'opinion égarée faisait fausse route, et qu'en acceptant le plébiscite je défendais les vrais principes de la démocratie.

(*Extrait de la Liberté.*)

Nous avons publié, dans notre numéro du 27 mai, une réclamation signée par un grand nombre d'étudiants, qui protestaient, au nom même de la liberté de la parole, contre « les émeutiers d'amphithéâtre. » M. Laboulaye a répondu aux signataires de la protestation par la lettre qu'on va lire :

Glatigny-Versailles, 28 mai 1870.

« MONSIEUR,

« Veuillez me servir d'interprète auprès de vos camarades pour les remercier de leur protestation; je suis heureux de voir cette générosité chez des jeunes gens, et j'y suis d'autant plus sensible que vous n'avez pas voté comme moi.

« Si la violence ne m'avait pas fermé la bouche, je vous aurais montré, par l'exemple de l'Amérique et de la Suisse, que le plébiscite ou l'appel au peuple est une conquête précieuse pour la démocratie, et la forme future de la liberté. Vous auriez compris alors que seul peut-être, parmi les démocrates, j'ai eu le sentiment de l'avenir. Les lettres que je reçois de Suisse sont unanimes à approuver le parti que j'ai pris.

J'ignore si je serai jamais ministre, je crois que pour tout citoyen c'est un devoir de réaliser les idées qu'il a soutenues ; mais je ne serai pas sénateur, par la raison toute simple que la lettre qu'on me reproche a décidé un grand nombre de personnes à voter Oui. On a pu soupçonner la femme de César, et on n'avait pas tort, car elle était aussi suspecte que son mari ; mais je ne veux pas qu'un seul individu, à tort ou à raison, ait le droit de croire que mon avis n'était peut-être pas désintéressé.

« Je suspens mon cours jusqu'à nouvel ordre ; je ne suis pas habitué aux outrages, et j'entends qu'on me respecte. Quand le bon sens sera venu à ceux qui violent de façon si triste la liberté d'enseignement, peut-être remonterai-je dans ma chaire. Après vingt-deux ans d'enseignement où j'ai usé ma santé, j'ai le droit de me reposer ; mon affection pour mes auditeurs soutenait mon courage, je me disais que j'étais utile ; aujourd'hui je crois que la meilleure leçon que je puisse donner à mes concitoyens, c'est de protester par mon silence contre les indignités dont on m'a accablé.

« Recevez, monsieur, l'assurance de toute ma reconnaissance et de toute mon affection.

(*Extrait du Journal des Débats.*)

« Voici une lettre écrite par M. Laboulaye en réponse à celle des étudiants, que nous avons publiée il y a quelques jours :

26

Clatigny-Versailles, le 4 juin 1870.

« MONSIEUR,

« Veuillez recevoir tous mes remerciments, et me servir d'interprète auprès de vos amis pour les assurer de toute ma reconnaissance. Votre lettre aux journaux est d'un ton excellent. Vous m'avez bien compris, et c'est une grande consolation pour moi de voir que tous mes auditeurs anciens et nouveaux prennent vivement ma défense.

« De toute la France je reçois des témoignages d'estime et de sympathie; mais il n'en est pas qui me touche autant que l'amitié de mes disciples. Le temps fera justice des sottes accusations qu'on me jette à la tête. On finira par comprendre qu'en défendant le vote populaire des Constitutions, c'est le droit du peuple que j'ai soutenu contre les usurpations parlementaires dont nous avons tant de fois souffert. Il est aisé d'égarer quelques têtes folles quand on dispose des journaux exaltés, mais ce n'est là qu'un égarement passager.

« La démocratie est le gouvernement du peuple par lui-même et non du peuple par des députés qui ramènent tout à leurs mesquines ambitions ou à leurs préjugés. En Suisse et en Amérique, la ratification des Constitutions et même des lois les plus importantes est passée dans les mœurs; c'est un grand élément de sécurité. Nous en viendrons là; mon seul tort est d'avoir eu raison trop tôt; le temps dissipera des préventions injustes; et je ne me souviendrai que d'une chose, c'est de la fidélité de mes auditeurs, fidélité qui fait leur honneur et qui fait ma joie.

« Recevez, Monsieur, l'assurance de toute ma sympathie.

(Au directeur du *Journal général de l'Instruction publique*.

Clatigny-Versailles, 6 juin 1870.

« Vous me comblez, Monsieur; je garderai votre article comme un titre d'honneur; il est écrit avec une chaleur et une affection qui me vont au cœur. Je ne saurais trop vous en remercier.

« Faire appel à la police pour maintenir l'ordre dans mon cours eût été chose légitime; mais un professeur est comme un père; il a une indulgence à toute épreuve pour ceux même qui l'outragent. Quand on aurait condamné une demi-douzaine de tapageurs, que serait-il advenu? J'aurais reçu les visites et les prières des mères et des sœurs, et il m'eût fallu solliciter la grâce de ceux même qui m'auraient le plus violemment insulté. En me retirant devant la violence, j'ai provoqué dans toute la France une explosion d'indignation et de mépris contre les hommes qui ressuscitent les vieilles traditions jacobines; je crois ce résultat heureux et de nature à empêcher le retour de pareilles folies. Me fussé-je trompé, il sera toujours temps de recourir à la force, et cette fois l'opinion tout entière sera pour moi.

« Vous avez raison de dire que c'est l'opinion qui a changé et non pas moi. A mon âge on ne varie plus; j'ai pour la liberté un amour trop raisonné et trop sage pour qu'il s'envole comme une passion de jeune homme. On finira par comprendre qu'en votant le plébiscite qui restitue au pays le pouvoir constituant, j'ai défendu les vrais principes démocratiques. Du reste, que ma popularité se rétablisse ou qu'elle se dissipe, peu m'importe! Je n'ai jamais recherché que l'estime des honnêtes gens. Ma devise est celle d'Ulrich de Hutten : *A la vérité par la liberté, à la liberté par la vérité.* Tant pis pour qui ne comprend pas!

« Recevez, etc.

C'est le 27 mai 1870 qu'une poignée d'hommes, ignorants ou trompés, me chassait de ma chaire; le 2 juillet 1871 les électeurs parisiens m'envoyaient à l'Assemblée nationale en me donnant cent quatre mille voix. Cette réparation inattendue, inespérée, était mille fois plus grande que l'outrage; je n'avais plus le droit de maudire ceux qui m'avaient insulté.

Tels sont les caprices de la fortune. Le premier tour de roue m'avait arraché à mon paisible fauteuil de professeur pour me jeter dans la boue; le second

me portait au Capitole. Que fera le troisième ? Je
l'ignore et ne m'en soucie guère. J'estime la popularité; c'est le moyen d'être écouté du peuple et
de pouvoir le conseiller et l'éclairer; mais je tiens
avant tout au témoignage de ma conscience. Dussé-
je déplaire à mes électeurs, j'ai besoin de dire ce que
je pense, au risque de reprendre mon bâton de pèle-
rin et de rentrer dans l'obscurité.

Quelle est la morale de tout ceci? C'est qu'on a eu
tort de me traiter comme on l'a fait. Eussé-je été
cent fois dans l'erreur, j'avais le droit de me tromper; chacun avait le droit de me répondre, personne
n'avait le droit de me calomnier. Mais si je ne me
suis pas trompé; si j'ai défendu la souveraineté populaire; si j'ai revendiqué les droits du peuple contre
ceux qui m'accusaient de le trahir, quelle a été la
faute de ceux que leur passion a égarés? Quand on
va proposer de faire une Constitution, de donner un
gouvernement à la France, qui donc aura le droit de
demander que le pays soit consulté? Je sais que pour
toutes les causes on a toujours des sophismes en réserve; il sera facile de dire que ce qui est une vérité
sous la république n'était qu'une comédie sous l'empire. Mais le public n'est pas la dupe de ces changements de front; il n'a qu'une demi-confiance dans ces
principes soi-disant éternels qui varient avec chaque
régime. Pour moi j'ai gardé en 1872 l'opinion que
j'ai soutenue en 1851 et en 1870. Je ne crois pas à la
souveraineté des assemblées, et il me paraît tout au
moins étrange que dans un pays de suffrage universel, on puisse imposer un gouvernement quelconque
à la nation, sans lui demander son aveu. Trois plébiscites ont édifié la fortune du second empire, le
vote populaire est le seul moyen de dissiper toute

équivoque et d'en finir avec des prétentions qui, à un jour donné, peuvent être redoutables. Dire qu'un plébiscite est chose puérile, que le peuple ne refuse jamais la sanction qu'on lui demande, c'est faire aux Français une injure gratuite. En Amérique, il n'est pas rare qu'on refuse de ratifier une Constitution ; l'exemple récent de la Suisse rejetant la nouvelle Constitution fédérale, malgré ses avantages, nous prouve que chez nos voisins le peuple sait ce qu'il veut. Sommes-nous donc les seuls qui n'ayons ni intelligence ni volonté ? Je suis convaincu que si on propose au pays d'accepter la république, le vote sera réfléchi et sérieux. Enfin, que la France use bien ou mal du droit qui lui appartient, et qui n'appartient qu'à elle seule, ce n'est pas une raison pour lui en refuser l'exercice. Personne n'a le droit de la mettre en tutelle ; on ne confisque pas la souveraineté.

Cette souveraineté nationale je l'ai défendue sous l'Empire au prix de ma popularité, je la revendiquerai sous la République sans qu'on puisse m'accuser de courir après la faveur populaire. Les épreuves que j'ai traversées me donnent cet avantage, aujourd'hui fort enviable, que je puis défendre les principes de la démocratie sans qu'on m'accuse d'avoir changé avec les événements, et sans que personne ait le droit de soupçonner ma bonne foi ni ma modération.

26

LA

RÉPUBLIQUE CONSTITUTIONNELLE

LA

RÉPUBLIQUE CONSTITUTIONNELLE [1]

A MONSIEUR EUGÈNE YUNG, DIRECTEUR
DU *Journal de Lyon.*

MON CHER AMI,

Dans un moment où la France affolée cherche sa
voie et ne la trouve pas, vous me demandez de dire
quel est, à mon avis, le programme politique le mieux
fait pour fixer l'opinion et rallier les esprits. C'est me
demander quel est le gouvernement qui peut le mieux
garantir à la France au dehors l'indépendance, au
dedans la sécurité et toutes les libertés que les institutions politiques ont pour objet de protéger. C'est une

1. Aussitôt que la France a eu repris possession d'elle-même,
j'ai dit (sans me faire illusion sur les incertitudes et les périls de
l'avenir) qu'il n'y avait qu'une forme de gouvernement qu'on
pût essayer avec chance de succès : c'est la république constitutionnelle. Ennemi du provisoire que j'ai toujours considéré comme
dangereux, j'ai dressé, dès le mois de mai 1871, ce programme
qui sera peut-être mieux reçu aujourd'hui qu'il y a dix-huit mois,
parce que l'opinion commence à donner raison aux idées que j'ai
soutenues un peu trop tôt (1872).

grosse question. Mais la grandeur d'un problème n'en
fait pas la difficulté. Ici la solution serait aisée si l'on
ne consultait que l'expérience et la raison. Par malheur nous sommes en révolution, c'est-à-dire en un
temps où le fanatisme, l'utopie, la passion, l'intrigue
font tant de bruit que le bon sens a peu de chance
d'être écouté. C'est aux amis de la paix, du travail, de
la liberté, de la justice, c'est-à-dire aux vrais patriotes, qu'il appartient de sauver la France en arbo-
rant un drapeau qui réunisse tous les honnêtes gens.

Ce ne sont pas les gouvernements qui manqueront
à la France. Il y en a quatre qui s'offrent chacun pour
relever le pays. La légitimité, l'orléanisme, l'empire,
la république ont des partisans dévoués. Je ne veux
pas examiner les qualités et les défauts de ces différents régimes; je ne convertirais aucun de ceux qui
les soutiennent, mais en m'adressant aux hommes
impartiaux qui ne cherchent que l'intérêt de la France,
je dirai que de tous ces gouvernements il en est trois
qui, à tort ou à raison, suscitent des répugnances
nombreuses et peuvent allumer le feu de la guerre
civile. Est-il douteux que la légitimité, l'empire, les
d'Orléans seront attaqués, dès le premier jour, par la
coalition de tous les autres partis? De ces trois gouvernements, quel que soit celui qui s'établisse, quelle
que soit l'honnêteté de ses intentions, il sera sur la
défensive dès le premier jour; il en sera bientôt réduit à faire des lois d'exception. Nous recommencerons ces luttes civiles qui depuis quatre-vingts ans
épuisent le pays en armant les uns contre les autres
des hommes que le hasard des circonstances ou l'éducation met aux prises, au grand dommage de la patrie qui a besoin de toutes les lumières et de tous les
dévouements. Aujourd'hui surtout, dans le naufrage

universel, nous n'avons point de forces à perdre; il nous faut l'union et le concours de tous les citoyens.

Cette union, ce concours, la république seule peut l'amener en ce moment. Elle appelle à soi tout le monde, elle n'exclut personne. Légitimistes, impérialistes, orléanistes ont leur place dans ce gouvernement de la nation par elle-même. Un parti a pu renverser l'empire abandonné de tous et proclamer la république, mais l'établissement de la république ne sera pas l'œuvre d'un parti; il n'y aura ni vainqueurs ni vaincus.

Je ne suis pas de ceux qui mettent la république au-dessus du suffrage universel; je n'ai jamais rien compris à ce droit divin de nouvelle espèce; j'estime que les gouvernements sont faits pour les peuples, et non pas les peuples pour les gouvernements. La France a donc le droit de rejeter la république, si la majorité de la nation n'en veut pas; mais je crois qu'aujourd'hui il est de son intérêt de la conserver et de la constituer. La république existe, ce qui est beaucoup pour un gouvernement; avec un peu de sagesse, on peut en faire un régime durable et qui donne une garantie sérieuse à tous les droits et à tous les intérêts. En acceptant la république, la France fera un mariage de raison; c'est pour cela peut-être qu'elle trouvera enfin le repos et le bien-être qu'elle poursuit en vain depuis si longtemps.

Maintenant quelle est la république qui convient à la France? C'est là le point capital; car le nom de République est une étiquette aussi vague que le nom de monarchie; il désigne les gouvernements les plus divers et les plus opposés. La république de Venise était une aristocratie, celle de Hollande une monarchie tempérée, celle de la Convention une dictature, et en ce moment même nous voyons la Commune de Paris appeler république ce qui n'est qu'une explosion de démagogie.

La république qui convient à la France, c'est celle qui ressemble au gouvernement de l'Amérique et de la Suisse ; Je la qualifie d'un mot : c'est la RÉPUBLI- QUE CONSTITUTIONNELLE [1].

Nous savons tous ce que c'est qu'un gouvernement constitutionnel ; il ne faut pas de longs discours pour nous rappeler quelques vérités d'expérience, quelques principes qui nous sont familiers.

Les hommes vivent en société, non-seulement par un instinct naturel, mais parce que c'est dans la so- ciété seulement qu'ils peuvent développer leur activité et trouver leur bonheur dans ce développement. La sû- reté des personnes, du travail et de la propriété, fruit du travail, la liberté d'action, la liberté de conscience et de paroles, la facilité de s'associer et de se réunir en vue d'un bien commun : tels sont ce qu'on peut ap- peler les droits naturels de l'homme en société. C'est pour garantir ces droits, c'est-à-dire pour les proté- ger contre toute attaque du dehors ou du dedans, que les peuples ont établi des gouvernements. Un gouvernement est bon quand il maintient toutes ces libertés par de justes lois ; il est mauvais quand, dans un intérêt égoïste, il empiète sur ces droits individuels.

---

1. M. Thiers dit la *République conservatrice*; le mot a fait fortune. J'aurais préféré le titre que j'avais choisi, par la simple raison que tout le monde peut se dire conservateur, mais que ceux-là seulement peuvent se dire constitutionnels qui respectent les formes politiques et les garanties établies chez tous les peuples libres. Du reste, le nom ne fait rien à l'affaire ; qu'on nous donne des institutions constitutionnelles, c'est l'essentiel (1872).

En ce sens, les deux vers de Pope, qu'on a si souvent répétés, renferment une éternelle vérité :

For forms of goverument let fools contest;
Whate'er is best administer'd is best [1].

Mais, en supposant chez les administrateurs une même honnêteté, quel est le régime qui offre les meilleures chances d'une bonne administration? L'histoire et l'expérience répondent que c'est un gouvernement où tous les pouvoirs ne sont pas réunis dans la même main. La division des pouvoirs est la condition essentielle d'un bon gouvernement.

Cette division nous est familière ; elle est la même dans tous les pays constitutionnels, qu'ils se nomment monarchie, qu'ils se nomment république. Deux chambres, un pouvoir exécutif indépendant et responsable, un pouvoir judiciaire qui soumet au joug de la loi aussi bien ceux qui gouvernent que ceux qui sont gouvernés : voilà les éléments de la liberté politique chez les peuples modernes. Joignez-y la déclaration des droits individuels que le législateur ne peut entamer, puisqu'il est institué pour en assurer le respect : voilà en peu de mots toute la charte de la république constitutionnelle. Pas n'est besoin de convoquer une assemblée constituante et de suspendre la vie du pays pour la rédiger. Ce qui est difficile en ce moment, à cause de la division des partis, c'est de choisir la forme du gouvernement. Mais, cette forme arrêtée, tout le reste va de soi; il ne faut pas vingt-quatre heures pour rédiger une constitution

---

1. Laissez les sots se disputer sur la meilleure forme de gou vernement ; le mieux administré est le meilleur.

connue par avance et acceptée de tous. Les nouveautés réussissent rarement en politique; il est remarquable que les constitutions les plus lentement
élaborées sont celles qui ont duré le moins longtemps.
La constitution de 1791 a demandé plus de deux ans
de délibération, elle n'a pas vécu six mois; la charte,
rapidement rédigée en 1814, et non moins rapidement modifiée en 1830, a duré trente quatre ans. C'est
que le législateur de 1791 inventait un gouvernement, tandis que celui de 1814 se contentait de
mettre en articles des axiomes constitutionnels empruntés à l'Angleterre, mais depuis longtemps natu-
ralisés en France par Montesquieu, Delolme et Mirabeau.

Il est cependant un obstacle à l'établissement de
la république constitutionnelle, un péril qui menace
la liberté. La plupart de nos républicains de vieille
souche n'admettent qu'une chambre unique et demandent l'affaiblissement, sinon même l'anéantisse-
ment, du pouvoir exécutif. C'est une erreur particulière à la France et depuis longtemps condamnée
en Amérique comme en Hollande, en Belgique
comme en Suisse. Ces fausses idées ont perdu la
France en 1791, en 1793, en 1848. Y persister, c'est
marcher à l'abîme. On peut affirmer à coup sûr qu'avec
une chambre unique et un pouvoir exécutif sans
puissance, la république de 1871 périra comme ses
devancières, et par la faute du législateur.

Qu'est-ce, en effet, qu'une chambre unique? C'est
la dictature en permanence. Un pouvoir législatif
que rien ne tempère, c'est le despotisme. Il n'y a pas
de garanties pour la liberté. On peut à coups de lois
supprimer tous les droits des citoyens, décréter la
confiscation, la proscription, les transportations sans

jugement. Qu'on se rappelle 1793 et même 1848. Que
reprochait-on à l'empire ? C'était que le pouvoir
absolu ôtait toute sécurité à la nation. Il suffisait d'un
décret pour déclarer la guerre, ou pour bouleverser
toutes les conditions du travail par un traité de
commerce ou un règlement de douanes. Une chambre
unique a naturellement la même autorité, avec cette
différence, toute à l'avantage de l'empire, qu'un
homme est responsable devant l'opinion et qu'une
assemblée ne l'est pas.

Ce n'est pas tout. Une assemblée composée d'un
grand nombre de membres est un pouvoir ondoyant
et variable. Elle n'a pas cet esprit de suite qui est l'esprit de gouvernement. Étrangère au maniement des
hommes et des intérêts, ignorante et passionnée, elle
change sans cesse, et, par cela même, elle entretient
l'inquiétude dans le pays. Les partis cherchent à la
dominer, comme les courtisans cherchent à dominer
le prince, sachant bien qu'en s'en emparant on a
tout. La chambre devient donc l'arène des ambitions
les moins légitimes ; le peuple est trahi par ses défenseurs. Cromwell est sorti du Long-Parlement, et si,
en 1780, l'Amérique n'a pas tourné à la monarchie,
c'est qu'elle a eu la rare fortune d'avoir à sa tête un
homme unique dans l'histoire. Mais qui peut se
flatter de retrouver un Washington ?

La division du Corps législatif est une condition
essentielle de la liberté. C'est la seule garantie qui
assure la nation contre l'usurpation de ses mandataires. C'est donc une institution foncièrement républicaine ; aussi, tout récemment, la Suisse l'a-t-elle
empruntée aux États-Unis. Au sortir des excès de la
Convention, les législateurs de l'an III. Daunou,
Boissy-d'Anglas et d'autres vrais amis de la liberté.

s'étaient hâtés d'établir le conseil des Anciens à côté du conseil des Cinq-Cents. C'était à l'unité du pouvoir législatif qu'ils attribuaient les fautes et les excès de la Convention. En 1848, il a fallu chez nos législateurs un singulier dédain de l'histoire pour oublier la leçon du passé; mais on ne fait pas impunément violence à la nature des choses, et l'expérience nous a coûté assez cher pour qu'il soit bon d'en profiter.

Enfin, dans une république où l'élection renouvelle sans cesse le pouvoir législatif et le pouvoir exécutif, il faut un point fixe, une autorité durable qui conserve la tradition. Quelle politique peut-on suivre au dehors, quelles alliances peut-on contracter, quand il suffit d'un jour d'élection pour emporter les hommes et les idées? Ce conseil permanent, ce sénat qui a fait la grandeur de Rome et de Venise, les Américains l'ont constitué chez eux de la façon la plus forte et la plus ingénieuse. Un corps peu nombreux, nommé par le suffrage à deux degrés, qui se renouvelle tous les deux ans, et qui, tout en se retrempant périodiquement dans la nation, est permanent par son esprit et par ses traditions, c'est là le chef-d'œuvre de la constitution fédérale et le secret de sa durée. Avec une seule chambre, on peut avoir une démagogie turbulente; avec deux chambres, il est aisé de fonder une démocratie plus sage en ses desseins et plus persévérante qu'une monarchie. A moins de nous résigner à ne plus être rien en Europe et à nous perdre par l'anarchie, il nous faut un sénat comme aux États-Unis.

Quant au pouvoir exécutif, c'est encore une erreur révolutionnaire que de le traiter en ennemi. Bossuet a dit avec un grand sens : « Ce que vous voulez faible à vous opprimer devient impuissant à vous proté-

ger. » Il faut définir les attributions de l'autorité
centrale, mais elle a une sphère légitime, et dans
cette sphère rien ne doit gêner son action. Elle est la
force au service de la loi; l'affaiblir, c'est énerver la
justice et comprommettre la sécurité publique. C'est
dans la courte durée de la fonction, c'est dans la responsabilité du magistrat suprême qu'est la garantie
de la nation. Ainsi l'avaient compris les Romains, ces
maîtres dans l'art de gouverner; ainsi l'ont établi les
Américains, ces grands organisateurs de la démocratie moderne. Aux États-Unis, le président n'est pas
moins le représentant du peuple que le congrès; ce ne
sont pas des pouvoirs subordonnés, mais des pouvoirs indépendants; et c'est cette indépendance même
qui, en contenant les deux pouvoirs l'un par l'autre,
empêche que ni l'un ni l'autre n'usurpe sur la nation.
Faire du président le simple ministre, le serviteur de
l'assemblée, c'est fonder le despotisme du Corps législatif; ce n'est nullement assurer les droits des citoyens.

L'organisation judiciaire peut varier de formes suivant les usages, les mœurs, la tradition de chaque
pays. Mais la justice n'est un pouvoir dans l'État qu'à
deux conditions : il faut qu'elle soit indépendante, et
en quelque façon souveraine dans sa sphère; il faut
de plus que le magistrat n'ait rien à craindre ni à
espérer du pouvoir. En attirant à soi toutes les causes qui intéressent la liberté et l'honneur du citoyen,
le jury facilite singulièrement la première de ces conditions; quant à la seconde, il suffit que le magistrat
soit inamovible et qu'il n'y ait pas d'avancement pour
lui, comme en Angleterre, ou que du moins, comme
en Belgique, son avancement ne dépende point du
gouvernement. Le magistrat ne doit jamais se consi-

27.

dérer comme l'auxiliaire du gouvernement, il ne doit connaître que la loi, dont il est le grand prêtre; il doit forcer les citoyens et le pouvoir lui-même à respecter la loi.

Pour donner au pays la sécurité et la liberté, il ne suffit pas d'établir une bonne constitution, c'est-à-dire de distribuer sagement les pouvoirs, il faut encore que la constitution soit accompagnée de ces institutions organiques qui habituent un peuple à l'exercice de la vie publique. Nous manquons de mœurs politiques, c'est la grande cause de nos révolutions.

Parmi ces institutions organiques, il en est une qui, aujourd'hui, a toute la faveur populaire; aussi n'en dirai-je que quelques mots. La centralisation révolutionnaire et impériale nous a fait tant de mal, Paris a tellement fatigué la France par ses révolutions et ses coups de main, que tous les partis inscrivent sur leur drapeau le mot de décentralisation.

La province veut vivre de sa vie propre, et n'entend plus que Paris lui impose sa volonté ou ses caprices. La province a raison. La réforme qu'elle demande est juste et nécessaire; c'est un progrès considérable si, par décentralisation, on entend seulement une plus grande liberté administrative. A l'individu ce qui appartient à l'individu, à la commune ce qui appartient à la commune, au département ou à la région ce qui appartient au département ou à la région, à l'État enfin ce qui appartient à l'État, voilà une formule excellente. Il y aura des difficultés d'exécution, on se querellera sur les détails, mais le principe une fois admis, on finira par s'entendre. Tout ceci est l'œuvre de l'opinion et de la législation.

Mais ce qui serait souverainement dangereux, ce serait de ressusciter des institutions mortes depuis long-

temps, et de chercher la garantie de la liberté dans
une décentralisation politique. L'unité a fait la force
de la France; elle lui est chère à juste titre, et ce
n'est pas au moment où la Prusse nous prend notre
système politique pour le retourner contre nous qu'on
peut songer à couper le pays en morceaux et à faire
plusieurs États dans l'État. Cette réforme à reculons,
cette soi-disant fédération de communes souveraines,
serait antipathique à notre génie national; ce serait
une cause d'affaiblissement et de ruine. Proclamons,
comme nos pères, la république une et indivisible.
Au milieu de nos misères et de nos humiliations,
nous sentons, plus vivement que jamais, qu'il n'y a
dans toute la France qu'un cœur et qu'une âme.
Quand nos intérêts locaux sont en jeu, nous sommes
Bretons, Provençaux ou Lyonnais; mais quand il s'a-
git de l'intérêt commun, quand on prononce le nom
de patrie, nous sommes tous Français; les nuances
particulières s'évanouissent. Gardons cet esprit national; lui seul nous permet de ne pas désespérer de
l'avenir.

Je ne dirai rien de l'armée; je suis incompétent
sur une pareille question. Il est visible que pour résister à l'arrogance de la Prusse nous serons obligé
de lui emprunter son système militaire et d'armer
toute la nation. Politiquement, cette réforme, si elle
est bien dirigée, peut avoir une heureuse influence.
Si elle rend à la nation deux vertus qui lui manquent:
l'obéissance et le respect; si elle rétablit la discipline,
favorise l'éducation générale et combat énergiquement l'ivrognerie, la loi militaire fera de nous un
peuple nouveau, ou plutôt elle nous rendra notre
grandeur en nous rendant les vieilles qualités qui
constituaient l'honneur français.

Quant au suffrage universel, on sent qu'il n'a pas justifié les espérances de ses fondateurs. Il a fait l'empire et pourrait bien une fois encore défaire la République. La faute en est au législateur de 1848; il a tout donné au nombre, au lieu de lui faire simplement sa part légitime. Qu'est-ce par exemple que le scrutin de liste, sinon le sacrifice des intérêts les plus respectables à une abstraction mathématique? Est-il juste que Lyon ou Bordeaux n'aient pas de représentant, parce que le vote des populations rurales étouffe celui de la ville? Serait-il juste que le vote des villes étouffât celui des campagnes? Non, il y a des intérêts locaux qui ont droit d'être représentés dans les conseils de la nation. Il faut établir des circonscriptions électorales qui donnent satisfaction à ces intérêts. Ce n'est pas tout. Le premier droit d'un peuple n'est pas de nommer directement ses magistrats ; le premier droit d'un peuple et son premier besoin, c'est d'être bien gouverné. Le nombre est la force, il n'est pas nécessairement la sagesse. Les Américains ont bien compris le problème; ils l'ont résolu en donnant au suffrage universel le choix de la chambre des représentants, et en réservant au suffrage à deux degrés l'élection du président et du Sénat. Grâce à ce sage tempérament ils ont obtenu la plus grande liberté réunie à la plus grande sécurité. A nous montrer plus démocrates que les Américains, nous risquons fort de prendre l'ombre pour la proie, et de nous perdre une fois de plus dans l'abîme où nos devanciers ont péri.

Je n'insisterai pas sur le droit d'association ni sur le droit de réunion. Si l'on refuse aux citoyens la faculté de s'entendre, de se grouper, et d'agir par un effort commun, si la société ne prend pas à sa charge

une foule de fonctions qui embarrassent le gouvernement, si elle laisse à l'administration le soin de
tout prévoir, de tout régler, de tout faire, il est évident qu'il ne faut plus parler de liberté. La première
condition d'un gouvernement libre, c'est que l'État
ne soit chargé que des intérêts généraux de la nation,
et ne fasse que ce que les citoyens ne peuvent faire
eux-mêmes.

Ce qui effraye et trompe beaucoup d'honnêtes gens,
c'est qu'ils voient dans les clubs un abus inévitable
du droit de réunion et du droit d'association. Je ne
suis pas de cet avis; je crois que l'interdiction, au
moins temporaire, des clubs est parfaitement conci-
liable avec la liberté. Le club est un corps politique
qui se nomme lui-même, une chambre sans mandat
qui s'attribue un contrôle perpétuel sur l'Assemblée
et le gouvernement légitime; je ne vois pas qu'il soit
nécessaire de tolérer cette usurpation. Chaque citoyen a droit de critiquer le gouvernement, mais il
ne s'ensuit pas que les minorités aient le droit de se
constituer en censeurs permanents et publics de l'autorité. Ainsi en avait jugé Washington, bon juge en
de pareilles questions. Les clubs ont toujours tué la
liberté en France, il est inutile de prolonger une expérience qui nous a coûté si cher.

Pour la liberté de la presse, c'est la pierre de touche
des gouvernements. Dans un pays où la nation est
souveraine, il ne peut pas être permis d'étouffer l'opinion par des mesures préventives qui font du droit
de parler le privilége de quelques citoyens. Un gouvernement qui ne peut pas vivre avec la liberté de la
presse peut avoir des qualités administratives, mais
assurément ce n'est pas un gouvernement républicain.

Il est deux réformes qui peuvent contribuer fortement à l'établissement de la république, c'est la séparation de l'Église et de l'État, c'est la liberté d'enseignement.

La séparation de l'Église et de l'État est aujourd'hui
acceptée en principe par les esprits réfléchis. Mettre la
religion en dehors de la politique, ce n'est point l'affaiblir, c'est lui rendre son véritable rôle. À se mêler
à nos discordes civiles, l'Église n'a rien à gagner, elle
a tout à perdre; sa mission est toute d'amour et de
charité. Tant que l'Église restera attachée à l'État,
elle sera persécutée, ou elle cherchera à dominer; elle
ne sera maîtresse chez elle qu'en se renfermant dans
le temple, en séparant le fidèle du citoyen. Quant à
la république, elle sera chancelante tant qu'elle aura
contre elle les femmes et les prêtres, mais rien n'est
plus facile que de se faire un appui de ce qui est aujourd'hui un danger. L'Évangile est si favorable aux
idées démocratiques, la liberté est tellement profitable à l'Église, le prêtre est si naturellement l'ami
et le compagnon du pauvre et du petit, qu'en tout
pays où l'Église est séparée de l'État, le prêtre est un
ardent défenseur de la république et de la démocratie. Il suffit de voir les États-Unis et le Canada.

À vrai dire, toute la difficulté de la réforme est
dans la question du traitement. Mais l'Angleterre
vient de nous apprendre comment on dénoue ce nœud
gordien sans le trancher. En abolissant l'Église d'État
en Irlande, elle a considéré qu'en entrant dans les
ordres, tous les prêtres existants avaient en quelque
façon contracté avec elle; on leur a conservé leur
traitement viager. On sait en Angleterre que la plupart du temps ce sont les intérêts particuliers qui
font échouer les réformes les plus légitimes, et, pour

assurer la réforme de l'Église, on a désarmé les intérêts. Belle et sage politique que nous ferons bien
d'imiter.

La liberté d'enseignement, conséquence de la liberté
religieuse et de la liberté d'opinions, est encore une
réforme acceptée de tous. La décentralisation nous
donnera sans doute des universités provinciales qui
vivront par elles-mêmes, qui auront leur esprit particulier, qui garderont leurs professeurs et seront
fières d'opposer leurs maîtres à ceux de Paris. On
rallumera ces foyers de civilisation qui, dans la vieille
monarchie, se nommèrent Dijon, Toulouse ou Mont-
pellier. Plaise à Dieu que cette réforme ne se fasse
pas attendre, car la concurrence est la vie des sciences
et des lettres, et nous n'avons que trop souffert de
l'uniformité.

De l'instruction secondaire je ne dirai rien, sinon
qu'il serait temps de supprimer ces collèges d'in-
ternes, véritables prisons où l'enfant perd de bonne
heure l'esprit de famille et le sentiment de sa responsabilité. C'est l'obéissance librement acceptée qui fait
le caractère, ce n'est pas l'obéissance subie par frayeur
ou par intérêt. L'internat, séminaire ou caserne, est
une détestable école pour de futurs républicains.

Quant à l'éducation primaire, c'est la grande question du jour. Elle porte dans ses flancs l'avenir de la
république. Il y a vingt ans que je le répète sur tous
les tons : « Ou vous instruirez et vous élèverez le
peuple en lui donnant l'esprit et les mœurs de la liberté, ou le suffrage universel ne sera jamais qu'un
instrument de destruction. » La clef de voûte de la
démocratie américaine, c'est l'éducation largement
et gratuitement donnée par le canton à tous les enfants. Aux États-Unis, les écoles sont l'œuvre natio-

nale par excellence, mais tous les citoyens s'y intéressent par le vote d'un impôt spécial et par la
nomination des comités d'école. L'État n'a qu'une
surveillance générale; ce n'est pas lui qui fonde et
administre les écoles, c'est le peuple lui-même qui
instruit le peuple, et c'est à cause de cela qu'on fait
des sacrifices énormes et qu'on obtient des résultats
prodigieux.

Il n'y a pas d'ouvrier plus laborieux que l'ouvrier
américain, il n'y en a point qu'il soit plus difficile de
tromper avec de grands mots, par la raison toute
simple qu'il n'y en a pas de plus instruit. Et à vrai
dire, grâce à l'égalité de l'éducation première, l'Amérique ne connaît pas nos distinctions sociales; le nom
d'ouvrier est éclipsé par le titre de citoyen.

Reste une question qui ne figure pas d'ordinaire
sur les programmes politiques, mais qui bientôt s'imposera à notre attention. La guerre nous a coûté fort
cher, et la Prusse, avec un esprit de rapine qui déshonore sa victoire a tout calculé pour nous ruiner. Dix
milliards surchargeant une dette publique déjà lourde.
c'est dans un avenir prochain une crise financière
dont nous ne sortirons qu'avec les plus grands efforts.
Nous sommes menacés du papier-monnaie et d'impôts excessifs. Il y a là un danger sérieux, non-seulement pour la fortune de la France, mais pour ses
libertés. Un peuple qui souffre ne voit pas toujours
la cause de son mal; il s'imagine aisément qu'il sou-
lagera sa misère en changeant de gouvernement. Ici
encore les États-Unis peuvent nous servir de modèle.
La guerre de la sécession a laissé après elle le papier-
monnaie et une dette de quinze milliards. Dès le premier jour les Américains ont fait des efforts inouïs
pour rétablir la circulation métallique et pour amor-

tir leur dette. Peuple industriel et commerçant, ils
ont compris qu'avec une dette journalière de deux
millions de francs, ils grevaient d'une charge énorme
leur fabrication et leurs produits. Avec un courage
héroïque, ils ont accepté une surcharge d'impôts pour
rembourser leur dette et ils y arriveront dans un
temps qui ne sera pas très-long. Pour nous, au contraire, si, restant fidèles à une fausse tradition, nous
ne nous inquiétons pas de rembourser la dette et si
nous en léguons la charge à l'avenir, nous blesserons
au cœur notre industrie, nous la verrons passer entre
les mains de rivaux plus riches et plus économes. Je
n'insiste point davantage; s'il est une ville où l'on
puisse apprécier la sagesse de la politique américaine,
cette ville est Lyon assurément.

Je ne dis rien du socialisme. Les tristes événements
de Paris doivent prouver aux moins incrédules que,
s'il y a chez le peuple des souffrances véritables, on
n'a pas trouvé de panacée pour les guérir. Tout au
contraire, les révolutions ne font qu'aggraver les
maux qu'elles prétendent abolir. L'éducation, la
presse, la discussion, l'association, voilà les seuls
moyens d'éclairer le peuple et de le faire travailler
lui-même à l'amélioration de sa condition. Après
s'être plaints d'être esclaves, les ouvriers, séduits par
l'Internationale, ont essayé d'être les maîtres et d'imposer leurs conditions aux patrons. Qu'ont-ils gagné
par la violence, sinon d'effrayer le capital et de détruire le travail? La violence ne peut engendrer que
la misère. L'erreur des ouvriers leur a coûté assez
cher, pour qu'ils en soient désabusés. Puissent-ils
comprendre enfin que, s'il n'y a point de problème
social que la liberté ne puisse résoudre, il n'en est
aucun qu'on puisse résoudre sans la liberté!

28

En résumé, voici, selon moi, quel doit être le programme de la RÉPUBLIQUE CONSTITUTIONNELLE!

I

DROITS NATURELS DE L'HOMME EN SOCIÉTÉ.

Liberté de la personne et du travail, respect de la propriété et du capital.

Liberté de conscience, séparation de l'Église et de l'État.

Liberté d'opinions, liberté d'enseignement, liberté de la presse.

Droit d'association, droit de réunion, droit de pétition.

Il est bien entendu que, si la reconnaissance de ces droits et de ces libertés interdit au législateur toute mesure préventive, elle n'empêche nullement de réprimer les excès et les abus.

II

GOUVERNEMENT.

Deux Chambres.

Un président responsable et temporaire, mais indépendant de l'Assemblée.

Un pouvoir judiciaire (magistrats et jury) qui fasse exécuter les lois, maintienne le président et les Chambres elles-mêmes dans le respect de la Constitution.

III

INSTITUTIONS ORGANIQUES.

Unité politique, décentralisation administrative.

Armée de citoyens ou plutôt nation armée.

Organisation du suffrage universel, abolition du scrutin de liste.

Éducation gratuite donnée à tous les enfants, comités d'écoles nommés par les citoyens.

Circulation métallique, énergique amortissement de la dette publique.

Le mérite de ce programme, c'est qu'il prend dans la tradition française et chez les peuples voisins tout ce qu'il y a de bon et d'utile; il n'invente rien, il n'innove pas, il ne demande point aux citoyens de pratiquer des institutions dont ils ne connaissent ni l'esprit ni la portée. La liberté constitutionnelle que nous demandons aujourd'hui, Mirabeau la réclamait en 1789 ; Daunou essayait de l'établir en l'an III; Benjamin Constant, Foy, Royer-Collard, le duc de Broglie l'ont fait aimer à la France, de 1814 à 1848. Une pratique imparfaite de ces institutions nous a relevés de l'invasion après 1815, et nous a donné trente-quatre ans de prospérité. Sous l'Empire enfin, on a réclamé sans cesse ces libertés qui nous ont été chères, et nous n'avons pas laissé prescrire cette glorieuse tradition. En adoptant la *République constitutionnelle*, la France, fort éprouvée et fort ébranlée, ne se lance donc pas dans l'inconnu. Elle n'a rien à oublier, rien

à désapprendre; il lui suffit de pratiquer courageusement des institutions éprouvées. Que l'avenir nous
réserve des questions et des solutions nouvelles, il
n'importe! nous y serons d'autant mieux préparés
que nous aurons pris les habitudes et les mœurs des
peuples libres. Le plus pressé aujourd'hui, c'est d'é-
chapper au naufrage, et nous n'avons qu'un mât de
fortune pour gagner le port : c'est la liberté constitutionnelle. Ayons la prudence et l'énergie d'en
user.

Au fond, la France a toujours été modérée. Son
grand malheur a été sa faiblesse; elle a trop souvent
laissé les factieux s'emparer du pouvoir et lancer le
pays dans les aventures. Mais toutes les fois que la
France a été consultée, elle s'est prononcée pour le régime constitutionnel, qui protége ses intérêts et qui
convient à son tempérament. Si violentes et si longues
qu'aient été les agitations du pendule, c'est toujours
à ce point qu'il s'est arrêté. Aujourd'hui la misère
seule de notre situation suffirait pour nous imposer
la sagesse; sachons en tirer notre salut.

A l'œuvre donc, tous les bons citoyens! Arborons
le drapeau de la *République constitutionnelle*, et puissions-nous bientôt relever notre pays et lui rendre le
rang qui lui appartient parmi les nations!

Voilà, mon cher ami, les principes que j'ai toujours défendus. L'étude, l'âge et l'expérience m'ont
appris à me défier des chimères. C'est le bon sens qui
gouverne le monde, et le régime constitutionnel n'est
autre chose que la modération et le bon sens en politique. Si mon programme vous paraît utile, aidez-
moi à le répandre, et puissé-je servir jusqu'à la fin
cette France qui a rendu tant de services à la civilisation et à la liberté dans le monde entier, chère pa-

trie que j'aime doublement depuis qu'elle est malheu-
reuse et que tant de fils ingrats s'éloignent d'elle ou
la maudissent au lieu de lui tendre la main !

Tout à vous,

ÉDOUARD LABOULAYE.

Glatigny-Versailles, mai 1871.

LA

QUESTION DES DEUX CHAMBRES

(JUIN 1871)

LA

QUESTION DES DEUX CHAMBRES

I

La république peut-elle s'établir en France? C'est
la grande question du jour; chacun la résout à sa
façon, suivant son éducation, ses préjugés, ses
craintes ou ses espérances. Une fois encore le sphynx
est là avec tous les charmes et toutes les séductions
de la liberté ; mais prêt à nous dévorer, si nous ne
trouvons pas le mot de l'énigme que nos pères, malgré tous leurs efforts, n'ont jamais deviné. Serons-
nous plus heureux ou plus habiles? Beaucoup de gens
en doutent, et nous condamnent à désespérer éternellement de la république. « Laissons, disent-ils,
aux Américains et aux Suisses une forme de gouvernement qui n'est bonne que pour eux. Le voisinage
de grandes nations toujours armées en guerre, le cli-
mat, la race, la religion, la tradition, l'absence d'esprit public, la vanité nationale, sont autant d'obstacles
que nous ne surmonterons jamais. Un peuple ne
rompt pas avec son passé ; il ne change pas brusquement de mœurs et d'idées : retournons à la monarchie,
qui a fait autrefois la grandeur de la France; con-

tentons-nous de la tempérer par ces institutions
constitutionnelles qui, de 1814 à 1848, nous ont donné
à l'intérieur la paix et au dehors une situation que
nous serions trop heureux de retrouver aujourd'hui. »

Toutes ces objections ne sont pas de même valeur,
et peut-être les plus sérieuses n'ont-elles pas toute
la portée qu'on leur attribue. De la monarchie constitutionnelle à la république, telle que les Américains
l'entendent et la pratiquent, la distance n'est pas si
grande, qu'un peuple tel que nous ne puisse la franchir; mais ce gouvernement tempéré, pondéré, dont
les Américains sont fiers à juste titre, nous ne l'avons
jamais eu en France. Soit ignorance, soit fatuité, nos
législateurs ont dédaigné les leçons de l'expérience ;
ils n'ont établi sous le nom de république que la
tyrannie d'une assemblée sans contre-poids. En
1791, en 1793, en 1848, des causes nombreuses et
diverses ont amené l'avortement de la liberté; mais,
l'histoire à la main, il est aisé de prouver que l'omnipotence d'une chambre unique a été la raison principale, la cause décisive de nos désastres et de nos
misères. Peut-être une seule chambre est-elle sans
danger chez un petit peuple dont toute la vie est
municipale: dans un grand pays comme le nôtre, elle
conduit fatalement à la confiscation de la liberté, à
l'anarchie et au despotisme. L'Angleterre en 1648, la
France en 1793, ont souffert de la même erreur et
passé par les mêmes déceptions. Ce n'est pas le hasard
qui a enfanté la tyrannie de Cromwell et de Robespierre, ou qui a fait mourir de la même façon
Charles Iᵉʳ et Louis XVI. On peut affirmer que la division du pouvoir législatif est une loi nécessaire, une
condition de la liberté qu'aucun peuple, aucun siècle
ne viole impunément. L'établissement des deux

chambres suffira-t-il pour sauver la république? Je l'ignore; mais sans être prophète on peut assurer qu'avec une chambre unique elle est perdue.

Cette assertion étonnera plus d'un lecteur. En 1795. on l'eût regardée comme une vérité triviale; il n'y avait pas de républicain sensé qui n'attribuât à l'unité législative les fautes et les crimes de la Convention. Aussi dans la Constitution de l'an III établit-on presque sans discussion un conseil des Anciens à côté du conseil des Cinq-Cents; mais peu à peu le souvenir des événements s'est effacé : on a oublié une vérité qui nous coûtait si cher. Depuis la restauration, ceux-là mêmes qui ont réclamé la division du pouvoir législatif ont défendu leur cause par d'assez pauvres raisons; ils n'ont vu que le petit côté de la question.

Ouvrons un livre justement estimé, le *Cours de droit constitutionnel* de Rossi 1). C'est à deux idées différentes que l'auteur réduit tout le problème. Les uns, dit-il, rattachent la nécessité des deux chambres à un principe d'organisation sociale ; les autres n'y voient qu'un règlement politique. Pour les premiers, qui ont étudié la constitution d'Angleterre dans Montesquieu, l'inégalité des conditions est un fait naturel, permanent, dont le législateur doit tenir compte. Il y a partout une aristocratie et une démocratie. La loi peut fortifier l'aristocratie en l'entourant de priviléges, elle ne la crée pas. Si vous voulez que la nation soit représentée dans son ensemble, faites une place à chacun de ces deux éléments de la société. Autrement la majorité étouffera la minorité par la brutalité du nombre, à moins que la minorité, plus riche, plus

1. Cours de droit constitutionnel, professé à ..... t. IV.
..... B.

adroite, plus unie, ne s'empare des élections et de l'Assemblée pour écraser à son tour la majorité. Les deux chambres sont une transaction entre l'aristocratie et la démocratie : la chambre haute ou sénat représente l'esprit de conservation, la tradition, la propriété; la chambre basse ou corps législatif représente les idées nouvelles, les intérêts nouveaux, le progrès, la jeunesse et la vie.

La seconde opinion, continue Rossi, ne voit dans le partage du pouvoir législatif qu'une question de convenance et de sagesse politique. Une assemblée unique est exposée à tous les entraînements de l'heure présente, à tous les orages de la passion. Pour la garantir de ses propres faiblesses, il faut la diviser. Une double discussion, une double délibération, donnent au législateur et au pays le temps de réfléchir; elles assurent la victoire de la raison. Dans cet ordre d'idées, qui est celui que les constituants de l'an III ont suivi, peu importe comment on compose chacune des deux chambres, pourvu qu'il y en ait deux qui se modèrent l'une par l'autre. A vrai dire, il n'y a ni chambre haute, ni chambre basse; il y a un seul corps législatif partagé en deux sections.

Pour résumer en peu de mots les deux systèmes : dans le premier, c'est le double élément social qui fait la différence; dans le second, c'est la double action d'un même élément.

Cette distinction de l'aristocratie et de la démocratie a fait fortune sous la restauration; on la retrouve dans la plupart des discours et des pamphlets du temps. Montesquieu était la grande autorité du jour. On citait son opinion comme un dogme qui ne souffre pas de discussion; mais, à supposer que l'ingénieux auteur de l'*Esprit des lois* ait vu juste, qu'il ait

exactement décrit la société anglaise telle qu'elle existait en 1748, qui ne sent que ces observations ne s'ap-
pliquent nullement à la France de 1814 ou de 1830 et
moins encore à la France de 1871? Pour faire la part
de l'aristocratie dans le gouvernement, la première
condition, il est naïf de le dire, c'est qu'il y ait une
aristocratie. En Angleterre, elle existe, mais où la
trouver en France et en Amérique? Croit-on que la
loi puisse créer une pareille institution chez un peuple qui a pour l'égalité une passion jalouse? En 1814.
on a fait une pairie héréditaire; en 1830, une pairie
viagère; en 1852, un sénat. On a mis dans ces assemblées des hommes distingués, de vieux serviteurs de
l'État. Quelle force ont-ils donnée au gouvernement,
quelle révolution ont-ils empêchée? Sans racine dans
le pays, l'orage les a emportés. Après une expérience
si souvent répétée, il n'est plus permis en France de
faire de l'aristocratie un élément de la société et du
gouvernement.

Est-il vrai d'ailleurs qu'en France l'aristocratie du
talent, de la richesse, ou même de la naissance, soit
exclue du corps législatif? Il suffit de prendre une
liste de députés pour s'assurer du contraire. Sans
doute il y aura toujours des hommes de mérite qui,
chez nous, comme en tout autre pays, seront écartés
des assemblées. La démocratie n'a de goût que pour
ses créatures, les partis se liguent contre ceux qui
n'épousent pas leurs passions : un caractère indépendant est partout un titre d'honneur et un titre d'exclusion; mais, toutes réserves faites, n'en est-il pas de
nos assemblées comme de l'Académie française? Il
n'est pas difficile de nommer un certain nombre d'é-
crivains qui devraient être de l'Académie, et qui n'en
sont pas : mais, à tout prendre, on ne trouverait pas

21

quarante noms pour représenter l'esprit français aussi bien que le fait l'Académie. De ce côté encore, la raison donnée par Rossi ne vaut rien.

J'en dirai autant de cette distinction qui oppose l'esprit de conservation à l'esprit de progrès. Si l'on veut ôter toute popularité à l'une des deux chambres, que peut-on imaginer de mieux que d'en faire l'emblème du passé, l'instrument de la résistance chez un peuple amoureux de nouveautés? Que la chambre des lords ait peu de goûts pour les innovations, qu'elle défende à outrance les vieux principes anglais, c'est son affaire : cela tient, si l'on veut, aux origines et à la constitution de la pairie anglaise; mais il n'y a point là une loi naturelle applicable en tout pays. Est-ce que le sénat américain est plus conservateur ou moins ami de la liberté que la chambre des représentants? Est-ce qu'il a pour politique de retarder le progrès ou de braver l'impopularité ? Tout au contraire, le sénat est la tête et le cœur du peuple américain. C'est lui qui a la confiance de la nation; c'est lui seul qu'on écoute. Un pays de 40 millions d'âmes se laisse docilement conduire par une assemblée de soixante-quatorze conseillers. Admirable institution qui permet à la démocratie américaine de rivaliser de constance et de grandeur avec les gouvernements de Rome, de Venise ou de Londres. Qu'on ne nous parle donc plus des droits ou des priviléges de l'aristocratie.

Le second motif que donne Rossi pour justifier le partage du corps législatif est plus sérieux et mieux fondé. La mer n'est ni plus orageuse, ni plus perfide qu'une assemblée unique, surtout quand cette assemblée est nombreuse; mais à première vue on peut trouver qu'une seconde chambre est une machine

bien lourde et bien coûteuse, si elle ne doit servir
qu'à ralentir la discussion. Pour laisser à la passion
populaire le temps de se refroidir, ne saurait-on imaginer quelque moyen plus simple? On établira la nécessité de trois lectures ou de trois délibérations avant
le vote de la loi? On mettra un intervalle de plusieurs
jours entre la proposition, la discussion et le vote?
On exigera les deux tiers ou les trois quarts des voix,
quand il s'agira de quelque grande mesure, comme
une déclaration de guerre ou la révision de la Constitution? On aura un conseil d'État qui préparera les
lois? On fortifiera le *veto* du président? Toutes ces
précautions ont une apparence de raison, et cependant autant d'inventions, autant d'insuccès! Après
tant d'avortements, il est évident que brider les caprices ou les fureurs d'une assemblée unique est un
rêve aussi chimérique que d'enchaîner les flots de
l'océan.

D'où vient cette impuissance? C'est qu'on a contre
soi la nature des choses; c'est qu'on ne tient pas
compte de l'humanité et de ses faiblesses. Pour mettre
un peuple à l'abri des passions ou des folies d'un
prince, est-ce qu'on s'en remet à la prudence et à la
sagesse du souverain? Ne cherche-t-on pas à établir
des garanties, c'est-à-dire des obstacles extérieurs qui
contiennent l'homme et le forcent en quelque façon
à être sage malgré lui? Croit-on qu'on donnerait une
constitution à la Russie ou à la Turquie parce qu'on
obtiendrait du tsar ou du sultan la promesse de ne se
décider qu'après trois jours de réflexion, ou après avis
offert par un conseil d'État qu'on n'est pas tenu d'é-
couter? En quoi le problème est-il changé parce qu'au
lieu d'un maître on en a sept cent cinquante? Le mal
même est aggravé, car un prince se sent responsable

devant l'opinion et devant l'histoire, tandis qu'une assemblée est une puissance anonyme et sans responsabilité. Pour assurer les libertés publiques, il faut donc limiter le pouvoir législatif; mais où trouver la borne qu'il ne franchira pas? Celui qui fait la loi sera toujours le maître du pouvoir exécutif et du pouvoir judiciaire; il lui suffit d'un vote pour renverser et anéantir tout ce qui le gêne. Il n'y a donc qu'un moyen d'arrêter les usurpations du pouvoir législatif, c'est de l'opposer à lui-même, autrement dit, de le diviser. « Pour pouvoir être borné, écrivait en 1771 le meilleur élève de Montesquieu, le génevois Delolme, le pouvoir législatif doit être absolument divisé; car, quelques lois qu'il fasse pour se limiter lui-même, elles ne sont jamais, par rapport à lui, que de simples résolutions. Les points d'appui aux barrières qu'il voudrait se donner, portant sur lui et dans lui, ne sont pas des points d'appui. En un mot, on trouve à arrêter la puissance législative, lorsqu'elle est une, la même impossibilité que trouvait Archimède à mouvoir la terre (1). »

Il est bizarre qu'en France on n'ait jamais vu qu'attribuer le pouvoir législatif à une assemblée unique, c'était, sous un autre nom, lui donner le pouvoir absolu. Qu'est-ce que le gouvernement? C'est l'autorité qui fait la loi et l'autorité qui l'exécute; mais de ces deux magistratures, l'une est maîtresse et l'autre subalterne : le législateur qui règle à son gré l'administration, la police, la justice, l'armée, l'impôt, tient visiblement dans sa main toutes les forces de l'État. De quoi se plaignaient nos pères en 1789? De ce que le prince seul faisait la loi; sa vo-

1. Delolme, *Constitution d'Angleterre*, liv. II, ch. III.

lonté était sans contrôle. *Si veut le roi, si veut la loi*, disait un adage de notre ancien droit. La seule barrière qui protégeât la liberté du sujet, c'était le parlement. Grâce à ses remontrances, qui, à l'occasion, adoucissaient ou désarmaient l'arbitraire royal, le parlement, suivant la remarque de Blackstone, avait empêché la France de tomber aussi bas que la Turquie. Limiter cette autorité absolue était sage; la transférer à une assemblée unique, c'était déplacer le despotisme, ce n'était point l'abolir.

Ce qui égara le législateur de 1789, c'est qu'il avait devant lui une vieille royauté qui lui faisait peur. Elle avait de si profondes racines, on la croyait si forte et si menaçante, qu'on s'imaginait ne pouvoir assez l'affaiblir. La dépouiller du pouvoir législatif au profit d'une assemblée, c'était, pensait-on, le seul moyen d'armer la nation contre des abus intolérables, et d'assurer à jamais le règne de la liberté. On ne voyait pas qu'on remplaçait une royauté paternelle, plus arbitraire que violente, par un corps législatif où les factions déchaînées s'arracheraient la souveraineté. L'omnipotence de l'assemblée devait faire le bonheur de la France et du monde; c'est de cette boîte de Pandore que sont sortis tous les maux et tous les crimes de la Révolution.

Que les Américains ont été plus prévoyants et plus sages! Nés dans un pays libre qui depuis son origine se gouvernait lui-même, et ne connaissait que de nom la royauté lointaine de la métropole, les habitants des colonies anglaises avaient appris de bonne heure à se défier du seul pouvoir qui dans une république peut entreprendre sur les libertés et les droits des citoyens : ce pouvoir est celui des assemblées. Toutes les constitutions américaines, on ne l'a pas re-

29.

marqué, sont des barrières opposées à l'usurpation du pouvoir législatif; toutes les constitutions françaises sont des batteries dirigées contre le pouvoir exécutif. Nous avons grandi outre mesure l'autorité de nos mandataires; nous nous sommes asservis de nos propres mains.

Prenez la constitution fédérale ou quelqu'une des trente-sept constitutions des États particuliers : toutes sont faites sur le même modèle; toutes ressemblent en apparence à nos chartes républicaines. On y retrouve une déclaration de droits, l'établissement et l'organisation des trois pouvoirs législatif, exécutif et judiciaire, et enfin le droit de révision; mais chacune de ces prescriptions a un sens différent dans les deux pays. Si nous avons copié la lettre des constitutions américaines, nous n'en avons jamais saisi l'esprit.

Qu'est-ce que nos déclarations des droits de l'homme? Un vain frontispice, une décoration pompeuse qui ne sert à rien, des maximes générales que le législateur ordinaire modifie ou viole suivant son bon plaisir. La loi n'est qu'un perpétuel démenti donné à la constitution. En Amérique, c'est la déclaration des droits du citoyen, ce sont les conditions et les réserves que le peuple met au mandat qu'il donne à ses députés. Point de principes abstraits, mais des dispositions formelles, des lois positives qui limitent nettement la compétence du législateur. On lui interdit de toucher à la liberté de conscience et de religion, à la presse, au jury, à la publicité des débats, à la libre défense des accusés, au droit d'association, de réunion, de pétition, de port d'armes. On circonscrit étroitement le terrain qu'on lui abandonne. Il appartient aux assemblées de régler les intérêts généraux du pays; il leur est interdit de toucher

à ces libertés individuelles, à ces droits primitifs
que l'État a pour objet, non pas de créer, mais de
protéger. Si le législateur sort de sa sphère, il y est
rejeté par les tribunaux. Le pouvoir judiciaire, qui
chez nous n'est qu'une délégation du pouvoir exécutif, est en Amérique une autorité indépendante et
souveraine dans la limite de ses attributions. Loin de
plier devant la décision des assemblées, le juge, qui
tient son mandat de la constitution, c'est-à-dire du
peuple, frappe de nullité l'usurpation législative en
faisant prévaloir la constitution sur la loi qui la viole.
Il y a là une garantie de la souveraineté nationale
dont nous n'avons pas même l'idée.

Le partage du pouvoir législatif entre deux assemblées est un article de foi aux États-Unis, ou, pour
mieux dire, c'est une vérité d'expérience qu'on ne
discute même plus ; mais ce n'est pas seulement pour
modérer une chambre par l'autre qu'on a établi cette
division, c'est aussi pour assurer l'indépendance du
pouvoir exécutif. Les Américains ne sont pas égarés
comme nous par une folle jalousie, ils n'ont pas la
haine de l'autorité quelle qu'elle soit. Tout au contraire, ils considèrent que l'action du pouvoir exécutif est nécessaire et bonne, tant qu'elle ne sort pas des
limites que la constitution lui a tracées. Pour eux, le
chef de l'État représente le peuple tout autant que le
Corps législatif ; il est le mandataire de la nation
et non pas le valet d'une assemblée. S'ils veulent
que les chambres maintiennent le président ou le
gouverneur dans l'obéissance aux lois, ils entendent
également que le président ou le gouverneur force les
chambres à respecter la constitution. Loin de se défier
du *veto* présidentiel, ils le regardent comme un appel
à l'opinion qui permet au pays de faire connaître et

prévaloir sa volonté. C'est ainsi qu'en pratiquant franchement le grand principe de la division des pouvoirs, ils ont fait de la liberté un bienfait, de la souveraineté du peuple une vérité.

Cette souveraineté ne s'éclipse jamais. C'est en France seulement qu'on a permis à une assemblée d'imposer aux citoyens une constitution qui ne leur convient pas, et qu'il leur est interdit de toucher. Aux États-Unis, il n'y a de constitution que celle qui est ratifiée par un plébiscite, et il est toujours facile de la reviser. En France, le peuple est un Hercule endormi qui ne se réveille que pour briser ses chaînes et se donner de nouveaux maîtres; en Amérique, le peuple est un père de famille qui veille sans cesse et n'abdique jamais. Il aime les réformes, il a l'horreur des révolutions.

Tel est le système américain, système dont toutes les parties se tiennent et se prêtent un mutuel appui. Tout y gravite autour d'un même point : la souveraineté du peuple; tout s'y ramène à un même principe : la limitation du pouvoir législatif. Cette organisation si bien conçue, remplacez-la par l'omnipotence d'une assemblée unique, aussitôt toutes les garanties disparaissent, la liberté est perdue. La déclaration des droits n'est plus qu'un mot, puisque l'assemblée peut n'en pas tenir compte; le pouvoir judiciaire est assujetti, le *veto* du président est aussi impuissant et aussi ridicule que celui de Louis XVI, la constitution modifiée suivant le caprice du législateur asservit le peuple; il ne faut plus parler de la souveraineté de la nation; il n'y a plus d'autres souverains que les députés qui ont usurpé à leur profit le mandat qu'on leur a confié. N'est ce pas là l'histoire de la Constituante et de la Convention?

Comprend-on maintenant que la question des deux chambres n'est pas un de ces problèmes indifférents qui comportent plus d'une solution? C'est la question même de la liberté. Faire une république avec une seule assemblée, c'est une contradiction dans les termes : gouvernement populaire et pouvoir absolu sont deux choses qui s'excluent. C'est une vérité si éclatante, qu'on se demande par quel hasard nos pères ne l'ont pas même entrevue.

La réponse est aisée. Quand on a l'expérience des révolutions, on sait qu'il y a des moments de crise où la passion et l'erreur aveuglent les meilleurs esprits. On en était là en 1789. Lisez le premier projet de constitution présenté à l'assemblée le 27 juillet ; rien n'est plus sage que le rapport de l'archevêque de Bordeaux, Champion de Cicé. La division du Corps législatif y est recommandée par les meilleures raisons, par l'exemple de l'Angleterre et de l'Amérique ; mais on était au lendemain de la prise de la Bastille, on ne songeait qu'à porter un nouveau coup à la noblesse et à la royauté. Dans cet accès de fièvre, qui s'inquiétait de l'avenir et des intérêts permanents du pays? C'est sa crainte, c'est sa colère que le législateur érigeait en loi. Un aveu de Barnave me dispensera d'insister sur ce point.

« Dans la disposition des esprits, écrivait-il en 1791, dans l'état où les événements avaient conduit l'opinion publique, il faut peu s'étonner que le plan du premier Comité de constitution fût rejeté, quel que fût son mérite dans la théorie. Il ne pouvait s'accomplir qu'entre des pouvoirs qui, n'ayant pas mesuré leur force, eussent mieux aimé s'accorder que se combattre ; mais il est absurde de penser que le peuple, qui venait d'anéantir presque sans effort tous ceux qui l'avaient opprimé pendant tant de siècles, voulût, le lendemain même de sa victoire, partager avec eux l'exercice de sa souveraineté. La majorité de la nation et des communes était révolt e de l'idée d'une seconde chambre. Impossible de l'organiser avec une aristocratie pulvérisée, impossible qu'une seconde chambre n'en fût pas le refuge; il fallait passer par une chambre unique; l'instinct de l'égalité l'exigeait. Plus tard, l'expérience et l'amour de l'ordre l'établiraient, quand l'égalité n'aurait plus à concevoir les mêmes alarmes; autrement on s'exposait à voir pour jamais décrier ce système, et la nation à ne trouver de remède à l'anarchie que dans le pouvoir absolu [1]. »

En rejetant le partage du corps législatif, l'assemblée constituante n'écoutait pas seulement sa passion; elle était poussée par l'opinion, elle était éblouie, étourdie par les théories en vogue, chimères dont on ne soupçonnait ni la vanité, ni le danger. Les révolutions sont des temps d'orage, les têtes y fermentent; c'est le règne des métaphysiciens qui, sans souci des hommes ni des choses, font de la politique comme on fait de l'algèbre, avec des abstractions et des raisonnements. En 1789, l'algébriste politique était l'abbé Sieyès, esprit faux et pédantesque qui, après avoir repoussé deux chambres au nom de la logique et des principes, devait dix ans plus tard en établir trois dans la constitution de l'an VIII. Reconnaissons toutefois qu'en demandant une chambre unique il s'appuyait sur une autorité considérable, celle de Turgot.

On connaît la réforme politique à laquelle l'illustre économiste voulait attacher son nom. Des municipalités de commune aboutissant à des municipalités de district et de province, surmontées d'une grande et unique municipalité qui administrait la France sous la main du roi : c'était le projet et le

1. Œuvres de Bacourt, t. I, p. 110.

rêve de Turgot. Il s'y était attaché avec passion, et,
par haine de l'aristocratie autant que par amour de
la simplicité et de l'uniformité, il repoussait tout ce
qui ressemblait au système compliqué du gouvernement d'Angleterre. Nous savons même qu'il avait converti Franklin à ses idées, et que, de retour en Amérique, ce dernier fit établir en Pensylvanie une
assemblée unique. « Un gouvernement avec deux
chambres, disait-il, lui faisait l'effet d'une charette
attelée par devant et par derrière, avec des chevaux
tirant en sens contraire. » Le mot est de Franklin,
l'idée est de Turgot. Ajouterai-je que, pour la première
fois de sa vie, le plus fin des hommes s'était trompé.
La réforme apportée de France échoua contre le bon
sens du peuple américain. La Pensylvanie revint très-
vite au régime des deux chambres, et n'y toucha plus.

Malgré la largeur de son esprit, Turgot ne comprit
rien à la prudence américaine : il s'irrita contre le
maintien d'une institution éprouvée par le temps, et
s'en expliqua avec vivacité dans sa célèbre lettre au
docteur Price. Il lui semblait étrange qu'on parlât
de balancer les pouvoirs chez un peuple d'égaux,
dans un gouvernement sans roi et sans noblesse; il
n'admettait pas qu'on établît des corps différents, des
contre-forces, au lieu de ramener toutes les autorités
à une seule, celle de la nation. « Tout ce qui établit
différents corps, disait-il, est une source de divisions:
en voulant prévenir des dangers chimériques, on en
fait naître de réels.

Cette passion de l'unité que nous allons retrouver
chez Siéyès est la maladie française; elle réduit le
gouvernement à un problème de mécanique. Tout
l'art du législateur consiste à simplifier les ressorts,
les leviers, les contre-poids. Un gouvernement est

tout autre chose. C'est un organisme vivant et compliqué comme la société qu'il représente. L'objet en est d'assurer le développement harmonieux des forces diverses dont la société se compose. Une simplification excessive n'est qu'une mutilation de la liberté. Faut-il presser beaucoup l'idée de Turgot pour en faire sortir le despotisme? Si tout ce qui établit différents corps est une source de divisions, n'est-il point évident que la multitude des députés dans une même chambre n'est pas une moindre cause de trouble et de confusion? Pourquoi s'arrêter à moitié chemin? Bonaparte raisonna comme Turgot, et se montra plus grand logicien lorsque, poussant le principe d'unité jusqu'à la dernière conséquence, il se déclara seul représentant de la France, et confisqua la république à son profit.

Un patriote américain qui avait joué un grand rôle dans la Révolution, John Adams, répondit à la lettre de Turgot. La *Défense des constitutions des États-Unis*, publiée en 1787, est un gros volume d'une érudition un peu indigeste, mais qu'on peut lire avec profit. L'auteur y démontre que chez les anciens, aussi bien que chez les modernes, il n'y a eu de liberté que dans les pays où le pouvoir législatif a été divisé. Adams est un homme d'État qui a pratiqué la liberté. Sur la science du gouvernement, il en sait plus long que Turgot, Mably et tous les philosophes français. Qu'on en juge par les paroles prophétiques qui font la conclusion de son livre, et qu'on n'oublie pas qu'il écrivait deux ans avant la convocation des états-généraux, douze ans avant le 18 brumaire :

« Toutes les nations, sous tous les gouvernements, ont et doivent avoir des partis politiques. Le grand secret est

de les contrôler l'un par l'autre. Pour cela, il n'y a que deux
moyens : une monarchie soutenue d'une armée permanente, ou une division de pouvoirs et un équilibre dans la
constitution. Là où le peuple a une voix et où il n'y a pas
d'équilibre, il y aura des fluctuations perpétuelles, des révolutions et des horreurs, jusqu'à ce qu'une armée permanente, avec un général à sa tête, impose la paix, ou jusqu'à
ce que la nécessité d'un équilibre soit vue et acceptée de
tous. »

Au début de la Révolution, personne en France ne
sentait la sagesse de cet avis. Le plus fidèle disciple
de Turgot, Condorcet, publiait les *Lettres d'un bourgeois
de New-Haven*, et prenait un masque américain pour
recommander l'unité du pouvoir législatif, que l'Amérique repoussait. Sieyès, non moins absolu que Condorcet, son conseil et son ami, ramenait toute la
question à un syllogisme. « La loi, disait-il, est la
volonté du peuple; un peuple ne peut pas avoir en
même temps deux volontés différentes sur un même
sujet: donc le corps législatif, qui représente le peuple, doit être essentiellement un. A quoi bon deux
chambres? Si elles sont d'accord, il y en a une d'inutile; si elles sont divisées, il y en a une qui non-seulement ne représente pas la volonté du peuple, mais
qui l'empêche de prévaloir : c'est la confiscation de
la souveraineté. »

Le raisonnement de Sieyès a fait fortune; c'est le
credo des esprits faux et bornés. Pour eux, toucher à
l'unité du corps législatif, c'est attenter à l'unité nationale. Cependant tout porte ici sur une équivoque.
Sieyès a confondu la loi faite et la préparation de la
loi, deux choses foncièrement différentes. Sans doute
dans une république la loi est la volonté du peuple,
comme dans une monarchie elle est la volonté du

30

prince, et il ne peut pas y avoir en même temps deux
volontés contradictoires sur un même sujet; mais
qu'importe le nombre et la division des conseillers
qui discutent et préparent la loi? Qu'il y ait une seule
chambre, comme en 1789 et en 1848, qu'il y en ait
deux, comme dans tous les pays constitutionnels,
qu'il y en ait trois, comme en l'an VIII, ou qu'il y en
ait quatre, comme dans l'ancienne constitution sué-
doise, le résultat final de toutes ces délibérations est
toujours le même, c'est la promulgation d'une seule
et même loi. Toute la question est donc de savoir
quel est le système qui permet le mieux de constater
la volonté générale; l'unité nationale n'est nullement
en jeu. Or, il n'est pas besoin d'une grande expérience
pour voir qu'une assemblée unique, toute-puissante,
irresponsable, est de tous les corps politiques celui
qui substitue le plus aisément son caprice à la volonté du pays.

L'erreur de Sieyès et de son parti a été d'autant
plus fâcheuse, qu'elle se complique en France d'une
autre illusion non moins funeste. Nous identifions
le peuple et ses représentants; il semble qu'en nommant des députés la nation abdique momentanément
et remette entre leurs mains tous ses droits. Rien
n'est plus ordinaire que d'entendre une assemblée
s'intituler le peuple et parler de sa souveraineté.
Louis XIV nous choque quand il dit : *L'État, c'est
moi*, et cependant il avait raison de tenir ce langage
aux étrangers, car lui seul représentait la France au
dehors; mais dans une assemblée unique il n'est pas
de majorité de hasard qui, au jour de sa victoire, ne
dispose du pays sans le consulter, en disant fièrement : *Le peuple, c'est moi*. Ainsi se fonde la tyrannie.
Si jamais nous voulons établir une liberté plus dura-

ble, il faut en finir avec cette prétendue souveraineté de nos mandataires, il faut leur rappeler leurs devoirs beaucoup plus que leurs droits, et faire entrer dans les mœurs la maxime constitutionnelle que répétait Benjamin Constant, grand ami de la liberté, et par cela même grand ennemi de l'omnipotence parlementaire : *La nation n'est libre que quand les députés ont un frein.*

Dans ses *Mémoires*, qui contiennent de curieux détails sur l'état des esprits durant la Révolution, Lafayette nous apprend qu'en 1789 il était à peu près le seul député qui demandât deux assemblées électives. L'immense majorité de la Constituante avait le fanatisme de l'unité. La division du corps législatif fut repoussée, nous dit-il, par les métaphysiciens, par les économistes, par la foule des niveleurs, qui prenait un sénat électif pour une chambre de noblesse, et par les courtisans de cette foule ; elle le fut aussi par les aristocrates forcenés, qui votèrent pour ce qui leur parut le plus mauvais, afin de ramener la royauté par les excès mêmes de l'anarchie[1]. Dès ce moment, ce fut un crime de lèse-nation que de vouloir le partage du pouvoir législatif. On en peut juger par la célèbre motion de l'innocent Lamourette, qui, le 7 juillet 1792, à un mois du 10 août, enflammait d'un enthousiasme commun les députés de tous les partis en leur proposant « d'abjurer également et d'exécrer la république et les deux chambres. » On sait ce que valent de pareils serments.

Tandis que la foule imbécile s'enivrait de ces vaines clameurs, un patriote éclairé, Stanislas de Clermont-Tonnerre, déclarait à la France que la constitution

1. *Mémoires et Correspondances*, t. III, p. 251.

de 1791 condamnait la nation à une anarchie qui durerait jusqu'à l'avénement d'un maître. La cause de cette anarchie, c'était l'unité du corps législatif. *Une seule chambre*, écrivait-il, *sera éternellement despote ou esclave* [1]. Ce jugement pourrait servir d'épigraphe à l'histoire de la Convention.

Depuis quarante ans, on n'a pas épargné les paradoxes pour réhabiliter cette assemblée fameuse et lui susciter des successeurs. Dans les agitations des clubs et de la commune, dans la lutte des girondins et des jacobins, il y a un éclat sinistre qui séduit l'imagination d'un peuple dont l'esprit est gâté par le théâtre et le roman. C'est un devoir de protester contre ce démenti donné aux témoignages des contemporains. En faussant l'histoire, on fausse la conscience humaine, on prépare les tristes scènes qui nous désolent aujourd'hui. La commune de 1871 n'a été que l'abominable parodie de la commune de 1793. Si les noms de liberté, d'égalité, de république, éveillent des souvenirs funestes, des craintes qu'on ne peut guérir, c'est que la Convention a déshonoré ces mots qui devraient faire battre tous les cœurs. La majorité de la Convention était, dit-on, composé d'honnêtes gens, de patriotes dévoués. Je l'accorde. Quel argument contre l'unité d'assemblée! Quelle usurpation, quelle violence, quel crime la majorité n'a-t-elle pas autorisé par son silence ou ratifié par sa faiblesse? Il a suffi de l'audace de quelques forcenés pour qu'une réunion de législateurs, effrayés par des émeutes soldées, légalisât ce qu'un des membres les plus vertueux de la Convention, Boissy-d'Anglas, ne craignait pas d'appeler l'empire du *brigandage et de la terreur*.

1. *Œuvres de Clermont-Tonnerre*, Paris, 1792, t. IV, p. 241.

C'est en 1795 que Boissy-d'Anglas tenait ce langage aux membres de la Convention que l'échafaud avait épargnés; c'est à l'omnipotence d'une chambre unique que le rapporteur de la constitution de l'an III attribuait tous les maux qu'on avait déchaînés sur la France; c'est sur cette récente et cruelle expérience qu'il s'appuyait pour justifier l'établissement de deux assemblées.

« Je m'arrêterai peu de temps, disait-il, à vous retracer les dangers inséparables de l'existence d'une seule assemblée; j'ai pour moi votre propre histoire et le sentiment de vos consciences. Qui mieux que vous pourrait nous dire quelle peut être dans une assemblée l'influence d'un seul individu, comment les passions qui peuvent s'y introduire, les divisions qui peuvent y naître, l'intrigue de quelques factieux, l'audace de quelques scélérats, l'éloquence de quelques orateurs, cette fausse opinion publique dont il est si aisé de s'investir, peuvent y exciter des mouvements que rien n'arrête, occasionner une précipitation qui ne rencontre aucun frein, et produire des décrets qui peuvent faire perdre au peuple son honneur et sa liberté, si on les maintient, et à la représentation nationale sa force et sa considération, si on les rapporte?

« Dans une seule assemblée, la tyrannie ne rencontre d'opposition que dans ses premiers pas. Si une circonstance imprévue, un enthousiasme, un égarement populaire, lui font franchir un premier obstacle, elle n'en rencontre plus. Elle s'arme de toutes la force des représentants de la nation contre elle-même; elle établit sur une base unique et solide le trône de la terreur, et les hommes les plus vertueux ne tardent pas à être forcés de paraître sanctionner ses crimes, de laisser couler des fleuves de sang, avant de parvenir à faire une heureuse conjuration qui puisse renverser le tyran et rétablir la liberté [1]. »

Sages paroles que dans toute assemblée unique chacun fera bien de méditer. Au début, on a tou-

1. Rapport de Boissy-d'Anglas, p. 39.

jours les intentions les plus droites et les plus pures ;
on est modéré, conciliant : on ne songe qu'au peuple.
C'est l'histoire des nouveaux règnes. Néron, s'il n'eût
été empereur que deux ans, aurait laissé la mémoire
de Titus ; mais peu à peu l'atmosphère des assemblées s'échauffe et se corrompt comme l'atmosphère des palais. On devient irascible, défiant,
jaloux, ambitieux. Les partis dégénèrent en factions.
Pouvant tout, ils osent tout. Serviles et tyranniques
tour à tour, ils rampent aujourd'hui aux pieds du
chef qu'ils renverseront demain. Ils ont je ne sais
quel plaisir à briser l'idole qu'ils ont élevée. Le gouvernement est leur proie, les fonctions publiques
sont la monnaie dont ils payent leurs créatures et
leurs flatteurs ; la justice et la liberté sont sacrifiées
aux intérêts et aux passions d'une coterie : le pays
est oublié et trahi. Personne ne résiste à cette ivresse
de la toute-puissance ; il y a dans la domination un
charme perfide qui empoisonne et pervertit les meilleures natures. Si elle veut éviter de tomber dans le
crime d'usurpation, une assemblée unique n'a qu'une
chose à faire, c'est de ne pas s'exposer à la tentation.
Qu'elle promulgue les lois nécessaires, et qu'elle
abdique au plus tôt.

Je ne dirai rien des trois assemblées établies par la
constitution de l'an VIII. C'étaient des fantômes ; on
voit que Sieyès a passé par là. Qui pourrait prendre
au sérieux ce tribunat qui parlait sans voter, ce corps
législatif qui votait sans parler, ce sénat conservateur des libertés publiques qui n'a jamais eu de courage que pour conserver son traitement ? La liberté
n'a rien à faire avec ces simulacres de représentation.

Il en est autrement de la charte de 1814. La charte
n'était pas seulement une imitation de la libre consti-

tution d'Angleterre, c'était la reconnaissance des
institutions et des garanties que la France avait demandées dans les cahiers de 1789. Quelque étroite
que fût la loi électorale, quelque faible que fût l'organisation de la chambre des pairs, la charte n'en
établissait pas moins un gouvernement constitutionnel. La nation reprenait possession d'elle-même;
la parole était non plus aux factions, mais à la France.
Aussi n'a-t-on pas oublié avec quelle rapidité le pays
se releva après vingt ans de guerre et deux invasions.
C'est alors que la tribune française, dans tout son
éclat, faisait tressaillir l'Europe; c'est alors que nous
avons admiré une floraison du génie français qui
sera la gloire du XIXᵉ siècle. Pour être modérée,
l'opinion n'en était pas moins puissante; nous sommes
trop heureux d'en revenir aux lois de 1819.

La charte de 1830 ne fut qu'une nouvelle et plus
libérale édition de la charte de 1814. Avec elle, tout
progrès était facile, toute réforme aisée, si le pays
l'avait voulu sérieusement. Après trente-quatre années
d'un gouvernement régulier, il semblait que la France
eût enfin trouvé la forme politique qui convient à son
tempérament et à ses mœurs. Par malheur, l'émeute
du 24 février 1848 nous jeta entre les mains d'un
parti qui vivait de souvenirs et de rancunes. Il en
était encore aux premières théories de Sieyès et aux
préjugés jacobins. Ce que rêvaient les vainqueurs,
surpris de leur triomphe, c'était une révolution historique et théâtrale. On venait de lire *les Girondins*
de Lamartine, on voulait jouer à nouveau le rôle de
Camille Desmoulins, de Vergniaud, et même celui de
Robespierre ou de Danton. Il fallait une assemblée
unique en 1848 parce qu'il n'y avait qu'une assemblée
en 1793. En vain des esprits sensés, des amis de la

liberté qui avaient pris la peine d'en étudier les conditions, M. Thiers, M. de Tocqueville , M. Odilon
Barrot, répétèrent-ils sur tous les tons que l'établissement de deux chambres était pour la république une
question de vie ou de mort : on ne les écouta point.
Des logiciens de la force de M. de Cormenin exhu-
mèrent du *Moniteur* les vieux sophismes que l'expérience avait cruellement réfutés, et une fois encore
la foule ignorante leur donna raison : elle avait
oublié que de tout temps les jacobins ont eu le triste
privilége d'étrangler la république. On voulait recommencer la Révolution, on ne réussit que trop dans
cette restauration chimérique, et on en arriva bien vite
au 18 brumaire sans passer par la Convention.

Cette leçon a-t-elle corrigé les républicains ? Il est
permis d'en douter. Le fanatisme et la passion sont
aveugles ; les événements ne leur disent rien. Je suis
convaincu que ces héritiers de Sieyès apporteront les
mêmes sophismes à la tribune, et qu'ils attribueront
leur insuccès de 1848 à l'ambition d'un homme. Ils
ne verront pas que c'est l'indifférence du pays qui a
permis l'avénement de l'empire et la chute de la république. Pourquoi la France eût-elle défendu des institutions qu'on lui imposait de force, et qui ne lui donnaient
ni sécurité, ni liberté ?

Aujourd'hui nous sommes dans une situation qui
ne ressemble en rien à celle de 1848. Le malheur qui
nous accable nous condamne à la sagesse. Il n'est
point de parti qui puisse se présenter en sauveur, car
tous les partis ont échoué dans la défense du pays, et
la révolte de Paris a mis l'opposition en poudre. Si
la France ne veut pas être dévorée par l'anarchie, il
faut qu'elle se sauve elle-même par un effort héroïque ;
elle ne peut le faire qu'en revenant à ce régime con-

stitutionnel qui, de 1814 à 1848, lui a donné la paix,
la sécurité et une juste influence sur son gouvernement. Puissent tous les patriotes comprendre enfin
qu'une assemblée unique livrera toujours le pays aux
folies démagogiques, tandis que deux chambres ré-
concilieront la France avec la république, et assure-
ront le règne de la véritable liberté !

II

Il est une question qui se rattache à la division du
pouvoir législatif, et qui a souvent arrêté les hommes
de bonne foi. Si l'on établit deux chambres, comment
les composera-t-on ? Point de difficulté pour la première, elle sera la représentation directe du peuple :
c'est le suffrage universel qui la choisira. Mais la
seconde, qui la nommera ? Fera-t-on comme en l'an III
un conseil des Anciens élu de même façon que le conseil des Cinq-Cents, mais d'où l'on exclura, en même
temps que les jeunes gens, les vieux célibataires, sus-
pects d'une jeunesse éternelle ? Entrera-t-on dans
une voie nouvelle ? Comprendra-t-on que le nombre
n'est pas tout dans la société, et que le problème du
meilleur gouvernement n'est pas une opération d'a-
rithmétique ? Au lieu de faire du sénat la doublure
de l'autre chambre, pourquoi n'en ferait-on pas le
représentant de la vie nationale dans toute sa diver-
sité ? Pourquoi ne pas donner une tribune à l'agriculture, au commerce, à l'industrie, et même à l'administration ? Chez un peuple intelligent et artiste,
pourquoi ne pas appeler au grand-conseil de la nation les hommes qui sont à la tête des lettres, des
sciences et des arts ? Il y a là des combinaisons infi-

nies, et l'on peut imaginer plus d'une solution acceptable. C'est une question de convenances et non de principes; il y a évidemment plus d'un moyen de représenter les intérêts généraux du pays.

Je ne suis point législateur et me ferais scrupule de proposer un système; mais, quelle que soit l'organisation qu'on adopte, il est certaines mesures de prudence qu'on ne doit point négliger, si l'on veut faire du sénat un pouvoir modérateur qui contienne et soutienne à la fois la chambre populaire et le gouvernement. Ces mesures, je les emprunte aux Américains, le seul peuple qui ait compris le rôle du sénat dans une démocratie.

Quel que soit le gouvernement d'une nation, il faut placer quelque part un point fixe, un principe de conservation. Un peuple n'est pas une caravane qui traverse le sable du désert sans y laisser la trace de ses pas : c'est une société qui a un passé et un avenir. Pour assurer son indépendance, une nation a besoin de s'allier avec ses voisins; mais une alliance n'est pas l'œuvre d'un jour. L'organisation d'une armée, la régularité des services publics, l'assiette de l'impôt, le crédit, la justice, la police, ne sont pas choses qu'on improvise; il y faut beaucoup de réflexion, de prudence et de temps. En deux mots, tout gouvernement est une tradition. Ce qui fait la force des royautés et des aristocraties, c'est qu'elles ont l'esprit de suite; ce qui fait la faiblesse des démocraties, c'est que tout y change du jour au lendemain, brusquement, sans raison. Durant cinquante années, la Prusse, tout entière à sa rancune et à son ambition, a poursuivi l'idée d'une guerre contre la France : où trouver une république qui prépare l'avenir avec la même ténacité?

Ce problème, les Américains l'ont résolu et si bien, qu'on voit en ce moment la fière Angleterre céder sur la question de l'*Alabama*, comme elle a cédé pour l'Orégon, comme elle cédera un jour pour la Nouvelle-Écosse et le Canada. Dans une démocratie où le chef de l'État change tous les quatre ans, où la chambre des représentants se renouvelle tous les deux ans, le législateur a su constituer un sénat électif qui, par sa constance et sa fermeté politique, fait plier devant lui jusqu'au gouvernement anglais. Et il en est arrivé là par une simplicité de moyens qu'on ne saurait trop louer.

Le sénat est peu nombreux; dans le congrès fédéral, il n'y a que deux sénateurs par chaque État, ce qui donne en ce moment 74 membres au grand conseil de l'Amérique. Il n'y en aura pas beaucoup plus quand, à la fin du siècle, la population s'élèvera à 80 millions d'habitants. Dans les États particuliers, c'est un principe constitutionnel que le nombre des sénateurs ne doit pas dépasser le tiers du chiffre des représentants. Comme les Américains n'ont aucun goût pour les grandes assemblées, et réduisent au strict nécessaire le nombre des représentants, il en résulte que dans chaque État particulier il n'y a guère que vingt ou trente sénateurs. Le vice ordinaire des démocraties, c'est la jalousie. Avilir les hommes politiques et les empêcher de s'élever est considéré comme une victoire de la liberté. En Amérique, au contraire, on croit qu'en donnant à quelques hommes une grande action et une grande responsabilité, on assure le bon gouvernement de l'État. Loin de s'effrayer de l'influence que prennent nécessairement des personnages peu nombreux et placés en évidence, on voit dans cette influence même une garantie poli-

tique. Il faut toujours des chefs à la démocratie. Si
on ne l'habitue pas à se confier aux plus capables,
elle s'abandonne aux plus audacieux et aux plus vils.
Ce ne sont pas les tribuns qui sont à craindre, ce
sont les meneurs anonymes.

Au congrès fédéral, les sénateurs sont nommés pour
six ans ; c'est trois fois la durée de la chambre des
représentants. Les États particuliers ont fait de cet
usage un principe. En Pensylvanie, par exemple, la
chambre des représentants est annuelle, le sénat est
élu pour trois ans : il représente la tradition et la
durée.

On dira que trois ans et même six ans sont une
durée bien courte pour assurer la permanence des
institutions. Les Américains l'on senti ; ils ont remé-
dié à ce défaut en donnant à leur sénat ce qu'il y a au
monde de plus conservateur et de plus résistant :
l'esprit de corps. Le sénat de l'Union, par exemple,
se renouvelle par tiers tous les deux ans. Cela fait
24 ou 25 membres à nommer dans autant d'États
différents. L'expérience a prouvé que la plupart du
temps la moitié au moins des sénateurs sortants sont
réélus. Dans un corps composé de soixante-quatorze
personnes, il entre donc tous les deux ans dix ou
douze membres nouveaux. Quel que soit leur talent
ou leur caractère, il est visible qu'ils ne peuvent
altérer que très-faiblement l'esprit du corps. Le sénat
est donc, comme nos académies, une assemblée
perpétuelle, encore bien qu'élective ; il a des précédents, des traditions, une politique. Tout change
autour de lui avec une extrême rapidité ; lui seul se
modifie de façon insensible en gardant son unité,
son caractère et sa physionomie comme un être vivant. C'est là ce qui fait sa force, c'est pourquoi on

a pu l'appeler justement la pierre angulaire de la constitution et le grand régulateur du gouvernement.

Le sénat fédéral est nommé par les législatures locales, à raison de deux sénateurs par chaque État : c'est une élection à deux degrés. Ce sont les circonstances qui en ont décidé ainsi; on a voulu maintenir une certaine égalité politique entre chacune des provinces qui forment l'Union. Dans les États particuliers, l'élection est directe. Il y a seulement un district électoral trois ou quatre fois plus grand pour un sénateur que pour un représentant. En outre, on exige que le sénateur soit domicilié dans le district. Les Américains repoussent le scrutin de liste : ils croient qu'il n'y a d'élection sincère que celle qui permet au mandant de voir de près le mandataire qu'il choisit. On exige encore que le candidat ait au moins trente ans, s'il s'agit du sénat fédéral, et vingt-cinq ans, s'il s'agit d'un sénat particulier. Ce sont là des précautions qui ne sont pas sans valeur : elles ont toutes pour objet de faciliter le triomphe de la modération; mais le grand principe, la véritable découverte politique, c'est le renouvellement successif et la durée du sénat. Là est le point d'appui qui permet à un gouvernement républicain d'exister et d'agir sans être toujours ébranlé par les flots mouvants de la démocratie.

Peut-être cette organisation n'a-t-elle rien qui séduise une imagination française; mais elle est le fruit de l'expérience; le temps l'a consacrée. Si les moyens sont petits, les résultats sont grands. C'est la première fois depuis les Romains qu'on voit une démocratie accepter avec joie la direction d'un petit nombre d'hommes choisis parmi les plus capables, et soumettre ses passions au joug de la raison. Nous ferons bien d'aller à l'école de l'Amérique et de nous inspirer de son bon sens.

III

Établir deux chambres, assurer l'indépendance du pouvoir exécutif, mettre la souveraineté nationale à l'abri des usurpations qui tant de fois l'ont compromise, voilà quelle doit être l'œuvre du législateur; mais, quand il aura donné au pays une bonne constitution, aura-t-il fondé la république? Pas encore. Les constitutions ne sont pas des machines qui marchent toutes seules, il y faut le concours de chaque citoyen. Tant vaut le peuple, tant vaut la constitution. Transportées dans l'Amérique espagnole, les institutions des États-Unis n'y ont eu qu'un médiocre succès; on peut même dire qu'en certains pays elles n'ont été qu'un ferment de désordre et d'anarchie. Il ne suffit pas de décréter la république pour la faire vivre en France, il faut encore donner aux Français les mœurs de la liberté; ce n'est pas chose facile: c'est œuvre d'éducation plus que de législation, et par malheur, depuis quatre-vingts ans, les événements, au lieu de nous instruire, nous ont corrompus.

User de la liberté et n'en pas abuser, voilà en deux mots le droit et le devoir du citoyen; mais en France la majorité n'use pas de la liberté, et les minorités en abusent. On ne doit pas chercher ailleurs la cause de ces convulsions politiques qui nous épuisent, et dont nous ne pouvons pas sortir.

La majorité n'use pas de la liberté. Au lendemain d'une révolution, quand l'incendie fume encore, la société se serre autour du gouvernement. Chacun sent que son intérêt particulier tient à l'intérêt général; le patriotisme se réveille, on se remue, on parle, on se concerte. C'est ainsi que la France se relève avec une admirable élasticité; mais, le péril passé, la majorité retourne à ses travaux et ne s'inquiète plus de la politique. Elle oublie que la république est le gouvernement du peuple par le peuple, et que gouverner, c'est agir. En Amérique, chaque parti a une organisation, des journaux, des réunions: en France, on se croit sage parce qu'on ne songe qu'au soin de sa fortune. On ne voit le danger que lorsqu'il est trop tard pour le prévenir. Sans doute nous ne sommes pas, comme les Athéniens et les Romains, un peuple d'oisifs, servi par des esclaves, et qui n'a rien de mieux à faire qu'à écouter chaque jour le vain bruit de l'*agora* ou de *forum*; mais, si nous ne voyons pas que les affaires publiques sont les nôtres, et que, si nous n'y mettons pas la main, on nous ruinera, il ne faut parler ni de république, ni même de monarchie constitutionnelle: nous ne sommes pas faits pour la liberté.

Quant aux minorités, chez nous elles sont toujours en dehors de la constitution. Ce ne sont pas des partis politiques, ce sont des factions. Les réformes ne les touchent guère, il leur faut des révolutions. C'est le jeu des intrigants et des ambitieux qui n'ont rien à perdre et ont tout à gagner dans les bouleversements. On nous dit que la monarchie faisait naître cette opposition révolutionnaire, et qu'avec la république tout rentrera dans l'ordre; c'est une illusion. Il y a en France tout un peuple de mécontents. toute une foule de gens déclassés, envieux, avides, qui sont en conspiration permanente contre le gouvernement

quel qu'il soit. Dès que la république sera constituée,
on trouvera un mot pour la flétrir, et un drapeau
pour opposer à son drapeau. L'émeute a trop souvent
réussi, les minorités ont trop souvent emporté d'assaut le pouvoir, pour qu'il soit permis de croire que
le nom de république aura une vertu magique et
fera disparaître en un jour ces éternels ennemis de
la société.

Mais il est vrai de dire que, de tous les gouvernements, la république est celui qui peut le moins tolérer une opposition factieuse. La majorité y fait la loi,
les minorités doivent obéir; il ne leur est plus permis d'invoquer le nom du peuple et de prétendre
qu'elles le représentent. Quand le pays a parlé, il
faut se taire. C'est ainsi que les choses se passent aux
États-Unis. Les luttes politiques y sont ardentes;
mais, quand la majorité a prononcé, chacun cède et
se résigne. Résister, c'est un crime de lèse-nation : le
peuple ne pardonne pas à ceux qui le bravent. Tant
que cette obéissance ne sera pas entrée dans nos
mœurs, tant qu'on se fera gloire de mépriser le vœu
de la majorité, tant que l'opinion, dans sa lâche indulgence, applaudira ceux qui en appellent à la violence, nous aurons beau rédiger des constitutions
admirables, distribuer sagement les trois pouvoirs,
nous n'établirons jamais un gouvernement qui dure,
nous serons le jouet éternel des factieux. La république ne s'appuie point sur la force, comme font les
monarchies; elle n'est, sous un autre nom, que le
règne de la loi, elle n'a que la justice pour se maintenir. Une république où la loi n'est pas respectée
est une république morte, une pure anarchie. Ne
cherchons pas au loin la cause de nos révolutions
incessantes; ce qui tue la liberté en France, c'est le

mépris des lois, c'est l'impunité. La justice est énervée, parce que nous n'avons pas de foi politique, et nous n'avons pas de foi politique, parce que les coups d'État et les coups de main ont détruit dans nos cœurs toute idée de droit. Nous ne sommes jamais sûrs que le crime d'aujourd'hui ne sera pas la vertu de demain: Si la république de 1871 en finit avec une faiblesse coupable, si elle oblige tous les citoyens à plier sous le joug de la loi, elle rassurera les honnêtes gens, et sera bientôt acceptée et soutenue par l'opinion. Ce n'est pas de la république qu'on a peur en France; on y craint, et non sans raison, ceux qui tant de fois ne se sont servis de ce grand nom que pour le déshonorer.

Au XVI⁰ siècle, durant la ligue, la France s'est trouvée dans une situation aussi triste que la nôtre. Envahie par l'étranger, déchirée par des fanatiques, des intrigants et des ambitieux, elle mourait sous les pieds de l'Espagnol et des Guises. C'est alors que d'honnêtes et courageux citoyens formèrent ce qu'on nomma le parti des politiques. Dévoués au pays, ennemis des factions, tolérants en religion, modérés en politique, et par cela même en butte à tous les outrages, ils résolurent de sauver la France en y ranimant l'esprit public, et ils réussirent dans cette entreprise désespérée. Grâce à leur patriotisme, la France reprit possession d'elle-même, et, revenue de ses erreurs, se débarrassa tout ensemble des étrangers et des ligueurs. Un de ces patriotes obscurs, qui n'était ni le moins savant, ni le moins hardi, Pierre Pithou, écrivant son testament, s'y rendait cette justice, qu'au milieu de la confusion universelle il n'avait jamais songé qu'au pays. *Patriam unice dilexi*, disait-il Belle parole qui doit être aujourd'hui la devise de tous les cœurs français. Unissons-nous dans un commun effort pour relever notre chère patrie, oublions ce qui nous divise, et puissions-nous enfin donner à la France ce qu'elle a toujours demandé, ce qu'elle n'a jamais obtenu: un gouvernement libre, des institutions sages et des lois respectées!

DU

POUVOIR CONSTITUANT

(OCTOBRE 1871)

DU

POUVOIR CONSTITUANT

I

La Révolution française nous a laissé en héritage
un certain nombre d'axiomes politiques que des générations trop confiantes ont longtemps reçus comme
des articles de foi ; nous ne sommes point guéris de
cette idolâtrie. Il est encore un parti qui se dit républicain et se croit patriote en se faisant du passé une
religion, en adoptant pour symbole ce mélange d'erreurs et de vérités qu'on nomme les principes de
1789. Cependant le monde a marché depuis quatre-
vingts ans ; si nous ne valons pas mieux que nos
pères, du moins faut-il reconnaître qu'une expérience
chèrement payée nous a fourni des lumières qui
manquaient aux disciples de Rousseau et de Mably.
Aujourd'hui nous connaissons trop les besoins d'une
société qui vit d'industrie et de commerce pour nous
laisser séduire par des paradoxes qui ne pouvaient
éblouir qu'un peuple dont les yeux s'ouvraient à
la liberté. Nous ne croyons plus à ces Lycurgues improvisés qui changent les idées et les mœurs d'une

nation avec quelques lignes écrites sur un morceau de parchemin, et ce n'est pas d'une vaine déclaration de droits que nous attendons le salut d'un peuple et la régénération de l'humanité. Loin de servir la liberté, ces dogmes surannés ne font qu'en retarder la marche et en compromettre le succès. Le moment est donc venu de les étudier froidement, sans autre souci que de chercher la vérité.

Parmi les principes de 1789, il en est beaucoup qui ont résisté à l'épreuve du temps et dont les bienfaits ont prouvé la solidité. L'égalité civile, la liberté religieuse, la liberté du travail, sont entrées dans nos mœurs et dans nos lois pour n'en plus sortir. Il est toutefois d'autres maximes qui n'ont jamais été appliquées sans traîner après elles le désordre et la ruine. Signaler ces erreurs condamnées par l'expérience, c'est en empêcher le retour, c'est épargner à nos enfants les fléaux que l'ignorance du législateur a déchaînés sur nous.

Au premier rang de ces théories funestes, il faut placer celle du pouvoir constituant telle qu'on l'a conçue en 1789. Établir ou réformer une constitution a été regardé par nos pères comme une œuvre magique qu'on ne peut confier qu'à une assemblée unique, convoquée extraordinairement et maîtresse de refaire à son gré l'État et la société. Et non-seulement on concentre tous les pouvoirs dans les mêmes mains, ce qui est la définition même du despotisme, mais encore on donne aux constituants une autorité telle qu'ils peuvent imposer leur gouvernement à la nation sans lui demander son avis, et lui défendre d'y toucher avant l'époque et par d'autres moyens que ce qu'il leur plaît de décider dans leur vanité. En nommant une assemblée de révision, le peuple fait acte de souverain ; mais du même coup il abdique au profit de ses représentants, sans même se réserver le droit de contrôler et d'accepter ce qu'on fait en son nom. Les constituants ne sont pas les mandataires, ils sont les maîtres du pays.

C'est ainsi que les choses se sont passées en 1789 ; on peut juger de l'arbre par ses fruits. Une assemblée souveraine, dont rien ne gênait la volonté, la passion ni le caprice, a détruit tout ce qu'elle a touché : monarchie, administration, finances, armée, marine, église ; elle a condamné un peuple trop confiant à traverser toutes les misères de l'anarchie en lui montrant à l'horizon une liberté qui fuyait toujours. C'est à ce prix que la France a été dotée d'une constitution qui n'était même pas viable. Promulguée avec éclat le 14 septembre 1791, l'œuvre de l'assemblée constituante disparaissait le 21 septembre 1792 devant ce jugement dédaigneux et mérité : « la Convention déclare qu'il ne peut y avoir de constitution que celle qui est acceptée par le peuple. » Ni cet échec, ni cet arrêt significatif, n'ont empêché les législateurs de 1848 de reprendre avec une pieuse ignorance la tradition d'erreur qui datait de 1789 ; ils ont mené la France au même abîme et par le même chemin. La leçon nous a-t-elle profité ? Non, nous en sommes restés au même point ; nous n'avons pas perdu une seule de nos illusions. L'expérience n'instruit que ceux qui doutent et qui cherchent ; elle n'existe pas pour un peuple que la foi révolutionnaire illumine, et qui se croit naïvement en possession de la vérité absolue.

Étudier la nature et le caractère du pouvoir constituant n'est donc pas une œuvre de pure curiosité ; c'est une question qui porte en ses flancs l'avenir de la France. Il est utile, il est nécessaire de montrer comment d'une vérité mal comprise le législateur de 1789 a tiré les conséquences les plus fausses et les plus désastreuses. Il faut voir comment, en partant du principe de la souveraineté nationale, il en est arrivé à confisquer cette souveraineté au profit d'une assemblée que la toute-puissance a enivrée et perdue.

Pour faire toucher du doigt l'erreur de nos pères, je dirai de quelle façon l'Angleterre et les États-Unis s'y prennent pour réformer leurs constitutions. Il y a là deux systèmes différents d'apparence, mais animés d'un même esprit. Si l'Angleterre ne peut nous servir d'exemple, il n'en est pas de même de l'Amérique ; elle nous offre d'excellents modèles, et il est inutile de raisonner à l'aventure quand on a sous la main la solution du problème.

Avant tout, posons la question.

Qu'est-ce que le pouvoir constituant? C'est le pouvoir de faire ou de réformer une constitution. Qu'est-ce alors qu'une constitution? En quoi une constitution diffère-t-elle d'une loi ordinaire, et pourquoi faut-il des formes particulières pour la changer?

La constitution est la loi qui organise le gouvernement de l'État, en d'autres termes la loi qui règle la distribution et l'étendue des pouvoirs publics. Depuis Montesquieu, rien ne nous est plus familier que la théorie des trois pouvoirs législatif, exécutif et judiciaire ; nous savons que leur séparation, qui du reste n'est point absolue, est une des conditions de la liberté. Il est donc nécessaire de fixer légalement la compétence de chacun de ces pouvoirs, et de les borner les uns par les autres. L'objet propre d'une constitution, c'est ce partage d'attributions, c'est l'établissement de ces limites; c'est en outre l'énumération des libertés que le gouvernement doit garantir, et auxquelles il ne peut toucher. Toutes les autres dispositions que renferme une charte peuvent être bonnes ou mauvaises, mais elles n'ont rien de constitutionnel. Aussi le plus sage est-il de les réserver pour ce qu'on nomme les lois organiques, lois qui sont dans la main du législateur ordinaire, et qu'il est aisé de modifier suivant les idées et les besoins du jour.

Comprend-on maintenant pourquoi la constitution a un caractère particulier? Les lois communes règlent les rapports du gouvernement avec les citoyens ou des citoyens entre eux ; la constitution règle le gouvernement lui-même. Elle commande au juge, au législateur, au chef du pouvoir exécutif. C'est la loi fondamentale, la garantie prise par le peuple contre ceux qui font ses affaires, afin qu'ils n'abusent pas contre lui du mandat qu'il leur a confié. Entourer de précautions et de solennités l'établissement de cette grande charte est chose naturelle ; il est juste qu'on n'y puisse toucher qu'en un cas sérieux, et seulement sur l'ordre de la nation. A qui appartient ce pouvoir constituant ? au souverain sans aucun doute, c'est-à-dire au peuple tout entier. A qui convient-il d'en déléguer l'exercice, quelles conditions faut-il mettre à un mandat de cette espèce, voilà ce qui nous reste à examiner en comparant ce que font les Anglais et les Américains.

II

La constitution d'Angleterre n'est point écrite ; il faut entendre par là qu'elle n'a pas été promulguée d'un seul coup, et qu'il n'en existe point de rédaction

· 32

officielle. De même que la constitution de Rome républicaine, elle repose sur de vieilles coutumes, sur d'antiques usages, plus d'une fois consacrés et rajeunis par des précédents législatifs ou judiciaires. Parmi ces précédents, il suffira de citer la grande-charte, trente fois confirmée par les Plantagenets et les Tudors, la pétition des droits adressée par le parlement à Charles Ier, la déclaration des droits faite par le parlement à la veille de la restauration, l'acte d'*habeas corpus* passé dans la trente et unième année du règne de Charles II, et enfin l'acte de *settlement*, qui en 1689 plaça la couronne sur la tête de Guillaume et de Marie aux conditions prescrites par les représentants du peuple anglais. Pour n'être pas rédigée en articles numérotés, la constitution d'Angleterre n'est donc pas moins certaine que nos pactes modernes; mais en outre elle a sur ces derniers cet incomparable avantage qu'elle est écrite au cœur des Anglais. Tandis que nos constructions éphémères s'écroulent au premier souffle du vent, sans que personne s'en inquiète, tout Anglais est heureux et fier de réparer et de rajeunir ces remparts gothiques qui ont abrité les pères et qui protégent les enfants. Fidèles aux traditions du moyen âge, les politiques anglais ont le respect de la coutume, tout en la modifiant chaque jour par une infusion de l'esprit nouveau; ils n'ont aucun goût pour la codification qui pétrifie les lois. Ils veulent que dans leurs institutions tout se fasse par développement, par accroissement intérieur, comme dans la nature, et qu'on n'y sente pas la main des hommes. Entrer dans l'examen de cette doctrine nous mènerait trop loin, il suffit de constater le fait; nous en verrons bientôt les avantages.

A qui appartient-il d'entretenir ce vieil édifice politique? au parlement. C'est un droit que personne ne
lui conteste. Il peut, quand il lui semble bon, toucher à l'une ou à l'autre de ces libertés qui, réunies
en faisceau, forment ce qu'on appelle la constitution d'Angleterre. C'est un adage souvent répété de
l'autre côté du détroit que le parlement peut tout
faire, excepté d'un homme une femme, et d'une
femme un homme. Nos Français, qui vont toujours
aux extrêmes, en ont conclu que le pouvoir constitutionnel du parlement est illimité; il est douteux
que nos voisins acceptent la rigueur de ce raisonnement.

On ne s'en est pas tenu à une conclusion théorique; cette facilité de réforme a séduit quelques-uns
de nos publicistes, et non pas les moins ingénieux.
On s'est demandé si ce n'était point une chimère que
de distinguer entre la constitution et les lois ordinaires. A quoi bon établir à part ce pouvoir constituant, qui trouble et menace tous les autres? Ne
serait-il pas plus simple et plus sage de suivre
l'exemple de l'Angleterre, et en temps ordinaire de
laisser aux chambres et au chef de l'État le droit
de modifier la constitution d'un commun accord?

Ceux qui ont soutenu cette thèse se sont laissé
prendre aux apparences. C'est surtout à propos de
l'Angleterre qu'il est vrai de dire que ce qu'on ne
voit pas est plus important que ce qu'on voit. Entre
les idées constitutionnelles, les habitudes législatives,
les mœurs politiques des Anglais et des Français, il y
a une opposition si tranchée que toute imitation est
trompeuse et stérile. En 1814, la charte a créé une
pairie héréditaire; a-t-on rien eu qui ressemblât à la
chambre des lords? Aujourd'hui ne serait-on pas le

jouet d'une illusion de même espèce ? On voit dan
la Grande-Bretagne une constitution et un parlement, on ne sent pas qu'ils n'ont de commun que le
nom avec la constitution et le parlement de la France.
La ressemblance du titre nous abuse : nous nous
croyons logiciens en raisonnant sur des mots, sans
nous apercevoir que, si ces mots ont la même forme
dans les deux pays, ils n'ont pas le même sens.

Depuis quatre-vingts ans, la France a eu onze
constitutions, qui l'ont fait passer brusquement de la
servitude à la liberté, de la liberté à la servitude.
Qu'est-ce que toutes ces constitutions? Des programmes que le gouvernement offre à la nation, ou que le
législateur populaire impose au gouvernement —
des promesses plus que des droits. En Angleterre, la
constitution, œuvre des siècles, est aussi ancienne
que le peuple même. C'est l'ensemble des libertés
dont jouissent les Anglais depuis un temps immémo-
rial, libertés qui ont leur racine dans les coutumes
anglo-saxonnes, comme le jury, ou dans les usages
féodaux, comme le parlement et le vote de l'impôt.
Plus d'une fois ces diverses libertés ont été envahies
par les rois, il a fallu de longs efforts pour les recon-
quérir ; mais jamais le peuple anglais n'a cessé de les
regarder comme son héritage, jamais il n'a laissé
prescrire ses droits. Le fameux cri : *nolumus leges An-
gliæ mutari*, est la forme énergique de cette revendication. C'est ce qui explique l'esprit conservateur des
Anglais ; leur tradition est une tradition de liberté.
Parlement, vote de l'impôt, droit de pétition, *habeas
corpus*, jury d'accusation et jury de jugement, presse,
etc., toutes ces libertés, tous ces droits ont leur histoire inscrite sur les registres de Westminster, et cette
histoire est celle du pays même. Pour nous, il suffit

d'une promenade dans les galeries de Versailles pour
voir que nous n'avons rien qui ressemble à ces annales pacifiques ; l'histoire de France est l'histoire de
nos rois, de leurs guerres et de leurs amours, et, n'en
déplaise à ceux qui fouillent le passé pour y retrouver
les débris de la vieille liberté française, il est fort
douteux qu'avant 1789 la France ait eu aucune de
ces garanties contre l'arbitraire qui sont l'élément
essentiel d'une constitution.

Supposer que les Anglais, pris tout à coup de la
furie française, voudraient brusquement changer
leur constitution est une hypothèse chimérique ;
autant vaudrait leur demander de renoncer à leurs
libertés héréditaires et de n'être plus des Anglais.
Dans ces conditions, qu'est-ce donc que la prétendue
omnipotence du parlement? C'est le droit très-restreint de déterminer plus exactement la portée de
telle ou telle liberté suivant les nécessités de l'heure
présente. Il appartient au parlement de réparer et
d'entretenir l'édifice constitutionnel ; il est plus que
douteux qu'il ait le pouvoir de le renverser. La plupart
de ces libertés, dont l'origine se perd dans la nuit
des temps, font partie de la coutume ou *common law*,
et cette coutume, patrimoine commun du peuple
anglais, est sous la garde des magistrats, qui sauraient la faire respecter même du parlement. Demandez à un jurisconsulte anglais si le parlement
peut supprimer le jury : la question lui paraîtra
étrange ; mais je ne crois pas qu'il hésite à répondre
que le parlement ne le fera jamais, et ne pourrait
pas le faire. Quand on a voulu récemment réduire le
jury civil, qui est une justice médiocre, on a établi
des juges en concurrence, mais on a laissé aux parties
le choix de la juridiction; on s'est gardé de sup-

primer par une loi une institution séculaire à laquelle il eût été dangereux de toucher.

Cet amour de la tradition, cet esprit de conservation a subi plus d'une altération sans doute. Nous ne sommes plus au temps où à la maxime française : *tout nouveau, tout beau*, les Anglais répondaient par l'adage : *nouveauté, fausseté; the new is false*. En aucun pays, on n'a fait plus de réformes libérales qu'en Angleterre depuis cinquante ans; mais toutes ces réformes se font à l'ombre de la constitution, sans toucher ni aux prérogatives de la couronne, ni aux priviléges des chambres, ni à l'indépendance de la magistrature. Partout et toujours on trouve cet esprit de modération, ce goût des transactions qui est la marque des peuples nés pour la liberté.

Ce qui contribue à cette modération, c'est que chez nos voisins le parlement comprend la royauté et les deux chambres. La reine gouverne en parlement, elle y représente la nation tout autant que la chambre des lords ou la chambre des communes. Tandis que chez nous la chambre des députés se considère comme le seul organe du peuple et n'admet point de partage, il y a en Angleterre trois éléments du corps législatif qui, tous trois, sont regardés par l'opinion comme les organes constitutionnels du pays. Il ne faut pas croire que la chambre des lords n'ait point une influence considérable; et quant à la reine, si son rôle se borne à consulter le pays ou à changer le cabinet quand il n'a plus la majorité, il ne faut pas oublier qu'elle est représentée par le ministère, et que le ministère est une puissance. Il est vrai que les ministres sont désignés par les chambres, mais ce sont eux qui gouvernent en vertu de prérogatives nettement définies et confirmées par

une longue tradition. On ne pourrait toucher à la
constitution sans leur aveu, et il n'est pas à craindre
que, par un vain amour de la popularité, ils sacri-
fient le pouvoir exécutif, dont ils sont les dépositaires et les gardiens.

Enfin, et ceci est capital, tandis qu'en France, les
députés se croient appelés à diriger et à régenter l'opinion, en Angleterre c'est le peuple qui fait les lois par
les pétitions, les *meetings*, les journaux. Le parlement
anglais est une chambre d'enregistrement. Ce n'est
pas son caprice qu'il impose, ce n'est pas la volonté
du maître qu'il érige en loi; il met sa gloire à suivre
l'opinion et non pas à la traîner violemment après
soi. Avant d'arriver au parlement, toute réforme doit
être acceptée par le pays, elle n'entre au palais de
Westminster que pour y recevoir le baptême légal;
le parlement n'en est pas le père, il en est le parrain.

Si l'on saisit cette différence d'esprit, de mœurs,
d'usages, on sentira qu'en Angleterre il est sans
danger de laisser au parlement le soin de modifier
insensiblement la constitution, tandis qu'en France
le droit de révision, attribué en temps ordinaire au
chef de l'État et aux deux chambres, ne ferait que
surexciter la chambre des députés et la mettrait sans
cesse aux prises avec le reste du gouvernement. La
réforme de la constitution ne serait qu'un moyen
d'opposition, qu'une arme de combat. En Angleterre,
pour qui va au fond des choses, c'est la nation seule
qui a le droit de toucher à la constitution, et c'est là
le vrai principe; en France, ce seraient les députés,
qui, sans mandat spécial, sortiraient à chaque instant
de la constitution, hors de laquelle ils ne sont rien,
et déchaîneraient à leur gré la tempête afin de satisfaire une ambition misérable. Pour faire pièce à un

ministre, l'opposition demanderait la révision du pacte fondamental, et mettrait en jeu la fortune du pays. Ce qui est en Angleterre une institution conservatrice serait en France un instrument de révolution.

Viendra-t-il un jour où, le flot de la démocratie montant de plus en plus, les Anglais se lasseront de la royauté ou songeront à supprimer l'hérédité de la pairie? Bien hardi qui oserait l'affirmer ; mais, à juger de l'avenir par le passé, on peut être sûr que, même en ce cas, les Anglais n'abandonneraient aucune de leurs vieilles libertés. Le changement, plus apparent que réel, se ferait lentement, pacifiquement, et par l'effort même du pays. On dénouerait adroitement le nœud gordien, on ne le trancherait pas. A moins d'une révolution dans les idées et dans les mœurs, révolution que rien ne fait prévoir, jamais l'Angleterre ne donnera le spectacle étrange d'un peuple qui, du jour au lendemain, se jette tête baissée dans les aventures, passe de la monarchie à la république pour sauter brusquement de la république à l'empire, brisant toutes les barrières ou supprimant au besoin toutes les libertés par amour de la logique, par caprice ou par ennui. Bien convaincus qu'un peuple sans passé est un peuple sans avenir, les Anglais s'en tiendront à leur constitution, toujours ancienne et toujours nouvelle, heureux de la sagesse de leurs ancêtres et fiers de leur propre bon sens.

III

Si l'Angleterre ne peut nous servir d'exemple, il en est autrement de l'Amérique, et pour plus d'une raison.

C'est aux États-Unis que nous avons emprunté les constitutions écrites, les déclarations de droits, l'idée du pouvoir constituant et le nom même des conventions, c'est-à-dire des assemblées qui sont spécialement chargées de faire et de réviser les constitutions. On n'a point assez étudié cette influence des États-Unis, quoiqu'elle soit hautement confessée par ceux qu'en 1789 on appelait les Américains, c'est-à-dire les Lameth, les Lafayette, les Noailles et leurs anciens compagnons de la guerre d'indépendance. Il est vrai que l'imitation n'a pas toujours été heureuse, et que plus d'une fois, en exagérant un principe juste, on en a fait une erreur; mais trop souvent aussi l'assemblée constituante a préféré aux idées américaines des chimères inventées par les élèves de Rousseau. C'est ce qui est arrivé dans la question qui nous occupe. Sieyès l'a emporté sur Lafayette, et en confondant le pouvoir constituant et le pouvoir législatif il a tout brouillé et tout perdu.

L'Amérique a encore pour nous ce grand avantage qu'elle est une démocratie. Le fondement de ses institutions, c'est la souveraineté du peuple. C'est à la nation seule qu'il appartient de choisir la constitution qui lui convient; car, ainsi que l'écrivait John Adams dès l'année 1775, le peuple est la source de toute autorité, l'origine de tout pouvoir. C'est là un principe universellement reçu aux États-Unis, principe que personne ne conteste et que chacun s'efforce d'appliquer de son mieux. Quoique les Américains aient gardé l'esprit juridique de leurs ancêtres de la Grande-Bretagne, quoique dans le droit civil ils s'attachent de préférence à la coutume et aux précédents, néanmoins en politique ils n'invoquent que la volonté nationale. Tout leur souci est d'assurer

dans sa plénitude la souveraineté du peuple et de ne
la laisser confisquer par personne. Grâce à une pratique aussi sincère que hardie, ils en sont arrivés,
non moins heureusement que les Anglais, à des institutions protectrices de la sécurité, de la liberté et du
bien-être de tous les citoyens.

Enfin l'Amérique est une fédération, aujourd'hui
composée de trente-sept États particuliers et d'un
gouvernement général. Il ne se passe guère d'années
qu'on n'établisse une constitution, qu'on n'en réforme une autre. Depuis moins d'un siècle, on compte
plus de cent soixante-dix essais de ce genre ; il n'en
est pas un seul qui ait jamais inquiété le pays. Ce qui
en Europe est une crise, une maladie dangereuse, est
aux États-Unis une fonction habituelle de la vie politique, une institution régulière. On conçoit quel est
pour nous l'intérêt de ces expériences réitérées ; nous
ne pouvons pas avoir la prétention d'être plus républicains ni plus démocrates que les Américains, et
leur exemple nous montrera combien nous sommes
encore entichés d'idées despotiques. Nous exaltons
en paroles la souveraineté du peuple, mais en fait
les partis ne la respectent guère ; tout leur effort consiste à l'éluder ou à l'usurper.

Pour bien comprendre le jeu des constitutions américaines et celui des conventions, il faut donc se faire
une idée nette de la façon dont on entend et dont on
pratique aux États-Unis la souveraineté du peuple.
Sur ce point, nous avons beaucoup à apprendre et
beaucoup à oublier [1].

---

1. Dans tout ce que je vais dire de l'Amérique, mon autorité
est l'excellent ouvrage de John Alexander Jameson, juge à la cour
supérieure de Chicago et professeur de droit constitutionnel à
l'université de la même ville. Ce livre, intitulé *The constitutional*

Le principe dominant, celui qui pénètre et anime toutes les institutions américaines, c'est que l'ensemble des citoyens : hommes, femmes, enfants, a droit de régler son gouvernement. Aux États-Unis, on ne connaît pas l'idée de légitimité qui fait du gouvernement la propriété d'une famille privilégiée; on n'admet pas davantage la maxime doctrinaire qui donne à la raison, à la justice, le droit de commander, car c'est reculer le problème et non le résoudre. Qui décidera ce qui est juste et ce qui est raisonnable? Les Américains prennent les choses de moins haut, et restent sur un terrain plus solide. Pour eux, c'est une loi divine, c'est l'instinct, c'est la sympathie qui fonde et maintient les sociétés humaines. Il y a là un fait naturel qu'il n'appartient pas à l'homme de changer; mais quant au gouvernement, que les Américains réduisent au maniement des intérêts généraux de la communauté, c'est une œuvre toute humaine; son objet est d'assurer le bien-être et la liberté de chacun et de tous par la volonté et le concours de chacun et de tous. Comme le disait l'excellent Lincoln en consacrant le cimetière de Gettysburg : « Cette nation, conçue dans la liberté, vouée à l'égalité, veut maintenir sur la terre le gouvernement du peuple, par le peuple, et pour le peuple. » Ces simples paroles contiennent tout le système politique des États-Unis.

Mais on ne peut pas faire voter toute une société; il n'est point de démocratie qui jusqu'à présent n'ait admis certaines incapacités, tirées de l'âge, du sexe

Convention, its history, powers and modes of proceeding, a été publié à New-York en 1867. Pour la richesse des documents et la solidité des jugements, il peut soutenir la comparaison avec le commentaire de Story sur la constitution des États-Unis.

ou de quelque autre circonstance. La nation est donc représentée partout par un corps électoral. Aux États-Unis, sont en général électeurs les citoyens mâles, majeurs de vingt et un ans, inscrits au rôle de la milice ou à celui des contributions. Je signale cette différence entre les idées américaines et les idées françaises; je ne connais pas aux États-Unis un seul jurisconsulte, un seul publiciste qui fasse de l'électorat un droit naturel, un droit que le législateur ne puisse modifier. Pour les Américains comme pour les Anglais, l'électorat est une fonction que la loi règle au mieux des intérêts de la communauté, et cette fonction a des limites, comme toutes les fonctions. Par exemple, en certains États, tels que la Pensylvanie, rien ne semble plus légitime et plus démocratique que d'exclure les citoyens qui ne contribuent pas aux charges publiques; on trouve immoral d'attribuer un droit aux fainéants et aux mendiants. Le mot peuple a donc aux États-Unis un sens légal, nettement défini; c'est le corps électoral, c'est l'ensemble des citoyens à qui la constitution confie l'exercice de la souveraineté suivant des formes définies. La foule n'est pas le peuple; politiquement elle n'a aucun droit, sa volonté ne peut jamais faire loi.

Ce corps électoral, qu'on nomme le peuple, élit en chaque État deux chambres et un magistrat chargé du pouvoir exécutif; mais il ne leur délègue pas la souveraineté; il leur confie simplement certaines attributions nettement réglées par la constitution. Tout pouvoir qui n'est pas délégué au gouvernement, en termes exprès et formels, appartient au peuple, et ne peut appartenir qu'à lui. Tandis qu'en France la souveraineté populaire est un pouvoir endormi, qui ne s'éveille qu'en temps de crise et ne se manifeste que par une éruption comme un volcan, en Amérique la souveraineté populaire est toujours debout, toujours vigilante; elle seule a le droit de résoudre les difficultés constitutionnelles. J'insiste sur ce point, car c'est faute d'avoir compris cette permanence de la souveraineté dans les mains du peuple qu'en France on a toujours livré les droits de la nation et la nation elle-même aux usurpations des assemblées.

Qu'une constitution limite les attributions du chef de l'État, nous le comprenons sans peine; nos chartes ne font guère autre chose : nous trouvons aussi tout naturel que les chambres n'aient qu'un pouvoir de législation et ne se mêlent ni d'administration ni de justice. Mais ce qui est nouveau pour un Français, ce qui l'étonnera et peut-être le choquera, c'est que dans le champ de la législation les assemblées n'aient qu'une action étroitement bornée, et qu'on leur interdise d'entrer en certaines parties de ce domaine, dont elles se considèrent comme maîtresses absolues. Pour les Français, les chambres sont la voix de la nation, et, comme rien ne peut limiter la volonté nationale, il nous semble que rien non plus ne doit limiter l'autorité législative des assemblées. Nous identifions le mandataire et le mandant, déplorable confusion qui confisque la souveraineté nationale au profit de quelques hommes et met le pays à leur merci. Pour les Américains au contraire, la souveraineté est inaliénable : les députés n'ont qu'un pouvoir subalterne et dérivé; il ne leur est jamais permis d'oublier que le peuple est leur maître, et qu'ils n'ont aucun droit d'excéder le mandat qu'ils ont reçu de lui.

Ce mandat, c'est la constitution. Non contents de chercher dans la division du pouvoir législatif, dans l'indépendance du pouvoir exécutif et du pouvoir

33

judiciaire, une barrière qui arrête l'usurpation des assemblées, les Américains ont encore introduit dans leurs constitutions des clauses restrictives qui définissent étroitement la compétence du gouvernement. Ces clauses restrictives sont ce qu'on appelle les déclarations de droits. Ce ne sont pas, comme chez nous, des thèses philosophiques, si générales et si vagues qu'elles ont le défaut de tout promettre et de ne rien tenir : ce sont des maximes concrètes, des lois formelles et supérieures, contre lesquelles tout ce que fait le législateur est nul de soi. A vrai dire, ce sont les vieilles libertés anglaises rédigées en articles ; c'est le *common law* régnant en souverain de l'autre côté de l'Atlantique. C'est ainsi qu'aux États-Unis aucune assemblée, fût-ce même le congrès, ne peut toucher à la liberté absolue des églises ; aucune assemblée ne peut supprimer le jury ni la publicité des débats en matière civile ou criminelle ; aucune assemblée ne peut interdire le droit d'association, de réunion, de pétition ; aucune assemblée ne peut autoriser un monopole, établir des privilèges héréditaires, ni prendre des mesures préventives contre la presse. Le législateur ordinaire n'a donc que la gestion des intérêts généraux. Toutes les libertés qu'un gouvernement a pour objet de garantir restent dans la main du peuple. Chaque citoyen peut, en toute sécurité, vaquer à ses affaires sans craindre que, dans un moment de colère ou d'erreur, des députés ignorants ou ambitieux n'attentent à sa personne ou à ses droits.

Ce caractère des constitutions américaines explique comment aux États-Unis les chambres n'ont pas le rôle prépondérant de nos assemblées. L'opinion ne les regarde point comme souveraines ; elle n'en attend

ni la rénovation ni le salut du pays. Tout ce qu'on
leur demande, c'est de faire de bonnes lois civiles et
commerciales, de régler au mieux les affaires communes et de surveiller l'administration. Il n'est point
de pays où un plus grand nombre de personnes figu-
rent dans les chambres[1]; mais il n'en est aucun
où les députés puissent se faire moins d'illusion sur
la modestie de leur situation.

Je ne doute pas que cette conception politique ne
surprenne plus d'un lecteur. La Révolution nous a
rompus au despotisme des assemblées, et c'est d'hier
seulement qu'en France on commence à parler des
limites de l'État. Cependant, si l'on regarde l'histoire, on y verra que le progrès de la liberté n'est
autre chose qu'une réduction successive du gouvernement. Qu'un prince ou qu'une assemblée s'attribue
le droit de régler la religion d'un peuple, la tyrannie
est la même : il n'y a de différence que dans le nombre des persécuteurs; mais que la loi ou les mœurs
mettent la conscience humaine en dehors et au-dessus
de la politique, aussitôt paraît la liberté religieuse
avec tous les bienfaits qui l'accompagnent. Pourquoi
ce qui est vrai de la religion ne le serait-il pas de
l'enseignement? Pourquoi le jury, la libre défense,
la publicité des débats, la liberté de la presse, l'égalité civile et tant d'autres droits qui ont pour eux
l'épreuve des siècles ne seraient-ils pas considérés
comme des conquêtes définitives sur lesquelles aucune
assemblée ne peut revenir? Ainsi l'ont pensé les
Américains, pour qui ces droits étaient un héritage

---

1. En 1861, la Grande-Bretagne, avec 30 millions d'habitants,
était représentée par 1,100 membres environ, lords et communes;
les États-Unis, avec 31 millions d'habitants, avaient 5,200 sénateurs ou députés. — Jameson, p. 109.

de famille; c'est à cette heureuse idée que j'attribue pour une grande part le développement pacifique de la démocratie aux États-Unis. A Boston et à New-York, comme à Paris et à Lyon, il y a des partis violents et peu scrupuleux sur les moyens de parvenir; mais, tandis qu'en France la possession du pouvoir met la nation tout entière entre les mains de ceux qui l'emportent aux élections, le vainqueur chez les Américains ne peut guère abuser de la victoire. Les hommes changent, les institutions restent; le parti qui triomphe n'en demeure pas moins l'humble serviteur de la constitution.

On voit que tout le système politique des Américains repose sur ce principe, qu'il y a une loi supérieure qui assujettit le législateur. Cette loi, dirigée contre l'omnipotence des assemblées, c'est la constitution. Supposons maintenant que la constitution ne réponde plus aux idées et aux vœux du peuple, qui donc aura droit d'y toucher? Ce ne peut pas être le législateur ordinaire. Comment réformerait-il la constitution de laquelle il tient son autorité? La réformer, c'est en sortir, et, s'il en sort, il n'est plus rien. Peut-on du moins suivre l'exemple de l'Angleterre et attribuer le droit de réforme à l'ensemble des pouvoirs publics? Non; car aux États-Unis la souveraineté ne repose nullement entre les mains des députés, des sénateurs et du président. Tous ne sont que des fonctionnaires chargés d'un mandat limité. Seul le peuple est souverain; seul il peut corriger et changer la constitution.

C'est ce qu'il fait au moyen d'une procédure réglée d'avance par la loi politique. Sous le nom de convention, on élit une assemblée qui a pour objet unique de réformer la constitution ou de faire une constitution nouvelle. Cette convention n'a de commun que le titre avec l'assemblée de sinistre mémoire qui gouverna la France en 1793. Ce n'est pas une chambre révolutionnaire, omnipotente, despotique; c'est un pouvoir régulier, légal, limité. Qu'en des temps paisibles un peuple décide comment et de quelle façon il réformera son gouvernement le jour où il n'en sera plus satisfait, c'est une idée qui doit nous sembler étrange; elle ne prouve que trop combien la souveraineté du peuple en Amérique ressemble peu à ce qu'en France on appelle de ce beau nom. Chez nous, le peuple agit en souverain quand une émeute victorieuse brise un gouvernement, foule aux pied les institutions et donne pleine carrière à la passion et à la violence; tandis qu'aux États-Unis le peuple fait acte de souveraineté quand il manifeste régulièrement sa volonté suivant des formes légales et pour assurer d'autant mieux le bien général. Il n'est pas de pays plus libre que l'Amérique, mais on y connaît trop les conditions de la liberté pour croire à la sagesse des masses et à l'infaillibilité de la foule : aussi se fait-on gloire d'y vivre sous l'empire et la contrainte de la loi.

La procédure conventionnelle traverse quatre phases successives. On consulte les électeurs sur la nécessité de convoquer une convention. Si la réponse est affirmative, la législature décrète l'élection de l'assemblée de réforme. Cette assemblée rédige son travail sous forme de projet, et enfin ce projet est soumis à la ratification du peuple. Chacun de ces points mérite un examen particulier.

Qui consulte le peuple? c'est la législature, c'est-à-dire les deux chambres de l'État. Prendre le vœu du peuple avant de toucher à la loi fondamentale, c'est

33.

le principe démocratique, la règle suprême. On y a
surtout recours quand il s'agit d'une refonte totale
de la constitution. C'est ainsi, par exemple, que fut
réformée la constitution de l'État de New-York en 1821.
La législature avait décidé simplement la convocation
d'une convention; cette décision fut annulée sur le
vu des objections présentées par le chancelier Kent,
un des plus grands jurisconsultes de l'Amérique.
« La constitution, disait Kent, est la volonté du peuple
sous sa forme expresse; elle a pour objet la protection permanente, le bonheur durable de la génération présente et de la génération future; la théorie
républicaine et la pratique constante du pays exigent
qu'on ne puisse à aucun degré altérer cet acte avant
que le peuple ait exprimé formellement sa volonté
sur ce point[1]. » Certaines constitutions font de cet
appel au peuple une condition absolue : telle est la
constitution de l'Ouest-Virginie, qui a été rédigée
en 1863. En d'autres États, où des constitutions depuis
longtemps en vigueur n'ont besoin que de réformes
partielles, on a admis un moyen plus court pour faire
les amendements nécessaires. C'est ce qu'on appelle
le *mode spécifique;* j'en parlerai plus loin.

En convoquant une convention, la législature fixe
le nombre des députés à élire, la date et le lieu de la
réunion. Elle décide également comment et dans
quelles formes le nouveau projet de constitution sera
soumis à la sanction populaire, mais elle ne règle pas
la compétence de l'assemblée; elle n'a pas le droit
de lui interdire de toucher à tel ou tel article de la
loi politique. On ne veut pas que la convention ne
soit que l'écho de la législature; on entend que dans

___
1. Jameson, p. 493.

sa sphère constituante elle jouisse d'une entière liberté.

La convention, élue en général par les électeurs ordinaires et composée d'un très-petit nombre de personnes, a un caractère original et fait pour renverser toutes nos théories révolutionnaires. Ce n'est pas une assemblée législative ; ses membres ne sont pas des représentants, ils sont de simples délégués. Convoquée par une législature qui existe avant elle, qui subsiste auprès d'elle et qui est destinée à lui survivre, la convention n'a aucune autorité politique ; c'est un simple comité chargé de soumettre au peuple un projet de constitution. Ce principe, méconnu par les premières assemblées révolutionnaires, a été proclamé dès 1787 dans la célèbre convention fédérale qui rédigea la constitution des États-Unis. « Nous n'avons le droit de rien conclure, mais nous avons la liberté de tout proposer, disait Wilson, représentant de Pensylvanie. — Notre affaire, ajoutait Edmond Randolph, c'est de recommander et non pas d'établir un système de gouvernement. » En 1829, dans la Convention de Virginie, John Randolph s'exprimait non moins nettement. « Nous sommes ici des avocats que consulte le peuple, des médecins politiques chargés de proposer un remède pour les maladies dont souffre l'État ; nous n'avons pas le droit de voter un acte qui engage la nation. Nous sommes les humbles conseillers du peuple[1]. » Inutile de multiplier les citations; ce point de droit constitutionnel ne souffre plus de discussion aujourd'hui.

Ce n'est pas que l'idée française qui personnifie la nation dans ses représentants et leur donne l'absolu de la souveraineté n'ait jamais paru en Amérique:

1. Jameson, p. 294.

mais elle y a toujours été repoussée par les amis de la liberté. En 1847, dans la convention de l'Illinois, un membre, M. Peters, déclara que les pouvoirs de l'assemblée étaient illimités. « Nous sommes la souveraineté de l'État, ajouta-t-il ; nous sommes ce que serait le peuple d'Illinois, s'il était ici rassemblé en masse. Nous pouvons dire ce que disait Louis XIV : l'État, c'est nous. Nous pouvons fouler aux pieds la constitution comme un chiffon de papier ; personne ne peut nous demander de compte, hormis le peuple. » Quinze ans plus tard, dans une nouvelle convention de l'Illinois, le général Singleton disait : « Que cette convention du peuple soit souveraine, qu'elle possède le pouvoir souverain, c'est là une de ces propositions qui sont la vérité même. Si l'État est souverain, la convention est souveraine. Si cette convention ne représente pas le pouvoir du peuple, qui donc le représente? Si le pouvoir souverain ne réside pas dans cette assemblée, il n'y a pas de souveraineté. » Malgré ces assertions tranchantes, jamais la théorie française n'est parvenue à se faire adopter par les républicains d'Amérique, encore bien qu'elle ait trouvé des partisans dans quelques États. Ce qui lui a porté le dernier coup, c'est que le Sud s'en est servi lorsque, pour maintenir l'esclavage, il a rompu avec le reste des État-Unis. C'est à des conventions omnipotentes qu'on a soumis l'ordonnance de sécession afin de n'avoir pas à consulter la nation. A Charleston comme à Paris, on a invoqué cette prétendue identité du peuple et de ses représentants pour annuler le véritable souverain, et faire une révolution au profit de quelques ambitieux. Qu'on lise le discours prononcé en 1861 à la convention d'Alabama par M. Williams L. Yancey; on y reconnaîtra des sophis-

mes qui nous sont familiers. « On demande que l'ordonnance de sécession soit soumise au peuple, disait
M. Yancey. Cette proposition repose sur l'idée qu'il
y a une différence entre le peuple et ses délégués à la
convention. C'est une erreur. Il y a une différence
entre le peuple et les députés ordinaires, parce que
certains pouvoirs sont réservés au peuple, et que
l'assemblée législative ne peut pas les exercer; mais
la convention est omnipotente : il n'y a point de pouvoirs réservés. Le peuple est ici dans la personne
de ses députés. Vie, liberté, propriété tout est dans
nos mains... Tous nos décrets sont suprêmes sans
ratification, parce que ce sont les décrets du peuple
agissant dans sa capacité souveraine[1]. »

Cette doctrine, qui a enfanté la guerre de sécession, les publicistes américains la repoussent avec
horreur. Pour eux, c'est un démenti donné à l'expérience et au bon sens; le jurisconsulte Jameson ne
craint pas de l'appeler *une des plus impudentes hérésies
de notre temps*[2]. En effet, c'est la négation de toutes
les maximes, de toutes les pratiques constitutionnelles
qui ont fait la grandeur et la prospérité des États-
Unis. Là-bas, il est passé en axiome que le plus sûr
moyen de perdre une république, c'est de confier le
pouvoir législatif à une assemblée unique; combien
la ruine n'est-elle pas plus prompte et plus certaine,
si l'on confie le pouvoir constituant à une seule
chambre ? N'est-ce pas l'omnipotence d'une assemblée
unique qui a toujours fait avorter en France les essais
de liberté ? D'ailleurs sur quel principe appuyer cette
étrange concession d'un pouvoir absolu ? Toutes les

1. Jameson, p. 296.
2. Ib., p. 3.

constitutions proclament que la souveraineté est inhé-
rente à la société politique, et que par conséquent
elle est indivisible et inaliénable. La déléguer sans
condition à une poignée de législateurs, n'est-ce pas la
diviser et l'aliéner ? Un peuple n'a pas plus le droit
d'abdiquer sa souveraineté qu'un individu n'a le
droit de vendre sa liberté. Quelle que soit l'ignorance
ou la faiblesse d'une nation, ce transfert, cet abandon
de la souveraineté est nul de soi ; rien ne peut légiti-
mer l'usurpation de ceux qui ne sauraient être que
les mandataires et les serviteurs du pays.

Tels sont les principes reçus aux États-Unis, et,
selon moi, ce sont les vrais principes de la démocratie. Si nous ne les avons jamais suivis, c'est que
l'école révolutionnaire a faussé toutes nos idées. La
souveraineté du peuple n'a été chez nous qu'un cri
de guerre exploité par quelques ambitieux : elle n'a
jamais servi qu'à détruire ; quand nous voudrons en
faire un rouage régulier, une force conservatrice,
nous prendrons exemple des Américains.

J'ai dit plus haut qu'en certains États, quand il ne
s'agissait que de corriger quelques dispositions d'une
constitution depuis longtemps passée dans les mœurs,
on remplaçait la consultation adressée au peuple et
l'appel d'une convention par une procédure analo-
gue, mais plus simple ; c'est ce qu'on nomme le *mode
spécifique*. C'est ainsi qu'en Pensylvanie la loi politique décide que, si des amendements constitutionnels
sont votés par les deux chambres, ces amendements
seront publiés dans un journal de chaque comté trois
mois au moins avant les nouvelles élections. L'opinion étant avertie, et les députés nommés en vue du
changement proposé, si la nouvelle législature adopte
les amendements, on les soumet à la ratification po-

pulaire en réservant au peuple le droit de voter séparément et distinctement sur chaque article. On voit combien on prend de précautions pour limiter le pouvoir des assemblées, pour réserver la décision au véritable souverain. Dans un assez grand nombre de constitutions, et notamment dans la constitution fédérale, on exige en outre que la législature ne puisse présenter d'amendement qu'à une majorité considérable, aux deux tiers des voix par exemple; on a voulu se mettre en garde contre la manie des innovations. Mais cette condition n'est point regardée comme une limitation de la souveraineté populaire; aucun jurisconsulte ne doute que, si l'opinion se prononce, les assemblées n'aient le droit de consulter directement le peuple à la simple majorité. La question s'est présentée plus d'une fois, notamment à New-York en 1846, au Massachusetts en 1853; elle a toujours été résolue dans le même sens [1]. En d'autres termes, aux États-Unis on n'a jamais compris qu'en France, en 1851, une minorité de députés ait pu s'enfermer dans la constitution pour refuser d'interroger la nation et placer le pays entre une révolution et un coup d'État. En Amérique, rien ne peut entraver la souveraineté populaire; en tout temps, en tout lieu, en toute occasion, elle doit avoir et elle a le dernier mot.

Voilà pourquoi dans tous les systèmes les réformes constitutionnelles ne sont qu'une lettre morte jusqu'à ce que le peuple leur ait donné la vie en les ratifiant. L'abolition de l'esclavage, l'égalité politique des noirs et des blancs, ne sont entrées dans la constitution fédérale qu'après avoir été sanctionnées par la nation tout entière. La pierre angulaire de la liberté améri-

1. Jameson, p. 209, 210.

caine, c'est le vote populaire. Jamais on ne l'écarte, jamais on ne l'élude. Chacun reconnaît que la nation seule a le droit d'organiser son gouvernement, et qu'à elle seule appartient le pouvoir constituant, apanage de la souveraineté.

Ce respect de la volonté générale est poussé si loin qu'aujourd'hui en plusieurs États on soumet à la ratification du peuple certaines lois d'une importance majeure : lois des chemins de fer, lois des écoles, lois qui interdisent la vente des boissons spiritueuses [1]. Ce n'est pas qu'on veuille tranformer le peuple en législateur; les Américains ont trop de sens pour céder à cette illusion de la démagogie. Ils réservent aux chambres l'examen et le vote de la loi; mais ils croient bien faire en obtenant l'adhésion formelle du peuple pour des mesures qui le touchent dans ses intérêts et ses goûts les plus chers. C'est une politique qui ne manque ni de sagesse, ni de grandeur; en associant le peuple au gouvernement, elle le rend glorieux de son obéissance et fier de ses institutions. C'est ce qui explique peut-être pourquoi il n'y a pas de pays plus démocratique ni moins révolutionnaire que les États-Unis. Que n'en sommes-nous là !

IV.

Rentrons en France, voyons comment on y a compris et exercé le pouvoir constituant.

Dans l'ancienne monarchie, il n'y a pas de constitution écrite; le seul souverain et le seul législateur,

1. Jameson, p. 377, 385.

c'est le roi. Il est donc naturel que l'idée d'un pouvoir constituant ne paraisse qu'à la veille de la Révolution ; Sieyès s'en déclare l'inventeur. « Une idée
saine et utile, nous dit-il, fut établie en 1788 : c'est
la division du pouvoir constituant et des pouvoirs
constitués. Elle comptera parmi les découvertes qui
font faire un pas à la science ; elle est due aux Français [1]. »

Dans une note sur Sieyès [2], Lafayette remarque
qu'avant 1788 les Américains avaient eu des conventions pour réformer leurs constitutions particulières
et pour rédiger leur constitution fédérale, que par
conséquent l'idée du pouvoir constituant n'est pas
une invention française. Il ajoute avec raison que les
Français, loin de faire faire sur ce point un pas à la
science, l'ont plutôt fait rétrograder par le mélange
des fonctions constituantes et législatives dans l'assemblée de 1789 et dans la Convention nationale,
tandis qu'en Amérique ces fonctions ont toujours été
distinctes. C'était mettre le doigt sur une des erreurs
fondamentales du système français. Mais en 1789
on était infatué de Sieyès et de ses visions politiques ;
quant à l'ami de Washington, on l'admirait, mais on
ne l'écoutait pas. Lorsque l'assemblée, près de se
séparer, décréta le chapitre de la constitution qui
traite de la révision, toutes les propositions de Lafayette furent écartées. « M. de Lafayette, disait le
Journal de Paris du 1ᵉʳ septembre 1791, n'a voté pour
aucun de ces décrets : toutes ses vues y était trop
opposées ; il a trop bien étudié les *pouvoirs constituants*

1. Discours sur le projet de constitution et sur *la jurie constitu-
tionnaire*. — *Moniteur* du 7 thermidor an III (25 juillet 1795).
2. Mémoires de Lafayette, t. IV, p. 36.

31

pour vouloir confier leur mission aux *pouvoirs consti-tués*; mais, lorsqu'il a cité l'exemple de l'Amérique, on a dit : *Ah! l'Amérique* [1] ! »

J'ai grand'peur qu'en parcourant ces pages plus d'un lecteur ne pousse le même cri. Renoncer à un préjugé révolutionnaire n'est pas chose aisée pour un Français. Cependant en l'an III, au sortir des excès de la Convention, le législateur, effrayé de son omni-potence, avait introduit dans la constitution un sys-tème de révision imité des Américains, et depuis l'an III combien de fois les événements n'ont-ils pas donné raison au général Lafayette !

Tandis qu'aux États-Unis l'appel d'une convention est un fait aussi simple et aussi pacifique que la con-vocation d'une législature ordinaire, a-t-on jamais vu en France une assemblée constituante qui n'ait amené une révolution? L'œuvre de ces législateurs tout-puissants a-t-elle jamais été viable? La constitu-tion de 1848 a-t-elle été moins chimérique et moins funeste que celle de 1791 ? Oserait-on remettre en vigueur cette charte républicaine que la France a laissée tomber avec une complète indifférence? Au-jourd'hui même ne sentons-nous pas que le terrain tremble sous nos pieds? Si nous avions trouvé la vérité, en serions-nous réduits à marcher au hasard et à tâtonner dans la nuit ?

Toute notre théorie du pouvoir constituant repose sur une erreur et sur un sophisme. L'erreur, c'est la délégation de la souveraineté : la souveraineté ne se délègue pas. Le sophisme, c'est l'identité du peuple et de ses représentants, la confusion du mandataire et du mandant. Nous aurons beau faire des discours

1. *Mémoires de Lafayette*, t. III, p. 113.

pompeux et crier que le monde a les yeux sur nous,
cette conception du pouvoir constituant n'en est pas
moins la négation même de la souveraineté du peuple. Pour les partis, c'est le moyen infaillible de se
jouer de la volonté nationale et de soumettre le
pays au despotisme d'une minorité.

De cette double erreur, comme d'une source em-
poisonnée, sortent toutes nos fautes et toutes nos
misères.

Les constituants étant considérés comme le peuple
même en vertu de la délégation qu'ils ont reçue, et
le peuple étant l'origine de tout pouvoir, nos politiques en concluent que l'assemblée possède tous les
droits de la souveraineté, et suivant eux (ce qui est
encore une erreur révolutionnaire) ces droits sont
illimités. L'autorité de l'assemblée est donc absolue.
Vie, liberté, propriété, religion, tout est entre les
mains de cet abrégé de la nation. En d'autres termes,
c'est au despotisme que nous nous en remettons du
soin de créer la liberté. Il faut toute la force de l'habitude pour nous aveugler sur la fausseté et le danger d'une pareille invention.

A cette assemblée, armée déjà d'un pouvoir formidable, on remet le gouvernement tout entier. La
première garantie de la liberté, la séparation des pouvoirs, disparaît. C'est toujours une suite de la même
erreur. On suppose qu'en l'absence d'une constitution le peuple gouverne par lui-même et l'assemblée
représente le peuple. C'est la fiction même sur
laquelle les Césars édifièrent leur tyrannie. Quel est
l'effet de cette concentration de pouvoirs ? Écoutons
Daunou décrivant en 1793 le désordre qu'il avait
sous les yeux. « Une assemblée chargée de faire une
constitution mutile et paralyse par sa seule exis-

tence toutes les autorités qui sont autour d'elle. Elle
est trop facilement entraînée à confondre le droit de
créer et de modifier chaque pouvoir avec le droit de
l'exercer immédiatement. Elle devient une puissance
énorme et dictatoriale qui ne peut être longtemps
salutaire. C'est une autorité presque nécessairement
despotique et tellement contre nature qu'elle opprime
ceux même qui l'exercent [1]. « N'est-ce pas là l'histoire de la Convention ?

En vertu du même sophisme, l'assemblée, après
avoir achevé son œuvre, ne la soumet pas au vote
populaire. Le mandataire s'attribue le droit de lier
son commettant sans lui demander son aveu. Pour un
Américain, il y a là une usurpation de la souveraineté, un crime de lèse-majesté nationale. Un Français qui appartient à l'école révolutionnaire ne voit
dans cet étrange procédé que la conséquence logique
de l'hypothèse, plus que téméraire, qui identifie le
représentant et le représenté. Pourquoi consulter le
peuple? C'est lui qui a parlé par la bouche de ses
députés.

Enfin, et ceci ne me paraît justifiable en aucune
façon, non-seulement nos assemblées constituantes
imposent au pays une constitution qui d'ordinaire
lui déplaît, mais elles lui interdisent d'y toucher
avant l'époque qu'il leur convient de fixer. De par
l'architecte qui a construit le nouvel édifice politique,
il est défendu au peuple souverain de se trouver mal
logé et de choisir un autre abri — et cela pendant de
longues années. Sait-on quand il était permis à la
France de modifier la constitution de 1791, cette
constitution qui mourut au berceau? En l'an de

_____

1. Daunou, Essai sur la Constitution. Paris 1793, p. 55.

grâce 1821 ! A cette date, la France avait traversé six révolutions, elle en était à son huitième gouvernement.

En face de cette perpétuelle usurpation de la souveraineté, comment s'étonner que la France ne s'attache jamais à des institutions qu'elle n'a pas choisies, et auxquelles on l'enchaîne de vive force? Et cependant le préjugé révolutionnaire est tellement enraciné que l'opinion, ignorante et prévenue, accepte l'omnipotence d'une assemblée comme le triomphe de la volonté populaire. On croit fonder la liberté en livrant à quelques députés tous les droits de l'homme et du citoyen. Malgré l'échec de 1789, malgré la terrible et récente leçon de 1848, je ne connais pas un publiciste français dont la foi soit ébranlée. Les partis extrêmes, qui prennent l'agitation pour la liberté, refusent à l'assemblée actuelle le droit de se dire constituante, mais c'est pour avoir de nouvelles élections et une nouvelle assemblée qui règle à son gré les destinées du pays. Des démocrates de profession ne soupçonnent même pas que la souveraineté doit toujours rester entre les mains de la nation, et qu'un peuple est dépouillé de ses droits quand ses mandataires peuvent disposer de lui sans s'inquiéter de sa volonté.

On dira peut-être qu'en ce moment il n'y a rien à craindre. Élue au lendemain des désastres de la patrie, l'assemblée de Versailles est honnête, modérée, remplie de bonnes intentions. Elle aime la liberté, elle en a donné la preuve ; de nouvelles élections n'assureraient pas au pays de meilleurs représentants. Je l'accorde volontiers ; mais croit-on que l'assemblée de 1789 ne contint pas aussi l'élite de la France ? Le mal n'est pas dans les hommes, il est dans le pouvoir absolu qu'on leur confère. Là est le poison, là est le danger. Une assemblée unique, et qu'on proclame souveraine, s'enivre de sa puissance. Chatouilleuse et susceptible à l'excès, elle n'entend rien céder de ses priviléges. Se croyant le peuple, elle se croit tout, et s'imaginerait abdiquer en se limitant. Chargez donc un pareil corps de rédiger une constitution qui réduise les attributions législatives et qui fasse une juste part au pouvoir exécutif! En 1791, on a établi ce qu'on nommait une démocratie royale, c'est-à-dire une république avec un roi fainéant; on en est arrivé rapidement à la révolution du 10 août. En 1848, on a refusé toute autorité au président de la république; à quoi a-t-on abouti? Sommes-nous corrigés de nos erreurs? L'expérience et la raison nous ont-elles appris que la séparation, c'est-à-dire l'indépendance mutuelle des pouvoirs, est la première condition de la liberté? J'en doute quand je vois avec quelle faveur on accueille une nouvelle conception politique qui, selon moi, mène directement à la révolution. Pour éviter l'usurpation, aujourd'hui peu probable, d'un président, on parle de confier le gouvernement de la France à une chambre unique, qui nommerait un président du conseil, simple agent de ses volontés et toujours révocable. C'est le régime de la Convention, c'est l'anarchie passé à l'état d'institution. On dira que nous vivons ainsi depuis six mois; cela est vrai : nous assistons à un miracle d'équilibre; mais les miracles sont des exceptions, et généralement ils durent peu. L'accord des volontés fait autant d'honneur à la modération de l'assemblée qu'à la prudence du président; mais est-ce là une garantie suffisante pour un peuple qui a besoin de compter sur un lendemain? N'est-ce pas un accident heureux, un instant de calme entre deux orages ? Pour installer un gouvernement durable, il ne suffit ni de l'esprit politique d'un homme, ni du patriotisme d'une assemblée ; il faut une constitution, c'est-à-dire une loi suprême qui limite les deux grands pouvoirs de l'État et les maintienne l'un par l'autre dans le respect du peuple et de sa souveraineté.

Pour rédiger cette constitution équitable qui rendrait à la France la sécurité et l'espoir, je crois que l'assemblée actuelle vaut mieux qu'une assemblée nommée dans un an ou deux, quand le pays sera fatigué du provisoire et peut-être de la république. Cependant j'avoue que j'aurais plus de confiance dans l'avenir, si on faisait élire par le pays, je ne dis pas une Convention (le mot ferait peur), mais un comité chargé de rédiger un projet de constitution, tandis que tous les pouvoirs resteraient en place et que l'assemblée continuerait de gouverner. Serait-il difficile de choisir parmi nos politiques et nos publicistes les plus estimés un petit nombre d'hommes qui, sans intérêt personnel et sans arrière-pensée, oublieraient les passions qui nous divisent pour ne songer qu'à l'intérêt de la France, pour nous préparer une constitution sage et durable ? L'œuvre n'est pas au-dessus des forces humaines ; les principes de la liberté constitutionnelle sont connus en tout pays. Ce qui empêche de les appliquer, ce n'est pas le préjugé, c'est la passion. Une assemblée de 700 députés, divisés d'opinions, d'intérêts, d'espérances, agitera le pays pendant plus d'une année par ses discussions violentes et n'aboutira qu'à une œuvre informe. Avec de l'honnêteté, du bon vouloir et un peu de patriotisme, un comité de 50 personnes rédigera en moins d'un mois une charte républicaine qui vaudrait celle des États-Unis. Est-ce trop présumer de la France que de chercher chez elle un Madison, un Hamilton, un Franklin?

Mais que l'assemblée ou qu'un comité rédige la constitution, je ne puis admettre que cet acte soit viable, s'il n'est pas soumis à la sanction du pays. Dans une république, c'est-à-dire dans un gouvernement qui repose sur la souveraineté du peuple, la ratification de la charte nationale est une de ces lois fondamentales que personne ne peut éluder impunément. Si le vote populaire ne consacre pas la nouvelle constitution et ne la rend pas inviolable pour le législateur ordinaire, comment évitera-t-on que la prochaine assemblée ne prenne exemple sur la Convention et n'abroge un acte qui la gêne? L'assemblée aura la nation pour complice. Ne pas interroger le pays, c'est laisser aux journaux le droit de dire qu'on ne peut engager la France sans la consulter, et que, si on évite d'en appeler au peuple, c'est qu'une fois encore on veut l'asservir à un gouvernement qu'il repousse. En deux mots, c'est préparer une révolution prochaine. N'en déplaise à ceux qui s'effrayent du vote universel, il n'y a que la grande voix du peuple qui puisse imposer silence aux partis. L'exemple de l'Amérique est là pour l'attester.

On dira, je le sais, que le peuple français n'est pas aussi éclairé que le peuple des États-Unis; on ajoutera même qu'il est indolent et crédule, et qu'il votera toujours oui quand on lui demandera de confirmer ce qui existe. Je connais ce dédain superbe: ce ne sont pas les moins démocrates qui l'affectent; mais alors pourquoi une république? pourquoi le suffrage universel? pourquoi n'en pas revenir aux électeurs à 200 francs et aux éligibles à 500? Cela vaudrait

mieux que de violer les principes républicains et de
se jouer du pays.

Pour moi, j'estime que le premier devoir du législateur est de se servir des forces qui existent en les
tournant au bien général. Nous sommes atteints d'un
mal terrible : l'impatience de tout frein, la haine de
toute supériorité, l'esprit de révolution, maladies des
peuples en décadence. Pour nous guérir et nous relever, il n'y a qu'un remède, remède héroïque et sûr,
c'est la pratique sincère de la souveraineté populaire. La majorité de la France est saine, elle se compose de petits propriétaires et de paysans sobres,
économes, laborieux, pacifiques; c'est sur cet élément
conservateur qu'il faut s'appuyer. Chaque fois qu'on
consultera le pays, cette majorité se prononcera pour
l'ordre et la sécurité. C'est à elle qu'il faut s'adresser
en ne négligeant rien pour l'éclairer, mais en étant
décidé à la respecter et à lui obéir. Jusqu'à ce jour,
les partis ont invoqué le grand nom de souveraineté
du peuple pour s'emparer du pouvoir et en abuser;
aujourd'hui il faut avoir non plus le mot seulement,
mais la chose. Organiser l'action de la souveraineté
populaire n'est pas une utopie: l'Amérique et la
Suisse en sont la preuve ; il faut que cette souveraineté prenne place parmi nos institutions, et que l'empire de la majorité, franchement accepté, succède
enfin au règne tumultueux des factions qui ont affaibli et ruiné la France depuis quatre-vingts ans.

DE LA SOUVERAINETÉ

DE

LA SOUVERAINETÉ [1]

I

Le malheur de notre temps, c'est la confusion des idées politiques. Nous en avons de toutes les dates. Préjugés monarchiques, préjugés révolutionnaires, préjugés constitutionnels, autant d'erreurs que les partis érigent en dogmes, et dont ils font la règle de leur conduite. C'est ce qui fait que le public prend en dégoût les querelles stériles des assemblées, et s'éloigne d'elles en disant, avec le dédain de Pilate : Qu'est-ce que la vérité ?

Ces réflexions me sont venues naturellement à l'esprit durant la discussion de l'Assemblée sur le conseil d'État. Pour la majorité il y avait là une question de souveraineté. « Nous sommes la nation, disait-on ; la France est ici. Il est de l'essence de la souveraineté de nommer le conseil d'État. Renoncer à ce droit, c'est une défaillance. » Assertions plus que contesta-

1. Publié dans le *Journal de Lyon* (numéros des 11 et 12 mai 1872), ce travail a été fait à l'occasion du vote par lequel l'Assemblée nationale s'est attribué la nomination des Conseillers d'État.

35

bles, qui cependant ont décidé le vote de très-honnêtes gens et nous mènent droit à l'anarchie.

Qu'est-donc que la souveraineté? Qu'est-ce que cette souveraineté de l'Assemblée que la majorité fait sonner si haut? Voilà ce que je voudrais examiner brièvement.

Souverain est la vieille forme française du mot latin *supernus* (espagnol, *soberano;* italien, *sovrano*). Le souverain est celui qui est au-dessus des autres et qui n'a personne au-dessus de lui. Le pape, par exemple, est justement appelé le souverain pontife, parce qu'il est le chef de l'Église catholique, l'évêque des évêques. Il ne dépend de personne et tous dépendent de lui.

Le roi de France était souverain, ou, comme disaient nos pères, il était empereur en son pays; il était roi par la grâce de Dieu; il ne tenait que de Dieu et de son épée. Toutes ces formules exprimaient ce fait certain que la France n'était pas vassale de l'empire, et que le roi de France ne reconnaissait la suprématie de personne.

En un sens plus étroit, on dit d'une corporation qu'elle est souveraine, lorsqu'elle n'a pas de supérieur dans le cercle de ses attributions. La cour de cassation, par exemple, est une cour souveraine. Cela ne veut pas dire que la cour de cassation ait une autorité illimitée et qu'elle puisse agir en dehors de sa compétence, mais simplement qu'elle juge en dernier ressort et que, lorsqu'elle a prononcé, il n'y a pas à revenir sur sa décision.

Voyons maintenant à quel titre et dans quel sens l'Assemblée peut se dire souveraine?

Remarquons d'abord que tous ceux qui invoquent la souveraineté de l'Assemblée reconnaissent que cette

souveraineté est déléguée, sans paraître se douter
qu'une pareille définition renferme une contradiction
dans les termes. Car cela fait deux souverainetés
ayant le même objet et coexistant sur le même territoire. Si le mandant est souverain, quelle peut être
la souveraineté du mandataire? Est-il vrai d'ailleurs
qu'on puisse déléguer la souveraineté? Les Américains ne le croient pas; j'estime qu'ils ont raison.
Mais passons; cette métaphysique n'est peut-être pas
du goût de tous les lecteurs.

Quelle est cette souveraineté que la majorité invoque comme étant la source de ses pouvoirs? C'est
la souveraineté du peuple, ou, pour l'appeler d'un
nom dont on ait moins abusé : la souveraineté de la
nation. Qu'on le regrette, ou qu'on s'en réjouisse, il
n'est pas douteux qu'aujourd'hui le principe de nos
institutions, le fondement de notre société politique,
c'est la volonté générale, ou, en d'autres termes, la
souveraineté populaire. C'est la nation, représentée
par les citoyens mâles, et âgés de plus de vingt et un
ans, qui choisit elle-même le gouvernement sous
lequel il lui plaît de vivre, et qui organise, ou fait organiser par ses mandataires les institutions qui lui
conviennent. A moins de prétendre que les rois sont
établis de droit divin, il faut reconnaître que les nations sont maîtresses de leurs destinées, et qu'en fait
de gouvernement, la volonté générale, ou celle du
plus grand nombre, doit l'emporter sur les volontés
particulières. Il est inutile d'insister davantage, car
s'il n'y avait pas de souveraineté nationale, la souveraineté des assemblées, qui n'en est qu'une émanation, s'évanouirait du même coup.

La souveraineté du peuple est-elle absolue? S'étend-
elle à tout? — « Oui, disait Rousseau, qui faisait sor-

tir d'une convention volontaire la justice et la loi. »
— « Oui, disent les jacobins disciples de Rousseau.
Vox populi, vox Dei. Tout ce que veut le peuple est
bon, juste, légitime. » — « Non, répond l'école libérale; il n'y a pas ici-bas de pouvoir supérieur à la justice et à la raison. Les hommes restent en société
pour y vivre en paix, pour s'y développer librement
sous la garantie des lois et de l'autorité, mais non
pas pour abdiquer leur nature de créatures libres,
intelligentes, morales, responsables. La protection
des droits individuels est la raison d'être des gouvernements; ni rois ni peuples n'ont le droit de confisquer la liberté, le travail, la propriété, la conscience
du moindre citoyen. La souveraineté populaire ne
comprend donc que ce qui est d'intérêt général : la
paix intérieure, l'ordre public, la défense du territoire, la gestion des affaires communes; ce n'est pas
une souveraineté universelle qui aboutirait au despotisme de la majorité, c'est une souveraineté purement politique, et par conséquent limitée par sa nature et son objet. »

Un peuple peut-il exercer directement la souveraineté? assurément. Cela s'est vu à Athènes et à
Rome. Cela se voit encore dans quelques cantons
suisses, et jusqu'à un certain point aux États-Unis.
Mais chez la plupart des nations modernes, et surtout
chez les nations nombreuses et hors d'état de s'occuper par elles-mêmes de la complication des affaires
publiques, on en est arrivé au système représentatif,
c'est-à-dire qu'on a délégué à certains corps, à certaines personnes non pas la souveraineté mais l'exercice de certains droits qui font partie de la souveraineté.

C'est ainsi qu'en Amérique le congrès reçoit du

peuple l'exercice du pouvoir législatif, tandis que le président est chargé d'exercer le pouvoir exécutif. Mais jamais il ne viendrait à l'esprit du congrès et du président même réunis, de dire qu'ils sont souverains, qu'ils possèdent la souveraineté. Il n'y a qu'un souverain aux États-Unis, c'est le peuple américain.

On ne l'entend pas ainsi en France; et là est l'erreur révolutionnaire qui nous a fait tant de mal. On suppose d'abord que le peuple a une souveraineté absolue, on suppose en second lieu que cette souveraineté le peuple la délègue, ou plutôt l'abandonne tout entière à une assemblée, surtout quand cette assemblée est constituante. Il semble qu'au lendemain d'une révolution, dans la vacance des pouvoirs réguliers, le peuple reprenne la souveraineté directe, mais pour abdiquer aussitôt entre les mains de ses représentants, devenus les maîtres de la nation. On n'imagine même pas qu'il en puisse être autrement; on croit terrasser ses adversaires par un dilemme. Il faut, dit-on, que la souveraineté soit exercée directement par le peuple, ou qu'elle le soit par l'Assemblée. Or, le gouvernement direct du peuple est une chimère et un danger; donc, l'Assemblée est souveraine. Admirable raisonnement, si la souveraineté est quelque chose d'indivisible, d'absolu, qu'il faut prendre ou rejeter en bloc; pur sophisme pour qui se donne la peine de comprendre que le peuple n'a nul besoin de déléguer sa souveraineté, mais qu'il peut confier à ses mandataires un pouvoir limité, un mandat nettement défini. La France a chargé l'Assemblée de faire la paix, de rédiger les lois, de voter les impôts nécessaires, et au besoin de lui préparer une constitution. Ce sont des attributions considérables, c'est un mandat de la plus grande importance, mais ce mandat est limité par sa nature même. Il n'en résulte nullement que le pays ait abdiqué tous ses droits au profit de l'Assemblée. Avant comme après l'élection, il n'y a qu'un souverain en France : c'est la nation.

S'il en était autrement, à quelles terribles conséquences ne serait-on pas poussé? Si l'Assemblée est souveraine, si son mandat n'est pas borné, elle peut donc se déclarer viagère, héréditaire, perpétuelle? Elle peut s'emparer du pouvoir judiciaire et proscrire ses ennemis? Elle peut prendre en main le pouvoir exécutif et gouverner, comme la Convention, par des comités. Tout cela est légitime, ou du moins légal. Franchement, est-ce là ce qu'a voulu la France? Comment les conservateurs, qui professent fièrement une doctrine aussi dangereuse, ne sentent-ils pas qu'ils déchaînent sur nous la tyrannie? Comment ne voient-ils pas que si la majorité tournait, ils seraient les premiers à protester contre une pareille théorie, et qu'ils n'auraient pas de paroles assez dures pour la flétrir?

En droit et en fait, l'Assemblée a reçu un mandat législatif, et rien de plus; c'est un étrange abus de mots que d'appeler souveraineté une semblable commission. Il est vrai qu'en ce point l'Assemblée n'a personne au-dessus d'elle, et qu'on pourrait soutenir à la rigueur qu'elle est souveraine législativement comme la cour de cassation est souveraine judiciairement. Mais si ambitieuse que fût cette expression, elle ne satisferait pas les conservateurs d'aujourd'hui, car ce qu'ils veulent, ce n'est pas la suprême autorité législative que personne ne leur conteste, c'est l'omnipotence de l'Assemblée.

Ce qui me paraît singulier, c'est de voir cette théo-

rie de la souveraineté des assemblées défendue par
une majorité qui ne pèche pas en général par un
amour excessif pour la révolution de 1789. C'est cependant une conception toute révolutionnaire, tandis
que la souveraineté du peuple a une origine beaucoup
plus ancienne et plus légitime. Nos anciens rois ne
s'effrayaient pas de la souveraineté nationale, ils l'admettaient en théorie, tout en l'annulant en fait.
Dans l'édit rendu sous la minorité de Louis XV, et
qui avait pour objet d'exclure de toute succession au
trône les princes légitimés, ces bâtards deux fois adul-
térins que Louis XIV n'avait pas craint d'insérer dans
la famille royale, on fait dire au jeune prince que si
la maison de Bourbon venait à s'éteindre, ce serait à
la nation française seule qu'il appartiendrait de choisir un roi. Cette reconnaissance du droit national est
l'écho de l'antique tradition. Au sacre de nos rois
l'archevêque de Reims s'adressait à l'Assemblée, en
latin, il est vrai; il demandait aux seigneurs présents,
et représentant la nation, s'ils acceptaient le nouveau
monarque : souvenir de la vieille liberté française qui
disparaît pour la première fois au sacre de Louis XVI.
Mais jamais, que je sache, nos rois n'ont admis que
les états généraux pourraient donner ou retirer la
couronne. Ils consultaient les députés du clergé, de
la noblesse et du tiers état sur les impôts à établir
et les réformes à faire, mais ils ne leur reconnais-
saient pas la souveraineté! Rigoureusement on peut
être royaliste et admettre en théorie la souveraineté
nationale, mais placer la souveraineté dans une assemblée, ce n'est pas seulement une hérésie démocratique, c'est une hérésie monarchique au premier
chef.

Il est vrai qu'en 1830 la Chambre a disposé de la

couronne : on crut inutile alors et presque puéril de
demander à la nation un consentement qu'à mon
sens elle n'eût pas refusé; mais c'est là un précédent
qui devrait faire réfléchir, car il montre clairement
ce que vaut la prétendue souveraineté des assemblées.
La monarchie de 1830 s'est toujours ressentie de la
faiblesse de son origine : les légitimistes lui ont opposé le droit divin et la souveraineté nationale; le
peuple ne s'est pas attaché à un gouvernement qu'il
n'avait par créé lui-même; la royauté parlementaire,
sans racines populaires, est tombée au premier choc,
devant une émeute insignifiante. Depuis vingt-quatre
ans les idées ont marché; le peuple, qui a pris goût
au suffrage universel, a un sentiment très-vif de sa
souveraineté. La majorité fera bien d'y prendre
garde; elle se tromperait de la façon la plus grave si
elle s'imaginait qu'en vertu de sa toute-puissance elle
pût faire un roi ou une constitution sans le consentement direct de la nation.

En résumé, la justice est la reine du monde; mais
en chaque pays le peuple est souverain pour tout ce
qui concerne l'intérêt général. Cette souveraineté ne
se délègue pas. Charger une Assemblée de régner à
la place de la nation, que serait-ce autre chose
qu'une abdication, nulle de soi ? Il en est d'un peuple
comme d'un grand propriétaire. Un grand propriétaire
ne peut cultiver son domaine par ses propres mains; il
répartit le travail entre un certain nombre d'ouvriers.
Dira-t-on pour cela qu'il délègue et qu'il abdique son
droit de propriété? Ainsi fait une nation; elle a des
fonctionnaires de différents ordres, et plus ses fonctionnaires se renferment dans le rôle qui leur est as-
signé, plus la volonté générale est obéie, plus la nation est effectivement souveraine. La fonction de

l'Assemblée, c'est la législation et le contrôle du gouvernement; elle doit s'y borner. Les députés de la
France assemblés en congrès ne sont pas des souverains, mais ils sont chargés de régler les plus grands
intérêts du pays. La mission est assez belle pour suf-
fire à l'ambition d'un citoyen.

II

S'il n'est pas permis de dire que l'Assemblée est
souveraine au regard de la nation, ne pourrait-on
pas prétendre tout au moins que par la nécessité des
choses une Assemblée constituante réunit provisoirement tous les pouvoirs dans ses mains, et qu'elle est
souveraine en ce qui touche le gouvernement? Si
l'Assemblée peut faire des lois sur tout sujet, sans
que personne puisse l'arrêter, comment l'empêcher
d'user, comme elle l'entend, de son mandat législatif?
Il faut se garder de confondre le fait et le droit.
Assurément l'Assemblée peut s'emparer du gouvernement, juger, administrer, nommer des généraux;
mais l'acte n'est pas la mesure du droit : c'est le droit,
au contraire, qui est la mesure de l'acte et qui décide
si c'est chose juste, ou si c'est une erreur ou un crime.
A moins de soutenir que l'Assemblée a reçu pour
mission de vouer la France à l'anarchie, il faut reconnaître qu'en nommant des députés le pays n'a pas
entendu toucher à la division des pouvoirs qui est la
garantie même de la liberté. Croit-on, par exemple,
que si l'Assemblée se saisissait du pouvoir judiciaire,
elle n'excéderait pas son mandat? L'Assemblée de
1848 l'a fait cependant; elle a transporté en masse les
insurgés de juin. Quel a été l'effet de cette usurpa-

tion de pouvoirs? L'Assemblée a établi le plus fâcheux des précédents; elle a donné prétexte aux transportations qui ont suivi le coup d'État de 1851. On s'est servi contre la liberté elle-même de l'excès commis par une Assemblée qui se disait souveraine.

Combien l'Assemblée actuelle n'a-t-elle pas été plus sage? Ce sera son honneur et sa gloire que d'avoir laissé la justice militaire accomplir son œuvre. Cinquante mille dossiers réunis, plus de trente mille accusés interrogés, confrontés, défendus et jugés publiquement en une année, c'est le plus grand exemple du respect de la justice qu'ait donné une nation. Pourquoi faut-il que l'Assemblée, si respectueuse quand il s'agit du pouvoir judiciaire, s'écarte de cette modération quand il s'agit du pouvoir exécutif, et ne se renferme pas dans les limites naturelles de son mandat? C'est cette fausse idée de souveraineté qui cause ici tout le mal.

On dira que l'Assemblée n'est pas seulement chargée de faire les lois et de voter les impôts; elle doit exercer une influence sur la marche des affaires. Je le reconnais; j'ajoute même que la Chambre a le droit de contrôler rigoureusement les actes du pouvoir exécutif. Cela est parfaitement légitime; ce qui ne l'est pas, c'est de prendre pour soi certaines fonctions du gouvernement, car de cette façon la responsabilité du gouvernement disparaît et le contrôle de l'Assemblée s'évanouit. Le pays perd à la fois toutes ses garanties; il ne peut plus compter sur l'action du pouvoir exécutif ni sur la surveillance des représentants.

La division des pouvoirs, on l'oublie trop souvent, n'a pas uniquement pour objet la bonne gestion de la chose publique; elle a ce grand effet politique qu'elle seule assure la souveraineté de la nation. Les peuples

n'ont que trop souffert de l'usurpation de leurs chefs :
rois, présidents, représentants; c'est par la division
des pouvoirs que la nation les maintient dans l'obéissance et les force à respecter la volonté générale ;
mais si l'Assemblée s'empare de toutes les fonctions
du gouvernement, que devient la liberté ? Elle est à
la merci d'hommes qui tôt ou tard céderont à l'eni-
vrement du pouvoir absolu.

En décidant qu'elle nommerait elle-même les conseillers d'État, l'Assemblée est-elle restée dans son
rôle législatif ? N'est-ce pas, au contraire, une invasion
du pouvoir législatif sur le domaine du pouvoir exécutif ? Quelle sera la situation du gouvernement si ces
agents qu'il n'a point choisis entravent son action ? Si
le pays est mécontent où sera la responsabilité ? Où
sera le contrôle ? Dans quelle monarchie, dans quelle
république bien constituée a-t-on trouvé un pareil
précédent ? En vérité, la majorité s'est laissé entraîner par la passion politique; ce qu'elle impose au
gouvernement, ce n'est pas un conseil d'État, c'est un
conseil judiciaire.

Pour donner une couleur à cette innovation fâcheuse, on dit que le pouvoir exécutif n'est qu'une
émanation de l'Assemblée, et que d'ailleurs on n'est
pas dans des circonstances ordinaires ! Ce sont là de
pauvres raisons. L'origine du pouvoir exécutif n'en
change ni la nature ni le caractère. Fait pour agir, il
lui faut toute liberté d'action. On peut lui réduire ses
attributions, mais dans la sphère qu'on lui laisse, on
ne peut l'entraver. Il n'est pas besoin d'insister sur
une vérité plus claire que le jour. Quant aux circonstances, c'est l'excuse perpétuelle des gens qui s'obsti-
nent dans l'erreur. On suppose que les principes
sont des abstractions bonnes pour amuser l'école; les

principes, tirés des faits observés, sont des lois constantes; on ne les viole jamais impunément. Une loi morale dit qu'on ne doit pas faire dans l'opposition ce qu'on blâmerait si l'on était aux affaires, et qu'on ne doit pas fausser les ressorts de l'État parce que la politique du gouvernement vous déplaît. Si les ministres, si le chef du pouvoir exécutif n'agissent pas à votre gré, dites-le hautement, adressez-vous à l'opinion, forcez le ministère à se retirer; mais n'imposez pas au pays des institutions anarchiques, et ne faites pas payer à la France vos rancunes contre le gouvernement.

Quand on signale à la majorité le danger de ces usurpations politiques, elle sourit et se rassure en songeant à l'honnêteté de ses intentions. Hélas! c'est là l'erreur de toutes les assemblées. Qu'était-ce que la grande Assemblée constituante de 1789? La fleur de la France, et cependant après avoir aboli des abus séculaires, aux applaudissements du pays tout entier, elle en est arrivée à ruiner la monarchie qu'elle prétendait réformer, et elle a livré la France à une incurable anarchie. La majorité de la Convention était saine, comme le disait sous la Restauration M. de Serres, rendant hommage à la vérité; et cependant en s'emparant du pouvoir exécutif et du pouvoir judiciaire à quels excès de tyrannie la Convention n'est-elle pas descendue? Les législateurs de 1848 étaient d'honnêtes gens. Cela a-t-il empêché les transportations de juin? Leur jalousie du pouvoir exécutif ne les a-t-elle pas conduits à faire une constitution qui n'était pas viable? Avec l'illusion de leur souveraineté n'en sont-ils pas arrivés, au mépris de tous les principes démocratiques, à garrotter la nation et à lui défendre de reviser une constitution qui lui déplaisait? Quand on s'écarte des principes, on ne sait jamais jusqu'où on ira. C'est une observation constante qu'une usurpation en amène toujours une autre : une fois sortie de la modération et de la raison, une Assemblée n'y rentre plus.

C'est là le danger que je voulais signaler à une Assemblée dont je m'honore de faire partie. J'ai le plus grand respect pour mes collègues; je n'en connais pas un que je n'estime, mais je place le pays au-dessus de l'Assemblée. C'était mon devoir de signaler une erreur dangereuse et de prévenir l'Assemblée qu'elle entrait dans ce que Benjamin Constant appelait l'*horrible route de l'omnipotence parlementaire.* Je serais fâché que mon langage eût blessé personne : mais il y a vingt-cinq ans que je défends les principes de l'école libérale, ce n'est pas au moment du danger que je pouvais abandonner mon drapeau. J'espère, au contraire, que, d'ici à la troisième lecture, la majorité, après mûre réflexion, reviendra à la tradition constitutionnelle, et qu'elle me pardonnera un excès de zèle qui n'aura pas été perdu, s'il a pu amener l'Assemblée à reconnaître qu'elle n'est pas souveraine, et que son pouvoir, si grand qu'il soit, n'est cependant qu'un mandat limité.

DE

LA SÉPARATION DE L'ÉGLISE

ET DE L'ÉTAT

DE

LA SÉPARATION DE L'ÉGLISE

ET DE L'ÉTAT[1]

La séparation de l'Église et de l'État[2] est une des grandes questions du jour; mais, à voir le chemin que cette idée fait dans les esprits, il est à croire que le XIXᵉ siècle ne s'achèvera pas sans que le problème soit résolu. L'*Église libre dans l'État libre*, c'est aujourd'hui la devise de la démocratie libérale; ce sera bientôt le cri de toute la France.

L'union de l'Église et de l'État est un reste du paganisme. Elle repose sur cet étrange principe que la religion est chose politique, que le gouvernement est le maître et le dispensateur de la vérité religieuse, qu'il a le droit d'obliger les sujets à faire leur salut dans l'Église qu'il adopte, et suivant certaines règles qu'il lui appartient d'établir et d'imposer. Si ce prin-

1. Publié dans l'*Almanach de la Coopération*, année 1869.
2. Je ne m'occupe que de l'Église catholique qui, chez nous, est dominante. Les autres églises sont peu nombreuses et fort résignées à la liberté et à l'égalité des cultes.

cipe est vrai, les empereurs romains ont eu raison
d'égorger les martyrs, l'Espagne fait bien de chasser
les protestants, les Anglais avaient raison de persé-
cuter les catholiques. Un principe qui mène à de pareilles conséquences n'est visiblement qu'un sophisme.

La séparation de l'Église et de l'État est, au contraire, la mise en pratique de la maxime chrétienne :
*Rendez à César ce qui est à César et à Dieu ce qui est à
Dieu.* Comme citoyen je dois obéissance aux lois de
mon pays, comme fidèle je ne relève que de ma conscience et de Dieu. Que je choisisse une église plutôt
qu'une autre, que je fasse ou non mon salut, que
j'adopte un symbole ou que je le repousse, cela ne
regarde que moi. Personne, ni prince, ni législateur,
ni magistrat, ni prêtre, ni individu quelconque n'a
qualité pour m'imposer son culte et sa foi. La religion est chose individuelle et non sociale. C'est le
rapport de l'homme à Dieu et non pas de l'homme à
l'homme. Comment donc un individu, ou un certain
nombre d'individus, ou un peuple tout entier, pourrait-il, sans tyrannie, régenter ma conscience? Si
l'éducation et l'habitude ne faussaient l'esprit, qui
donc oserait dire qu'on a le droit de forcer un homme
à croire ce qu'il ne croit pas, à adorer ce qu'il n'adore
pas? Violenter l'âme humaine, n'est-ce pas la plus
odieuse des usurpations?

Donner au prince le domaine de la conscience, ce
fut l'erreur de nos aïeux, erreur fatale, et qui est
écrite en traits de sang dans l'histoire. Depuis Cons-
tantin jusqu'à nos jours, l'État et l'Église, tantôt
alliés et tantôt ennemis, ont sans cesse troublé le
monde; l'humanité n'a pas moins souffert de leur
union que de leur discorde. Dans cette lutte incessante, tantôt l'Église a dominé les rois, et alors on a

dressé des bûchers, on a étouffé et maudit la pensée; tantôt, au contraire, l'État a dominé l'Église, et alors on a tué, exilé, ruiné des innocents, dont le seul crime était de ne pas accepter la religion ou le caprice du prince. On a eu des Henri VIII, des Philippe II, des Louis XIV. Il est vrai que depuis un siècle, grâce à Voltaire et à la Révolution française, la tolérance est devenue la loi du monde civilisé, ce qui n'empêche pas l'Espagne de proscrire le protestantisme, ni la Russie d'écraser la Pologne catholique. En France même, si nous avons la tolérance, nous n'avons pas la liberté religieuse. Les méthodistes, qui sont la plus grande église des États-Unis, ne sont pas reconnus chez nous; les baptistes, pas davantage. L'Église unitaire, si vivante dans la Nouvelle-Angleterre, ne pourrait pas ouvrir un temple à Paris. L'État, représenté par des ministres, qu'on peut supposer libres penseurs sans les blesser, l'État se croit obligé d'interdire un culte qui ne reconnaît pas la Trinité. Les chrétiens mettent souvent les déistes au défi de fonder une Église; ils les raillent de leur impuissance. Ce serait un bon argument si les déistes avaient le droit de se réunir et de prêcher leur foi; c'en est un détestable si la loi refuse aux déistes une liberté qu'elle accorde aux chrétiens, comme un privilége et un monopole.

Une liberté capitale, celle de l'enseignement, est entravée et dénaturée par l'union de l'Église et de l'État. Au fond, c'est le même problème que celui de la liberté religieuse, c'est toujours l'âme humaine qui est en jeu.

A qui appartient-il de former l'esprit des jeunes générations? — A moi, dit l'Église, car je suis la vérité. — A moi, répond l'État, car je suis la Société. — Qui a raison? ni l'un ni l'autre. L'Église n'a de droit que sur les fidèles; l'État n'a de droit sur personne. Enseigner n'est pas une fonction de gouvernement; c'est par peur de l'Église que la société laïque s'est rejetée entre les bras du pouvoir, abandonnant à son grand dommage une fonction et un devoir qui lui appartiennent. La séparation de l'Église et de l'État entraînera comme conséquence nécessaire la séparation de l'école et de l'État: ce sera une des plus grandes conquêtes de la liberté. C'est aux pères de famille, c'est aux citoyens, c'est à la commune, que reviennent le droit et l'honneur d'élever les générations futures. C'est à cette seule condition que le progrès est possible; c'est à cette seule condition qu'on formera des hommes et des citoyens. Un jour viendra où il paraîtra bien étrange que nous ayons donné à un ministre le droit de confisquer la vérité et de fausser l'esprit de nos enfants.

Voit-on maintenant quelle est la grandeur de la question que nous examinons? C'est au nom de la liberté, au nom de la justice, au nom même de l'Évangile, que nous demandons la séparation de l'Église et de l'État. Que peut-on opposer à cette légitime réclamation?

On oppose d'abord ce qu'en langage de palais on appelle des exceptions déclinatoires. Sans entrer dans le fond des choses, on écarte la discussion en disant qu'elle ne peut aboutir et pour deux raisons :

1° Il y a un concordat, c'est-à-dire un traité fait entre le pape Pie VII et le premier consul. Par ce traité le pape reconnaît au premier consul et à ses successeurs catholiques toutes les prérogatives des anciens rois de France, et notamment le droit de nommer des évêques, lesquels évêques toutefois doivent être confirmés par le pape. De son côté, le premier consul assigne à l'Église catholique une place dans l'État et assure un traitement au clergé. Voilà tout le concordat.

2° Ce traitement, ajoute-t-on, n'est que la représentation de l'indemnité due à l'Église de France pour la confiscation des biens du clergé durant la Révolution. Si l'on veut séparer l'Église et l'État, c'est un milliard au moins qu'il faut restituer au clergé.

Ces deux objections sont peu solides :

1° Il n'y a pas de traité éternel, surtout entre deux puissances mutuellement indépendantes, qui ont simplement réglé leur façon de vivre ensemble. Si l'an prochain, le concile œcuménique rendait aux Églises le choix des évêques, comme cela s'est pratiqué dans les beaux siècles du christianisme, pourrait-on refuser au pape le droit de dénoncer le concordat? assurément non. D'ailleurs, le jour où le gouvernement français dénoncerait le concordat, menacerait-il l'existence de l'Église catholique? En aucune façon. Le prince perdrait seulement le droit de nommer les évêques, ce qui ne serait une perte ni pour l'Église ni pour les fidèles. Resterait la question du traitement.

Mais d'abord ce traitement serait-il supprimé? Je ne parle pas des ménagements viagers auxquels ont droit des titulaires qui se sont engagés dans les Ordres sur la foi de l'État; en pareil cas, on ne saurait être trop large, la générosité n'est que de la justice[1]. Ne nous occupons que de l'avenir. Le jour où on effacera

1. L'Angleterre a résolu la question de personnes quand, en supprimant l'Église d'État en Irlande, elle a respecté tous les traitements. Elle a ainsi désarmé les intérêts, et fait la pacification du premier coup. (1872.)

du budget les quarante-six millions donnés à l'Église, en quelles mains iront-ils? N'est-ce pas entre les mains des catholiques? Qui donc les empêchera d'en faire librement le même usage et de payer eux-mêmes leurs pasteurs?

— Et s'ils n'en font rien? — Ce sera la preuve que la France n'est pas catholique. Il serait au moins singulier que l'État continuât à prendre l'argent des Français pour entretenir un culte dont ils ne se soucient pas.

2° On dit que ce traitement n'est qu'une indemnité qui appartient à tout jamais au clergé français comme représentant et successeur de l'ancien clergé dépouillé. Cet argument, que j'ai souvent rencontré, ne me paraît pas sérieux; il repose sur une équivoque. Les biens confisqués appartenaient à l'Église de France; mais l'Église, ce n'est pas seulement le clergé, ce sont les fidèles. Cathédrales, chapelles, hôpitaux, couvents, écoles, toutes ces fondations, faites avec l'argent des peuples, n'ont jamais été la propriété ni des évêques, ni des prêtres, ni des moines ; c'était la propriété de la France catholique, c'est-à-dire de tout le monde en 1789. S'il y avait une indemnité à payer, ce serait la France qui la devrait à la France ; il y aurait confusion de la créance et de la dette, en d'autres termes il n'y aurait plus ni débiteur ni créancier. On peut regretter ce qui a été fait durant la Révolution; mais il n'y a rien là qui donne droit à une indemnité.

Ces exceptions écartées, cherchons maintenant quel serait le résultat de la séparation. La question est assez nouvelle en France, pour que de part et d'autre on ait des craintes et des espérances que rien ne justifie.

— Ce sera la ruine de l'Église, disent des gens qui s'effrayent de toute nouveauté ou qui ont une foi peu solide.

— Pourquoi serait-ce la ruine de l'Église ? Dès 1796, les catholiques de France avaient relevé le culte sans attendre que l'État vînt à leur secours. Pourquoi le laisseraient-ils tomber aujourd'hui ? Y a-t-il donc moins de foi au XIXᵉ siècle qu'au XVIIIᵉ? J'aurais supposé qu'il y en avait davantage.

— Mais c'est l'inconnu ; on peut s'effrayer de se lancer ainsi à l'aventure.

— C'est là une erreur. La situation n'a rien d'inconnu ; on sait où l'on va. Je ne dirai pas que, durant les premiers siècles, l'Église a vécu hors de l'État, et que jamais elle n'a été plus féconde en grands saints et en hommes de génie ; on me répondrait que ces temps héroïques sont passés. Mais aujourd'hui il y a plus d'un pays où l'Église catholique est entièrement séparée de l'État ; souffre-t-elle de cet abandon ? Citons les États-Unis, le Canada, l'Angleterre, l'Irlande, la Hollande, certains cantons suisses, etc. Est-ce que toutes ces Églises ne sont pas cent fois plus florissantes que l'Église d'Espagne? Toute religion d'État est une religion morte; toute Église séparée de l'État est une Église vivante : voilà ce que dit l'expérience. Il est à croire que, loin de diminuer l'influence du christianisme, la séparation l'augmentera.

C'est du moins l'opinion d'une certaine école libérale qui a toujours peur de la liberté. Elle craint par-dessus tout que l'Église catholique, une fois séparée de l'État, ne devienne une association toute-puissante par sa hiérarchie, sa discipline et ses richesses. Elle ne veut pas, dit-elle, d'un État dans l'État; grand

mot avec lequel on proscrit toute espèce de liberté,
car toute liberté n'atteint à son complet développement que par l'association.

Parlons d'abord des richesses de l'Église. Remarquons qu'aujourd'hui, en fait, rien ne limite les acqui-
sitions que font les congrégations et les couvents. Il
y a mille moyens d'éluder la loi ou de la tourner. La
liberté ne changera rien à cette situation. Mais en
séparant l'Église et l'État, rien n'empêcherait de
maintenir et même de rendre plus sévères les lois qui
interdisent la mainmorte du sol.

La France ayant un territoire limité et une population nombreuse, il y a un grand intérêt à ce que la
terre soit réservée au travail individuel ; mais c'est là
une question économique qui ne touche pas à la
religion. Qu'on laisse à l'Église le droit de posséder
des valeurs mobilières et les édifices qui lui sont nécessaires, on lui assurera toute l'indépendance dont
elle a besoin.

Mais, une fois échappée à la main de l'État, l'Église
ne formera-t-elle pas une association menaçante?

Et là-dessus on énumère les trente-six millions de
fidèles qu'on lui attribue bénévolement ; on dit qu'un
Conseil suprême, un véritable ministère gouvernera
à son gré cette masse énorme ; on se demande si
l'Église ne ressaisira pas l'empire comme au moyen
âge, ou du moins si elle n'aura pas une prépondérance politique à laquelle nul gouvernement ne
pourra résister?

Il y a beaucoup de fantaisie dans ce tableau ; il s'en
faut que tous ceux qui sont baptisés soient catholiques. Mais alors même qu'ils le seraient, toutes ces
craintes seraient chimériques. Le jour où une Église
devient libre, elle est moins centralisée et politique-

ment moins forte que la veille. La raison en est
simple. Chaque paroisse, chaque chapelle, chaque
école conquiert son indépendance administrative.
Elle appartient à ceux qui en font les frais. L'élément
financier, c'est-à-dire l'élément laïque, reprend une
influence légitime; il faut que chaque curé compte
avec ses paroissiens, car il dépend de ses paroissiens
autant que de son évêque, tandis qu'aujourd'hui
il n'est qu'un soldat sous un chef absolu. La liberté
de l'Église amène le gouvernement constitutionnel
dans les choses religieuses; l'union de l'Église et de
l'État n'a donné que le despotisme épiscopal : j'entends par là le despotisme administratif; la doctrine
n'est pas en jeu.

Enfin, la liberté de l'Église chasse la politique du
temple; c'est ce que prouve l'exemple des États-Unis
et du Canada. Les évêques y sont puissants, comme
pasteurs, mais leur action politique est nulle, ou, pour
mieux dire, ils ont la sagesse de reconnaître leur incompétence en ce point. Comment en serait-il autrement? En France, les évêques agissent parce qu'ils se
croient menacés par l'État, ou parce qu'ils veulent
partager avec lui la puissance, diriger avec lui l'éducation ou la presse. Mais dans un pays où il n'y a
rien à craindre ni à espérer de l'État, quel intérêt les
évêques auraient-ils à se mêler de politique? Et s'ils
s'en mêlaient, quelle prise auraient-ils sur les fidèles?
Au nom de quel péril pourraient-ils soulever les consciences? La séparation de l'Église et de l'État, c'est
la séparation de la religion et de la politique, au grand
bénéfice de l'une et de l'autre. Voilà ce qu'il ne faut
jamais oublier.

Jusqu'à présent je me suis placé au point de vue
religieux; j'ai montré que l'Église, c'est-à-dire les

37

prêtres et les fidèles, n'avaient rien à perdre et qu'ils avaient tout à gagner à la liberté. Voyons maintenant quel sera le profit de la société.

Ce profit sera immense; ce sera l'établissement définitif, la conquête irrévocable de toutes les libertés. Voici pourquoi :

L'Église ne peut vivre qu'avec la liberté d'association, la liberté de propagande, d'enseignement, de charité. C'est pour cela que, dans les pays qui ne sont pas libres, elle recherche la protection de l'État. Pour remplir sa mission, il lui faut absolument la liberté; elle la prend comme un privilége quand elle ne peut pas l'obtenir comme un droit.

Mais du jour où l'Église est séparée de l'État, il ne peut plus être question de privilége. Ce n'est plus comme fidèles que les catholiques peuvent réclamer la liberté, c'est comme citoyens. Dès lors la cause de la religion devient celle de la liberté. Songe-t-on au changement que ferait dans les esprits une pareille situation?

Aujourd'hui le plus grand nombre des catholiques a peur de la liberté. Pour eux ce mot, qui rappelle la révolution, veut dire désordre, sinon même persécution. Mais le jour où, mis en possession de leurs Églises, les pasteurs et les fidèles comprendront que la liberté est leur rempart, et que cette liberté ne peut exister que de droit commun, vous aurez conquis à la pratique du libre gouvernement ceux qui aujourd'hui s'en effrayent. Tant que la liberté aura contre elle les prêtres, les femmes, les dévots, la marche sera difficile et embarrassée; il lui faut lutter contre des préjugés d'un autre temps. Pour convertir ces adversaires, pour en faire des amis de la démocratie, que faudrait-il? Rien que la séparation de l'Église et de l'État sincèrement pratiquée. On s'attache vite à la liberté quand on en jouit.

— L'État sera donc athée? disent les gens qui prennent des mots pour des choses.

— La réponse est aisée. Qu'est-ce que l'État? un certain nombre de personnes qui gouvernent. Ces personnes-là continueront de garder leur religion, si elles en ont une, mais elles n'auront nullement le droit de l'imposer à autrui; ce sera beaucoup plus religieux et plus moral. Y a-t-il rien de plus étrange et de moins religieux qu'un État qui se déclare tolérant par principe, catholique par respect, libéral par conviction, et qui paye tour à tour des évêques, des pasteurs, des rabbins et des imans? N'est-ce pas enseigner au pays, par l'exemple, que l'État est supérieur à l'Église et à la religion? Au contraire, que l'État ne paye personne, qu'il laisse chaque Église se gouverner elle-même, il reconnaîtra ainsi son incompétence religieuse et respectera toutes les religions, par cela même qu'il n'en protégera aucune.

— Et la morale que deviendra-t-elle?

— La morale sera ce qu'elle est aujourd'hui; rien ne sera changé dans la société, on n'aura supprimé que l'hypocrisie officielle. Nous n'entendrons plus déclarer à la tribune qu'on est plein de respect pour la *religion nationale* et qu'on n'en croit pas un mot. La société ne sera pas moins morale parce que les Églises seront libres; tout au contraire, il est à croire que, maîtresses de leur action, les Églises prendront plus d'influence sur les fidèles. Est-ce qu'aujourd'hui l'union de l'Église et de l'État empêche des gens, qui ne sont nullement chrétiens, quoiqu'ils soient baptisés, de professer ouvertement le matérialisme et l'athéisme? Est-ce que cette union, qui sent la politique

et la domination, ne devient pas quelquefois une de
ces alliances qui révoltent un esprit généreux et lui
feraient douter de la vérité même? Enfin, est-ce que
les catholiques anglais, canadiens, américains, hol-
landais ou suisses sont moins moraux que les catholiques français, italiens ou espagnols? Laissons donc
la morale de côté; elle n'a rien à perdre à la liberté
religieuse.

— Et les haines théologiques? Et les querelles religieuses?

— Sur ce point on peut être parfaitement tranquille.
Si l'on en croyait les hommes d'État, ils seraient toujours occupés à empêcher les partis politique ou religieux de s'entre-dévorer : c'est la raison de leur
puissance; mais cette raison est chimérique. Quand
les Églises se querellent, c'est qu'elles se disputent la
puissance politique; elles veulent que l'État leur
prête des juges, des soldats, des bourreaux. Mais dans
un pays où chaque Église est libre et où l'État n'est
rien en religion, il n'y a point de querelles théologiques. Les guerres de sacristie ont troublé tout le règne de Louis XV, fils aîné de l'Église et protecteur de
la religion. Les quarante Églises des États-Unis vivent
dans une paix parfaite. On parle et on écrit contre
l'erreur; mais on laisse son prochain adorer Dieu
paisiblement dans le temple qu'il a librement choisi.
L'intérêt social n'en demande pas davantage.

Je finirai par une réflexion que je recommande à
l'attention du lecteur. Rien n'est profitable aux
hommes, rien n'est vivant et fécond, que ce qui est
vrai et sincère. En ce moment la France est dans la
fiction. Le gouvernement, qui n'a aucun droit sur les
consciences, empêche certaines Églises de s'ouvrir,
certaines autres de se développer; un ministre, qui

peut ne croire à rien, nomme des évêques catholiques, des pasteurs protestants et des rabbins juifs; il y a un enseignement des sciences et de la philosophie qui est un enseignement de convention; il ne s'agit pas pour le professeur de dire ce qu'il croit vrai, mais de ménager les scrupules ou les préjugés de ses auditeurs. Tout cela, c'est du mensonge; tout cela est aussi nuisible à la société qu'à la religion et à l'État.

Si nous voulons que les Français soient des hommes et non pas des enfants, des citoyens et non pas un troupeau, des gens religieux et non pas une foule superstitieuse ou incrédule, rentrons dans le vrai des choses. Point de fictions, point de convention! La lumière et la sincérité partout! Là où ne règne pas la liberté, la vérité est captive; là où règne la liberté, régnera bientôt la vérité.

FIN

TABLE DES MATIÈRES

FIN DE LA TABLE DES MATIÈRES.

Paris. — Impr. Viéville et Capiomont, rue des Poitevins, 6.